조선의 영의정
(하)

조선의 영의정
(하)

조 오 현

역락

머 리 말

대학에서 정년퇴임을 하고 비교적 여유로운 시간을 갖게 되자 나는 평소에 하고 싶던 두 가지 일에 집중하게 되었다. 하나는 산에 숲을 가꾸는 일이고 또 하나는 보학과 역사를 공부하는 일이다. 보학을 공부하다보니 우리 문중의 족보는 물론 다른 문중의 족보를 볼 기회가 많았고, 특정 인물에 관심을 갖게 되었다. 그러다보니 자연히 <조선왕조실록>과 <인물사전>을 보는 일이 잦아졌다. 그러는 과정에서 나는 <인물사전>에 부정확한 부분이 있다는 사실을 발견했다.

우선 영의정을 역임한 사람을 조사하는 과정에서 발견된 오류는 다음과 같다.

첫째, 영의정을 역임했는데 인물사전에는 영의정을 역임한 기록이 없거나 반대로 영의정을 역임하지 않았는데도 영의정을 역임한 것으로 기록되어 있는 경우가 있었다.

둘째, 본관이 잘못 기록되어 있어서 아버지와 아들의 본관이 서로 다르게 나온 경우도 발견되었다.

셋째, 관직의 이동 경로나 삶의 모습, 그리고 업적이 자세하게 기록되지 않아서 인물이나 역사의 자료로는 부족하다는 사실을 알 수 있었다.

넷째, 영의정을 역임한 사람의 수가 몇 명인지 어떤 순서로 역임했는지 알 수 없었다.

다섯째, 영의정을 역임한 사람의 가족 관계를 아버지, 할아버지, 증조부, 그리고 외조부로만 한정하여 기록함으로써 조상이나 문중에 관심을 갖는 사람에게 문중의 역사를 제대로 알릴 수 있는 자료로는 부족할 뿐 아니라 기록된 내용도 잘못된 부분이 있음을 확인했다.

여섯째, 요즈음 포털에는 가문을 자랑하기 위해 많은 자료가 올라와 있는데 그 자료가 너무 부정확하여 읽는 사람에게 잘못된 지식을 전하고 있다는 것을 발견했다.

영의정은 언제나 역사의 중심에 있는 사람들이다. 그래서 조선 초기부터 말까지 영의정들의 삶을 살피면 조선의 정치사는 물론 외교사와 문화사, 그리고 경제사의 흐름을 한 눈에 볼 수 있다. 그런데 이런 중요한 자료가 정리되지 않았고 특정 인물에 대한 기록은 있으나 정확한 기술이 아니어서 역사를 왜곡하고 있었다. 영의정을 임명된 순서대로 정리하여 그들의 삶(업적, 임명, 해임, 귀양살이, 죽음)을 살피면 조선의 역사가 한 눈에 들어올 수 있다고 생각했다. 따라서 영의정 한 사람의 삶은 한 개인의 역사가 아니고 영의정이 산 시대의 역사이고 영의정 전체의 삶의 역사는 조선 전체의 역사이다. 따라서 영의정의 삶이 정리되지 않은 역사는 자료가 정리되지 않은 역사이다.

나는 뒤늦게나마 역사의 귀중한 자료를 정리하기로 결심했다. 정리를 마치고 막상 책을 만들려하니 역사학을 전공하지 않은 사람이 영의정에 대해 쓴다는 것이 올바른 일인가 하는 생각으로 망설였으나 학문적인 접근이 아닌 기록의 정리라는 측면으로 접근하는 것은 무리가 없다고 생각해서 출판을 결심했다.

이 책의 집필 과정은 다음과 같다.

첫째, <조선왕조실록>을 검색하여 영의정으로 기록된 사람의 이름과 임명과 퇴임 날짜를 모두 기록했다. 그 다음에 임명된 날을 기준으로 순서대로 배열했다.

둘째, 영의정으로 제목을 정했으나 수상이란 개념으로 영의정의 직제 개편에 따른 명칭을 찾아서 '문하좌정승', '총리대신', '의정부 의정'도 영의정에 포함시켜 임명된 순서대로 배열했다.

셋째, 본관별로 배열한 다음 국립중앙도서관 6층의 고전실에 비치된 족보를 참고로 영의정의 문중사와 가족 관계를 정리했고 국립도서관에 족보가 없는 경우는 그 문중의 종친회를 찾아가서 문중에 비치된 족보를 참고했다.

넷째, 기존의 인물사전에는 영의정의 아버지와 할아버지와 증조부, 외조부만 기록되어 그 가문을 알 수 없는 경우가 많았기 때문에 시조까지의 관직명을 조사하여 기록했으며 조상 가운데 특기할 만한 내용이 있는 경우는 그 사실도 기록했다. 뿐만 아니라 영의정의 형제, 자녀, 혼맥 등을 찾아서 기록했다.

다섯째, 국사편찬위원회에서 제공하는 <조선왕조실록>을 검색하여 인물의 벼슬 이동과 그 배경, 그리고 졸기 등을 조사하여 정리했다. 그런데 졸기는 실록을 찬집한 사람의 당파적 입장에 따라 좋게도 나쁘게도 기록될 수 있다. 그러나 이것도 하나의 역사라고 생각해서 그대로 적었고, 수정본이 있는 경우는 수정본과 함께 기록해서 중립성과 객관성을 높이도록 노력했다.

역사의 흐름은 오늘도 반복되고 있다. 따라서 역사는 지나간 과거의 기록이지만 역사를 잘 살피면 앞날의 지표를 밝히는 방향추이기도 하다. 이 글을 쓰는 동안에 벌어지고 있는 역사의 흐름을 보면서 과거의 역사의 흐름이 현재에도 반복되고 있다는 데에 놀라지 않을 수 없었다. 나는 역사를 배우는 이유가 단순히 과거를 알기 위함에만 있는 것이 아니라 앞날을 내다보고 준비하는 데에도 있다고 생각한다. 이 책이 나라의 역사와 가문의 역사, 그리고 특정 개인의 역사에 관심을 갖는 사람들에게 도움을 주고 또 역사를 공부하는 사람들에게 기본적인 자료가 되기를 바란다. 또 이 책을 통해 많은 사람들이 역사에 관심을 가져주었으면 하는 바람도 있다.

이 책을 쓰면서 자세하고 정확하게 쓰려고 노력했으나 간혹 빠진 부분이 있거나 잘못된 기록이 있을 수 있다. 앞으로 깁고 더해서 더 좋은 책이 되기를 기대한다.

끝으로 이 책의 출판을 흔쾌히 수락한 도서출판 역락의 이대현 사장님과 편집을 맡아 수고해 준 박윤정 과장님께 고마운 마음을 전한다.

2017년 7월
가락동 서재에서 지은이 씀

차 례

일러두기

1. 영의정이란 태종 1년 왕권을 강화하기 위해 문하부를 폐지하고 의정부를 설치하여 영의정
   부사, 좌의정, 우의정의 삼정승 체제로 바꾸면서 생겨났다. 그러나 이 글에서는 정부의 수
   상이라는 개념으로 다음을 모두 영의정으로 포함시켰다.
   태조 1(1392)년 7월 28일 고려 직제를 그대로 사용하여 문하좌시중과 문하우시중을 두었
   다. 따라서 이때의 문하좌시중은 영의정에 포함시켰다.
   정종 1(1399)년 문하좌시중과 문하우시중의 이름을 문하좌정승과 문하우정승으로 고쳤다.
   따라서 이때의 문하좌정승도 영의정에 포함시켰다. 그러나 이 뒤의 좌정승과 우정승은 포
   함시키지 않았다.
   태종 1(1401)년 7월 3일 직제 개편에 따라 문하좌정승을 영의정부사로 바꾸고 좌정승과
   우정승을 두었다. 따라서 이때의 영의정부사도 영의정으로 포함시켰다.
   세조 12(1466)년 1월 15일 영의정부사를 영의정으로 고치고 좌정승과 우정승을 좌의정과
   우의정으로 바꾸었다.
   고종 32(1895)년 3월 25일 칙령 제 38호로 의정부를 폐지하고 내각을 구성하며 영의정을
   내각 총리대신으로 바꾸었다. 따라서 이때의 내각 총리대신도 영의정으로 분류했다.
   고종 33(1896)년 9월 24일 칙령 제 1호로 의정부를 부활하여 내각 총리대신을 의정부 의
   정으로 바꾸었다. 따라서 이때의 의정부 의정을 영의정에 넣었다.
   고종 44(1907)년 6월 14일 칙령 제 34호로 의정부를 내각으로 고치고 의정부 의정을 내각
   총리대신으로 바꾸었다. 이때의 내각 총리대신도 영의정에 포함시켰다.
2. 순서는 영의정에 첫 번째 임용된 날짜의 순으로 정했다. 따라서 한 사람이 여러 번 영의
   정을 역임했어도 책의 순서는 첫 번째 임명된 날짜를 기준으로 먼저 임명된 순서로 했다.
3. 임명 날짜와 퇴임 날짜는 그대로 적고 실록의 기록을 각주로 붙였다.
4. <조선왕조실록>에 영의정에 임명된 날은 나타나지 않고 계속해서 영의정으로 기록되다가
   퇴임 날짜가 있는 경우는 최초로 영의정으로 기록된 날을 임용된 날로 하고 ▶로 표시했다.
5. <조선왕조실록>에 임명된 날은 있으나 퇴임된 날이 없는 경우는 마지막으로 영의정으로
   기록된 날을 퇴임한 날로 하고 ▶로 표시했다.

6. <조선왕조실록>에 임명된 날도 없고 퇴임된 날도 없는데 간혹 영의정으로 표기된 경우는 잘못 기록된 것으로 보아 무시했다.

7. 졸기는 당시 집권자나 기록자의 정치적 성향에 따라 좋게도 기록되고 나쁘게도 기록될 수 있지만 그것도 역사적 기록이라 생각하여 그대로 적었다.

8. 실록 중에 수정본이 있는 경우 인물에 대한 평가가 서로 다르게 기록된 경우가 많다. 이 경우는 두 기록을 모두 옮겨서 중립성과 객관성을 높이도록 했다.

9. <선조실록>의 경우 전쟁 중이라 기록이 불분명하여 영의정에서 빠진 경우가 많다. 그래서 비교적 자세하게 기록되었다고 판단되는 <선조수정실록>을 중심으로 쓰고 <선조실록>은 참고하는 정도로 활용했다.

10. <선조수정실록>은 임명된 날짜가 정확하지 않아서 임명된 날을 모두 1일로 기록했다. 따라서 날짜가 정확하지 않을 수 있다.

11. 음력으로 고종 32(1895)년 11월 17일은 양력으로 고종 33(1896)년 1월 1일이다. 우리나라에서 양력은 고종 33년 1월 1일부터 시행되었다. 따라서 이 글에서 고종 32년 11월 16일까지는 음력으로 기록한 것이고 고종 33년 1월 1일부터는 양력으로 기록된 것이다.

윤 방(尹昉)

본관은 해평이고 자는 가회(可晦)이며 호는 치천(稚川)이고 시호는 문익(文翼)이다. 명종 18(1563)년에 태어나서 인조 18(1640)년에 죽었다.

재임기간

인조 5(1627)년 1월 18일[1] - 인조 5(1827)년 5월 11일[2] ※ 후임 신흠
인조 9(1631)년 9월 15일[3] - 인조 14(1636)년 6월 13일[4] ※ 후임 김류

가문

아버지는 영의정 해원부원군 두수(斗壽)이고 할아버지는 군자감정 변(忭)이다. 증조부는 충무위 부사용 희림(希琳)이고 고조부는 장원서 장원 계정(繼丁)이다. 5대조는 진무부위 연령(延齡)이고 6대조는 현감 달성(達成)이며 7대조는 양주 도호부사 창(彰)이다. 8대조는 문하찬성사·예문관 대제학 진(珍)이고 9대조는 문하평리 지표(之彪)이며 10대조는 도첨의사 우정승 석(碩)이다. 11대조는 부지밀직사사 상호군 만비(萬庇)이고 12대조는 수사공 상서성 좌복야 군정(君正)인데 해평윤씨의 시조가 된다.

장인은 청주인 판관 한의(韓漪)이고 외할아버지는 창원인 참봉 황대용(黃大用)이며 외증조부는 관찰사 황기(黃𪢡)이다.

아들은 1남이 판돈녕부사 겸 오위도총부 도총관 이지(履之)이고 2남은 신지(新之)인데 신지는 선조와 인빈 김씨의 소생인 정혜옹주(貞惠翁主)와 결혼한 해숭위(海嵩尉)다. 손자로는 이지가 8남 1녀를 두었는데 1남 탄(坦)[5]은 군수이고 2남 강(墹)은 사평인데 명지(命之)에게 입양되었다. 3남은 사과 식(埴)이고 4남은 하양 현감 우(堣)이며 5남은 감찰 점(坫)이고 6남은 첨지중추부사 개(塏)

---

1) 윤방을 영의정으로 신흠을 좌의정으로 삼았다.
2) 윤방을 영돈녕부사로 한준겸을 판돈녕부사로 …
3) 윤방을 영의정으로 이민구를 이조 참의로 …
4) 영의정 윤방이 병을 이유로 체직을 청하면서 20여 차례 정사하니 상이 허락하였다.
5) 탄은 처음 이름이고 <해평윤씨세보>에는 기(垍)로 기록되어 있다.

이다. 7남은 진사 성(城)이고 8남은 통덕랑 전(城)이다. 서자로 동지중추부사 숙(塾)과 규(奎)와 증 좌윤 승(陞)이 있다. 외동딸은 승지 송시길(宋時吉)과 결혼했다. 해평위 신지는 2남 1녀를 두었는데 1남은 홍문관 부제학 지(揮)이고 2남은 이조 정랑 구(坵)이다.

아우는 예조 참판·지중추부사 흔(昕), 형조 판서 휘(暉), 황해도 관찰사 훤(暄), 오(旿), 안주 목사 간(旰)이다. 흔의 후대에서 대통령 윤보선·서울대학교 총장 윤일선·윤치영·윤치오 등 많은 인재를 배출했다.

🎁 생애

> 영의정 두수의 아들이고 해숭위 신지의 아버지다. 임진왜란 때 아버지와 함께 임금을 호종했고, 폐모론이 일자 낙향했다. 이괄의 난이 평정된 뒤에 역적 이괄에게 붙은 사람의 이름이 적힌 책을 입수했으나 보지도 않고 불태워 참화를 막았다.

성혼(成渾)과 이이(李珥)의 문인으로 선조 15(1582)년 진사시에 합격하고 선조 21(1588)년 식년문과에 급제했다. 승문원 정자에 보임되고 예문관 검열과 춘추관 기사관·예조 좌랑·사간원 정언·성균관 전적을 차례로 역임했다. 선조 24(1591)년 서인이었던 아버지 두수가 광해군의 세자 책봉 문제를 둘러싸고 정철과 함께 파직되어 유배되자 병을 이유로 사직했다. 선조 25(1592)년 임진왜란이 일어나자 아버지와 함께 왕을 호종했다. 정언에 임명된 뒤 지평·지제교·성균관 직강·부교리·이조 좌랑을 역임하고 홍문관 응교에 있을 때 어머니가 피난길에서 죽었다. 선조 27(1594)년 상복을 벗고 성균관 전적에 임명된 뒤 응교·부응교·교리를 역임하고 선조 28년 군기시 첨정·경상도 순안어사를 역임했다. 선조 29년 문사낭청에 임명되었다가 군기시 부정으로 승진하여 평산 부사로 나갔다. 돌아와서 선조 30(1597)년 군자감정으로 있었는데 정유재란이 일어나자 순안독찰사로 군량 운반을 맡았다. 그 뒤에 철원 부사가 되었다가 동부승지에 올랐다. 또한 이 해에 둘째 아들 신지가 선조와 인빈 김씨 사이에 태어난 정혜옹주와 결혼하여 해숭위가 됨으로 왕실과 인척이 되었다. 선조 34년 동부승지에서 우부승지로 전임되었고 아버지 전 영의정 두수가 죽어서 시묘했다. 선조 36년 병조 참지에 임명되었고 선조 37(1604)년 동지사가 되어 명나라에 다녀왔다. 선조 38년 해창군에 봉해지고 병조 참판으로 동지춘추관사를 겸하다가 얼마 뒤에 도승지에 임명되었다. 선조 39(1606)년 한성부 판윤에 임명되어 지의금부사와 도총관을 겸했다.

광해군 즉위(1608)년 형조 판서에 임명되었고 광해군 1(1609)년 사은사로 명나라에 다녀왔다. 광해군 2(1610)년 경기도 관찰사에 임명되었다가 광해군 3년 경상도 관찰사에 전임되었고 자헌대부에 가자되었다. 조정으로 돌아와 지춘추관사를 겸하며 <선조실록> 편찬에 참여했다. 광해군 7(1615)년 사은사로 명나라에 가서 주본(奏本)과 자문(咨文)을 올리고 돌아와 은상(恩賞)으로 숭정대부에 가자되었다. 광해군 10(1618)년 인목대비 폐모론에 반대하다가 병을 구실로 청정에 불참하여 탄핵받고 벼슬에서 물러났다가 광해군 11년 공조 정랑에 임명되었다.

인조 1(1623)년 인종반정이 성공하자 어영대장에 임명되어 정국을 진압하고 예조 판서로 기용되었다. 이어서 우참찬·판의금부사를 역임하고 같은 해에 우의정으로 승진했고 이어서 좌의정에 승진했다. 인조 2(1624)년 좌의정으로 이괄의 난을 진압하는 데 공을 세웠고 인조 5(1627)년 1월 영의정에 올라 정묘호란이 일어나자 강화로 피난할 것을 주장하여 인조를 강화도로 호종했다. 같은 해 5월 영의정에서 물러나 영돈녕부사에 임명되었고 인조 6년 판중추부사에 임명되었다. 인조 8(1630)년 영돈녕부사에 제수되었다가 인조 9년 다시 영의정에 임명되었다. 인조 14년 영의정에서 체직되고 영중추부사에 임명되었다. 병자호란 때에는 묘사 제조로서 40여 개의 신주를 강화도로 옮겼다. 인조 15년 영돈녕부사에 임명되었다가 파직되고 다시 영중추부사가 되었다. 인조 16(1638)년 어떤 일로 삭탈관작이 되었다가 해창군이 되고 다시 영중추부사가 되었다. 그러나 인조 17년 인순왕후의 신주를 분실하고 신주를 함부로 말에 실어 한성으로 옮겼다는 탄핵을 받고 삭탈관직 되어 연안으로 귀양 갔다. 뒤에 전리방귀 되었으며 인조 18년 풀려 나서 영중추부사에 임명되었으나 이 해에 78세로 영중추부사로 죽었다.

〈인조실록〉 인조 18(1640)년 8월 8일 첫 번째 기사에 '영중추부사 윤방의 졸기'가 있다.

📦 평가

영중추부사 윤방의 졸기

…… 윤방은 윤두수(尹斗壽)의 아들이다. 그는 사람됨이 너그럽고 후하고 청렴하고 신중하여 일찍부터 재상의 인망이 있었다. 광해군 때 인목 대비(仁穆大妃)를 폐하자는 논의가 일어났을 적에는 정청(庭請)에 참여하지 않고 시골에 은퇴해 있었다. 상이 반정하고 나서 그를 재상으로 발탁하였는데, 국가 대사에 대해 특별히 의견을 진달한 것은 없었다.

그러나 갑자년에 이괄(李适)의 난이 평정된 후 맨 먼저 도성에 들어갔을 때 어떤 사람이 책자 한 권을 바쳤는데, 곧 역적 이괄에게 붙은 사람들의 이름이 적힌 것이었으므로, 그는 자세히 보지도 않고 불태워 버렸다. 그래서 의논하는 사람들이 '이분의 큰 역량이 아니었으면 이 일을 해내지 못했을 것이다. 만일 그가 정묘호란이 있기 전에 조용히 은퇴했거나, 병자호란 때 죽기로 결심을 했더라면 이름난 재상이 되었을 것이다.'고 하니, 그 말이 맞다고 하겠다. ……

참고문헌

〈국조인물고 : 신도비명. 이식(李植) 지음〉, 〈다음백과사전〉, 〈선조실록〉, 〈광해군일기〉, 〈인조실록〉, 〈해평윤씨세보〉

신 흠(申欽)

본관은 평산이고 자는 경숙(敬叔)이며 호는 상촌(象村)·현헌(玄軒)·방옹(放翁)이고 시호는 문정(文貞)이다. 영조 21(1566)년에 태어나서 인조 6(1628)년에 죽었다.

📑 재임기간

인조 5(1627)년 9월 4일6) − 인조 6(1628)년 6월 29일7) ※ 후임 오윤겸

📑 가문

아버지는 개성부 도사 승서(承緒)이고 할아버지는 호조 판서·한성부 판윤·우참찬을 역임한 영(瑛)이다. 증조부는 사직 서령을 역임하고 판서에 증직된 세경(世卿)이고 고조부는 전성서 주부 자계(自繼)이다. 5대조는 좌의정 개의 아우인 사간원 우정언 효(曉)이고 6대조는 종부시령 안(晏)이며 7대조는 보문각 대제학 집(諿)이다. 8대조는 중명(仲明)이며 9대조는 연(衍)이다. 연 이상의 세계는 신완과 같다.

장인은 진주 목사·함경북도 병마절도사를 역임하고 청백리에 녹훈된 전의인 이제신(李濟臣)인데 이제신은 영의정 상진의 손녀사위이기도 하다. 외할아버지는 경기도 관찰사·형조 판서·예조 판서·이조 판서·호조 판서를 역임한 은진인 송기수(宋麒壽)이다.

2남 5녀를 두었는데 1남은 익성(翊聖)이고 2남은 익전(翊全)이다. 익성(翊聖)은 선조와 인빈 김씨의 소생인 정숙옹주(貞淑翁主)와 결혼한 동양위(東陽尉)인데 오위도총부 도총관을 역임했고 병자호란 때 척화파로 김상헌·조한영(曺漢英)과 함께 심양에 잡혀가서 모진 고문을 받고 왔다. 익성은 아들 다섯을 두었는데 대사간 면(冕), 세자익위사 세마 승(昪)·증집의 경(昃)·함경도 도사 최(最)·항(昴)이다. 익전은 도승지·호조 참판·병조 참판·예조 참판을 역임했고

---

6) 신흠을 영의정으로 오윤겸을 좌의정으로 김류를 우의정으로 삼았다.
7) 영의정 신흠이 졸하였다.

현감 조창원(趙昌遠)의 딸과 결혼했다.

익성의 사위로는 남양인 영의정 홍명하(洪命夏)와 금천인 강문두(姜文斗)와 공조 판서・예조 판서・호조 판서・병조 판서를 역임한 청릉부원군 김좌명(金佐明)이다. 김좌명은 대동법을 시행한 영의정 김육(金堉)의 큰아들이다. 좌명의 아우 김우명(金右明)은 명성왕후의 친정아버지로 현종의 국구인 청풍부원군인데 오위도총부 도총관을 역임했다. 흠의 외손자 가운데 김좌명의 아들 청성부원군 김석주(金錫胄)가 우의정을 역임했다. 김석주는 사계 김장생의 손녀인 김반의 딸과 결혼했다. 또 인경왕후의 아버지인 대제학 광성부원군 김만기(金萬基)와 공조 판서와 대제학을 역임하고 <구운몽>과 <사씨남정기>를 지은 서포 김만중(金萬重)과 처사촌이며 이조 판서・우의정・좌의정을 역임한 박세채(朴世采)가 외종숙이다.

사위는 현감 박호(朴濠)・좌랑 조계원(趙啓遠)・전적 박의(朴漪)・사직 강문성(姜文星)・참봉 이욱(李旭)이다.

🎁 생애

동양위 익성의 아버지이고 영의정 홍명하의 처할아버지이며 청릉군 김좌명의 처할아버지이다. 계축옥사가 일어나자 선조로부터 영창대군을 보호하라는 부탁을 받았다. 이 일로 유교칠신이라는 이유로 춘천에 부처되어 문학을 비롯한 학문 연구와 저술에 힘썼다. <상촌집>의 저자로 이정구・장유・이식과 더불어 한학의 4대가로 불린다.

7세 때 부모를 잃고 장서가로 유명했던 외할아버지 좌참찬 송기수의 집에서 자라면서 제자백가를 두루 공부했다. 15세에 주역의 대가인 청강(淸江) 이제신(李濟臣)의 문하에서 납폐(納幣)를 올렸다. 선조 16(1583)년 삼사에서 율곡을 논할 때 외삼촌인 송응개(宋應漑)가 대사헌으로 있으면서 탄핵의 글을 미리 보이자 사림의 중망을 받는 사람을 이처럼 공격하면 안 된다 하여 외사촌들로부터 비방을 받았다. 선조 18(1585)년 진사시와 생원시에 모두 합격하고 선조 19(1586)년 별시문과에 병과로 급제했다. 집정이 이전의 일에 원한을 품고 성균관 학유에 보임시켰다가 경원 훈도로 내쫓았다. 다시 광주의 훈도로 옮기게 하고 이어서 사재감 참봉에 임명되었다. 선조 20년 파면되어서 독서당에서 독서하며 시사에 간여하지 않았다. 선조 22(1589)년 춘추관원에 뽑혀서 봉교로 승진하고 사헌부 감찰·병조 좌랑을 역임했으나 파면되었다. 선조 25(1592)년 임진왜란이 일어나자 양재역 찰방에 임명되고 순변사 신립의 군대가 도착하자 흩어진 인원을 수습하여 신립의 군대를 따라 조령으로 갔다가 신립이 대패하자 강화로 가려 했다. 이때 정철을 만나 도체찰사 정철의 종사관으로 있었고 그 공으로 사헌부 지평으로 승진하고 사헌부 지교제를 역임했다. 선조 26년 장령·이조 좌랑·지교제·지평·접반사 이항복(李恒福)의 종사관을 역임했다. 선조 27(1594)년 이조 정랑으로 승진했고 역적 송유진을 추국한 공으로 가자되었고 사헌부 집의에 승진했으나 정철과 관련하여 체직되었다. 그 뒤 성균관 사성에 임명되었고 주청사의 서장관으로 명나라에 다녀왔으며 군기시정에 임명되고 함경도 순안어사로 다녀왔다. 이어서 사인에 임명되고 다시 장악원정으로 옮겼다. 선조 28년 장악원 첨정·성균관 사예를 역임하고 선조 29년에는 내자시정을 역임하고 선조 30(1597)년 종부시정에 임명되었다. 선조 31년 시강원 필선을 겸하고 홍문관 교리를 거쳐 응교가 되었고 선조 32(1599)년 다시 종부시정에 제수된 뒤 교리·사인·전한·동부승지를 역임하고 형조 참의로 옮겨 승문원 부제조를 겸한 뒤에 병조 참지로 전임되었다. 이 해에 큰아들 익성(翊聖)이 선조와 인빈 김씨 사이에서 태어난 정숙옹주와 결혼했다. 선조 33년 우부승지로 승문원 제조를 겸했고 예조 참의·대사간·병조 참지·이조 참의를 역임했다. 선조 34(1601)년 <춘추제씨전>을 엮은 공으로 가선대부에 가자된 뒤에 병조 참의·부제학·평양 영위사·부제학·예문관 제학에 차례로 제수되었다. 선조 35년에는 충무위 부호군과 부총관을 역임하고 예조 참판으로 전임되었다. 선조 36년에는 예조 참판으로 예문관 제학·세자좌부빈객·동지춘추관사를 겸했고 병조 참판으로 전임된 뒤에 부제학으로 전임되었다. 병조 참판에 오를 때 사관이 평하기를 "사람됨이 사특하였으며 독한 정철의 당여였다"고 기록하였다. 그러나 <선조수정실록>에는 여기에 대한 반박이 있는데 "흠은 청간하고 유아하여 사류들 가운데 으뜸이었다. 그런데 역사를 쓰는 자가 간사하다고 지목하였으니 실로 해괴한 일이다"라고 적고 있다. 선조 37(1604)년에는 성균관 대사성·병조 참판·부제학에 임명되었으며 선조 38년 도승지·예문관 제학·병조 참판·도승지·한성부 판윤을 역임하고 영위사로 의주에 다녀와서 특명으로 <황화집(皇華集)>의 서문을 지었다. 선조 39(1606)년 병조 판서에 제수되었는데 병조 판서에 오를 때에도 사관의 평가가 있었는데 인용하면 "사람들이 말하기를 신흠은 유아하여 무사에는 익숙치 못하다고 하였는데 이 직책에 임명되자 조처하는 것이 합당하고 책상에는 머물러 있는 서류가 없었으며 문에는 사사로운 방문을 끊었으므로 듣는 이들이 탄복하였다. 그러나 얼마 있다가 병으로 사직하였다."(<선조수정실록>) 병조 판서에서 사직하고 예조 판서에 임명되어 선조의 생부인 덕흥대원군 이초(李岹)를 추승할 것을 상소했다. 선조 40년 상호군을 겸했으며 선조 41(1608)년 경기도 관찰사를 겸하면서 선조가 승하하자 애책문을 지었다.

광해군 즉위(1608)년에 예문관 제학·대사헌 겸 지의금부사·예문관 제학·대사헌을 역임하고 사직을 원하는 소를 올려 대사헌에서 물러났다. 광해군 1(1609)년 의주 영위사를 역임하고 예조 판서에 임명되었고 주청사로 명나라에 다녀와서 다시 예조 판서에 임명되었고 숭정대부로 가자되어 행지중추부사에 임명되었다. 광해군 2년 예조 판서에 제수되어 광해군 3년 지춘추관사 동지경연 성균관사 예문관 제학을 겸했으며 <선조실록>을 수찬했다. 광해군 5(1613)년 김제남의 일에 연루되어 공초를 받았다[8]. 광해군 9(1617)년 인목대비 폐비사건이 일어나자 9년 전 계축옥사가 일어났을 때 선조로부터 영창대군을 보필하라는 부탁을 받은 유교칠신(遺敎七臣)이라는 이유로 파직되어 춘천에 부처되었다가 광해군 13(1621)년 사면되었으나 춘천

---

8) 사형수 박응서(朴應犀)가 이이첨(李爾瞻)의 사주를 받고 연흥부원군 김제남(金悌男)이 영창대군을 끼고 반역을 꾀한다는 고변으로 김제남과 그의 두 아들과 사위 한 사람까지 죽인 사건.

에 유배된 뒤부터 10여 년간 정치권에서 떠나 문학을 비롯한 학문 연구에 힘썼다. 이때에 학문의 세계가 심화되어 <청창연담>·<구정록>·<야언> 등을 썼다.

인조 1(1623)년 이조 판서로 관직에 복귀하여 양관 대제학을 겸임하고 7월에 우의정으로 승진했다. 인조 2(1624)년 이괄의 난이 일어나서 인목대비를 강화로 피난시키려 하자 분조는 안 된다는 논리로 왕과 함께 공주로 피난시켰다. 인조 3년 인조의 생모인 연주부부인(뒤에 인헌왕후로 추존)이 죽자 임금이 삼년상을 치르려 할 때 반대했다. 인조 4(1626)년 우의정에서 물러나 판중추부사가 되었다가 인조 5년 정묘호란이 일어나자 좌의정 겸 세자부로 기용되어 세자를 수행하여 전주로 피난했고 같은 해 7월에 영의정 겸 세자사에 올랐다가 인조 6년에 63세로 죽었다.

흠은 이정구·장유·이식과 함께 조선 중기 한학의 4대가로 평가받고 있으며 뛰어난 문장력을 선조에 인정받아 명나라에 대한 외교문서 작성과 시문의 정리, 그리고 각종 의례문의 제작에 참여했다. 인조의 묘정에 배향되었고 강원도 춘천의 도포서원에 제향되었다. 63권 22책의 분량의 방대한 저서 <상촌집>이 전해지고 있다.

<인조실록> 인조 6(1628)년 6월 29일 두 번째 기사에 '영의정 신흠의 졸기'가 있다.

🟦 평가

영의정 신흠의 졸기

…… 신흠의 자는 경숙(敬叔)이고 호는 상촌(象村)이며, 평산인(平山人)이다. 흠은 사람됨이 장중하고 간결하며 문장에 뛰어나 어려서부터 유림의 중망(重望)을 받았다. 선조의 인정을 받아 정경(正卿)에 이르렀다. 영창 대군(永昌大君)을 보호하라는 유교(遺敎)를 받았는데, 광해군이 즉위함에 미쳐서는 이것으로 죄안을 삼아 춘천(春川)에 유배하였다. 반정 초에 먼저 서용되어 이조 판서 겸 대제학이 되었으며, 드디어 정승에 올랐다. 그런데도 더욱 근신하여 왕

실과 혼인을 맺고서도 청빈함을 그대로 지켰다. 국사를 처리함에 있어서는 자주 변경시키는 것을 좋아하지 않아 일찍이 말하기를 '조종조를 본받으면 다스리기에 충분하다'고 하였다. 저술로 ≪상촌집(象村集)≫ 60권이 세상에 전한다. 조정에 있은 지 40년 동안에 화현직(華顯職)을 두루 거쳤으나 일찍이 헐뜯는 말이 없었으며, 위란(危亂)을 겪으면서도 명의(名義)를 조금도 손상시키지 않았으므로 사림이 이 때문에 중하게 여겼다. 증시(贈諡)는 문정(文貞)이고 신묘년에 묘정에 배향(配享)되었다.

참고문헌

〈국조인물고 : 비명. 이정귀(李廷龜) 지음〉, 〈선조실록〉, 〈선조수정실록〉, 〈광해군일기중초본〉, 〈인조실록〉, 〈평산신씨 문희공파보〉

오윤겸(吳允謙)

본관은 해주이고 자는 여익(汝益)이며 호는 추탄(楸灘)·토당(土塘)이고 시호는 충간(忠簡)이다. 명종 14(1559)년에 태어나서 인조 14(1636)년에 죽었다.

재임기간

인조 6(1628)년 11월 21일[9] - 인조 9(1631)년 8월 27일[10] ※ 후임 윤방

가문

아버지는 선공 감역 희문(希文)인데 희문은 윤집·홍인한과 함께 삼학사로 불리는 달제(達濟)의 아버지이며 이조 참판과 오위도총부 부총관을 역임한 수량(遂良)의 증조부가 된다. 수량은 아들 셋을 두었는데 1남 명순은 좌참찬을 역임했고, 2남 명항은 우의정을 역임했으며 3남 명신은 홍문관 부제학이다. 할아버지는 사헌부 감찰 경민(景閔)이고 증조부는 석성 현감 옥정(玉貞)이며 고조부는 부사과 계선(繼善)이다. 5대조는 괴산 교도 중노(重老)이고 6대조는 용양시위사 좌영호군 희보(希保)이며 7대조는 서운관 부정 사렴(士廉)이다. 8대조는 풍저창승 효충(孝沖)이고 9대조는 대비원 녹사 승(昇)이며 10대조는 태자 첨사 찰(札)이다. 11대조는 비서성감 민정(民政)이고 12대조는 내부고사 주예(周裔)이며 13대조는 해주 오씨의 시조인 군기감 인유(仁裕)이다.

장인은 초배는 이제현(李齊賢)의 후손인 경주인 첨정 이응화(李應華)이고 외할아버지는 판중추부사를 역임한 연성부원군 이석형(李石亨)의 후손인 연안인 군수 이수정(李秀廷)이다. 이수정의 외할아버지는 성종의 왕자인 익양군(益陽君) 이회(李懷)이다. 계배는 덕수인 전라도 관찰사 이광(李洸)이다.

5남을 두었는데 1남은 종친부 전첨 달천(達天)이고 2남은 금구 현령 달주(達周)이며 3남은 부사용 달조(達朝)이고 4남은 진사 달원(達遠)이며 5남은 전옥

---

9) 오윤겸을 영의정으로 정광적을 대사헌으로 …
10) 영의정 오윤겸이 열일곱 차례나 사직서를 올려 체직을 청하니, 상이 허락하였다.

참봉 달사(達士)다[11]. 1녀는 정두망(鄭斗望)과 결혼했고 2녀는 전라도 관찰사 · 호조 참의 겸 비변사 제조 · 평안도 관찰사를 역임한 구봉서(具鳳瑞)와 결혼했다. 손자로는 달천이 도종(道宗)과 도융(道隆)을 낳았다. 달주(達周)는 오윤겸이 죽은 뒤에 시골에서 굶고 있어서 임금이 벼슬을 내렸다.

🧊 생애

광해군 9년 화답사 겸 쇄환사로 일본에 가서 임진왜란 때 잡혀간 포로 150명을 데려왔고, 인목대비 폐출에 반대하다가 탄핵을 받고 광주의 토굴에 은거했다. 서인이 노론과 소론으로 분열되자 김상용과 함께 노론을 이끌었다. 영의정으로 있으면서 인조의 생부인 정원군을 원종으로 추승하고 부묘하려 하자 대원군을 예묘하는 것은 도리에 어긋난다며 반대했다.

성혼의 문인으로 선조 15(1582)년 사마시에 합격하고 선조 22(1589)년 전강에서 장원한 뒤 영릉 참봉 · 봉선전 참봉을 지냈다. 선조 25(1592)년 임진왜란이 일어났을 때 양호체찰사 정철의 종사관으로 활약했으며 선조 26년 전설 별제에 임명되었으나 나가지 않고 사직 · 부수를 역임하고 평강 현감으로 옮겼다. 선조 30(1597)년 별시문과에 급제했으며 선조 33(1600)년 세자시강원 문학을 역임했다. 선조 34년 홍문관 부수찬 · 시강원 사서 · 홍문관 수찬에 임명되었고 이어서 이조 좌랑 · 지제교를 거쳐 부교리에 임명되었으나 어떤 일로 면직되었다. 얼마 뒤에 전적에 임명된 뒤 수찬 · 문례관 · 교리를 역임했다. 선조 35(1602)년 전적에 임명되었으며 성혼(成渾)이 임진왜란 때 화의를 주장했다는 이유로 동인들로부터 탄핵을 받자 사직했다가 직강에 임명된 뒤에 경성 판관을 역임했다. 선조 37(1604)년 어머니 상을 당하고 여묘살이를 했다. 상을 마치자 선조 40(1607)년 전적 · 사예를 역임하고 외직인 안주 목사에 임명되었다.

광해군 즉위(1608)년 직강을 역임하고 어버이 나이 70이 되었으므로 벼슬에서 물러났다. 광해군 1(1609)년 함경도 어사에 파견되었다가 돌아와서 사

---

11) 3남, 4남, 5남은 측실 소생이다.

도시정에 임명되었다가 좌통례로 옮겼다. 이때에 남쪽 변경에 근심이 있다 해서 동래 부사에 임용되었다. 광해군 2년 동래 부사로 경상도 안무사를 겸했다. 그러나 사직하겠다는 소를 올려 벼슬에서 물러나 어버이를 봉양하다가 호조 참의에 임명되었다. 광해군 3년 동부승지에 임명되었다가 우부승지·충청도 관찰사·좌부승지에 임명되었다. 광해군 5(1613)년 대북파가 영창대군과 반대파를 제거하기 위해 계축옥사를 일으키자 자원하여 광주 목사로 나갔다. 그 뒤 정인홍(鄭仁弘)이 이언적과 이황의 문묘종사에 반대하자 이를 탄핵했다. 그러나 탄핵한 일로 강원도 관찰사로 좌천되었다. 강원도 관찰사로 재임하면서 기민을 구제하고 영월에 있는 단종의 묘를 수축해 그 제례 절차를 정하고 돌아와서 첨지중추부사에 올랐다. 광해군 6년 아버지가 죽자 벼슬에서 물러나 여묘살이를 했으나 복상을 마치고 분승지가 되었다. 광해군 9(1617)년 회답사 겸 쇄환사로 일본에 가서 임진왜란 때 잡혀간 포로 150명을 데려왔으며 임진왜란 이후에 단절되었던 일본과의 관계를 정상화시켰다. 광해군 10(1618)년 이이첨 등 북인들이 인목대비를 폐출하려 하자 이에 반대하였다. 이 일로 탄핵을 받았으나 처벌을 모면하고 벼슬에서 물러나 광주의 토굴에 은거했다. 광해군 14(1622)년 동지중추부사로 관직에 복귀한 뒤 명나라 희종이 등극하자 하등극사로 명나라에 다녀와서 좌참찬에 임명되었다.

인조 1(1623)년 대사헌에 임명되었고 체차되었다가 다음날 다시 대사헌에 제수되어 경연관과 춘추관 동지사와 원자보양관을 겸했다. 그 뒤에 서인이 노론과 소론으로 분열되자 김유(金瑬)·김상용(金尙容)과 함께 노론을 이끌었다. 같은 해에 이조 판서로 승진했고 이괄의 난 때 임금을 공주로 호종했다. 인조 3년 지중추부사·형조 판서·예조 판서를 역임했으며 인조 4(1620)년 이조 판서에 임명되었다가 우의정으로 승진했다. 인조 5년 우의정일 때 정묘호란이 일어나자 왕자와 함께 강화도로 피난을 갔으며 환조하여 좌의정에 임명되었다. 인조 6(1628)년 좌의정에서 물러나 판중추부사에 임명되었다가 영의정에 올랐다. 인조 7년 인조의 생부인 정원군을 원종(元宗)으로 추숭하고 부묘하려는 논의가 일어나자 대원군을 예묘하는 것은 도리에 어긋난다고 반대했다. 인조 9(1631)년 17차례 사직 상소 뒤에 영의정에서 사직하는 것을 하락 받고 판중추부사가 되었다가 영돈녕부사로 옮겼다. 인조 11(1633)년 좌의정에 제배되어 기로소에 들어갔으며 인조 14년 인열왕후의 상에 총호사의 임무를 수행하다가 과로하여 78세로 죽었다. 저서로 <추탄문집> · <동사일록>이 있다.

<인조실록> 인조 14(1636)년 1월 19일 세 번째 기사에 '좌의정 오윤겸의 졸기'가 있다.

📦 평가

좌의정 오윤겸의 졸기

······ 윤겸은 일찍이 성혼(成渾)의 문하에서 종유하였으므로 학업에 자못 연원이 있었으며, 사람됨이 온순하고 청아하고 단정하고 순수하여 사림에게 추앙을 받았다. 혼조(昏朝) 때 신사(信使)로 일본에 들어갔는데 몸가짐이 간이하고 깨끗하여 왜인들이 공경하고 복종하였다. 조정에 돌아온 지 몇 해가 못 되어 요동 지방이 오랑캐에게 함락되었으므로, 우리 나라 사신들이 등주(登州) · 내주(萊州)의 해로를 통하여 중국에 들어갔는데, 사신으로 떠났던 두어 무리가 잇따라 바다에 빠져 죽었다. 그러므로 또 사신을 파견하게 되자, 사람들이 모두 뇌물을 바치고 면하기를 도모하여 마침내 오윤겸이 가게 되었다. 그러나 윤겸은 꺼리는 안색이 조금도 없이 태연히 길을 떠났다.

계해년에 반정이 되자 제일 먼저 대사헌에 제배되었고, 얼마 안 되어 이조 판서로 옮겼다가 병인년에 드디어 의정에 제배되었다. 청백하고 근신함으로써 몸을 지켰으며, 사람을 사랑하고 선비들을 예우하였으므로 어진 정승이라고 일컬어졌다. 그러나 경국제세의 재능과 곧은 말을 하는 기풍이 없어서 명성이 정승이 되기 전보다 떨어졌다. 을해년에 능(陵)의 변괴가 생겨 명을 받들고 가서 실태를 살폈는데, 사람들의 말썽이 크게 나자 교외에 나가 대죄(待罪)하였다. 그러자 상이 위로의 유시를 내려 불러 들였는데, 이때에 이르러 죽었다. 임종할 때에 아들에게 명하여 시호를 청하지 말고 비를 세우지 말라고 하였는데, 사람들이 모두 훌륭하게 여겼다.

참고문헌

〈국조인물고 : 묘갈명. 김상헌(金尙憲) 지음〉, 〈다음백과사전〉, 〈선조실록〉, 〈광해군일기〉, 〈인조실록〉, 〈해주오씨대동보〉

김 류(金瑬)

본관은 순천이고 자는 관옥(冠玉)이며 호는 북저(北渚)이고 시호는 문충(文忠)이다. 선조 4(1571)년에 태어나서 영조 26(1750)년에 죽었다.

🟢 재임기간

인조 14(1636)년 7월 14일[12] - 인조 15(1637)년 8월 4일[13] ※ 후임 이홍주
인조 22(1644)년 4월 5일[14] - 인조 22(1644)년 12월 7일[15] ※ 후임 홍서봉
인조 23(1645)년 2월 3일[16] - 인조 24(1646)년 3월 4일[17] ※ 후임 김자점

🟢 가문

아버지는 의주 목사 여물(汝岉)인데 임진왜란 때 도원수 신립의 종사관으로 탄금대 전투에 참전했다가 전사했다. 할아버지는 찰방 훈(塤)이고 증조부는 무과 출신으로 정주 목사 겸 정주 진관병마절도사에 오른 수렴(粹廉)이며 고조부는 약균(若均)인데 선공감정을 역임했다. 5대조는 호조 참의 원석(元石)이고 6대조는 예조 참의 유온(有溫)이며 7대조는 검교좌의정 승주(承霔)이다. 8대조는 정주 목사 유정(惟精)이고 9대조는 판밀직사사 형(泂)이며 10대조는 문하평장사 윤인(允仁)이다. 11대조는 도(裯)이고 12대조는 선장(善長)이며 13대조는 현(炫)이고 14대조는 현릉 청제서령(淸齊署令) 효숙(孝淑)이며 15대조는 양(良)이다. 16대조는 이부상서 희철(希哲)이고 17대조는 여주 목사 명현(明顯)이며 18대조는 휘(輝)이다. 19대조는 대보(大保) 덕홍(德洪)이고 20대조는 방원(芳遠)이며 21대조는 민징(敏徵)이고 22대조는 항(恒)이다. 23대조는 윤상(倫常)이고 24대조는 성윤(聖潤)이며 25대조는 심(瞫)이고 26대조는 경연(慶衍)이다. 27대조는 진례군

---

12) 김류를 영의정으로 삼았다.
13) 양사가 전에 김류·윤방의 관작을 삭탈하여 문외출송할 것을 아뢴 일에 대하여 답하였다.
   "김류는 관작을 삭탈하라."
14) 김류를 영의정으로 삼고 홍서봉을 강등하여 좌의정으로 삼았다.
15) 영의정 김류가 스물세 번째 사직장을 바치니 상이 윤허하였다.
16) 김류를 영의정으로 삼고, 홍서봉을 좌의정으로 심열을 우의정으로 각각 강등하였다.
17) 영의정 김류가 면직되었는데 김류가 네 번째 정사하자 상이 허락한 것이다.

태수 유(裕)이고 28대조는 인가별감 총(摠)이다. 총은 순천김씨 시조인데 아버지는 청광(靑光)이고 할아버지는 궁예(弓裔)이며 상조는 김알지(金閼智)이다.

장인은 진주인 진원부원군 유근(柳根)이고 외할아버지는 함양인 현감 박강수(朴岡守)이다.

아들은 1남이 경징(慶徵)인데 도승지·한성부 판윤을 역임하고 병자호란이 발생하자 강도 검찰사로 강화도의 수어를 맡았으나 방비를 잘못하여 패하고 청나라에 잡혀 죽었다. 이때 서조모와 어머니와 처와 며느리 등 4대가 투신하여 자결했다. 경징은 축실에서 아들 국표(國標)를 낳았는데 무과출신으로 풍천 부사를 역임했다. 2남은 경운(慶雲)이다. 딸은 1녀는 성종과 숙의 홍씨 사이에서 태어난 회산군(檜山君) 이염(李恬)의 계자인 계산군(桂山君) 이수계(李壽誡)의 아들인 오위도총부 도총관 단성군(丹城君) 이진(李鎭)[18]과 결혼했고 2녀는 전지한(鄭之罕)과 결혼했다. 강화에서의 일로 인해 김류에 대해 찌질하고 못난 아들을 두어 집안을 망친 사람으로 평가하기도 한다. 손자는 돈녕부 도정 참의 진표(震標)이다. 진표는 아들이 없어서 노득(魯得)을 양자로 삼았는데 도사를 역임했다.

🎁 생애

서인이며 인조반정 공신으로 정인홍이 이언적과 이이를 비방하며 문묘배향에 반대하자 태학생과 권당하여 유적에서 정인홍의 이름을 삭제했다. 이 일로 북인들의 탄핵을 받고 쫓겨났다. 인조반정 뒤에 병조 참판으로 관직에 복귀했다. 인조 6년 유효림이 모반하자 우의정 겸 도체찰사로 진압했고 여러 성의 도형을 작성했다. 영의정으로 있으면서 속오군 2만 명을 정선하여 대비할 것을 청하였고, 주화파로 삼전도에서 항복하는 데에 주도적 역할을 했다. 소현세자빈 강씨의 옥사에 반대하다가 영의정에서 삭직되었다. 병자호란 때 아들 경징이 강화도 수어에 실패하여 청나라에 잡혀 죽었고, 서조모, 어머니, 처, 며느리 4대가 투신하여 자결했다.

21세인 선조 24(1591)년 향시에서 1등으로 합격하고 선조 25년 아버지 김여물이 신립과 함께 충주에서 전사했고 다음해인 선조 26년에는 어머니가

---

18) 성종과 숙의 홍씨 사이에서 태어난 완원군의 아들 이염(李恬)이다.

죽었다. 음직으로 침랑(참봉)에 제수되었다가 선조 29(1596)년 정시문과에 을과로 급제하여 승문원 권지부정자가 되었다. 선조 31(1598)년 복수소모사 김시헌의 종사관으로 호서와 영남지역에서 활약하고 권지정자가 되었다. 그러나 이 해에 아버지 김여물이 전사한 탄금대 아래에서 기생을 끼고 풍악을 울리고 놀아났다는 사헌부의 탄핵을 받고 파면되었으나 충청도 유생들이 김류를 구원하는 상소문을 올리고 이항복·이덕형의 변호로 풀려나서 한림원 설서가 되었다. 선조 34(1601)년 예문관 검열로 관직에 복귀했고 대교로 전임되었다가 선조 35년 주서·대교를 역임하고 예문관 봉교에 임명되었다. 그러나 정인홍이 사헌부를 담당하자 다시 전에 있었던 일로 파직되었다가 그 해에 봉교로 복직되었다. 선조 37(1604)년 형조 좌랑·충청도 도사를 역임하고 전주 판관으로 임명되었는데 선정을 베풀어 고을 백성들이 비석을 세워 칭송했다. 선조 40(1607)년 형조 좌랑이 되었다.

광해군 즉위(1608)년 임해군의 옥사가 일어나 국문할 때 문사랑으로 있었으나 병을 이유로 면직했다. 광해군 1(1609)년 직장에 임명되었고 광해군 2년 수찬·세자시강원 사서·부교리를 역임하고 광해군 3년 강계 부사로 나갔으며 대북정권 아래서 가선대부에 가자되었다. 광해군 7(1615)년 동지사 겸 성절사로 명나라에 갔는데 역관 유지녕이 궁액(궁에 속한 하인)과 친분이 있다고 횡포를 심하게 부리자 중한 형장을 쳐서 바로 잡으려 했다. 이 일로 명나라에서 돌아와 보고하던 날 심문을 받았다. 광해군 9(1617)년 정인홍(鄭仁弘)이 이언적과 이이를 비방하면서 문묘배향을 반대하자 태학의 유생들과 함께 유적에서 정인홍의 이름을 삭제하고 권당하였다. 이 때문에 북인들로부터 역적을 비호한다는 대간의 탄핵을 받고 쫓겨났으며 광해군 12(1620)년 이귀 등과 반정을 꾀하다가 미수에 그쳤다.

인조 1(1623)년 이귀·신경진·이괄 등과 인조반정을 일으켜 그 공으로 병조 참판에 임명되었다가 바로 병조 판서에 올라 예문관 제학을 겸했다. 그 뒤 원접사가 되었으며 판의금부사를 겸하다가 여름에 양관 대제학을 겸했다. 인조 2(1624)년 1월 이괄의 난이 발생하자 남행하여 임금을 수행했고

난이 평정되자 좌찬성에 임명되고 승평부원군에 봉해졌다. 인조 3년 이조
판서에 임명되고 정사공신에 녹훈되었으며 세자우빈객을 겸하다가 세자좌
빈객을 겸했으며 우찬성으로 전임되었다가 좌찬성에 임명되었다. 인조 4년
봄에 다시 이조 판서에 임명되었는데 이 해에 가도(假島)에 가 있던 명나라
장수 모문룡을 찾아가 그의 횡포를 막고 명나라 사신의 반송사가 되어 그
들의 불만을 시문으로 회유했다. 인조 5(1627)년 정묘호란 때 경기·충청·
전라·경상도 도체찰사 이원익의 부체찰사로 있으면서 인조를 강화도로 호
종했고 환도하여 도체찰사가 되고 이조 판서를 겸하다가 9월 우의정으로
승진했다. 인조 6(1628)년 유호림이 모반하자 우의정 겸 도체찰사로 주도적
으로 진압하고 진휼상사가 되어 기민구제에 노력했으며 총융사 이서·찬획
사 이경직을 대동하고 여러 성을 순시하여 그 도형을 작성했다. 이어 좌의
정에 임명되었으나 인조 8년 인조의 생부인 정원군[19]의 추숭 문제가 발생
하였을 때 반대하다가 인조 9(1631)년 좌의정에서 면직되었다. 인조 11(1633)
년 좌의정으로 복귀하였다가 우의정으로 낮춰졌고 정원군의 추숭문제가 다
시 제기되자 반대하여 인조 12년 다시 면직되었다. 인조 13년 왕이 전국에
국서를 내려 후금에 대해 화친을 끊고 방어 체계를 갖출 것을 선언하면서
도체찰사에 임명함으로 다시 관직에 들어왔다. 이때 휘하의 포수들을 어영
청에 소속시켰다. 인조 14(1636)년 영의정에 올라 도체찰사를 겸하면서 각
도의 속오군(束伍軍) 2만 명을 정선하여 사전에 대비할 것을 청하였다. 병자
호란이 일어나자 임금을 수행하여 남한산성으로 들어갔으며 인조 15년 강
화도마저 함락되자 주화파의 주장에 따라 삼전도에서 항복하는 데 주도적
인 역할을 했다. 이 일로 기평군(杞平君) 유백증(俞伯曾)이 상소하여 공박하고
양사에서 탄핵하였으나 인조의 비호로 관작이 삭탈되고 문외출송을 하는
선에서 그쳤다. 인조 16(1638)년 서용하라는 명에 따라 승평부원군에 봉해

19) 이름은 부(琈), 선조와 인빈 김씨 사이에서 태어났다. 좌찬성 구사맹(具思孟)의 딸과 결혼하여
    인조, 능원대군(綾原大君), 능창대군(綾昌大君)을 낳았다. 인조가 왕위에 오른 뒤에 원종(元宗)
    으로 추존되었다. 능호는 김포의 장릉(章陵)이다.

지고 호위대장이 되었다. 인조 22(1644)년 3월 심기원이 반역을 일으키자 신속하게 평정한 공으로 4월 다시 영의정에 임명되고 영국공신 1등에 녹훈되고 승평부원군에 봉해졌으나 같은 해 12월 스물세 번째 사직 상소를 내고 윤허 받았다. 인조 23년 2월에 영의정에 다시 임명되었으나 인조 24(1646)년 소현세자의 빈 강씨에 대한 옥사가 있자 이에 반대하다가 영의정에서 사직했다. 인조 25년에 병이 나서 인조 26(1648)년 죽었다. 청나라에 볼모로 가 있던 왕세자의 환국을 주장하였으며 영춘추관사로 <선조실록>의 수정을 요청했다. 성격이 엄숙하고 씩씩하며 광명하고 정대하였고 겉모습이 호기롭고 시원스러웠다 한다. <인조실록> 인조 26(1648)년 윤 3월 5일 기사에 '전 영의정 승평부원군 김류의 졸기'가 있다.

📦 평가

전 영의정 승평부원군 김류의 졸기

전 영의정 승평부원군(昇平府院君) 김류가 졸했는데 시호는 문충(文忠)이다. 김류가 병을 얻어갈수록 위독해지자 상이 잇따라 내의를 보내어 병을 살피게 하고 자주 약을 내렸다. 병이 위독하게 되자 김류가 차자를 올려 사례하고 아뢰기를,

"신이 곳 죽게 되어 다시 보답할 것을 도모할 길이 없어 몸뚱이만 어루만지면서 슬피 우노라니, 눈물이 빗물처럼 쏟아져 내립니다. 삼가 생각하건대, 신이 지금 성상께 영결(永訣)을 고하면서 끝내 한 마디도 하지 않는다면 성상을 크게 저버리는 것입니다. 신은 정신이 혼란하여 인사를 살필 수 없습니다만 임금을 사랑하는 구구한 정성은 죽음에 이르렀어도 없어지지 않고 있습니다. 삼가 바라건대 성상께서는 하늘의 노여움을 조심하여 국운이 영원하길 빌고, 백성의 고통을 돌아보시어 나라의 근본을 공고하게 다지시며, 사의(私意)를 억제하여 충간(忠諫)을 받아들이시고, 현재(賢才)를 진용하여 명기(名器)를 중하게 하소서. 신은 여러 달 고질병에 시달려 병석에 누워있기

때문에 끝내 다시 전하를 우러러 뵐 수 없어서, 구원(九原)의 아래에서 반드시 눈을 감지 못할 것입니다. 이것이 하찮은 신의 하나의 큰 한입니다.” 하였는데, 상이 열람한 다음에 안타까운 마음으로 답하기를, ……

　김류는 근엄한 마음과 군센 의지에 기국이 있었으므로 일찍이 공보(公輔)의 기대를 지니고 있었다. 계해년에 정사원훈에 책봉되어 일대의 종신(宗臣)이 되었다. 이조 판서로서 문형을 맡았고 도체찰사를 겸했으며 다섯 번 상부(相府)에 들어갔다. 추숭과 강옥(姜獄)이 있을 적에는 모두 정당함을 지켜 동요하지 않아 끝내 대계를 도와 이루고 국본을 정하였으니, 위대하다고 할 수 있다. 그러나 성품이 자기의 마음대로 하기를 좋아하여 남의 선을 따르는 데에는 부족한 점이 있었다. 병자년과 정축년의 난리 때에는 패자(敗子)에게 중임을 재수하여 결국 나라를 망하게 하였으니, 통분스러움을 금치 못하겠다.

참고문헌

〈선조실록〉, 〈광해군일기〉, 〈인조실록〉, 〈다음백과사전〉, 〈순천김씨세보〉, 〈국조인물고 : 비명. 송시열(宋時烈) 지음〉

이홍주(李弘胄)

본관은 전주로 정종의 아들 선성군 무생(茂生)의 후손이다. 자는 백윤(伯胤)이고 호는 이천(梨川)이며 시호는 충정(忠貞)이다. 명종 17(1562)년에 태어나서 인조 16(1638)년에 죽었다.

🏛 재임기간

인조 15(1637)년 9월 3일[20] - 인조 16(1638)년 6월 11일[21] ※ 후임 최명길

🏛 가문

아버지는 간성 군수 극인(克仁)이고 할아버지는 파천군(坡川君) 주(珠)이다. 증조부는 하양군(河陽君) 옥형(玉荊)이고 고조부는 명산도정(明山都正) 금정(金丁)이다. 5대조는 정종과 숙의 지씨 사이에서 태어난 선성군(宣城君) 무생(茂生)이고 6대조는 정종이다.

장인은 능성인 내자시 직장과 부사를 역임한 구효연(具孝淵)이고 외할아버지는 창원인 이조 참의 유환(兪煥)이다.

아들은 사헌부 감찰 헌방(憲邦)이고 딸은 1녀는 여흥인 찰방 민성임(閔聖任)과 결혼했고 2녀는 우계인 생원 이원빈(李元賓)과 결혼했다. 측실 소생으로 진사 안방(安邦)이 있고 1녀는 대사성 이행원(李行遠)과 결혼했고 2녀는 장선윤(張善潤)과 결혼했다.

누이는 해주인 현령 최집(崔潗)과 결혼했고 또 한 명의 누이는 청주인 찰방 한효삼(韓孝參)과 결혼했다.

---

20) 이홍주를 영의정으로 심동귀를 장령으로 …
21) 영의정 이홍주가 병으로 정사한 것이 22번이나 되자 상이 허락하였다.(7월 14일에 졸하였다.)

🔲 생애

정종의 6세손이고 선성군 무생의 현손이다. 의주성 신축에 공을 세웠고 이괄의 난 때 8도 도원수로 난을 토벌했다. 정묘호란 때 인목대비를 강화도로 호위했고 병자호란 때는 인조를 호종하여 남한산성으로 들어갔다. 왕명을 받들고 적진을 왕래하며 교섭했으나 항복하는 것에는 반대했다. 죽은 뒤에 집에 쌀이 없어서 부의금으로 장사 지냈다.

선조 15(1582)년 진사시에 합격했고 선조 22(1589)년 성균관 유생으로 소를 올려 정철이 패한 뒤로 몇 년간 과거 시험 응시가 제한되었다. 그러나 이를 어기고 합격하여 물의를 일으켰다. 선조 26년 의금부 도사에 임명되고 선조 27(1594)년 별시문과에 급제하여 승문원 정자가 되었다. 선조 28년 가주서에 임명되고 선조 29년 고산도 찰방을 거쳐 선조 32(1599)년 예조 좌랑에 임명되었다. 선조 33년 병조 좌랑으로 전임되어 이항복이 도체찰사가 되자 이항복의 종사관이 되어 시강원 사서와 지제교를 겸했다. 같은 해에 이조 좌랑으로 전임되었고 선조 34년 이조 정랑으로 승진했다. 선조 35(1602)년 정철의 아들 정종명을 의망한 죄로 고신을 빼앗겼다. 선조 37년 강서 현령으로 관직에 복귀해서 선조 38년 성균관 사예 겸 편수관에 제수되었다가 선조 39(1606)년 평양 서윤으로 전임되었으나 병으로 사직하고 돌아왔다.

광해군 1(1609)년 부수찬으로 다시 관직에 복귀해서 광해군 2년 홍문관 교리를 거쳐 의주 부윤에 제수되었다. 광해군 4년 임기 만료로 체차되었다가 광해군 6년 안동 부사로 나갔으며 광해군 7(1615)년 분승지로 다시 조정으로 돌아왔다. 광해군 8년 사과에 임명되고 광해군 9년 동부승지가 되어 호남지방을 순찰하고 전라도 관찰사에 임명되었다. 광해군 10(1618)년 형조 참의에 임명되었으며 의주성 신축에 공을 세운 일로 가자되고 분병조 참판으로 승진했다. 광해군 11년 사은사에 임명되어 명나라에 다녀왔고 같은 해에 천추사(진주사)에 임명되었으나 병으로 사직했다. 광해군 12년 병조 참판에 임명되었고 광해군 13년 겸 지의금부사에 임명되었다가 함경도 관찰사로 전임되었다.

인조 1(1623)년 도승지에 제수되었으며 인조 2년 이괄(李适)의 난이 일어나자 장만의 뒤를 이어 우참찬 겸 팔도도원수에 임명되어 난군의 토벌에 공을 세웠다. 인조 3년 대사헌에 임명되었고 인조 4(1626)년 명나라 사신이 왔을 때 특별히 도승지에 임명되었다가 의정부 우참찬 겸 의금부사로 승차하여 지경연사를 겸했다. 정묘호란이 일어나자 임금의 명에 따라 인목대비를 호위하여 강화도로 들어갔다. 인조 5년 호태감의 접반사·동지춘추관사·대사헌을 역임하고 인조 6(1628)년 지중추부사·대사헌·형조 판서·전주부윤·도승지를 역임했다. 인조 7(1629)년 경기도 관찰사·병조 판서·지돈녕부사·대사헌·예조 판서를 역임했다. 인조 8년에는 병조 판서를 역임했고 인조 9년에는 개성 유수·대사헌에 이어 예조 판서에 임명되었다. 인조 10년 대사헌으로 지춘추관사를 겸한 뒤에 예조 판서에 임명되었는데 인목대비가 죽자 애책문을 지었다. 인조 11년 병조 판서를 역임하고 인조 12년 예조 판서·병조 판서를 역임했다. 인조 13년 판의금부사를 거쳐 병조 판서에 제수되었으나 사직소를 올려 사직했다. 인조 14(1636)년 예조 판서와 이조 판서를 거쳐 우의정으로 승진했는데 이 해에 병자호란이 일어나자 왕을 호종하여 남한산성에 들어갔다. 여러 차례 왕명을 받들고 적진을 왕래하며 교섭했다. 인조 15년 성에서 나와 항복하는 것에 대해 극력 반대했으며 환도 후에 우의정에서 체직되어 영중추부사로 물러났다. 영중추부사에서 사직하기를 청했으나 받아들여지지 않고 영의정에 임명되었다 인조 16년 6월 11일 병으로 영의정에서 사직하고 한 달 뒤에 77세로 죽었다.

<인조실록> 인조 16(1638)년 7월 14일 두 번째 기사에 '의정부 영의정 이홍주의 졸기'가 있다.

🧊 평가

의정부 영의정 이홍주의 졸기

······ 홍주의 자(字)는 백윤(伯胤)인데, 사람됨이 침착하고 청렴하였다. 선조 때의 명망으로 성상께 인정을 받고 크게 임용되어 도원수(都元帥)·종백(宗伯)·사마(司馬)·총재(冢宰)의 직책을 역임하였다. 영의정이 되어서도 항상 뒤로 물러서고 세력과 이익을 점거하려고 하지 않아 거처하는 집이 비바람을 가리지 못하였다. 이미 졸하자, 집에 쌀 한 가마니도 남아있는 것이 없어서 부의를 힘입어 장사를 지내니, 사람들이 모두 탄복하였다.

참고문헌

〈국조인물고 : 묘지명. 이경석(李景奭) 지음〉, 〈다음백과사전〉, 〈선조실록〉, 〈광해군일기〉, 〈인조실록〉, 〈전주이씨선성군파선원속보〉

최명길(崔鳴吉)

본관은 전주이고 자는 자겸(子謙)이며 호는 지천(遲川)·창랑(滄浪)이고 시호는 문충(文忠)이다. 선조 19(1586)년에 태어나서 인조 25(1647)년에 죽었다.

재임기간

인조 16(1638)년 9월 16일[22] – 인조 18(1640)년 1월 15일[23] ※ 후임 홍서봉
인조 20(1642)년 8월 3일[24] – 인조 20(1642)년 11월 17일[25] ※ 후임 신경진

가문

아버지는 영흥 부사 기남(起南)이고 할아버지는 수준(秀俊)이다. 증조부는 빙고 별제 업(嶪)이고 고조부는 명손(命孫)이다. 5대조는 효공(孝恭)이고 6대조는 승종(承宗)이며 7대조 사강(士康)이다. 사강은 우찬성 겸 판이조사를 역임했다. 8대조 유경(有慶)은 좌참찬 의정부사·개국원종공신이며 청백리에 녹선되었다. 9대조는 문하좌시중 상의도평리 찬성사 재(宰)이고 10대조는 선부 전서 득평(得枰)이며 11대조는 병부시랑 정신(正臣)이고 12대조는 비서 소윤 전(佺)이다. 13대조는 수문전 태학사 남부(南敷)이고 14대조는 예부상서 숭(崇)이다. 15대조 순작(純爵)은 전주최씨의 시조로 신호위 상장군을 역임한 완산부 개국백이다.

장인은 초배는 인동인 좌찬성 옥성부원군 장만(張晩)이고 계배는 양천인 종묘서령 허린(許嶙)이며 외할아버지는 전주인 참판 유영립(柳永立)이다.

본부인에서 아들이 없어서 조카 후량(後亮)을 입양했는데 계배에서 아들 후상(後尙)을 낳았다. 후량은 한성부 좌윤을 역임하고 완릉군(完陵君)에 봉해졌다. 후량은 아들 셋을 두었는데 1남은 진사시에 합격하고 학문에만 힘쓰다가 만년에 진위 현감과 공조 정랑을 역임한 석진(錫晉)이고 2남은 영의정 석

---

22) ▶ 영의정 최명길과 좌의정 신경진이란 기사 있음.
23) 홍서봉을 영의정으로 김수현을 대사간으로…
24) 최명길을 영의정으로 최혜길을 대사간으로…
25) 영의정 최명길의 관작을 삭탈할 것을 명하였다.

정(錫鼎)이며 3남은 이조 판서를 거쳐 좌의정에 오른 석항(錫恒)이다. 후상은 아들이 없어서 후량의 아들인 영의정 석정을 후사로 삼았다.

형은 내길(來吉)인데 공조 판서이고 아우는 혜길(惠吉)·가길(嘉吉)·경길(敬吉)인데 혜길은 이조 참판을 역임했다.

🧊 생애

> 영의정 석정과 좌의정 석항의 아버지이다. "실질을 중시하는 양명학적 사고를 바탕으로 청나라의 침입 때 주화론(主和論)를 주장하여 강화를 담당했으며, 인조대 후반에 국정을 담당하면서 정치사회개혁을 추진했다."(<다음백과사전>) 김류·이귀 등과 인조반정을 일으켜 정사공신이 되었고 호패법 실시를 주장했다. 강화론자로 항복문서를 초안했고 영의정에 오른 뒤에 심양에 들어가서 포로 석방과 척화신의 귀환을 교섭했다. 소현세자빈 강씨를 사사하라는 명에 대해 폐출만 하고 사사하지 말 것을 상주했다.

이항복과 신흠의 문인으로 선조 35(1602)년 성균관 유생이 되었으며 선조 38(1605)년 사마 생원시에 1등하고 진사시에 8등으로 합격하고 같은 해에 증광문과에 급제했다. 승문원에 등용되었다가 성균관 전적으로 전임되었다.

광해군 3(1611)년 공조 좌랑·병조 좌랑을 역임하고 광해군 6(1614)년 인목대비에 대한 폐모론의 기밀을 누설했다 하여 하옥되었다가 관작이 삭탈되고 문외출송을 당하여 가평으로 내려가 조익·장유·이시백 등과 교유하며 양명학 연구에 몰두하였다. 광해군 11(1619)년 문외출송에서 풀려나서 자유로운 몸이 되었다.

인조 1(1623)년 김류·이귀 등과 인조반정[26]을 일으켜 정사공신 1등에 녹훈되고 완성군(完城君)에 봉해졌다. 이조 좌랑·이조 정랑으로 전임되었다가 이조 참의로 승진하고 이조 참판으로 승진하여 비국 제조를 겸했다. 인조 2년 이괄이 난을 일으키자 총독 부사로 원수군영으로 갔다. 인조 3(1625)년 부제학으로 있을 때 대동법 시행이 재론되자 선행 조건으로 호패법 실시를

---

26) 광해군을 내몰고 인조를 임금으로 등극시킨 일로 최명길, 이시백, 이시방, 장유, 심기원, 김자점 등이 공모하였다.

주장하고 호패법 당상에 임명되어 이를 권장하였다. 이후 대사헌과 부제학을 거쳐 인조 4년에 인조의 생모인 계운궁의 상이 났을 때 계운궁의 장사는 선비의 예에 따라 치르고 제사는 제후의 예에 따라 지내고 별도로 사당을 세울 것을 요청했다. 이 요청이 조정의 의논과 달라 탄핵을 받고 체직되었다가 다시 형조 참판에 임명되었다. 인조 5년 병조 참판으로 재직할 때 정묘호란이 일어나자 강화도로 몽진하는 인조를 호종했다. 척화론에 맞서 강화를 주장하여 후금과 형제의 맹약을 맺도록 하였다. 적병이 물러가자 언로에서 강화를 주장했다고 하여 유배할 것을 청하였으나 주상이 단지 추고하라고만 함으로 유배에서 면했다. 인조 6(1628)년 홍문관에서 배척하자 외직인 경기도 관찰사로 나가 선정을 베풀어 도민들이 비석을 세워 칭송했다. 인조 7년 호조 참판과 병조 참판을 거쳐 인조 8(1630)년 우참찬으로 승진했다. 인조 9년 다시 부제학에 제수되었다가 예조 판서에 임명되고 인조 10년 예문관 제학과 동지성균관사를 겸직하였다. 같은 해에 이조 판서로 전직되고 인조 11년 양관 대제학과 체찰부사를 겸했다. 인조 13(1635)년 사직소를 올려 사직을 허락받았다. 이어 대제학에 임명되고 호조 판서에 임명되었으나 곧 파직되고 판의금부사에 임명되었다. 인조 14년 병조 판서에 임명되었으나 병이 나서 부임하지 않다가 예조 판서에 임명되었다. 그러나 사직하고 한성부 판윤에 임명되어 지경연을 겸했다. 같은 해에 이조 판서로 있을 때에 병자호란이 일어났는데 다시 주화론을 주장하며 청나라와 강화하는 데 중추적 역할을 하고 항복문서를 초안하였다. 인조 15년 4월 우의정을 거쳐 가을에 좌의정에 임명되었고 인조 16(1638)년 영의정으로 승진했다. 영의정이 된 뒤에 사은사로 심양에 들어가서 포로 석방과 척화신의 귀환을 교섭했다. 그러나 청나라가 명나라를 공격하기 위해 원병을 요청하자 소극적으로 대하면서 조선의 처지를 설명하는 데에 주력했다. 인조 17년 사은사로 심양에 가게 했으나 파직해 줄 것을 요청하고 또 병이 나서 부사로 대신하게 했다. 인조 18(1640)년 청나라가 인질을 요구하자 가짜를 인질로 보냈는데 이 일이 밝혀져서 영의정에서 파직되고 완성부원군이 되었다. 이괄의 잔당 김개가 명길의 아우인 만길(晩吉)의 집에서 체포된 일로 완성부원군에서 파직되었다. 인조 20(1642)년 8월 다시 영의정에 임명되었으나 조선이 명나라와 내통한 사실이 밝혀져 같은 해 11월 영의정에서 관직이 삭탈되고 그 관련자로 심양에 잡혀가 억류되었다. 인조 23년 심양에서 돌아와 직첩을 돌려받고 완성부원군 겸 어영 도제조에 임명되었다. 인조 23년 소현세자의 빈인 강씨를 사사하라는 명을 내리자 폐출만 하고 사사하지 말 것을 청하였다. 현직에서 물러나서는 저술에 몰두하였는데 저서로 <지천집>・<지천주차> 등이 있고 문장이 뛰어나 일가를 이루었으며 글씨는 동기창체(董其昌體)로 유명하다. 인조 25년에 죽었는데 박천의 '지천사우'에 제향되었다.

<인조실록> 인조 25(1647)년 5월 27일 2번째 기사에 '완성부원군 최명길의 졸기'가 있다.

🧊 평가

완성 부원군 최명길의 졸기

......

명길은 사람됨이 기민하고 권모술수가 많았는데, 자기의 재능에 대해 자부심을 가지고 일찍부터 세상일을 담당하겠다는 생각을 가졌다. 광해 때에 배척을 받아 쓰이지 않다가 반정할 때에 대계(大計)를 협찬하였는데 명길의 공이 많아 드디어 정사 원훈(靖社元勳)에 녹훈되었고, 몇 년이 안 되어 차서를 뛰어 넘어 경상(卿相)의 지위에 이르렀다. 그러나 추숭(追崇)과 화의론을 힘써 주장함으로써 청의(淸議)에 버림을 받았다. 남한산성의 변란 때에는 척화(斥和)를 주장한 대신을 협박하여 보냄으로써 사감(私感)을 풀었고 환도한 뒤에는 그른 사람들을 등용하여 사류와 알력이 생겼는데 모두들 소인으로 지목하였다. 그러나 위급한 경우를 만나면 앞장서서 피하지 않았고 일에 임하면 칼로 쪼개듯 분명히 처리하여 미칠 사람이 없었으니, 역시 한 시대를 구제한 재상이라 하겠다. 졸하자 상이 조회에 나와 탄식하기를 "최상(崔相)은 재주가 많고 진심으로 국사를 보필했는데 불행하게도 이 지경에 이르렀으니 진실로 애석하다.” 하였다.

참고문헌

〈국조인물고 : 비명. 남구만(南九萬) 지음〉, 〈다음백과사전〉, 〈선조실록〉, 〈광해군일기〉, 〈인조실록〉, 〈전주최씨 한성판윤공파세보〉

홍서봉(洪瑞鳳)

본관은 남양(당홍계)이고 자는 휘세(輝世)이며 호는 학곡(鶴谷)이고 시호는 문정(文靖)이다. 선조 5(1572)년에 태어나서 인조 23(1645)년에 죽었다.

🎁 재임기간

인조 18(1640)년 1월 15일[27]–인조 19(1641)년 8월 11일[28] ※ 후임 이성구
인조 22(1644)년 3월 7일[29]–인조 22(1644)년 4월 5일[30] ※ 후임 김류
인조 22(1644)년 12월 28일[31]–인조 23(1645)년 2월 3일[32] ※ 후임 김류

🎁 가문

아버지 성민(聖民)은 이조 판서·대제학이고 할아버지 춘경(春卿)은 황해도 관찰사이며 증조부 계정(係貞)은 예문관 대교다. 고조부 윤덕(潤德)은 봉상시 부정이고 5대조 경손(敬孫)은 동지성균관사·첨지중추부사이며 6대조 지(智)는 사재감 직장이고 7대조 상부(尙溥)는 전법 좌랑이다. 8대조는 징(徵)이고 9대조는 주(澍)이며 10대조는 판삼사사 융(戎)이고 11대조 규(奎)는 첨의중찬으로 고려 충혜왕의 모후인 명덕태후의 아버지다. 12대조는 추밀원 부사 진(縉)이고 13대조는 추밀원부사 사윤(斯胤)이며 14대조는 군기도감판사 원중(源中)이고 15대조는 병부상서 지유(至柔)다. 16대조는 수사공 상서성 좌복야 관(灌)이고 17대조는 군기감사 덕승(德升)이며 18대조는 위위시경(衛尉寺卿) 호(灝)이고 19대조는 상서성 우복야 의(毅)이며 20대조는 태부경(太府卿) 동주(東周)다. 21대조 은열(殷悅)은 처음 이름은 유(儒)인데 남양홍씨 당홍계의 시조이며 고려 개국공신이다.

장인은 장수인 승지 황혁(黃赫)이다. 황혁은 부원군 황정욱(黃廷彧)의 아들이

---

27) 홍서봉을 영의정으로 김수현을 대사간으로 …
28) 영의정 홍서봉이 30번째 정사하니, 상이 이에 허락하였다.
29) 홍서봉을 영의정으로 삼았는데 끝내 심열에게 묻지 않았다. 심열을 좌의정으로 …
30) 김류를 영의정으로 삼고 홍서봉을 강등하여 좌의정으로 삼았다.
31) 영의정 김류가 스물세 번째 사직장을 바치니 상이 이에 윤허하였다.
32) 김류를 영의정으로 삼고, 홍서봉을 좌의정으로 심열을 우의정으로 각각 강등시켰다.

며 영의정 황희의 후손이다. 인조 15년 난리 때 강도로 피난했는데 오랑캐 군사를 보고 칼로 자신의 배를 찔러 쓰러진 것을 구해내 소생했다. 그때 자부 이씨와 외손부 나씨도 같은 배를 타고 있다가 부인이 자결하는 것을 보고 모두 바다로 뛰어들어 죽었고 두 손자 자의(子儀)와 자동(子同)은 이빨을 갈 나이였기에 익사했다. 외할아버지는 은진인 군수 송세경(宋世勁)과 홍양인 제용감 주부 유당(柳堂)이다.

아들 명일(命一)은 강원도 관찰사와 성균관 대사성을 역임했고 사위는 반남인 대사헌 박황(朴潢)이다.

작은아버지 성민은 예조 판서 · 이조 판서 · 호조 판서 · 대제학을 역임했고 성민의 손자는 영의정 명하(命夏)다.

🎁 생애

> 영의정 명하의 당숙으로 김류 등과 함께 인조반정을 일으켰다. 병자호란 때는 좌의정으로 임금을 호가하여 남한산성으로 들어가서 최명길·이경직·김신국과 함께 화의를 주장했다. 화의가 이루어지자 최명길과 함께 청나라에 가서 항복 절차를 협의했다. 소현세자가 죽은 뒤에 봉림대군을 세자로 삼는 것을 반대하여 소현세자의 아들을 세손으로 삼을 것을 주장했다.

3세 때에 아버지를 잃고 6세 때에 외부(外傅)에 나갔다. 14세 때 송강 정철이 시를 짓게 하자 그 자리에서 지어 송강으로부터 칭찬을 받았다.

선조 23(1590)년 진사시에 합격하고 선조 27(1594)년 별시문과에 급제하고 승문원에 선발되고 성균관 전적으로 승진했다. <선조실록>에 처음으로 등장하는 것은 선조 33(1600)년 정유재란 때 먼저 도망한 사람의 이름에 오른 것으로 나타났다. 사간원 정언을 제수받고 홍문관 수찬이 되었다가 이조 좌랑으로 옮겨 시강원 사서를 겸했다. 시강원 사서로 있으면서 홍문록에 뽑혔고 정언 · 홍문관 수찬을 역임하였다. 선조 34년 이조 정랑 · 원접사 종사관을 역임하고 선조 35(1602)년 이조 좌랑으로 있을 때 헌부(정인홍)로부터 정유재란 때 제일 먼저 도망한 사람으로 이름이 오른 일 때문에 사직시키라는 상소를 받고 사직했다. 그러나 안산에 있는 노모를 봉양하러 갔다가 다음날 돌아왔는데 무고하여 조정에 방을 써서 보이기까지 한 일이 날조된 것임이 밝혀져 다시 기용되었다. 선조 36(1603)년 예조 좌랑에 임명되고 사예로 옮겨 경기도 양전어사로 파견되었다. 선조 37년 성주 목사에 임명되어 외직으로 나가 있었으며 선조 40년 경기도 암행어사로 파견되었다가 돌아와서 성균관 사예를 역임하였다.

광해군 즉위(1608)년 교리·부교리·사성을 역임하고 부응교로 있을 때 문과중시에서 갑과로 합격하고 사가독서했다. 광해군 1(1609)년 도사 영위사로 차출되었다가 광해군 2(1610)년 강원도 관찰사에 임명되었다. 같은 해에 동부승지에 임명되어 승문원 부제조를 겸하고 광해군 3년 예조 참의로 성절사가 되어 연경에 다녀왔다. 광해군 4(1612)년 동부승지로 있을 때 장인인 황혁의 사돈이 신경진인데 신경진이 김직재(金直哉)옥사에 관련되어 삭탈관작 되었기 때문에 파직되고 칩거했다. 광해군 15년 김류(金瑬) 등과 함께 인조반정을 일으켰다.

인조 1(1623)년 병조 참의·이조 참의·대사간을 차례로 역임하고 동부승지에 임명되어 승문원 부제조를 겸했다. 같은 해에 정사공신 3등[33]에 녹훈되고 익녕군(益寧君)에 봉해졌다. 좌부승지와 우부승지로 전직해서 형방을 예겸했다. 인조 2년 이괄의 난에서 임금의 자전을 호종하고 적을 평정했다. 부제학·대사간·부제학을 역임하고 인조 3년 대사헌·부제학·병조 참판·대사간을 역임하였으며 인조 4(1626)년 부제학을 역임하고 도승지로 임명되었다. 인조 5(1927)년 정묘호란이 일어나 왕이 파천할 때 도승지로 수행했다. 가을에 부제학에 임명된 뒤에 연달아 대사간·대서성·이조 참판에 임명되었다. 인조 6(1628)년 유효립(柳孝立)의 역모사건을 고변하여 영사공신 2등[34]에 녹훈되었으며 한성부 판윤으로 승진하여 지의금부사를 겸하였다. 사헌부 대사헌이 되고 인조 7년 우참찬으로 홍문관 제학을 겸하다가 지경

---

33) 분충찬모정사공신
34) 갈충효성병기익명영사공신

연을 겸하고 예조 판서를 거쳐 대사헌으로 옮겨서 지의금부사를 겸했다. 인조 8년 대사헌을 거쳐 의정부 좌참찬으로 있을 때 어머니의 칠순을 맞았는데 칠순 잔치를 옛 병조에서 하고 임금이 1등 악을 내렸다. 이어 예조 판서에 임명되고 이조 판서로 전임하여 좌빈객을 겸했다. 인조 9년 인목대비가 병이 났을 때 시약한 노고로 숭정대부에 가자되었는데 사직소를 올리는 가운데 박팽년이 충신이라고 한 일로 파직되었다. 인조 10(1632)년 예조 판서로 복귀하고 홍문관 제학을 겸했다. 인조 11년 병조 판서로 전임되었다가 인조 12년 다시 예조 판서에 임명되었다. 인조 13년 의정부 좌참찬을 거쳐 예조 판서로 양관 대제학과 판의금부사를 겸했다. 인조 14(1636)년 우의정으로 승차하고 인열왕후의 상에 총호사가 되었다. 이어서 좌의정이 되었다. 김상헌이 홍서봉의 일로 사직하고 향리로 내려가려 하자 여러 차례의 사직소를 올리고 40번의 정고로 좌의정에서 체직되었다. 이 해 12월에 병자호란이 일어나 다시 좌의정으로 임명되어 임금을 호가하여 남한산성으로 들어갔으며 최명길·이경직·김신국 등과 함께 화의를 주장했다. 40차례의 정사 끝에 좌의정에서 물러나는 윤허를 받았다. 인조 15년 화의가 이루어지자 최명길·윤회 등과 함께 청나라 진영에 국서를 가지고 가서 항복 절차를 협의했다. 돌아와서 다시 좌의정에 제수되었다가 인조 16년 좌의정에서 물러났다. 인조 17년 복(服)을 벗자 인조 18년 영의정에 임명되었다. 인조 18년 용골대에 소환되어 의주로 갔다. 인조 19년 풍질로 30번의 정사 끝에 영의정에서 사직하는 허락을 받고 물러나 익령부원군이 되었으며 인조 22년 3월 다시 영의정에 제수되었다. 그러나 얼마 지나지 않아 같은 해 4월에 김류가 영의정에 임명되자 좌의정이 되었다가 같은 해 12월에 세 번째로 영의정에 임명되었으나 인조 23년 2월에 영의정에서 물러났다. 인조 23(1645)년 소현세자가 급사한 뒤 봉림대군(뒤의 효종)을 세자로 책봉하려 하자 세자 책봉에 반대하고 소현세자의 아들을 세손으로 삼을 것을 주장했으나 뜻을 이루지 못했으며 그 해에 74세로 죽었다. 시·서·화에 능했고 <청구영언>에 시조 1수가 전해진다.

<인조실록> 인조 23(1645)년 8월 8일 첫 번째 기사에 '좌의정 홍서봉의 졸기'가 있다.

🎁 평가

좌의정 홍서봉의 졸기

…… 홍서봉은 사람됨이 총민하고 빼어났으며, 특히 문사(文詞)에 뛰어나서 동류들의 추앙을 받았다. 계해년 반정(反正)으로 정사공신(靖社功臣)에 참록(參錄)되었고, 이어 이조 판서·병조 판서와 대제학을 역임하고 재상이 되어서는 정사를 건의하여 밝힌 것이 없었다. 목릉(穆陵)의 변고 때에는 남의 말을 견강부회하여 임금을 속였고, 이조·병조의 판서로 있을 적에는 뇌물을 꽤 받았으므로, 사람들이 이 때문에 그를 나무랐다.

참고문헌

<국조인물고 : 비명. 최석정(崔錫鼎) 지음>, <다음백과사전>, <선조실록>, <광해군일기>, <인조실록>, <남양홍씨남양군파세보>

이성구(李聖求)

본관은 전주인데 태종의 아들 경녕군 비(裶)의 후손으로 아버지는 <지봉유설>의 저자 수광(睟光)이다. 자는 자이(子異)이고 호는 분사(汾沙)이며 시호는 정숙(貞肅)이다. 선조 17(1584)년에 태어나서 인조 22(1644)년에 죽었다.

🔲 재임기간

인조 19(1641)년 10월 10일[35] − 인조 20(1642)년 7월 24일[36] ※ 후임 최명길

🔲 가문

아버지는 <지봉유설>의 저자로 이조 판서를 역임한 수광(睟光)이고 할아버지는 병조 판서 희검(希儉)이다[37]. 증조부는 신당군(神堂君) 정(禎)이고 고조부는 선사군(仙槎君) 승손(承孫)이다. 5대조는 모양군(牟陽君) 직(稙)이고 6대조는 경녕군(敬寧君) 비(裶)이며 7대조는 태종이다.

장인은 초배가 파평인 절도사 윤열(尹說)이고 계배가 안동인 의정부 사인 권흔(權昕)이며 외할아버지는 안동인 도사 김대섭(金大涉)이다.

초배는 아들이 없고 계배에서 5남 2녀를 두었다. 1남이 상규(尙揆)인데 강화도사변 때 죽었고 2남은 좌승지 동규(同揆)이며 3남은 대사헌과 함경도 관찰사를 역임한 당규(堂揆)이고 4남은 단성 현감 석규(碩揆)이며 5남은 정랑 태규(台揆)이다. 4남 석규의 아들은 현조(玄祚)인데 대사간과 강원도 관찰사를 역임했다. 딸은 1녀는 연안인 이조 판서 이일상(李一相)과 결혼했고 2녀는 청주인으로 문과에 급제한 한오상(韓五相)과 결혼했다.

아우는 민구(敏求)다. 민구는 사마시에 장원하고 문과에 장원한 뒤에 강도 검찰부사에 임명되었으나 적이 침범할 때 도망쳐서 유배되었다. 누이는 안동인 정자 권경(權儆)과 결혼했다.

---

35) 이성구를 영의정으로 삼고 이경증을 예조판서로 …
36) 영의정 이성구가 정사하여 열한 번째에 이르니 상이 허락하였다.
37) 친할아버지는 하동군(河東君) 유(裕)인데 신당군 정(禎)에게 입양되었다.

홍길동의 저자 허균(許筠)이 이모부이다.

🔷 생애

태종의 아들 경녕군 비의 후손으로 <지봉유설>의 저자인 이조 판서 수광의 아들이고 <홍길동전>의 저자 허균의 이질이다. 서인으로 이항복이 유배지에서 죽자 사우를 세웠는데 이 일로 대북파의 탄핵을 받고 파직되었다. 인조반정으로 서인정권이 들어서자 관직에 복귀했고 병자호란 때 병조 판서로 임금을 호종하여 남한산성으로 피난했다. 아내 권씨는 강화도로 피난했는데 강화가 함락되자 며느리와 두 딸과 함께 목매 자살했다.

선조 36(1603)년 진사시에 합격하고 광해군 즉위(1608)년 별시문과에 급제했다.

광해군 1(1609)년 검열에 임명되어 세자시강원 설서를 겸했다. 광해군 2년 봉교로 전임되었다가 광해군 3년 전적에 임명되어 감찰로 옮겼다. 광해군 4년 여러 조의 낭관을 거친 뒤에 홍문관 부교리에 임명되었다. 광해군 5(1613)년 헌납·수찬·부교리·헌납·지평·사직을 차례로 역임했는데 지평으로 있을 때 이항복이 대북파의 탄핵을 받자 그를 옹호했다. 광해군 6(1614)년 이천 현감으로 임명되었으나 광해군 7년 어머니 상을 당해 시묘했다. 광해군 10(1618)년 상을 마치고 영평 판관에 임명되었다. 이 해에 이항복이 유배지에서 죽었는데 이항복이 죽자 사우(祠宇)를 세웠다. 사우를 세운 일로 대북파의 탄핵을 받고 파직되었다.

인조 1(1623)년 인조반정으로 서인정권이 들어서자 사간원 사간으로 관직에 복귀했고 같은 해에 부응교에 임명되었다가 의정부 사인으로 옮기고 부응교를 거쳐 인조 2년 강화 부윤에 제수되었다. 인조 3(1625)년 동부승지·대사간에 임명되고 인조 4년 병조 참지·이조 참의를 역임했다. 인조 5(1627)년 이조 참의로 있을 때 정묘호란이 일어나자 세자의 전주 피난길을 호종했으며 돌아와서 대사간 겸 승문원 부제조에 임명되었다. 인조 6(1628)년 좌승지에 제수되어 길주에서 보이는 무과시험을 고시하고 또 국경인(鞠景仁)의 옥사를 다스린 공으로 전라도 관찰사로 나갔다. 그러나 아버지인 문간공 수광의 병세가 깊어지자 선전관을 보내 돌아오게 했다. 문간공이 죽고 상기를 마치자 인조 9년 대사헌·도승지를 역임하고 이조 참판으로 전임되어 도총부 부총관·지경연관사·지춘추관사·세자시강원 우부빈객을 겸했다. 인조 10(1632)년 어떤 일로 추고를 당했으나 인조 11년 병조 판서로 승진한 뒤 대사헌으로 전임되었다가 경기도 관찰사로 전임되었다. 인조 12년 부제학·대사헌·동지경연을 거쳐 두 번째 도승지에 임명되었다. 인조 13(1635)년 이조 판서 겸 지성균관사에 임명되고 인조 14년 형조 판서로 전임되었다. 인조 14년 대사헌을 역임하고 병조 판서로 있을 때 병자호란이 발생하자 인조를 호종하여 남한산성으로 피난했다. 인조 15(1637)년 우의정으로 승차한 뒤에 좌의정이 되었으나 이 해에 소헌세자와 봉림대군이 심양에 볼모로 가게 되었다. 이때에 대신들이 늙어서 따라갈 수 없어서 좌의정으로 사은사가 되어 함께 수행했다. 인조 16(1638)년 영돈녕부사·영중추부사를 역임하고 인조 19(1641)년 영의정으로 승진했다. 그러나 인조 20년 승지 홍무적(洪武績)의 탄핵으로 사직했다. 이후 영중추부사로 있었는데 성천 부사 이계가 명나라 상선과 밀무역을 하다가 청나라에 발각되어 조정에서 이계를 죽였는데 이때 신중히 처리할 것을 주장했다. 이 일로 이계를 변호한 죄로 양사가 합사하여 귀양 보내라 하여 삭탈관작 당하고 문외출송을 당했다. 이 뒤에 양화강 부근에 만휴암(晚休庵)을 짓고 시문을 논하며 여생을 보내다가 인조 21년 영중추부사로 서용되었다. 이 해 정월에 세자가 심양에서 돌아왔다는 소식을 듣고 영접을 나갔다가 감기에 걸려서 인조 22(1644)년에 죽었다. 저서로 <분사집>이 있고 아내 권씨는 병자호란 때 강화로 피난했으나 강화가 함락되자 며느리와 두 딸과 함께 목매어 자결했다.

<인조실록> 인조 22(1644)년 2월 3일 첫 번째 기사에 '영중추부사 이성구의 졸기'가 있다.

🔷 평가

영중추부사 이성구의 졸기

…… 성구는 사람됨이 순후(純厚)하고 점잖았는데 혼조(昏朝)의 폐모(廢母)하던 날을 당하여 정조(鄭造)와 윤인(尹訒)의 주장에 반대하고 계해반정 초기에 맨 먼저 발탁되어 10여 년 사이에 정경(正卿)에까지 이르렀다. 병자호란 때는 호가(扈駕)하여 남한산성에 들어갔고 마침내 대배(大拜)에 이르렀으나 본디 식견이 없는데다 당론에 치우쳤으므로 사람들이 이를 병통으로 여겼다.

> 참고문헌

〈국조인물고 : 비명. 이민구(李敏求) 지음〉, 〈다음백과사전〉, 〈선조실록〉, 〈광해군일기〉, 〈인조실록〉, 〈선원이씨 경녕군파 세보〉, 〈전주이씨 경녕군 익흥군(구례)파보〉

신경진(申景禛)

본관은 평산이고 자는 군수(君受)이며 시호는 충익(忠翼)이다. 선조 8(1575)년에 태어나서 인조 21(1643)년에 죽었다.

🔷 재임기간

인조 21(1643)년 3월 6일[38]−인조 21(1643)년 3월 11일[39] ※ 후임 심열

🔷 가문

아버지는 임진왜란 때 한성부 판윤으로 팔도 도순변사가 되어 참전했다가 전사한 립(砬)이고 할아버지는 생원 화국(華國)이며 증조부는 기묘명신인 한림 전한 상(鏛)이고 고조부는 진사 말평(末枰)이다. 5대조는 충청도 관찰사 자준(自準)이고 6대조는 좌의정 개(槩)이며 7대조는 종부시령(宗簿寺令) 안(晏)이고 8대조는 보문각 대제학 집(諿)이며 9대조는 국자감 박사 중명(仲明)이다[40]. 10대조는 조봉랑 연(衍)이고 11대조는 병부낭중 적(禰)이며 12대조는 도관 영재(令材)이다. 13대조는 전서 응시(應時)이고 14대조는 직장 명부(命夫)이며 15대조는 승지 유비(愈庇)이다. 16대조는 부사 경(劲)이고 17대조는 직제학 성(晟)이며 18대조는 삼한벽상공신 개국공 홍상(弘尙)이다. 19대조는 원윤(元尹) 보장(甫藏)이고 20대조는 대장군 숭겸(崇謙)인데 평산신씨의 시조이다.

장인은 첨지중추부사 순창인 조정현(趙廷顯)이고 외할아버지는 초배는 완산인 현감 이빙명(李聘命)이고 계배는 전주인 만호 최필신(崔弼臣)이다.

2남 2녀를 두었는데 1남은 준(埈)이고 2남은 해(垓)다. 준은 형조 판서를 지냈고 평흥군(平興君)에 봉해졌으며 해는 돈녕부 도정이다. 1녀는 별제 유우엽(柳于燁)과 결혼했고 2녀는 진사 박천구(朴天球)와 결혼했다. 측실에서 2녀를 두었는데 1녀는 영주감 이봉령(李鳳齡)과 결혼했고 2녀는 창림도정 이일(李佾)

---

38) 신경진을 영의정으로 심열을 좌의정으로 박노를 도승지로 …
39) 영의정 신경진이 졸하였다.
40) 중명 이상의 세계는 신완과 같다.

과 결혼했다.

준이 현감 여정(汝珽)과 군수 여식(汝栻)을 낳았고 해는 현감 여석(汝晳)과 판서 여철(汝哲)을 낳았다. 여식은 영의정 완(琓)을 낳아 여정(汝珽)의 대를 잇게 했다.

아우는 경유(景裕)와 경인(景䄄)이 있는데 경유는 황해도 병마절도사로 인조반정에 참여해 정사공신 2등에 녹훈되고 동평군에 봉해졌으며 경연도 황해도 병마사·삼도 수군통제사·어영대장을 역임했는데 역시 인조반정에 참여해서 정사공신 2등에 녹훈되고 동성군에 봉해졌다. 여동생 하나는 선조대왕의 제4왕자 신성군(信城君) 이후(李珝)와 결혼하여 영가군부인(永嘉郡夫人)에 봉해졌고 또 한 명의 여동생은 역적 이이첨(李爾瞻)의 아들 이대엽(李大燁)과 결혼했는데 이대엽은 사형 당했다.

방계로는 립의 형은 영의정에 추증된 잡(礏)과 선공감역 급(礏)이고 아우는 할(硈)인데 경기 수어사로 임진왜란에 참전했다가 전사했다.

🎲 생애

> 팔도 도순변사 립의 아들이고 영의정 완의 증조부다. 김류·이귀·최명길 등과 인조반정을 계획했으나 사전에 누설되어 참여하지 못했다. 반정이 성공하자 제일 먼저 계획을 세운 일로 정사공신이 되었다. 정묘호란 때 왕을 호종했고 훈련도감 대장으로 조총과 창을 만들었다. 사은사로 심양에 가서 배청파에 대한 고문을 지켜보고 왔다.

임진왜란 때 아버지 신립 장군이 세운 공으로 선전관이 되었고 오위도총부 도사로 전보되었다가 무과에 급제했다. 그 뒤에 태안 군수·담양 부사를 거쳐 선조 38(1605)년 부산 첨사가 되었으나 왜의 사신에 대한 접대를 거부해서 체임되었다. 선조 39년 갑산 부사로 관직에 복귀하여 통정대부로 가자되었고 남도 병영의 우후로 옮겼다. 체찰사 이항복의 막하가 되고 경원 부사·벽동 군수를 역임했다.

광해군 즉위(1608)년 대북파가 득세하자 관직에서 물러났다. 장만(張晩)이

관서에 막부를 개설하고 천거하여 안주 목사에 제수되었다. 어머니의 상을 당하였고 상을 마치자 이귀(李貴)·최명길(崔鳴吉)과 모의하고 왕래했으며 평안 우후가 되었다가 사직했다. 광해군 11(1619)년 곡산 군수를 역임하고 가산에 머물렀고 광해군 14(1622)년 효성령 별장으로 있으면서 김유·이귀·최명길 등과 반정을 계획했으나 사전에 누설되어 반정에 참여하지 못했다.

인조 1(1623)년 이귀·신경진·이서 등이 공모한 인조반정이 성공하자 제일 먼저 반정계획을 세웠다 하여 정사공신 1등[41]에 녹훈되고 평성군에 봉해졌으며 왕의 특명으로 공조 참의에 임명된 뒤에 병조 참지로 전임되었다. 같은 해에 병조 참판으로 승차한 뒤 훈련도감의 대장·포도대장·호위대장 등 3대장을 겸임했으며 부총관과 비변사도 겸임했다. 인조 2(1624)년 이괄의 난이 일어나자 왕을 호종했는데 반란군이 흥안군 제(瑅)를 왕으로 옹립하려고 하자 제를 처형함으로써 대간의 탄핵을 받았다. 인조 3(1625)년 선공감 제조·형조 판서를 역임했고 인조 4년 공조 판서를 역임했다. 인조 5년 정묘호란이 일어나자 왕을 호종하였고 예장도감 제조에 올랐다. 인조 6(1628)년 왕을 호종한 공으로 보국숭록대부에 가자되어 평성부원군에 봉해졌고, 훈련도감 대장으로 조총 1천 6백 69자루와 창 1천 3백 70자루 만들었다. 인조 10(1632)년 형조 판서에 임명되었으나 대간의 탄핵을 받았다. 인조 14(1636)년 형조 판서 겸 훈련대장으로 병자호란 때 남한산성을 수비하여 왕이 피신할 수 있도록 했다. 전란이 끝나자 병조 판서로 훈련대장을 겸했으나 병으로 체임되었다. 이 해 겨울에 병자호란이 발발하자 인조를 남한산성으로 피난하게 조치했다. 인조 15년 무신으로 우의정으로 승진하여 훈련도감 제조를 겸했고 인조 16년 좌의정에 제수되었으며 인조 17년 사은사로 청나라에 다녀왔다. 인조 18(1640)년 정사하여 사직하고 평성부원군이 되었다가 겨울에 다시 좌의정에 제수되어 영의정 최명길과 함께 승려 독보(獨步)를 명나라에 보내 청나라에 항복한 사실을 변명했다. 인조 19(1641)년 사은

---

41) 분충찬모입기명륜정사공신

사로 심양에 가서 배청파에 대한 고문을 지켜보고 돌아왔다. 당시에 고문하던 모습이 <인조실록>에 기록되어 있는데 그 내용을 보면 "판서 김상헌, 전 지평 조한영, 학생 채이항 등이 심양에 도착하였는데 목에는 철쇄가 가해지고 두 손이 결박된 채 형부의 문 밖으로 끌려갔다. 세자와 사은사 신경진을 맞이하여 동참하게 하고 형관들은 문 밖에 나열해 서 있었다." 인조 21(1643)년 3월 6일 영의정이 되었으나 병으로 불과 닷새 뒤인 3월 11일 죽었다. 죽은 뒤에 인조의 묘정에 배향되었다.

<인조실록> 인조 21(1643)년 3월 11일 첫 번째 기사에 '영의정 신경진의 졸기'가 있다.

🎲 평가

영의정 신경진의 졸기

…… 경진은 사람됨이 침착하고 꿋꿋하였는데 반정 당시에 상의 외척으로 대계(大計)를 정한 공이 있었으며, 병조 판서를 거쳐 마침내 대배(大拜)에 이르렀다가 이때에 와서 졸하였다.

참고문헌

〈국조인물고 : 비명. 송시열(宋時烈) 지음〉, 〈선조실록〉, 〈인조실록〉, 〈평산신씨 문희공파보〉

심 열(沈悅)

본관은 청송이고 자는 학이(學而)이며 호는 남파(南坡)이고 시호는 충정(忠靖)이다. 선조 2(1569)년에 태어나서 인조 24(1646)년에 죽었다.

재임기간

인조 21(1643)년 5월 6일[42] – 인조 22(1644)년 3월 12일[43] ※ 후임 홍서봉

가문

병조 판서를 역임하고 청림군에 봉해진 충겸(忠謙)이 친아버지인데 둘째큰아버지인 성천 부사 예림(禮兼)에게 입양되었다. 할아버지는 인순왕후의 친정아버지로 명종의 국구가 된 영돈녕부사 오위도총부 도총관 청릉부원군 강(鋼)이다. 증조부는 영의정을 역임한 청천부원군 연원(連源)이고 고조부는 사인 순문(順門)이다. 5대조는 내자시 판관 원(湲)이고 6대조는 영의정 회(澮)이며 7대조도 영의정 온(溫)이고 8대조 덕부(德符)도 영의정에 해당하는 문하좌정승을 역임했기 때문에 직계로 네 명의 영의정을 조상으로 두었다. 덕부 이상의 세계는 심덕부와 같다.

장인은 초배는 의령인 남언경(南彦經)이고 계배는 기계인 진사 유함(兪涵)이고 친외할아버지는 중종과 희빈 홍씨 사이에서 태어난 봉성군(鳳城君) 이완(李岏)이며 양외할아버지는 첨지중추부사 연일인 정숙(鄭橚)이다.

아들이 없어서 희세(熙世)를 입적시켰는데 홍문관 교리이다. 희세가 3남을 두었는데 1남 여주 목사 추(樞)는 명세(命世)에게 입양되었고 2남 기(機)는 일찍 죽었다. 3남이 전라도 관찰사 권(權)인데 아들이 없어서 여주 목사 추(樞)의 아들인 봉서(鳳瑞)를 입양했는데 봉서가 단의왕후의 친정아버지로 경종의 국구가 되는 청은부원군 호(浩)를 낳았다.

---

42) ▶ 익녕부원군 홍서봉, 영의정 심열, 우의정 김자점은 이라는 기사 있음
43) 영의정 심열이 지금 정고 중에 있으니 …… 홍서봉을 영의정으로 삼았는데 끝내 심열에게 묻지 않았다. 심열을 좌의정으로 …

방계로는 인겸(仁謙)이 백부이고 의겸(義謙)이 중부이다. 숙부로는 지겸(智謙)·신겸(信謙)·충겸(忠謙)·효겸(孝謙)·제겸(悌謙)이 있다.

🎲 생애

영의정 온과 영의정 회의 후손으로 명종의 국구인 청릉부원군 강의 손자이고 영의정 연원의 증손이며 경종의 국구인 청은부원군 호의 증조부로 <남파상국집>의 저자이다. 폐모론에 반대했다.

선조 22(1589)년 진사시에 합격하고 선조 26(1593)년 별시문과에 급제했다. 선조 27(1594)년 예빈시 주부·예문관 검열을 역임하고 선조 30년 기사관·예조 좌랑을 역임했다. 선조 33(1600)년 예조 좌랑·지평·이조 좌랑·이조 정랑을 역임했고 선조 34년 홍문관 교리·시강원 문학·응교·성균관 사성·응교·병조 참지·동부승지·해주 목사를 역임했으며 선조 37(1604)년 예조 참의·강화 부사를 역임했다. 선조 38년 황해도 관찰사에 임명되었고 선조 39년 병조 참의에 임명되었으며 선조 40(1607)년 병조 참지를 역임하고 충청도 관찰사에 임명되었다. 선조 41년 예조 참판을 역임하고 도총부 부총관에 제수되었다.

광해군 즉위(1608)년 경기도 관찰사로 있었으나 사간원이 탄핵하여 추고되었고 사간원에서 파직을 요청했으나 임금이 허락하지 않고 한성부 좌윤에 임명했다. 광해군 1(1609)년 황제의 시제문을 썼으며 한성부 우윤을 역임하고 황해도 병사에 임명되었다. 광해군 4(1612)년에는 죄인 유열(柳悅)과 이름이 같다는 이유로 이조에서 이름 열(悅)을 돈(惇)으로 바꾸자고 제의하기도 했다. 광해군 6(1614)년 안동 부사44)를 역임하고 광해군 14년 청송 부사45)

---

44) 안동 부사에 임명될 때의 이름은 심돈으로 나와 있는데 심돈은 바로 심열이라는 각주가 붙어 있다.

45) <광해군일기(정초본)>에 이름이 심형으로 나와 있고 각주로 심형은 바로 심열이다 라고 했다. 그리고 "이름난 경으로 시속에 따라 부앙하는 것을 면하지 못했고 당시 영건도감 제조로서 감독하는 일에 전력하였으므로 비루하게 여겼다. 이때 청송 부사로 나가기를 청하여

로 옮겼다.

인조 1(1623)년 두 번째로 경기도 관찰사가 되었으나 사직하고 인조 2년 호조 판서에 임명되었다. 인조 3년 한성부 판윤·형조 판서·호조 판서를 역임하고 인조 4년 사직에 제수되었다. 인조 5(1627)년 강화 유수를 역임하고 인조 6년 호조 판서에 임명되었다. 인조 7년 진휼부사로 경기도를 순방하며 구휼하고 돌아와 인조 8(1630)년 공조 판서에 임명되었다. 인조 14(1636)년 공조 판서·판의금부사·지중추부사를 역임하고 인조 15(1637)년 호조 판서·판의금부사를 역임했다. 인조 16(1638)년 이조 판서와 호조 판서를 겸직하다가 우의정으로 승진했다. 인조 17년 주청사·사은사로 심양에 다녀왔다. 인조 18(1640)년 판중추부사를 역임하고 인조 21(1643)년 좌의정으로 승진한 뒤에 바로 영의정에 제수되었다. 인조 22년 영의정에서 물러나 3월 13일 좌의정이 되었으나 3월 14일 영중추부사에 임명되었다. 7월 2일 다시 우의정에 임명되었다가 8월 26일 사직하고 8월 30일 영중추부사에 임명되고 12월 10일 좌의정에 임명되었다. 인조 23(1645)년 2월 3일 다시 우의정에 임명되고 4월 16일 영중추부사에 임명되는 등 말년의 벼슬 이동이 매우 심했다. 인조 24년에 죽었으며 저서에 <남파상국집(南坡相國集)>이 있다.

<인조실록> 인조 24년 1월 24일 첫 번째 기사에 '영중추부사 심열의 졸기'가 있다.

🔲 평가

영중추부사 심열의 졸기

…… 심열은 사람됨이 명민하고 재주와 국량이 있어 젊어서부터 청요직을 두루 거쳤다. 광해조(光海朝)에 이르러 폐모(廢母)의 정청(庭請)에 참여하였고

여주 목사와 바꾸었으니…정랑으로 좌천된 것에 대해서도 사람들이 이상하게 여겼다."고 썼다.

함경 감사가 되어서는 은쟁반을 만들어 올리면서 그 위에 자기의 이름을 새겼다. 반정의 뒤에 궐내의 기물을 모조리 호조로 보냈는데 그 은쟁반도 그 가운데 있었으므로 보는 이들이 비루하게 여겼다. 그러나 재능이 있었기 때문에 폐기되지 않고 드디어 호조 판서가 되었으며, 최명길(崔鳴吉)이 정권을 잡자 끌어다 재상으로 삼았는데, 이에 이르러 죽었다.

참고문헌

〈다음백과사전〉, 〈선조실록〉, 〈광해군일기〉, 〈인조실록〉, 〈청송심씨대동세보〉

김자점(金自點)

본관은 구안동이고 자는 성지(成之)이며 호는 낙서(洛西)이다. 선조 21(1588)년에 태어나서 효종 2(1651)년에 죽었다.

재임기간

인조 24(1646)년 5월 3일[46] – 효종 즉위(1649)년 6월 22일[47] ※ 후임 이경석

가문

아버지는 현감 탁(琢)이고 할아버지는 강원도 관찰사·황해도 관찰사·충청도 관찰사를 역임하고 이조 판서 겸 대제학에 추증된 억령(億齡)이며 증조부는 판결사 언(焉)이다. 고조부는 부평 부사로 선정을 베풀었던 성동(誠童)이고 5대조는 성삼문 등 사육신을 고변한 좌의정 상락부원군 질(礩)이다. 질은 영의정 정창손의 사위이기도 하다. 6대조는 동지중추부사 종숙(宗淑)이고 7대조는 승(陞)이며 8대조는 문하좌정승을 역임한 개국공신 사형(士衡)이다. 사형 이상의 세계는 김사형과 같다.

장인은 미상이고 외할아버지는 좌의정 유홍(兪泓)이다.

아들은 한산 군수 식(鉽)과 곡성 현감 익(釴)과 속(鋉)이다. 손자로는 식이 세룡(世龍)을 낳았는데 세룡은 인조와 조귀인의 소생인 효명옹주(孝明翁主)에게 장가가서 낙성위(洛城尉)가 되었다.

아우 자겸(自兼)은 인조반정공신인 이귀(李貴)의 사위이며 영의정 이시백의 처남이 된다. 대대로 명문거족으로 지냈으나 김자점이 효종의 북벌계획을 청나라에 밀고하고 역적이 되면서 가문이 급격히 쇠했다.

46) ▶ 영상 김자점과 우상 남이웅이 대답하기를 이란 기사 있음
47) 앙사에서 김자점의 죄목을 들어 파직을 간하여 이에 따르다.

🎁 생애

문하좌정승 김사형과 사육신을 고변한 좌의정 김질의 후손이며 좌의정 유홍의 외손자이고 낙성위 세룡의 할아버지이다. 이귀·최명길·이괄과 함께 대북파를 몰아내고 인조반정을 주도한 공서파의 영수로 소현세자의 빈인 강씨를 죽이고 소현세자의 아들을 몰아냈다. 이괄의 난을 평정한 뒤 기자헌 등을 죽이자고 주장했고 경쟁자인 심기원을 역모로 몰아 도태시켰으며 임경업을 고문으로 죽게 했다. 북벌계획을 청나라에 밀고한 것이 들통나서 광양현으로 유배되었고, 집권 청서파인 원두표·송시열 등을 제거하고 숭선군을 추대하려는 역모를 꾀하다가 발각되어 대역 죄인으로 처형되었다. 대대로 명문 거족으로 지냈으나 자점이 효종의 북벌계획을 밀고하고 숭선군을 추대하려는 역모를 꾀하다가 발각되어 역적이 되면서 구안동김씨를 몰락하게 한 인물이다.

성혼의 제자로 음보로 나아가 병조 좌랑에 올랐으며 광해군 14(1622)년 사인을 역임하고 병조 좌랑에 올라 이귀·최명길·이괄 등과 함께 광해군과 대북파를 몰아내고 인조를 추대했다.

인조 1(1623)년 호위대장으로 신경진의 종사관이 되었고 6품직에 제수되어 호조 좌랑·공조 좌랑·지평을 역임하고 동부승지가 되었다. 인조 2(1624)년 1월부터 인조 3년 2월 사이에 일어난 이괄의 난48)을 평정한 공으로 정사공신 1등에 녹훈되고 낙흥군에 봉해졌다. 이괄의 난이 일어나자 만일에 대비해 옥에 있던 기자헌(奇自獻) 등 40여인을 죽이자고 주장했다. 그 뒤 좌승지·우승지를 역임했고 당시 집권층인 서인이 인조반정에 가담한 공서파(功西派)49)와 가담하지 않은 청서파(淸西派)50)로 갈라지자 집권 공서파가 되었고 공서파의 영수가 된 뒤에 김상헌 등 유림을 배경으로 한 청서파를 탄압했다. 인조 3년 관직이 삭탈되고 문외출송을 당했다. 인조 5(1627)년 금나라(청나라)가 침범51)하자 서용되어 순검사로 임진 수어사가 되었다. 인조 6년 한성부 판윤·지의금부사가 되어 숭정대부에 가자되었고 인조 8(1630)년 다시 한성부 판윤에 임명 되었으며 인조 9년 강도 구관당상·한성부 판

---

48) 이괄은 인조반정에 참여하여 큰 공을 세웠으나 2등공신에 책정되고 평안도 병사 겸 부원수로 외직으로 발령한 것에 불만을 품고 난을 일으켰다.
49) 서인 가운데 인조반정에 가담한 김류·심기원·이귀·감자점·신경진 등을 말한다.
50) 인조반정에 가담하지 않은 파. 김상헌 등
51) 정묘호란

윤을 역임했다. 인조 11(1633)년 병자호란이 일어나자 도원수가 되었으나 토산(兎山) 싸움에서 참패한 책임을 지고 인조 15(1637)년 중도에 유배되었고 절도에 정배되었다가 인조 17(1639)년 향리방귀에 처해졌다. 인조 18년 반청론자들을 견제하려는 인조에 의해 풀려나서 강화 유수로 다시 등용되었으며 호위대장을 역임했다. 이 해에 손자 세룡(世龍)이 인조와 조귀인 사이에서 태어난 효명옹주와 결혼함으로 왕실의 인척이 되었다. 인조 20년 김류와의 제휴로 병조 판서가 되고 인조 21(1643)년 판의금부사가 되었다가 우의정으로 승진했으며 어영청 도제조를 겸하면서 진하사로 명나라에 다녀왔다. 인조 22년 경쟁자인 심기원 등을 역모 혐의로 도태시키고 좌의정이 되어 낙흥부원군에 봉해진 다음 사은사 겸 주청사로 청나라에 다녀왔다. 인조 23(1645)년 숙원 조씨와 결탁하여 소현세자를 죽이는 데 가담하고 소현세자빈 강씨를 죽게 하고 소현세자의 아들을 몰아냈다. 인조 24(1646)년 좌의정에서 영의정으로 승진했고 청나라 사신이나 역관 정명수(鄭命壽) 무리와 결탁해 권력의 기반을 세웠다. 또 같은 해 청나라에 포로로 가있던 임경업(林慶業)이 돌아오자 고문으로 죽게 했다. 인조 말년에 공서파가 낙당(洛黨)과 원당(原黨)으로 분열하자 낙당의 영수가 되어 원두표를 중심으로 한 원당과 대립했다.

효종 즉위(1649)년 영의정으로 원상이 되어 정무를 보았으나 김집·송시열·김상헌·송준길 등 청서파가 정권을 잡은 뒤 양사의 탄핵으로 영의정에서 파직되고 효종 1(1650)년 홍천에 유배되었다. 홍천에서 자신의 정치적 위기를 극복하기 위해 심복인 역관 이형장(李馨長)을 시켜 조선이 북벌을 계획한다고 청나라에 고발하고 그 증거로 청나라의 연호를 쓰지 않은 장릉지문(長陵誌文)을 보냈다. 청나라에서 즉시 군대와 사신을 파견했으나 이경석·이시백·원두표의 활약과 효종의 기민한 수습으로 그의 기도는 실패했고 광양으로 유배되었다. 효종 2(1651)년 효명옹주의 저주사건이 문제 되고, 아들 익(釴)이 수어청 군사와 수언 군대를 동원해 원두표·김집·송시열·송준길을 제거하고 숭선군(崇善君)을 추대하려는 역모가 폭로됨으로 역적죄인이 되어 효종 2(1651)년 12월 17일 정형(正刑)이 결정되어 다음날인 18일 정형에 처해졌다. 아들도 함께 처해졌다. 졸기는 없다.

참고문헌

〈인조실록〉, 〈효종실록〉, 〈다음백과사전〉, 〈안동김씨족보〉

이경석(李景奭)

본관은 전주인데 정종의 여섯 째 아들 덕천군 후생의 6세손이다. 자는 상보(尙輔)이고 호는 백헌(白軒)이며 시호는 문충(文忠)이다. 선조 28(1595)년에 태어나서 헌종 12(1671)년에 죽었다.

🎁 재임기간

효종 즉위(1649)년 8월 4일[52] - 효종 1(1650)년 3월 11일[53] ※ 후임 이경여

🎁 가문

아버지는 동지중추부사 유간(惟侃)이고 할아버지는 돈용교위 수광(秀光)이다. 증조부는 함풍군(咸豊君) 계수(繼壽)이고 고조부는 완성군(莞城君) 귀정(貴丁)이다. 5대조는 병조 판서 신종군(新宗君) 효백(孝伯)이고 6대조는 덕천군 후생(厚生)이며 7대조는 정종 경(曔)이다.

장인은 전주인 관찰사 유색(柳穡)이고 외할아버지는 개성인 대호군 고한량(高漢良)이다.

아들 철영(哲英)은 생원으로 평시령(平市令)을 역임했고 손자는 정랑 우성(羽成)과 군수 하성(廈成)이 있다. 숙종 6(1680)년 김석주 · 김수창 · 민정중이 상언하여 이경석의 손자 우성(羽成)을 6품관으로 탁배하여 제사 지내게 했다.

형은 호조 판서로 체찰사를 지낸 경직(景稷)과 현령 경설(景卨)이 있고 누이 3명은 각각 함양인 승지 박지계(朴知誡), 파평인 현감 윤전(尹烇), 파평인 현감 최위지(崔衛之)와 결혼했다.

---

52) 이경석을 영의정으로 김상헌을 좌의정으로 …
53) 이경여를 영의정으로 삼다.

정종의 여섯 째 아들인 덕천군 후생의 6세손이다. 병자호란이 일어나자 임금을 남한산성으로 피신케 했고, 청나라와의 화의를 주장했다. 화의가 이루어진 뒤에 장유와 삼전도 비문을 하나씩 지었는데, 이경석이 지은 것이 채택되었다. 강빈 옥사가 일어나자 처벌에 반대했고, 호남 진휼대책을 아뢰어 세금을 감해주었으며 구황방침을 전하고 죽었다.

김장생의 문인으로 광해군 5(1613)년 진사시에 합격하고 광해군 9(1617)년 증광별시에 합격하였다. 광해군 10년 인목대비를 폐비하라는 상소에 참여하지 않았기 때문에 삭직되었다. 인조 1(1623)년 알성문과에 급제하여 승문원 부정자에 보임되었다가 검열·봉교로 전임되었다. 인조 2년 이괄의 난이 일어나자 승문원 주서로 왕을 공주로 호송했으며[54] 돌아와 같은 해에 문과 중시에 장원했다. 대교·주서·봉교·정언·부수찬을 역임하고 인조 3년 정언으로 있을 때 궐직한 일로 체직되었다가 다시 정언에 임명되었다. 이어서 헌납·부교리·헌납·수찬·정언·교리·헌납을 역임했다. 인조 4(1626)년 교리·헌납·교리·부교리·이조 좌랑·부수찬·이조 좌랑을 역임하고 사가독서(독서당)했다. 인조 5년 정묘호란이 일어나자 체찰사 장만의 종사관으로 강원도 지방의 군사 모집과 군량미 조달에 힘썼다. 그 뒤에 이조 좌랑·수찬·이조 좌랑을 차례로 역임하고 인조 6년 문사낭청[55]을 거쳐 동부승지·우부승지를 역임했다. 인조 7(1629)년 문신정시에 2등으로 합격했고 가을에 부모 봉양을 위해 외직을 원해 양주 목사로 나갔다. 인조 8년 친병 때문에 돌아왔고 양주의 일로 파직되어 오랫동안 산직에 있다가 인조 9년 위장에 임명되었다. 인조 10년 좌부승지를 거쳐 우승지·대사간에 제수되었으며 인조 12년 부제학에 임용되었는데 어머니 상을 당하고 이어서 아버지 상을 당했다. 인조 14년 상제를 마치고 부제학으로 복귀했다가 대사헌으로 옮겼다. 병자호란이 일어나자 임금을 남한산성으로 피신케 했다.

---

54) 백관이 모두 도망해버려 어가를 따르는 자는 승지 한효중(韓孝仲)과 이경석, 그리고 내관 두 명 뿐이었다.
55) 이조 정랑

인조 15년에는 부제학·도승지·상의원 제조·예문관 제학·대사헌·도승지·대사헌을 역임하고 부제학으로 있을 때 삼전도 비문을 지었다. 장유와 따로 하나씩 지었는데 청나라에서 이경석이 지은 것을 택하고 내용을 수정하게 했다. 인조 16(1638)년 대제학·대사헌·동지경연·대사간·이조 참판·대사간을 차례로 역임했다. 인조 17년 이조 판서에 제수되어 대제학을 겸했는데 인조 18(1640)년 이조 판서에서 사직할 것을 요청하여 겸 대제학만 체차되었다. 그러나 심양에 가짜로 인질을 보낸 것이 심양에 발각되어 파직되었다.56) 인조 19(1641)년 소헌 세자의 이사로 심양에 갔으나 1년간 봉황성에 구금되었다. 심양에서 풀려나서 우참찬에 임명되어 있다가 다시 대사헌으로 세자 이사를 역임했다. 인조 20년 3월 심양에 들어갔다가 여름에 돌아왔는데 7월에 다시 심양에 들어갔다. 인조 21년 원손보양관·의정부 우참찬·지중추부사를 역임했으며 <선조실록>을 개수했다. 인조 23년 대사헌과 이조 판서를 역임하고 우의정으로 승차했다. 인조 24(1646)년 강빈의 옥사가 일어나자 처벌을 반대했고 사은사로 청나라에 다녀와서 판중추부사에 임명되었고 인조 25년 영중추부사를 거쳐 좌의정에 임명되었으나 25차례의 상소로 좌의정에서 사직하는 것을 윤허 받고 물러나 있었으나 인조 26년 다시 좌의정에 임명되었다.

1649년 효종이 즉위하자 영의정에 임명되었으나 김자점이 북벌계획을 청나라에 알려 효종이 추궁을 당하자 영의정인 자신에게 책임이 있다고 주장하여 효종 1(1650)년 3월 영의정에서 물러나 의주 백마성으로 유배되었다. 효종 4년 유배에서 풀려나 영돈녕부사에 임명되었다가 효종 6년 상소 끝에 영돈녕부사에서 사직하였다. 효종 9(1668)년 영중추부사에 또 임용되었다.

현종 즉위(1659)년 영돈녕부사에 이어 현종 1(1660)년 실록 총재관을 역임했다. 현종 2년 부묘도감 제조를 역임하고 현종 4(1663)년 호남 진휼책을 아뢰어 세금을 감해주게 했다. 현종 9(1668)년 궤장을 하사받았으나 현종 10년

---

56) 심양에 거짓으로 인질을 보낸 사람은 최명길, 이경석, 이시백, 홍보, 남이공이다.

남인이었기 때문에 송시열에게 배척당하고 영부사직에서 사직할 것을 청하였으나 임금의 신뢰로 불허되었다. 현종 12(1671)년 구황방침을 전하고 77세에 죽었다. 저서에는 <백헌집>이 있고 조경(趙絅)・조익(趙翼) 등과 함께 <장릉지장>을 편찬했다. 숙종 6(1680)년 김석주・김수창・민정중이 상언하여 이경석의 손자 우성(羽宬)을 6품에 탁배하여 제사 지내게 했고, 남원의 방산서원에 제향되었다.

<현종실록> 현종 12(1671)년 9월 23일 첫 번째 기사에 '영중추부사 이경석의 졸기'가 있다.

🔩 평가

영중추부사 이경석의 졸기

…… 사신은 논한다. 이경석은 집에서 효도하고 우애로웠으며 조정에서 청렴하고 검소하였다. 일찍부터 문망(文望)을 지녔었는데 드디어 정승에 올랐다. 나라를 근심하는 마음은 늙도록 게을러지지 않았으나, 친분이 두터운 사람에게 마음 쓰는 것이 지나쳤고 친지나 당류를 위하여 상의 은혜를 구하되 구차한 짓도 피하지 않았으므로 사람들이 이 때문에 비평하였다.

참고문헌

〈국조인물고 : 비명. 박세당(朴世堂) 지음〉, 〈다음백과사전〉, 〈광해군일기〉, 〈인조실록〉, 〈효종실록〉, 〈현종실록〉, 〈전주이씨덕천군파보〉

이경여(李敬輿)

본관은 전주이고 자는 직부(直夫)이며 호는 백강(白江)·봉암(鳳巖)이고 시호는 문정(文貞)이다. 1585년에 태어나서 1657년에 죽었다.

재임기간

효종 1(1650)년 3월 11일[57] – 효종 1(1650)년 12월 30일[58] ※ 후임 김육

가문

아버지는 목사 유록(綏祿)이고 할아버지는 첨정 극강(克綱)이며 증조부는 광원수(廣原守) 구수(耉壽)이다. 고조부는 광성정(匡城正) 전(銓)이고 5대조는 운산군(雲山君) 계(誡)이며 6대조는 밀성군(密城君) 침(琛)이다. 밀성군 침은 세종과 신빈 김씨 사이에서 태어났다. 따라서 경여의 7대조는 세종이다.

장인은 초배는 해평인 영의정 윤승훈(尹承勳)인데 초배는 화재로 일찍 죽어 자녀가 없고 계배는 풍천인 별좌 임경신(任景莘)이다. 외할아버지는 진천인 송제신(宋濟臣)이다.

계배와의 사이에서 4남 2녀를 두었는데 1남은 부사 민장(敏章)이고 2남은 대사헌 민적(敏迪)이며 3남은 판서 민서(敏敍)이고 4남은 지평 민채(敏采)이다. 민적의 아들은 참판 사명(師命)과 우의정 이명(頤命)이다. 이명은 민채에게 입양되었는데 임인옥사 때 노론 4대신이 참화를 입을 때 같이 죽었다. 이때 아들 기지도 함께 사형을 당했다. 경여의 1녀는 현감 이준(李儁)과 결혼했고 2녀는 박세격(朴世格)과 결혼했다.

---

57) 이경여를 영의정으로 삼았다.
58) 영의정 이경여가 면직을 청하자 비국과 의논하여 허락하다.

세종의 후손으로 영의정 윤승훈의 사위이며 노론 4대신으로 임인옥사 때 죽음을 당한 우의정 이명의 할아버지이다. 배청파로 배청에 대한 상소를 올려 김상헌·조한영과 함께 용골대의 심문을 받았고 강빈 사건으로 삭탈관작되고 유배되었다가 영의정에 올랐으나 청나라의 압력으로 물러났다.

선조 34(1601)년 사마시에 합격하고 광해군 1(1609)년 증광문과에 합격하고 홍문관 전적 지제교에 임명되었다. 광해군 3년 겸 설서·검열·사관·기사관·대교를 역임하고 광해군 4(1612)년 기사관·봉교·정언·직강을 거쳐 광해군 6년 사서를 역임했다. 광해군 7년 경기도 도사에 임명되고 광해군 9년 비변사 낭청에 임명되었다. 비변사 낭청으로 있을 때 통천에서 난 화재로 첫 부인인 해평인 영의정 윤승훈의 딸이 불에 타서 죽었다. 같은 해에 이천 현감과 충원 현감을 역임했다.

인조 1(1624)년 검토관·헌납·선유 암행어사·검토관·시독관·홍문관 부교리·헌납·홍문관 부교리·이조 좌랑을 차례로 역임하고 인조 2년 좌의정 윤방의 종사관을 거쳐 이조 정랑으로 옮겼다. 인조 3년 도청·경상도 암행어사·홍문관 응교·홍문관 교리·홍문관 전한을 역임했다. 홍문관 전한으로 있으면서 도체찰사 장만의 종사관으로 남한산성 축성을 살피고 돌아와서 홍문관 응교와 사간·홍문관 응교를 역임했다. 인조 4(1627)년 낭청·사헌부 집의·사인·집의·보덕·사인·전한을 차례로 역임했다. 인조 5년에는 전라좌도 암행어사로 파견되었다가 돌아와서 사간·승지·충청도 관찰사 겸 전라도 좌수사를 역임하고 인조 6년 공청도 관찰사를 역임했다. 인조 7년 이조 참의를 역임하고 인조 8(1631)년에는 홍문관 부제학·참찬관·홍문관 부제학을 역임했다. 인조 11(1634)년 전라도 관찰사로 전임된 뒤에 인조 12년 홍문관 부제학으로 들어와서 이조 참의를 역임하고 다시 홍문관 부제학으로 옮겼다. 인조 14년 좌부승지로 전임된 뒤에 우부승지·좌부승지·우부승지를 차례로 역임하고 인조 15(1638)년 경상도 관찰사로 나갔다. 인조 16년 순찰사가 되고 같은 해에 동지·홍문관 부제학·예문관 제학·대사헌·병조 참판을 역임하고 인조 17년 승지·부제학·동지중추부사·이조 참판·대사성·형조 판서를 역임했다. 인조 18(1641)년 대사헌·대사성·여주 목사를 역임하고 인조 20년 대사헌·홍문관 제학·예조 판서·우참찬·좌참찬으로 옮겼다. 좌참찬으로 있을 때 배청에 관한 상소문을 올렸고 이로 인해 인조 21(1644)년 김상헌과 함께 용골대의 심문을 받았다. 같은 해에 대사헌에 임명된 뒤에 우의정으로 승차했다. 인조 22년 우의정으로 사은사가 되어 청나라에 다녀와서 인조 23년 영중추부사·판중추부사에 임명되었다. 인조 24(1647)년 강빈 사건에 관련되어 관작이 삭탈되고 문외출송을 당하였고 같은 해에 외딴 섬으로 유배를 당했다.

효종 즉위(1649)년 유배지에서 울타리가 철거되어 아산으로 이송되었고 효종 1년 석방되어 영중추부사에 임명되었다가 같은 해 3월에 영의정으로 임명되었다. 영의정으로 임명된 뒤 바로 영의정 신분으로 사은사가 되어 청나라에 다녀왔다. 그러나 청나라에서 배청파라는 것을 문제 삼아 압력을 넣어 12월 영의정에서 물러나 영중추부사·영돈녕부사·영중추부사로 있다가 효종 5(1654)년 영중추부사에서 물러났다가 효종 7년 영중추부사·사직·영중추부사·사직을 반복하다가 효종 8(1657)년 영중추부사에 다시 임용되었으나 그해 8월 8일 죽었다. 죽은 뒤에 부여의 부산서원(浮山書院)·진도의 봉암사(鳳巖祠)·흥덕의 동산서원(東山書院)에 제향되었다. 저서로 <백강집>이 있다.

<효종실록> 효종 8(1657)년 8월 8일 첫 번째 기사에 '영중추부사 이경여의 졸기 및 그의 유차'가 있다.

🎲 평가

영중추부사 이경여의 졸기 및 그의 유차(遺箚)

대광보국 숭록대부 영중추부사 이경여(李敬輿)가 죽었다. 그의 유차(遺箚)에,
"신이 나라의 두터운 은혜를 받았으나 티끌만큼의 도움도 드리지 못한

채 지금 미천한 신의 병세가 위독해져 하찮은 목숨이 곧 끊어지게 되어 다시금 상의 모습을 우러러 뵙지 못하고서 밝은 시대를 영원히 결별하게 되었으니 이 점을 땅속으로 들어가면서 구구하게 한하고 있습니다. 오직 원하건대, 전하께서는 기뻐하거나 성내는 것을 경계하고 편견을 끊으시며 착한 사람을 가까이 하고 백성의 힘을 양성하여 원대한 업을 공고하게 다져 죽음을 눈앞에 둔 신하의 소원에 부응해 주소서. 신의 정신이 이미 흩어져 직접 초안을 잡지 못하고 신의 자식에게 구두로 불러 주어 죽은 뒤에 올리도록 하였습니다."

하였는데, 상이 정원에 하교하기를,

"막 원로를 잃고 내 몹시 슬퍼하고 있던 참이었는데 이어 유소를 받아 보니 경계해 가르침이 더없이 절실하고 내용이 깊고 멀어 간절한 충성과 연연해하는 정성이 말에 넘쳐흘렀으므로 더욱 슬퍼서 마음을 진정할 수 없다. 띠에다 써서 가슴에 새기지 않을 수 있겠는가."하였다.

경여는 인품이 단아하고 몸가짐이 맑고 간결하였으며 문학에도 뛰어난데다 정사의 재능도 있어서 사람들에게 존중받았다. 젊은 시절부터 벼슬에 나오고 물러가는 것을 구차하게 하지 않았고 혼조(昏朝)[59])에 있으면서도 정도를 지켜 굽히지 않았다. 계해반정(癸亥反正)[60])에 맨 먼저 옥당에 뽑혀 들어가 화평하고 조용하게 간하니 사랑과 대우가 특별히 높았다. 고 정승 장유(張維)가 일찍이 한 시대의 인물을 평론하면서 말하기를 "이경여는 경악(經幄)에 있을 때에는 마음을 쏟아 임금을 인도하는 책임을 다했고 지방에 있을 때에는 임금의 뜻을 받들어 펴는 임무를 다했으니 지금에 있어서 재능을 두루 갖춘 자이다"고 하였다. 병자년 이후로 벼슬을 탐탁하게 여기지 않았으나 인조가 그를 소중하게 여기고 신임하였으므로 발탁해 우상에 제수하였다. 그런데 이계(李烓)가, 경여가 명나라에 뜻을 두고서 청나라의 연호를 쓰지 않는다고 청나라 사람에게 고하여 두 번이나 심양에 잡혀갔었으나 몸과

---

59) 광해군
60) 인조반정

마음가짐이 더욱 굳건하였다. 을유년 세자를 세울 때 자기의 소견을 변동하지 않았는데[61] 이로 인해서 남북으로 귀양살이를 다녔으나 상이 즉위하자 방면하고 수상에 제수하였다. 이때 선비들의 의논이 매우 격렬하였으나 경여가 화평한 의논으로 견지하면서 이들을 조화시키는 데 온 힘을 기울였는데 혹 이를 그의 단점으로 여기기도 했다. 얼마 안 되어 청나라에서 경여가 정승이 되었다는 소식을 듣고 힐책하자 이때부터 정승의 자리에서 물러나 묻혀 살았다. 그러나 나라에 일이 있을 때마다 말씀을 올려 건의한 바가 많았다. 이때에 이르러 죽으니 나이 73세이다.

참고문헌

〈선조실록〉, 〈인조실록〉, 〈효종실록〉, 〈다음백과사전〉, 〈전주이씨밀성군파보〉

---

61) 을유년 세자를 세울 때 자기의 소견을 변동하지 않았는데 : 인조 23년에 소현세자가 죽고 봉림대군을 세자로 삼으려 하자 이경여가 반대하였다.

김 육(金堉)

본관은 청풍이고 자는 백후(伯厚)이며 호는 잠곡(潛谷) 또는 회정당(晦靜堂)이고 시호는 문정(文貞)이다. 선조 12(1580)년에 태어나서 효종 9(1658)년에 죽었다.

재임기간

효종 2(1651)년 1월 11일[62] – 효종 2(1651)년 12월 7일[63] ※ 후임 정태화
효종 5(1654)년 6월 20일[64] – 효종 5(1654)년 9월 6일[65] ※ 후임 이시백
효종 6(1655)년 7월 14일[66] – 효종 6(1655)년 7월 24일[67] ※ 후임 이시백

가문

아버지는 사마 양시에 합격하고 강릉 참봉을 역임한 흥우(興宇)이고 할아버지는 군자감 판관 비(棐)이며 증조부는 덕수(德秀)이고 고조부는 홍문관 부제학 식(湜)이다. 식은 기묘명현의 한 사람으로 대사성을 역임하고 이조 참판에 증직되었는데 뒤에 영의정에 추증되었다. 5대조는 생원 숙필(淑珌)이고 6대조는 대(臺)이고 7대조는 경문(敬文)이다. 8대조는 정(瀞)이고 9대조는 청로상장군파조인 청로상장군 중원(仲源)이며 10대조는 문하시중 창조(昌祚)이다. 11대조는 감문위 대호군 현(鉉)이고 12대조는 시랑 인유(仁祐)이며 13대조는 고려 문하시중 대유(大猷)이다. 상계는 경순왕 부(溥)와 김알지(金閼智)이다. 시조는 신라 말 왕자가 청풍으로 피난을 가서 살았는데 그 후손이 청풍에 눌러 살았다.

장인은 파평인 윤급(尹汲)이고 외할아버지는 현감을 지낸 풍양인 조희맹(趙希孟)이다.

큰아들은 병조 판서 좌명(佐明)인데 청릉부원군에 봉해졌다. 선조와 인빈

---

62) 김육을 영의정으로 이시백을 좌의정으로 한홍일을 우의정으로 …
63) 정태화를 영의정으로 김육을 우의정으로 김신국을 판중추부사로 삼았다.
64) ▶ "영의정 김육이 아뢰기를" 이란 기사 있음
65) 구인후를 좌의정으로 이시백을 영의정으로 올리고 …
66) 김육을 영의정으로 이척연을 승지로 …
67) 영의정 김육이 다섯 번째 차자를 올려 면직을 청하니, 허락하였다.

김씨 사이에 태어난 정숙옹주의 사위이다. 정숙옹주는 영의정 신흠의 아들 동양위 신익성과 결혼하였기 때문에 신흠의 손녀사위이기도 하다. 둘째아들 우명(佑明)68)은 현종의 정비이며 숙종의 어머니인 명성왕후(明聖王后) 김씨의 친정아버지로 국구 청풍부원군이다. 손자로는 좌명의 아들 석주(錫胄)는 우의정을 역임하고 청성부원군에 봉해졌고 우명의 아들 석연(錫衍)은 형조판서를 역임했는데 송시열의 아들인 송기태와 동서가 된다. 우명의 후손 가운데 육의 5대손인 시묵(時默)은 정조의 비인 효의왕후의 친정아버지인 청은부원군이다.

🎲 생애

> 현종의 국구로 명성왕후 김씨의 친정아버지인 청풍부원군 우명의 아버지이며 우의정 석주의 할아버지이고 영의정 신흠·송시열과는 사돈 관계이다. 조광조·이황 등의 문묘배향을 반대하는 정인홍을 청금록에서 삭제하여 대과에 응시하는 자격을 빼앗았다. 음성 현감으로 있으면서 민생고의 원인과 타개책을 담은 '음성현진배소'를 올렸고 공물법을 폐지하고 대동법을 실시할 것을 건의하는 한편 <구황촬요>·<벽온방> 등을 편찬해서 국가 재정과 농민 생활의 안정을 위해 노력했다.

조호익(曺好益)과 김상헌(金尙憲)의 문하에서 수학했다. 선조 33(1600)년 어머니 상을 당했고 선조 38(1605)년 사마시에 합격하고 성균관에 들어갔다.

광해군 1(1609)년 성균관 동료 태학생들과 함께 김굉필·정여창·조광조·이언적·이황 등의 문묘 배향을 건의하는 청종사오현소(請從祀五賢疏)를 올렸다. 이에 반대하는 대북파 영수 정인홍을 태학생들이 청금록(靑衿錄:성균관 유생록)에서 삭제하는 사건이 발생하자 광해군 2(1610)년 조정에서 김육을 포함한 삭제 주동자들의 대과 응시 자격을 빼앗았다. 이에 성균관을 떠나 경기도 가평의 잠곡 청덕동에 낙향해 10년 동안 머물면서 회정당을 짓고 학문을 닦으며 스스로 호를 잠곡이라 했다.

인조 1(1623)년 인조반정으로 금오랑·의금부 도사가 되었고 학문으로 6

---

68) 우명의 아들은 만주(萬冑), 석익(錫翼), 석연(錫衍), 석달(錫達)이다.

품직에 발탁되어 인조 2년 음성 현감으로 있으면서 민생고의 원인과 이의 타개책을 파악하여 연구한 '음성현 진배소'를 인조에게 올렸으며[69] 현감으로 증광별시 갑과에 장원으로 급제하고 정언·지평·정언을 역임했다. 인조 3년 병조 좌랑·지평·정언·사서·시강원 문학·병조 좌랑·지제교 겸 호패청 낭관·직강·헌납·지평을 역임하고 이 해 9월에 안변 도호부사로 나가 청의 침입에 대비했다. 인조 4(1626)년 지평·정언·헌납·지평·문학·지평을 역임하고 인조 5년 봄에 문학에 임명되고 직강으로 전임되었으며 병자호란이 일어나자 세자를 따라 남하했다가 얼마 뒤 세자를 모시고 강화도로 들어가 병조로 옮겼다. 인조 6년 김류의 종사관을 역임하고 수찬·교리·헌납·부교리를 역임하고 교리에 임명되어 사서를 겸했다. 인조 7(1629)년 이조 좌랑에 임명되었다가 이조 정랑으로 승진했으나 어떤 일로 관직이 삭탈되고 문외로 송출되어 양주로 내려가는 죄를 받았다. 인조 10(1632)년 사면된 뒤에 부수찬으로 관직에 복귀하여 이조로 돌아와 부응교를 역임하고 인목왕후가 승하하자 산릉도청이 되었다. 그 뒤 검상·사인·보덕·응교를 역임하고 사간이 되었다가 산릉의 공로로 품계가 올라 병조 참지에 임명되고 지제교를 겸했다. 인조 11년 병조 참지에서 동부승지에 전임되었다가 우부승지에 임명되었고 외직인 안변 도호부사로 나가 청나라의 침범에 대비했다. 인조 14(1636)년 동지성절천추진하사(冬至聖節千秋進賀使)가 되었을 때 청나라가 육로를 모두 점령했기 때문에 바다를 통해 명나라에 다녀왔다. 인조 15년 돌아오는 중에 병조 참의에 임명되었으나 사양하고 면직되었다가 승정원에 들어가 우부승지를 거쳐 인조 16년 장례원 판결사에 임명되었다. 그 뒤 예조로 옮겨 승문원 부제조를 겸하다가 충청도 관찰사에 임명되어 공물법을 폐지하고 대동법을 실시할 것을 건의하는 한편 <구황촬요>·<벽온방> 등을 편찬했다. 인조 17(1639)년 동부승지를 역임하고 형조 참의에 임명되어 대사성을 겸했다. 인조 18년 좌부승지·우부승

---

69) 이 일로 송덕비가 세워졌다.

지 · 좌부승지를 역임했다. 인조 19(1641)년 좌승지 · 우승지 · 좌승지 · 부제학을 역임하고 인조 20년 대사간 · 우승지 · 좌부승지 · 대사간 · 부제학을 역임했으며 인조 21(1643)년 한성부 우윤 · 도승지에 임명되었다. 소현세자가 심양에 볼모로 잡혀가자 원손보양관으로 수행하고 돌아와서 세자우빈객이 되었다. 인조 22년 봄에 연경이 함락되고 가을에 원손을 모시고 돌아와 예조 참판 · 대사성을 역임하고 이조 참판으로 전임되어 비국과 선혜청의 임무를 겸했다. 이조 판서로 승진하고 겨울에 형조 판서로 전임하여 세자우빈객을 겸했다. 인조 23(1645)년 원나라 사신이 소현세자를 호송하고 올 때 영접하였고 사신의 원접사 · 반송사를 역임하고 관상감 제조 · 상호군 · 우참찬 · 대사헌 · 예조 판서를 역임하고 이 해 12월에 사은사로 청나라의 연경에 다녀왔다. 인조 24년 소현세자빈 강씨에게 죄를 주는 일에 반대하여 관직과 내국 제조에서 해임됐다. 인조 25(1647)년 송도 유수에 임명되었으며 인조 27(1649)년 기로소에 들어갔다.

효종 즉위(1649)년 인조가 승하하자 임시로 예조 판서에 임명되었다가 상례를 치르고 대사헌으로 전임되었다가 우의정으로 승진하여 대동법 확장 시행에 적극 노력했다. 이 해에 사은사 겸 동지정조사로 청나라에 다녀왔고 효종 1(1650)년 대동법 실시 문제로 대동법을 반대하는 김집(金集)과 논쟁하여 우의정에서 물러나 영중추부사가 되었으며 71세 나이로 진향정사에 임명되어 명나라에 다녀왔다. 돌아와서 나이가 많음을 이유로 사직하고 향리에 머무르다가 영의정에 임명되어 대동법을 충청도에까지 확장 시행하고 실록청 총재관을 겸하여 <인조실록> 편찬을 맡아 보았으며 민간에 주권을 허용하도록 했다. 효종 2(1650)년 1월 11일 영의정 이경여가 청나라의 견책으로 사직하자 다시 영의정에 임명되어 훈련원 도제조와 군자감 도제조를 겸했다. 같은 해 11월 21일 손녀인 세마 김우명의 딸이 세자빈으로 간택되었다. 12월 7일 원임 정태화가 영의정에 복귀함에 따라 영의정에서 좌의정으로 강등되어 대동법 시행에 따른 문제점을 개선하고 <해동명신록>을 저술하는 한편 <인조실록>을 완성했다. 효종 5(1654)년 다시 영의정에 임명되어 <호남대독사목>을 구상하는 등 대동법 확대에 힘썼다. 같은 해에 판돈녕부사로 물러났다가 영돈녕부사가 되었으나 효종 6년 7월 14일 다시 영의정에 임명되었다. 7월 25일 영의정에서 물러나 영돈녕부사가 되어 <인조실록>과 <선조수정실록> 편찬을 총괄했다. 효종 9(1658)년 죽음에 임하여 상소를 올리고 79세의 나이로 죽었다. 저서로는 <잠곡유고>[70]·<잠곡별고>·<잠곡유고보유>·<잠곡속고>·<천성일록>·<청풍세고>·<조천일기>·<기묘록>·<잠곡필담>·<당삼대가시집>·<유원춘보>·<구황촬요>·<벽온방>·<종덕신편>이 있고 '자네 집에 술 닉거든'이란 시조가 있다.

<효종실록> 효종 9(1658)년 9월 5일 첫 번째 기사에 '대광보국숭록대부 영돈녕부사 김육의 상소와 졸기'가 있다.

🎲 평가

대광보국숭록대부 영돈녕부사 김육의 상소와 졸기

상소

대광보국숭록대부 영돈녕부사 김육(金堉)이 죽었다. 죽음에 임하여 상소하기를,

"신의 병이 날로 더욱 깊어지기만 하니 실낱 같은 목숨이 얼마나 버티다가 끊어질런지요? 아마도 다시는 전하의 얼굴을 뵙지 못할까 생각되므로 궁궐을 바라보며 비오듯이 눈물을 흘렸습니다. 제왕의 학문에서 귀중히 여기는 것은 마음을 간직하고 정신을 하나로 모아 밖으로 치달리지 않게 하는 것을 말합니다. 전하께서 종전부터 학문을 강마하시면서 과연 이 도리를 잃지 않으셨습니까? 악정자 춘(樂正子春)은 한낱 필부였습니다만, 한 발자국을 뗄 때에도 부모를 잊지 않았습니다. 그런데 전하께서 오늘날 다치신 것이 이 지경에까지 이르렀으니 어찌 악정자 춘에게 부끄럽지 않겠습니까.

---

70) 시문집

송 효종(宋孝宗)에게 철장(鐵杖)과 목마(木馬)가 뜻을 가다듬어 원수를 갚는 데 무슨 도움이 되었습니까. 주희(朱熹)와 같은 때에 살면서도 주희로 하여금 수십 일도 조정에 있게 하지 못하였으니 정말 애석한 일이었습니다. 전하께서 오늘날 심학(心學)에 힘을 써야 하실 것은 다만 위 무공(衛武公)의 억계시(抑戒詩)를 완미하고 탐색하시는 것입니다. 맹자가 말하기를 '백성을 보호하면서 왕노릇을 하면 막을 수가 없을 것이다.'고 하였습니다. 백성이 편안하여 삶을 즐겁게 누리면 어찌 군사가 없는 것을 걱정할 것이 있겠습니까.

흉년이 들어서 백성들이 흩어져 사방으로 가려 하는데 승호(陞戶)하는 일이 또 이때에 생겨 대신들이 다투어 간했지만 되지 않았으니 이 무슨 일입니까. 전하께서 후회하셔야 할 것입니다. 비록 열 번 명령을 바꾼다 하더라도 무슨 지장이 있겠습니까. 나라의 근본을 기르는 일은 오늘의 급선무인데, 찬선을 맡길 사람은 송시열과 송준길보다 나은 자가 없을 것입니다. 원하건대 전하께서는 시종 공경스러운 예로 맞아 지성으로 대우하여 멀리하려는 마음이 없게 하소서.

호남의 일에 대해서는 신이 이미 서필원(徐必遠)을 추천하여 맡겼는데, 이는 신이 만일 갑자기 죽게 되면 하루아침에 돕는 자가 없어 일이 중도에서 폐지되고 말까 염려되어서입니다. 그가 사은하고 떠날 때 전하께서는 힘쓰도록 격려하여 보내시어 신이 뜻한 대로 마치도록 하소서. 신이 아뢰고 싶은 것은 이뿐만이 아닙니다만, 병이 위급하고 정신이 어지러워 대략 만분의 일만 들어 말씀드렸습니다. 황송함을 금하지 못하겠습니다."

하니 답하기를,

"경의 차자를 살펴보니 매우 놀랍고 염려가 된다. 진술한 말은 모두가 지극한 의논이었다. 깊이 생각하지 않을 수 있는가. 호남의 일에 대해서는 이미 적임자를 얻어 맡겼으니 우려할 것이 있겠는가. 그리고 경은 늙었으나 근력이 아직도 강건하고 병이 깊이 들었지만 신명(神明)이 도와줄 것이다. 어찌 쾌차의 기쁨이 없겠는가. 경은 안심하고 잘 조리하라."

하였다.

졸기

김육은 기묘명현(己卯名賢)인 대사성 김식(金湜)의 후손이다. 젊어서부터 효행이 독실하였고 장성하자 문학에 해박하여 사류들에게 존중받았다. 광해조 때에는 세상에 뜻이 없어 산 속에 묻혀 살면서 몸소 농사짓고 글을 읽으면서 일생을 마칠 것처럼 하였다. 인조 반정에 이르러 제일 먼저 유일(遺逸)로 추천되어 특별히 현감에 제수되고 이어서 갑과(甲科)에 뽑혔고 벼슬이 영의정에 이르렀다.

사람됨이 강인하고 과단성이 있으며 품행이 단정 정확하고, 나라를 위한 정성을 천성으로 타고나 일을 당하면 할 말을 다하여 기휘(忌諱)를 피하지 않았다. 병자년에 연경에 사신으로 갔다가 우리나라가 외국 군사의 침입을 받는다는 말을 듣고 밤낮으로 통곡하니 중국 사람들이 의롭게 여겼다. 평소에 백성을 잘 다스리는 것을 자신의 임무로 여겼는데 정승이 되자 새로 시행한 것이 많았다. 양호(兩湖)의 대동법은 그가 건의한 것이다. 다만 자신감이 너무 지나쳐서 처음 대동법을 의논할 때 김집(金集)과 의견이 맞지 않자 김육이 불평을 품고 여러 번 상소하여 김집을 공격하니 사람들이 단점으로 여겼다. 그가 죽자 상이 탄식하기를 '어떻게 하면 국사를 담당하여 김육과 같이 확고하여 흔들리지 않는 사람을 얻을 수 있겠는가.' 하였다. 나이는 79세였다. 그의 차자 김우명(金佑明)이 세자의 국구(國舅)로서 청풍 부원군(淸風府院君)에 봉해졌다.

참고문헌

〈광해군일기〉, 〈인조실록〉, 〈효종실록〉, 〈다음백과사전〉, 〈청풍세보〉, 〈청풍김씨세계도〉, 〈국조인물고 : 비명. 이경석(李景奭) 지음〉

정태화(鄭太和)

본관은 동래이고 자는 유춘(囿春)이며 호는 양파(陽坡)이다. 시호는 처음은 익헌(翼憲)이었으나 뒤에 충익(忠翼)으로 바뀌었다. 선조 35(1602)년에 태어나서 현종 14(1673)년에 죽었다.

재임기간

효종 2(1651)년 12월 7일71) − 효종 5(1654)년 6월 20일 ※ 후임 김육
효종 7(1656)년 6월 11일72) − 효종 9(1658)년 6월 16일73) ※ 후임 심지원
효종 10(1659)년 3월 25일74) − 현종 2(1661)년 윤 7월 22일75) ※ 후임 정태화
현종 2(1661)년 12월 13일76) − 현종 8(1667)년 3월 10일77) ※ 후임 홍명하
현종 9(1668)년 1월 2일78) − 현종 11(1670)년 11월 17일79) ※ 후임 허적
현종 13(1672)년 5월 6일80) − 현종 14(1673)년 4월 12일81) ※ 후임 허적

가문

아버지는 형조 판서와 지돈녕부사를 역임한 광성(廣成)이고 할아버지는 좌의정 창연(昌衍)이다. 증조부는 좌의정 유길(惟吉)이고 고조부는 강화 도호부사 복겸(福謙)이다. 5대조는 대제학과 영의정을 역임한 광필(光弼)이고 6대조는 이조 판서와 참찬을 역임한 난종(蘭宗)이다. 7대조는 진주 목사와 집현전 직제학을 역임한 사(賜)이고 8대조는 결성 현감 구령(龜齡)이다. 9대조는 판사복시사 해(諧)이고 10대조는 예문관 응교·지제고 승원(承源)이며 11대조는 부사

---

71) 정태화를 영의정으로 김육을 우의정으로 김신국을 판중추부사로 삼았다.
72) 정태화를 영의정으로 심유행을 교리로 삼았다.
73) 영의정 정태화가 병으로 면직을 청하니 허락하였다.
74) 정태화를 영의정으로, 심지원을 좌의정으로, 원두표를 우의정으로…
75) 영의정 정태화가 무려 20차례나 사직 관자를 올리니, 상이 그의 마음을 편하게 해주려고 허락하였다.
76) 정태화를 다시 영의정으로 오위정을 총공감사로…
77) 좌상 홍명하와 영상 정태화를 면직하다.
78) 정태화를 영의정으로 삼고 박장원 등에 관직을 제수하다.
79) 영의정 정태화가 37차에 걸쳐 사직소를 올리니 상이 비로소 허락하였다.
80) 정태화를 영의정으로, 여성제를 대사간으로 …
81) 영의정 정태화가 병으로 사직하여 면직되었다.

지형(之衡)이고 12대조는 검교태자첨사 숭(崇)이다. 13대조는 주부 동정 춘로(椿老)이고 13대조는 태자첨사 필(弼)이며 14대조는 전옥 서령 자가(子家)이고 15대조는 문하첨의찬성사 택(澤)이다. 16대조는 상서성 좌복야 목(穆)이고 17대조는 안일 호장 문도(文道)이며 18대조는 보윤 호장 지원(之遠)이다. 위 세계는 유실되었으나 시조는 안일 호장 회문(繪文)이다.

장인은 여흥인 사섬시 봉사 민선철(閔宣哲)이고 외할아버지는 창원인 관찰사 황근중(黃謹中)이다.

아들은 1남은 첨정 재대(載垈)이고 2남은 우의정 재숭(載嵩)이며 3남은 부수 재악(載岳)이고 4남은 별검 재항(載恒)이며 5남은 동평위 재륜(載崙)이다. 재륜은 효종과 인선왕후 사이에서 태어난 숙정공주(淑靜公主)와 결혼한 동평위(東平尉)이다. 1녀는 현감 이명기(李命耆)와 결혼했고 2녀는 사인 이두령(李斗齡)과 결혼했으며 3녀는 사인 송규성(宋奎成)과 결혼했다. 측실에서 3남 2녀를 두었는데 1남은 청(聽)이고 2남은 응(應)이며 3남은 헌(憲)이다. 1녀는 사과 목윤선(睦胤善)과 결혼했고 2녀는 현감 박시민(朴時珉)과 결혼했다. 아우는 좌의정 치화(致和)와 예조 참판 만화(萬和)이다.

🎁 생애

> 영의정 광필의 후손으로 좌의정 유길의 증손자이고 좌의정 창연의 손자이며 우의정 재숭의 아버지이고 숙정공주의 시아버지이며 좌의정 치화의 형이다. 소현세자의 아들을 세손으로 삼자고 주장했으나 강빈과 소현세자의 아들이 죽자 순응했다.

인조 2(1624)년 진사시에 합격하고 인조 6(1628)년 별시문과에 급제하고 승문원 정자에 임명되었다. 인조 7(1629)년 정언을 거쳐 전적·예조 좌랑을 역임했고 인조 10(1632)년에 이조 좌랑에 임명되었다. 인조 11년에는 부교리·이조 좌랑·헌납을 역임하고 인조 12년에는 이조 정랑·사인·부응교·사간을 역임했다. 인조 13(1635)년에는 교리·집의·응교·부응교를 차례로 역임하고 같은 해에 후금의 침략 위협에 대처하기 위해 북방 변경의 경비를 강화하기 위한 원수부가 설치되자 원수의 종사관에 임명되었다. 인조 14년 사간으로 종사관을 겸할 때 후금을 청으로 고치고 연호를 숭덕으로 바꾼 청나라가 침입하는 병자호란이 발발하여 도원수 김자점이 토산에서 패하고 달아나자 황해도의 여러 곳에서 패잔병을 수습하고 항전하여 많은 적을 살해하였다. 이 공으로 4명의 유장이 되어 집의로 승진하였다. 인조 15(1637)년 특명으로 호서 관찰사에 제수되었고 조정으로 돌아와서 승지에 임명되었다. 소현세자와 봉림대군이 인질로 잡혀서 선양으로 끌려가게 되자 함께 따라갔다가 그 해 말에 귀국했다. 선양에서 돌아온 소현세자가 귀국 4개월 만에 죽고 봉림대군을 세자로 책봉하려 하자 봉림대군의 세자 책봉에 반대하고 소현세자의 아들로 적통을 계승해야 한다고 주장했다. 봉림대군이 세자로 책봉되고 소현세자의 빈인 강빈과 소현세자의 두 아들이 죽자 현실에 순응하여 이 뒤로 요직을 두루 거쳤다. 이 해의 관직은 사간·집의였으며 돌아오자 충청도 관찰사에 임명되고 인조 16년 동부승지에 임명되어 돌아왔다. 이어서 인조 17년에는 참의·동부승지·수원 부사를 차례로 역임하고 병으로 사직하였다가 우부승지에 임명되었다. 인조 18(1640)년에는 한성부 우윤과 대사간을 역임하고 평안도 관찰사로 전임되었다. 인조 20년 평안도 관찰사에서 도승지로 옮기고 인조 22(1644)년에는 대사간과 이조 참판을 거쳐 호조 판서로 승차하고 한성부 판윤으로 전임되었다. 인조 23년에는 대사헌에 제수되었고 인조 24년에는 호조 판서로 옮겼다가 예조 판서로 옮겼다. 그 뒤에 세자우빈객·대사간·예조 판서를 역임했다. 인조 25년에는 공조 판서에 임명되고 인조 26년에는 예조 판서·대사헌·형조 판서·대사헌·이조 판서를 차례로 역임했다. 인조 27(1649)년에 우의정으로 승차하여 같은 해에 사은사로 청나라에 다녀왔다.

효종이 즉위(1649)하자 우의정으로 총호사를 맡았으나 어머니 병으로 총호사직은 영의정이 맡았다. 이어서 좌의정에 임명되었으나 어머니 상으로 좌의정에서 사직하고 향리에 머물렀다. 효종 1(1650)년 상중일 때 판중추부사에 임명되었고 청나라 사신의 방문에 맞춰 삼공을 맞추기 위해 다시 좌의정에 임명되었다. 효종 2년에 좌의정에서 판중추부사로 물러나 있다가 영의정에 제수되었고 효종 5년 영의정에서 물러났다. 효종 7년 영의정에 제수되었으나 효종 9(1658)년 병으로 영의정에서 사직하고 판중추부사로 물러나 있다가 영중추부사로 옮겼다. 효종 10(1659)년 세 번째로 영의정에 제수되었다.

현종이 즉위(1659)하자 영의정으로 원상이 되었다가 원상에서 체직되었으나 다시 원상을 맡았다. 현종 1(1660)년에는 영의정 겸 원상으로 어영 도제조를 겸했다. 현종 2년 윤 7월에 20번의 사직 단자를 올려 영의정에서 사직하고 판중추부사로 물러나 있었으나 같은 해 12월에 다시 영의정에 제수되었다. 현종 3년에는 영의정으로 진하사 겸 진주정사가 되어 청나라를 다녀왔고 현종 7년에는 세자사를 겸했다. 현종 8(1667)년 사직을 원하는 상소를 수차례 올리고 영의정에서 사직을 허락 받았으나 현종 9년에 다시 영의정에 제배되었다. 현종 11년에는 37차례의 사직상소를 올려 영의정에서 사직하는 것을 허락받았다. 이어서 행판중추부사가 되고 현종 12년에 영중추부사로 옮겼다. 현종 13(1670)년 여섯 번째로 영의정에 제수되었다가 현종 14년에 사직하고 영중추부사로 물러나 있다가 죽었다.

<현종실록> 현종 14(1673)년 10월 8일 세 번째 기사에 '영중추부사 정태화의 졸기'가 있다.

🏛 평가

영중추부사 정태화의 졸기

……

사신은 논한다. 태화의 자는 유춘(囿春)이다. 재주와 지혜가 넉넉하고 총명하고 민첩함이 남보다 뛰어났는데, 일에 앞서 생각하여 일을 그르친 적이 없었다. 집에 있을 때에도 법도가 있어 자제들에게 번화하고 화려한 것을 숭상하지 말고 붕당(朋黨)을 결성하지 말도록 신칙하였다. 의정부에 출입한

지 25년이 되었으나 세력을 부리지 않았다. 그러나 세상이 돌아가는 대로 행동하고 국사를 제대로 담당하려고 한 적이 없었다. 그리고 자못 뇌물을 받는다는 기롱도 있어 사람들이 이를 단점으로 여겼다. 향년 72세로서 다섯 명의 자식을 두었다. 하나는 공주(公主)에게 장가들었고, 하나는 명관(名官)이 되었으며, 나머지는 모두 음사(蔭仕)를 하였으므로, 조복(朝服)이 집에 가득하였다. 동생 정치화(鄭致和)와 더불어 번갈아 정승의 자리에 있었으므로 사람들이 이르기를 '복록(福祿)이 온 세상에 비할 바가 없다.'고 하였다.

<현종개수실록>

원임 영의정 영중추부사 정태화의 졸기

......

사신은 논한다. 정태화의 자(字)는 유춘(囿春)이다. 재지(才智)가 넉넉하고 총민(聰敏)함이 뛰어났으며 일이 일어나기 전에 대처하였으므로 낭패당한 적이 일찍이 없었다. 가정을 법도로 다스렸고 자제들을 단속하여 번화하고 화려한 것을 숭상치 못하게 하였으며 붕당을 맺지 못하도록 하였다. 황비(黃扉)에 출입한 기간이 25년이나 되었는데도 대단하게 세력을 과시한 적이 없었다. 그러나 세상과 더불어 적응하며 처신할 뿐 국사를 떠맡은 일이 없었고 게다가 뇌물이 상당히 통했다는 비난이 있었으므로 사람들이 이 점을 부족하게 여겼다. 향년 72세에 다섯 명의 아들을 두었다. 하나는 공주에게 장가들고 하나는 명관(名官)이 되었으며 나머지도 모두 음관(蔭官)으로 벼슬하여 온 집안이 벼슬아치로 가득하였다. 그리고 아우 치화(致和)와 바꿔가며 정승의 자리를 차지했으므로 사람들이 세상에 둘도 없는 복록을 누렸다고 말하였다. 사신이 살펴건대, 국가가 효묘(孝廟) 이래로 조정에 청의(淸議)가 크게 행해졌는데 식자들은 사화(士禍)가 일어나지나 않을까 상당히 걱정을 하였다. 그런데 정태화가 수상(首相)으로서 그 사이를 잘 주선하였다. 구차하게 동조하려 하지 않으면서도 대립하지 않아 조정의 논의로 하여금 마구 터져 나와 결렬되지 않게 한 점은 대체로 볼 때 모두가 그의 힘이었다 할 것이다. 기해년 국휼(國恤) 때에 송시열(宋時烈)이 ≪의례(儀禮)≫ 소(疏)의 사종설(四種說)을 인용하여 왕대비의 복제(服制)를 의정(擬定)하려 하자 태화가 재빨리 손을 저으며 제지하고 마침내 국제(國制)로 정했었다. 사람들은 이르기를 이때를 당하여 만약 태화가 없었던들 응당 을사·기묘년 정도에 그치지 않는 참혹한 사화가 일어났을 것이라고 하였다. 또 허목(許穆)이 상소하여 춘궁(春宮)을 일찍 세워 국본(國本)을 정하자고 청하면서 상의 마음을 탐지하려 했었는데, 상이 묘당(廟堂)에서 의논토록 하라고 명을 내렸을 때 사람들은 모두 이에 대답하기를 어렵게 생각하였다. 그러나 태화가 의논드리면서 '원자(元子)가 탄생한 날이 바로 국본이 정해진 때이다.'라고 말하였으므로 사람들이 모두 탄복하며 '옛사람이 이 일을 처리했어도 이보다 낫게 할 수는 없었을 것이다.'고 하였다. 정태화의 지술(智術)을 허적(許積)이 가장 꺼렸었는데, 태화가 죽고 나자 허적이 더욱 멋대로 행동했는데도 온 조정 안에 그에게 대항할 자가 없었다. 금상(今上) 초에 익헌(翼憲)이라는 시호를 내리고 현종(顯宗)의 묘정(廟庭)에 추가로 배향하였다.

참고문헌

〈국조인물고 : 묘갈명. 강백년(姜栢年) 지음〉, 〈다음백과사전〉, 〈인조실록〉, 〈효종실록〉, 〈현종실록〉, 〈현종개수실록〉, 〈동래정씨문익공파대동보〉

이시백(李時白)

본관은 연안이고 자는 돈시(敦詩)이며 호는 조암(釣巖)이고 시호는 충익(忠翼)이다. 선조 14(1581)년에 태어나서 현종 1(1660)년에 죽었다.

🔹 재임기간

효종 5(1654)년 9월 6일[82] – 효종 6(1655)년 6월 18일[83] ※ 후임 김육
효종 6(1655)년 8월 25일[84] – 효종 7(1656)년 윤 6월 11일[85] ※ 후임 정태화

🔹 가문

아버지는 귀(貴)인데 귀는 인조반정을 주도하고 좌찬성을 역임하고 연평부원군에 봉해졌다. 할아버지는 정화(廷華)인데 영의정에 증직되었다. 증조부는 이조 참의와 첨지중추부사를 역임한 기(蘷)이고 고조부는 대호군 수장(壽長)이다. 5대조는 사헌부 장령 혼(渾)이고 6대조는 판중추부사로 팔도 도체찰사를 역임한 연성부원군 석형(石亨)이다. 7대조는 대호군 회림(懷林)이고 8대조는 임천 부사·공조 전서 종무(宗茂)이며 9대조는 사복시정 광(匡)이고 10대조는 판도판서 효신(孝臣)이다. 11대조는 군기시 주부 원규(原珪)이고 12대조는 직장 인부(寅富)이며 13대조는 문림왕 영군(暎君)이고 14대조는 판소부감사 현려(賢呂)인데 판사공파의 파조다. 이상의 세계는 실전되어 알 수 없지만 시조는 당나라 중랑장 무(武)이다.

장인은 초배가 남원인 봉사 윤진(尹軫)인데 왜적을 만나 죽었고 참판에 증직되었다. 계배는 창원인 황씨이며 외할아버지는 인동인 장민(張旻)이다. 장민은 참판에 증직되었다.

아들이 셋인데 1남은 동지중추부사 흔(忻)이고 2남은 참의 한(憪)이며 3남은 군수 열(悅)이다. 딸은 둘인데 1녀는 역적 김자점의 손자 김세창(金世昌)과

---

82) 구인후를 좌의정으로, 이시백을 영의정으로 올리고, …
83) 영의정 이시백이 면직되었다.
84) ▶ "영의정 이시백과 좌의정 구인후가 아뢰기를"이란 기사 있음
85) ▶ "연양부원군 이시백과 좌의정 심지원이 아뢰기를"이란 기사 있음.

결혼했고 2녀는 진사 조래양(趙來陽)과 결혼했다. 혼이 2남 2녀를 두었는데 진사 상주(相冑)와 상윤(相胤)이다. 상윤이 사재감 주부 영(泳)을 낳아 상주에게 입양시켰고 영이 명희(命熙)를 낳았으며 명희가 후(厚)를 낳았는데 후는 영조 때에 좌의정을 역임했다. 상윤의 사위는 현감 이태장(李台長)과 집의 여민제(呂閔齊)다. 3남 열이 아들 셋을 두었는데 문저(文著)·유저(有著)·인저(仁著)다.

형제로는 시방(時昉)이 호조 판서를 역임했고 시담(時聃)이 충주 목사를 역임했다.

방계로는 5대조인 사헌부 장령 혼(渾)의 아들 가운데 동지중추부사 순장(順長)의 후대에 많은 인물이 배출되었다. 대제학에 좌의정을 역임한 정구(廷龜)가 혼의 손자이고 정구의 아들 명한(明漢)이 대제학과 이조 판서를 역임했으며 명한의 아들 일상(一相) 또한 대제학과 공조 판서·예조 판서·호조 판서·좌참찬·우참찬을 역임했다. 일상의 증손 정보(鼎輔)가 대제학과 판중추부사를 역임했다. 일상의 아우 가상(嘉相)의 증손이 영의정 천보(天輔)이고 천보의 손자 존수(存秀)가 좌의정이다. 일상의 또 다른 아우 만상의 고손인 복원(福原)이 대제학과 좌의정을 역임했고 만상의 다른 고손인 성원(性源)이 좌의정을 역임했으며 복원의 아들 시수(時秀)가 영의정을 역임했다.

🎲 생애

> 인조반정공신 귀의 아들이고 좌의정 후의 고조부이며 역적으로 시형당한 영의정 김자점의 아들 김세창의 처할아버지이다. 봉림대군을 세자로 삼으려 할 때 소현세자의 아들을 세손으로 삼을 것을 주장했다. 이괄의 난이 일어나자 모병수협사로 군사를 모아 반란군을 진압했다. 김자점이 사사될 때 김세창의 처할아버지였기 때문에 배척받았으나 효종의 배려로 무시했고 영의정에 올랐다.

성혼과 김장생의 문인이다. <인조실록>에 의하면 인조 1(1623)년 전 부사 이귀의 아들 시백과 시방의 역할이 나오고 시백은 유학으로 변방에 충군된 것으로 기록되어 있다. 인조반정에 아버지 이귀와 함께 참여한 공으로 아버지 이귀는 정사공신 1등에 녹훈되고 시백은 아우 시방과 함께 정사공신 2등에 녹훈되었다. 그 공으로 석방되었다. 인조 2년 연양군에 봉해지고 이괄의 난이 일어나자 모병수협사가 되어 군사를 모아 정충신(鄭忠信)과 안현에서 반란군을 진압했다. 그 공으로 수원 부사86)에 임명되었고 인조 5년 정묘호란이 일어나자 군사를 이끌고 신속히 동작나루에 도착하여 인조를 강화도로 무사히 몽진시켰다. 인조 6(1628)년 아우 시방과 함께 가의대부로 승차했다. 그러나 인조 7년 판결사로 삼별미를 수납하지 않은 죄로 자급이 강등되어 인조 8년 양주 목사로 좌천되었다가 인조 9년 강화 부사에 임명되었다. 인조 11(1633)년 아버지인 충정공 귀가 죽어서 시묘했다. 상을 마친 뒤에 병조 참판에 제수되었다. 인조 13년 남한산성 수어사·형조 참판을 역임하고 인조 14년 병조 참판 겸 남한산성 수어사로 호위대장을 겸하면서 특진관도 겸했다. 12월 병자호란이 일어나자 서성장(西城將)으로 성을 수비했다. 인조 15년 병조 참판에서 공조 판서로 승진해서 지의금부사를 겸했다. 인조 16년 병조 판서에 임명되었고 인조 17년 어떤 사건으로 병조 판서에서 체차되었다가 5일만에 다시 병조 판서에 임명되었다. 인조 18년에는 인조 16년에 척화를 주장한 일로 청나라가 아들 유(㑐)를 인질로 심양에 보낼 것을 요구했으나 아들을 인질로 보낼 것을 요구받고 거짓으로 서자를 보낸 것이 탄로 나서 여산에 부처되었다. 인조 19년 여산에서 돌아와 총융사로 관직에 복귀한 뒤 인조 21(1643)년 다시 병조 판서에 임명되었다. 그러나 인조 22년 병조 판서는 사직하고 총유사직만 유지했다. 같은 해에 진하사로 청나라에 가게 되었으나 출발에 앞서 진하사로 가는 것이 중지되어 형조 판서에 임명되었다. 인조 23(1645)년 공조 판서로 있을 때 소헌세자가 죽었다. 인조가 봉림대군을 세자로 삼으려 할 때 이경여(李敬輿)와 함께 소헌세자의 원손을 세손으로 삼을 것을 주장했다. 인조 24년 병조 판서에 임명되었으나 사직하고 연양부원군이 되었고 인조 25(1647)년 판의금부사가 되었다. 인조 26년 아버지 이귀가 죽었고 훈련대장을 거쳐 다시 병조 판서가 되었다.

효종 즉위(1649)년 이조 판서에 임명되었을 때 김상헌의 논핵으로 면직되었으며 효종 1(1650)년 다시 이조 판서에 임명되었고 병조 판서로 전임되었

---

86) 수원방어사를 겸했다.

다가 우의정으로 승차한 뒤에 좌의정으로 승차했다. 효종 2년 우의정으로 전임되고 겨울에 김자점(金自點)이 국가의 비밀을 청나라에 알리고 숭선군을 추대하려는 역적의 일로 처형되자 김자점의 손자 김세창이 외손녀사위였기 때문에 배척받았으나 임금의 배려로 무사했다. 효종 3(1652)년 우의정으로 사은사가 되어 청나라에 다녀왔다. 효종 4년 우의정에서 물러나 연양부원 군으로 있다가 효종 5년 좌의정을 거쳐 영의정으로 승차했다. 그러나 대간 이 올린 차자에 "의정부에 사람이 없다"는 말이 있어 효종 6년 6월 영의정 에서 사직하여 체차되었으나 같은 해 8월에 다시 영의정에 제수되었다. 효 종 7(1656)년 영의정에서 물러나서 연양부원군이 되었으며 효종 9(1658)년 김육의 건의에 따라 호남에 대동법을 실시하도록 했다.

현종 1(1660)년 자의대비의 복상문제로 제 1차 예송이 일어나자 송시열 등 서인의 기년설을 주장했다. 아우 연성군 시방이 죽자 지나치게 슬퍼하다 가 병이 깊어져 이 해에 죽었다. <현종실록> 현종 1(1660)년 5월 2일 네 번 째 기사에 '연양부원군 이시백의 졸기'가 있다.

🎁 평가

연양 부원군 이시백의 졸기

…… 시백이 별다른 재능도 없고 또 재상으로서의 업적도 없었으나, 청 백하고 충의롭고 근신한 절의만은 당시 재상 지위에 있던 여러 사람들의 미칠 바가 아니었다. 그는 병중에 있으면서도 지성으로 하는 말들이 모두 나라 걱정하는 말이었고, 임종시에는 입으로 몇 줄의 유소(遺疏)를 남기기도 하였는데, 그 유소에,

"신이 두 조정에 걸쳐 지우(知遇)를 받고 은총은 분에 넘쳤으나 보답은 티 끌만큼도 한바 없고, 다만 힘이 미치는 데까지 하다가 죽은 뒤에야 말려고 마음먹었을 뿐입니다. 다행히도 성명을 만났으나 죽음이 이미 임박하여 대 궐을 우러러 보아도 천안(天顔)은 영원히 뵈올 수가 없습니다. 구구한 생각은

다만 성상께서 덕을 힘쓰고 업을 닦을 것이며, 정형(政刑)을 신중히 하여 비록 대벽(大辟)을 집행할 죄인이라도 쾌하게만 여기지 말고 반드시 더 어렵고 더 신중하게 하소서." 하고, 후로도 많은 말을 하였으나 끝맺음을 못하였다. 그의 아들 이흔(李忻) 등이 정서하여 올리니, 상이 답하기를,

"이 유소를 보니 슬픈 마음 더욱 간절하다. 비록 끝맺음을 못한 글월이지만 그 꾸밈없는 충절과 못 잊어하는 성의에 대하여 이를 띠에다 쓰고 가슴에 새겨두지 않을까보냐." 하고,

이어 근시를 보내 조의를 표하도록 명하였다. 그러나 시백은 배우지도 못하고 술업도 없으면서 송시열·송준길 등을 추켜세워 심지어 이윤(伊尹)과 부열(傅說), 주공(周公)과 소공(召公)으로까지 소차에서 칭하였고, 능소를 수원(水原)으로 정하려 할 때에도 그곳은 안 된다는 쪽으로 강력 주장하였는데, 그것은 시열에게 붙어 그의 주장을 합리화시키려는 뜻이었으므로, 사람들이 그것을 흠으로 여기었다.

< 현종개수실록 >

원임 영의정 연양 부원군 이시백의 졸기

…… 시백은 연평 부원군(延平府院君) 이귀(李貴)의 장자이다. 광해군이 모후(母后)를 폐하자 이귀가 시백(時白) 및 막내아들 시방(時昉)과 함께 은밀히 광복(匡復)시킬 것을 모의하였다. 그리하여 반정(反正)하고 나서 시백이 정사공신(靖社功臣) 이등(二等)에 참여되었다. 병자년에는 수어사(守禦使)로 남한산성(南漢山城)의 서성(西城)을 지키고 있었는데, 어느 날 밤 적의 잠사(潛師)가 공격하여 왔다. 이때 시백은 갑옷도 입지 않은 채 몸소 사졸들에 앞장서서 활을 쏘았는데 두 번이나 날아오는 화살에 맞았으나 숨기고 말하지 않았으며 싸움에서 이긴 뒤에야 비로소 화살을 뽑으니 피가 흘러 등에 흥건하였다. 동성(東城)·남성(南城)·북성(北城)의 사졸들은 체부(體府)의 미지(微旨)를 받고서는 일제히 외치며

궐(闕)을 핍박하면서 화의(和議)를 배척하는 신하들을 결박하여 보낼 것을 청하였으나 유독 시백이 거느리고 있는 서성의 군대만은 끝내 동요가 없었다.

오랫동안 서전(西銓)을 맡았으며 총재(冢宰)를 거쳐 정승으로 들어갔다. 타고난 천성이 충효스럽고 인애스러웠으며, 젊어서 정승 이항복(李恒福)의 문하에 나아가 공부하면서 조익(趙翼)·장유(張維)·최명길(崔鳴吉) 등과 친구가 되었다. 비록 질박하였으나 일찍이 ≪소학(小學)≫을 수천 번을 읽었는데 집에 있을 적에는 항상 이것으로 자신을 통제하였다. 38년 동안 조정에서 벼슬하면서 청렴하고 삼가고 공손하고 검소한 것이 조금도 변함이 없었다. 인조가 일찍이 박승종(朴承宗)의 옛집을 이귀(李貴)에게 하사하였으므로 시백이 거기에서 살았다. 거기에는 금사낙양홍(金絲洛陽紅)이라 이름하는 한 떨기 꽃이 있었는데 세상에서는 중국에서 전래된 꽃이라고 하였다. 그런데 어느 날 액정(掖庭)의 사람이 와서 상의 명이라고 하면서 옮겨가려 하자 시백이 몸소 꽃나무에 가서 뿌리째 뽑아 던지면서 눈물을 흘리며 말하기를,

"오늘날 국세(國勢)가 조석(朝夕)을 보장할 수 없는 상황인데 주상께서 어진 이를 구하지 않고 이 꽃나무를 구하는 것은 무슨 까닭인가. 나는 차마 이 꽃나무로 임금에게 아첨하면서 나라가 망하는 것을 볼 수 없다." 하고,

드디어 이런 내용으로 계달(啓達)하였다. 뒤에 상이 더욱 후하게 대우하였는데 이는 그의 진규(進規)를 아름답게 여겨 받아들이는 뜻에서였다. 기축년 3월 상이 세자와 함께 어수당(魚水堂)에 임어하여 시백 등 몇 사람을 입시(入侍)하라고 명하였다. 이때 상이 직접 술잔을 잡고 마시기를 권하면서 세자를 돌아보고 이르기를,

"이 사람은 내가 팔다리처럼 여기고 있으니 너도 뒷날 나처럼 대우해야 한다." 하니, 시백이 눈물을 흘리면서 물러나왔다.

효묘(孝廟) 초년에 자점(自點)의 역옥(逆獄)이 일어났는데, 시백이 자점과 인척(姻戚)이었던 탓으로 외손 세창(世昌)이 복주(伏誅)되자, 시백이 궐문 밖에 나아가 명을 기다렸다. 그러나 상은 시백을 불러 국문(鞫問)에 참여하게 하였는데 뒤에 반목하는 사람이 있자 상이 그를 귀양보내고 시백을 위유(慰諭)하기를,

"청백(靑白)한 지조와 충적(忠赤)한 마음을 어찌 국인들만 알고 있겠는가. 실로 신명(神明)에게 질정할 수 있을 것이다." 하였다. 이 성유(聖諭)는 실로 시백의 정성을 잘 표현한 것이었다.

이때에 이르러 병세가 위독하여졌는데 자상하게 하는 말이 모두 나라를 걱정하는 말이었다. 상이 승지를 보내어 그가 하고 싶어하는 말을 물어보게 하려 했으나 연제(練祭)가 임박한 탓으로 실행에 옮기지 못했다. 그리하여 급히 사관(史官)을 보내어 물어보게 하였다. 시백이 유소(遺疏)를 입으로 불러 말하기를,

"신이 두 조정의 지우(知遇)를 받았으니 은혜가 분수에 넘쳤습니다. 그런데도 티끌만큼의 보답이 없었으므로 단지 근력이 미치는 한 노력하면서 죽은 뒤에야 그만두려 하였습니다. 다행히 성명을 만났는데 운명(殞命)이 이미 박두하여 대궐을 우러러 바라보니 천안(天顔)을 뵈올 길이 영원히 막혔습니다. 신의 구구한 생각은 단지 성상의 덕업(德業)이 진수(進修)되는 데 있습니다. 형정(刑政)을 삼가서 큰 죄인을 잡았다고 하더라도 통쾌하게 여기지 마시고 반드시 어렵게 여기고 신중히 여기는 마음을 지니소서." 하였는데, 소고(疏藁)가 반에도 이르지 못한 상태에서 기운이 끊겨 버렸다. 사관이 도착하니 막 속광(屬纊)하고 있는 중이었다. 그의 아들 이흔(李忻) 등이 반쯤 된 소고를 올리니, 상이 이르기를,

"이 유차(遺箚)를 살펴보니 애통스러운 마음 매우 간절하다. 이것이 완성되지 못한 글이기는 하지만 그 간절한 충정과 연연한 성심을 띠에 써 두고 가슴에 새기지 않을 수 있겠는가." 하였다.

특별히 관재(棺材)와 어의(御衣)·비단 이불을 하사하여 염습(殮襲)에 쓰게 하였으며 대내(大內)에서 특별히 전수(奠需)를 준비하여 중사(中使)를 보내어 제사 지내게 하였는데, 모두 특이한 은수(恩數)였다.

참고문헌

〈국조인물고 : 비명. 송시열(宋時烈) 지음〉, 〈다음백과사전〉, 〈인조실록〉, 〈효종실록〉, 〈현종실록〉, 〈현종개수실록〉, 〈연안이씨소부감판사공파대보〉

심지원(沈之源)

본관은 청송이고 자는 원지(源之)이며 호는 만사(晩沙)이다. 선조 26(1593)년에 태어나서 현종 3(1662)년에 죽었다.

재임기간

효종 9(1658)년 7월 8일[87] - 효종 10(1659)년 3월 25일[88] ※ 후임 정태화

가문

아버지는 감찰 설(偰)이고 할아버지는 숙천 부사 종침(宗忱)이며 증조부는 감찰 금(錦)이고 고조는 좌참찬 광언(光彦)이다. 5대조는 안성 군수 빈(濱)이고 6대조는 경상우도 병마절도사 안인(安仁)이며 7대조는 경기도 관찰사 선(璿)이고 8대조는 영의정 온의 형인 인수부윤 징(澄)이다. 청송심씨로 영의정에 오른 사람은 모두 영의정 온과 영의정 회의 후손인데 지원만 유일하게 온의 후손이 아니다. 9대조는 문하좌정승 덕부(德符)이고 10대조는 전리 정랑 용(龍)이며 11대조는 합문지후 연(淵)이고 12대조는 청송심씨의 시조 홍부(洪孚)이다.

장인은 초배는 안동인 좌랑 권득기(權得己)이고 계배는 해평인 부사 윤종지(尹宗之)이며 외할아버지는 전주인 청원 도정 이간(李侃)이다.

아들은 넷인데 1남 익선(益善)은 풍덕 부사를 역임하고 원종보사공신 2등에 녹훈되었으며 학사 홍익한의 사위이다. 2남은 해주 목사 익상(益相)인데 이홍연의 사위이다. 3남은 익현(益顯)인데 효종과 인선왕후 장씨의 소생인 숙명공주(淑明公主)와 결혼한 청평위(靑平尉)로 오위도총부 도총관과 내섬시 제조를 역임했고 한성부 우윤 정보(廷輔)와 첨정 정협(廷協)을 낳았다. 심지원의 4남은 성천 부사 익창(益昌)이다. 5남은 태인 현감 익성(益成)이다.

---

87) 심지원을 영의정으로, 이후원을 우의정으로, 정지화를 함경감사로 …
88) 정태화를 영의정으로 심지원을 좌의정으로 원두표를 우의정으로 …

청송심씨로 영의정에 오른 사람은 모두 영의정 온의 후손인데 지원만 온의 형 징의 후손이다. 숙명공주의 시아버지이다. 대북파로 이이첨과 가까웠으나 폐모론에 가담하지 않고 낙향했다. 암행어사의 임무를 잘 수행했으나 병자호란 때 왕의 호종을 잘못하여 파직되었다. 1차 예송 때는 노론 편에서 기년설을 주장했다.

광해군 12(1620)년 정시문과에 급제했다. 대북파 이이첨과 가까웠으나 이에 가담하지 않고 낙향하여 은거했다.

인조 2(1624)년 검열로 재등용되어 홍문관 저작으로 전임되었고 인조 3년 겸설서·정언·부수찬·수찬을 역임하고 인조 4년 정언·수찬으로 옮겼다. 인조 5(1627)년 충청우도 암행어사로 파견되었다가 돌아와서 도사·지평·수찬·헌납·부교리를 역임하고 인조 6년 교리·헌납·교리·헌납·교리·수찬·교리·헌납을 역임했다. 인조 7년에는 강원도 암행어사로 파견되었으며 인조 8(1630)년에는 순안 암행어사로 파견되었다. 돌아와서 다시 함경도 안찰어사로 파견되어 6진 방어에 대한 대책을 진언했다. 인조 10년 집의에 임명되었고 인조 11(1633)년 응교·집의·교리·사간·집의를 역임했으며 인조 12년에는 영천 군수·집의를 역임했다. 인조 13년 응교·집의·응교·부응교·응교·집의·부응교·응교·부응교·집의·응교·집의를 차례로 역임하고 인조 14(1636)년 집의·부수찬으로 전임되었다가 다시 집의에 임명되었는데 이때 병자호란이 발발했다. 병자호란 때 왕의 호종을 잘못하여 왕이 있는 남한산성에 들어가지 못했기 때문에 죄인이 되어 탄핵받고 파직되고 귀양 갔다가 인조 16년 석방되어 인조 21(1463)년 홍주 목사로 재기용되었다. 인조 26(1648)년 이조 참의·동부승지·대사간·대사성을 역임하고 다시 대사간에 임명되었으나 체차되었다. 그 해에 좌부승지에 임명되고 인조 27년 이조 참의에 임명되었다.

효종 즉위(1649)년 승지·대사간을 역임하고 효종 1(1650)년 평양 감사가 되었으며 효종 2년 대사헌에 임명되었다. 효종 3(1652)년 병조 참판을 역임하고 이조 참판이 되었는데 이때 아들 익현(益顯)이 숙명공주에게 장가가서 왕실의 인척이 되었다. 그 뒤에 형조 판서로 승진한 뒤에 이조 판서로 전임되었다. 효종 4년 동지사·정조사로 청나라에 다녀왔으며 효종 5년 형조 판서·대사간·대사헌·이조 판서를 역임하고 우의정으로 승진했다. 효종 7(1656)년 좌의정에 임명되었다가 우의정으로 전임되고 다시 좌의정에 임명되었다. 효종 8년 좌의정에서 체차되고 영중추부사에 임명된 뒤에 동지 겸 사은사로 청나라에 다녀와서 효종 9년 영의정에 임명되었다. 효종 10(1659)년 효종의 계모인 자의대비(조대비 : 장렬왕후)의 복제 문제로 1차 예송(기해예송)이 일어났을 때 영의정으로 재직하면서 노론의 편에 서서 기년설을 주장했으며 영의정에서 물러나 좌의정에 임명되었다.

현종 즉위(1659)년 좌의정으로 원상이 되어 정무를 보았으나 같은 해에 원상에서 체직되고 좌의정 직만 유지했다. 현종 2년 우의정에 제수된 뒤에 좌의정에 제배되었고 현종 3년 좌의정으로 죽었다. 저서로 <만사고>가 있으며 영천의 송곡서원에 제향됐다.

<현종실록> 현종 3(1662)년 1월 28일 첫 번째 기사에 '좌의정 심지원의 졸기'가 있다.

🎁 평가

좌의정 심지원의 졸기

…… 지원의 자(字)는 원지(源之)인데 젊어서 과거에 올랐으나 혼조에는 벼슬하기를 즐거워하지 않고 강가 교외에 물러가 살았다. 그러다 인조가 반정하자 한원(翰苑)을 거쳐 홍문관 저작(著作)에 임명되고 청환(淸宦)을 두루 지내었다. 병자년 난리에 인조가 남한산성으로 들어가자, 지원에게는 노모가 있었는데 친구에게 가서 맡기고 곧장 남한산성으로 달려갔다. 길이 막히어 들어갈 수 없게 되자 조익(趙翼)·윤계(尹棨) 등과 함께 군사를 모아 왕을 위해 충성을 다할 계획을 꾸몄는데 윤계가 살해당하여 일을 할 수 없게 되자 강도

(江都)로 들어갔다. 상이 환도하여 강도의 성이 함락되던 날 앞질러서 먼저 나가버린 일로써 대간이 탄핵하여 죄를 받고 폐고되었다. 그 뒤에 그의 억울함을 아뢰는 자가 있어서 상이 특별히 서임하여 다시 청환의 길이 열리었다. 그 아들 심익현(沈益顯)이 공주에게 장가들게 되자 효종이 매우 총애하였고 끝내 정승에 임명되었는데 이때에 졸하니 나이가 72세였다. 지원은 모습이 듬직하여 장자(長者)의 풍모가 있었고 자신을 단속함이 자못 맑고 근엄하였다. 그러나 정승이 되어서는 잠자코 따르기만 한다는 비난이 꽤 있어서 사론(士論)이 보잘것없이 여겼다.

참고문헌

〈다음백과사전〉, 〈광해군일기〉, 〈인조실록〉, 〈효종실록〉, 〈현종실록〉, 〈청송심씨대동세보〉

홍명하(洪命夏)

본관은 남양(당홍계)이고 자는 대이(大而)이며 호는 기천(沂川)이고 시호는 문간(文簡)이다. 선조 4(1608)년에 태어나서 현종 8(1667)년에 죽었다.

🔷 재임기간

현종 8(1667)년 윤 4월 27일[89] – 현종 8(1667)년 12월 27일[90] ※ 후임 정태화

🔷 가문

아버지 서익(瑞翼)은 병조 참의이고 할아버지 성민(聖民)은 이조 판서·대제학이다. 증조부 춘경(春卿)은 황해도 관찰사이고 고조부 계정(係貞)은 예문관 대교다. 5대조 윤덕(潤德)은 봉상시 부정이고 6대조 경손(敬孫)은 동지성균관사·첨지중추부사이며 7대조 지(智)는 사재감 직장이고 8대조 상부(尙溥)는 전법 좌랑이다. 9대조는 징(徵)이고 10대조는 주(澍)이며 11대조는 판삼사사 융(戎)이고 12대조 규(奎)는 첨의중찬으로 고려 충혜왕의 모후인 명덕태후의 아버지다. 13대조는 추밀원 부사 진(縉)이고 14대조는 추밀원부사 사윤(斯胤)이며 15대조는 군기도감판사 원중(源中)이고 16대조는 병부상서 지유(至柔)다. 17대조는 수사공 상서성 좌복야 관(灌)이고 18대조는 군기감사 덕승(德升)이며 19대조는 위위시경(衛尉寺卿) 호(灝)이고 20대조는 상서성 우복야 의(毅)이며 21대조는 태부경(太府卿) 동주(東周)다. 22대조 은열(殷悅)은 처음 이름은 유(儒)인데 남양홍씨 당홍계의 시조이며 고려 개국공신이다.

장인은 동양위(東陽尉) 신익성(申翊聖)이다. 신익성은 영의정 신흠(申欽)의 아들인데 선조와 인빈 김씨 사이에서 태어난 정숙옹주(貞淑翁主)와 결혼했다. 외할아버지는 청송인 심종민(沈宗敏)이다. 심종민은 호조 좌랑·개천 군수를 역임했고 청백리에 녹선되었다.

---

89) 다시 홍명하를 영의정으로 허적을 좌의정으로 삼았다.
90) 영의정 홍명하가 졸하였다.

4남 2녀를 두었는데 1남은 내시교관 석보(碩普)91)이고 2남은 부여 현감 원보(遠普)이며 3남은 임파 현령 택보(澤普)이다. 택보는 영의정 김수흥(金壽興)의 사위이다. 4남 덕보(德普)는 좌의정 이세백(李世白)의 사위이다. 딸은 1녀는 진사 이공저(李公著)와 결혼했고 2녀는 이조 참의 윤성준(尹星駿)과 결혼했다.

형이 평안도 관찰사와 병마수호절도사를 역임한 남영군(南寧君) 명구(命耉)이다. 명구의 아들이 우의정 중보(重普)이고 중보의 아들이 강원도 관찰사 득우(得禹)이며 득우의 아들이 영의정 치중(致中)이고 치중의 후손으로 영의정 순목(淳穆)과 순목의 아들 우의정 영식(英植)이 있다. 또 증조부 황해도 관찰사 춘경(春卿)은 아들이 셋인데 1남은 천민(天民)이고 2남이 일민(逸民)이며 3남이 성민(聖民)인데 1남 천민(天民)은 도승지를 역임했고 천민의 아들이 영의정 서봉(瑞鳳)이다.

🎁 생애

영의정 신흠의 외손녀사위이고 정숙옹주의 사위이며 우의정 증보의 작은아버지이다. 영의정 김수흥·좌의정 이세백과 사돈이다. 북벌계획에 참여했고 소론의 거두인 박세채와 윤증을 천거하여 중앙 정계에 진출시켰다.

인조 8(1630)년 사마 생원시에 합격하고 인조 22(1644)년 별시문과에 급제했다. 인조 23(1645)년 검열로 등용되어 대교로 전임되었다. 인조 24(1646)년 중시문과에 급제하고 봉교·정언·부교리를 역임하고 헌납으로 전임되었다. 헌납으로 있을 때 정사하여 체직한 뒤 화순 현감으로 나갔다. 인조 26년 부수찬·헌납 겸 찬독·교리·헌납을 역임하고 인조 27(1649)년 헌납에서 체차되었다가 부교리가 되고 다시 헌납에 제수되었다가 수찬으로 전임되었다.

효종 즉위(1649)년 찬집청 낭청을 역임하고 이조 좌랑으로 암행어사가 되었다. 효종 1(1650)년 이조 정랑에서 교리로 전임되었다가 다시 이조 정랑으로 전임되어 경기도 암행어사로 파견되었다가 돌아와서 부교리·이조 정

---

91) 진사시에 장원하고 내시교관을 역임하고 효행으로 정려되었다. 배위는 창녕조씨 문충공 조한영(曹漢英)의 따님인데 열녀로 정려되었다.

랑·검상을 역임하고 효종 2년 응교로 보덕을 겸하다가 집의로 전임되었다. 효종 3년 승지·대사간·승지·한성부 우윤·대사간을 역임하고 효종 4(1653)년 사은 겸 동지부사(정사는 심지원)에 임명되어 청나라에 다녀왔다. 효종 5년 대사간·부제학·이조 참판 겸 동지경연을 차례로 역임하고 효종 6년 대사헌에 임명되었다가 도승지로 전임되었다. 효종 7년 대사성에서 형조 판서로 승차한 뒤에 형조 판서로 지경연을 겸하다가 이조 판서로 전임되었고 효종 8년 지경연과 동지사를 겸하였다. 효종 9년 의정부 우참찬·의정부 좌참찬·예조 판서·사헌부 대사헌·예조 판서를 역임하고 효종 10년 대사헌·예조 판서·병조 판서를 역임했는데 이때 약방 제조를 겸했다.

현종이 즉위(1659)하자 약방 제조로 있을 때에 효종이 승하한 것에 대해 양사가 탄핵해서 체직되었다가 원접사를 거쳐 예조 판서에 임명되었다. 현종 1(1660)년 대사헌을 거쳐 이조 판서가 되었을 때 수어사를 겸하다가 병조 판서로 전임되었다. 현종 2년 판의금부사를 겸했으며 현종 3(1662)년 병조 판서에서 의정부 좌참찬으로 옮겼다가 이조 판서가 되어 판의금부사를 겸했다. 현종 4년 이조 판서에서 체직할 것을 요청하여 체직을 허락받고 물러나 있다가 예조 판서로 관직에 복귀하였다가 우의정으로 승차하고 이어서 현종 5(1664)년 좌의정이 되었다. 이때 청나라 사신이 와서 현종을 힐문할 때 이를 논격하여 사태를 진정시켰다. 현종 8(1667)년 좌의정에서 사직하고 판중추부사로 있다가 윤 4월에 영의정에 임명되었으나 같은 해 12월에 영의정으로 죽었다.

효종의 북벌계획에 참여하였다. 서울 외곽의 방위를 강화하기 위해 지금의 경기도 부천에 있는 자연도(紫燕島)의 성지를 보수하고 군량을 저장할 때 홍명하를 파견하여 작업을 지휘하게 했다. 또한 소론의 거두인 박세채와 윤증을 천거하여 중앙정계에 진출시키기도 했다. 여주의 기천서원에 제향되었고 저서로 <기천집>이 있다. 숙종 14년 문간(文簡)이란 시호가 내려졌다.

<현종실록> 현종 8(1667)년 12월 27일 네 번째 기사에 '영의정 홍명하의 졸기'가 있다.

📦 평가

영의정 홍명하의 졸기

…… 홍명하는 고 판서 홍성민(洪聖民)의 손자이다. 과거에 급제한 뒤 20여 년 동안에 수상의 자리에까지 올랐는데, 사업은 말할 만한 것이 없었으며, 또한 건의한 것도 볼 만한 것이 없었다. 그러면서 단지 연소배들과 교유하면서 그들의 의논을 조종하였으며, 송시열과 송준길을 높이 떠받들어 자기와 의견을 달리하는 자를 배척하였으니, 사람됨을 알 만하다. 다만 청백하다는 것으로 칭송받았다.

<현종개수실록>

영의정 홍명하의 졸기

…… 명하는 자(字)가 대이(大而)이고 판서를 지낸 홍성민(洪聖民)의 손자이다. 늦게 과거에 급제하여 효종(孝宗)을 만났는데 돌보아줌이 몹시 융성하였다. 육부의 판서를 역임하고 수어(守禦)의 임무를 겸해서 맡았으며 마침내 영의정 자리에 올랐다. 비록 무슨 일을 담당해서 알선하는 재주는 없었으나 부지런히 봉공(奉公)하였으며, 평생 사류(士類)를 부식하는 것으로 마음을 삼았다. 그리고 집이 본디 청빈해서 지위가 공경에 이르렀으나 집이 낮고 비좁았으며 생활이 가난한 선비와 같았다. 그러나 학술이 모자라 몸가짐을 진중히 하지 못하였으므로 식자들이 병통으로 여기었다.

참고문헌

〈다음백과사전〉, 〈인조실록〉, 〈효종실록〉, 〈현종실록〉, 〈현종개수실록〉, 〈홍명하 신도비명 (송시열 지음)〉, 〈남양홍씨남양군파세보〉

허 적(許積)

본관은 양천이고 자는 여차(汝車)이며 호는 묵재(默齋)·휴옹(休翁)이다. 광해군 2(1610)년에 태어나서 숙종 6(1680)년에 사약을 받고 죽었다.

🔲 재임기간

현종 12(1671)년 5월 13일[92] - 현종 13(1672)년 4월 30일[93] ※ 후임 정태화
현종 14(1673)년 7월 26일[94] - 현종 15(1674)년 3월 20일[95] ※ 후임 김수홍
현종 15(1674)년 7월 26일[96] - 숙종 5(1679)년 7월 11일[97] ※ 후임 허적
숙종 5(1679)년 10월 6일[98] - 숙종 6(1680)년 4월 2일[99] ※ 후임 김수항

🔲 가문

아버지 한(偘)은 이천 도호부사이고 할아버지 잠(潛)은 지중추부사이다. 증조부 초(礎)는 생원이고 고조부 감(瑊)은 훈련원 부정이다. 5대조는 전부(典簿) 형(衡)이고 6대조는 양양 도호부사 비(扉)이며 7대조는 판봉상시사 기(愭)이고 8대조는 전리사 판서 금(錦)이다. 9대조 경(絅)은 지신사이고 10대조 백(伯)은 문하평장사이며 11대조 관(冠)은 판도좌랑이고 12대조 공(珙)은 첨의중찬 태학사이다. 13대조 수(邃)는 예부상서이고 14대조 경(京)은 상서성 좌복야 예빈성 소경 지제고이며 15대조 이섭(利涉)은 직사관이고 16대조 순(純)은 동지추밀원사이다. 17대조는 문하평장사·호부상서 재(載)이고 18대조는 예부시랑 정(正)이며 19대조는 내사사인 지제고 원(元)이고 20대조는 상의국봉어 현(玄)이며 21대조는 양천허씨의 시조인데 공암촌주 선문(宣文)이다. 가락국 수

---

92) 원임 정치화를 좌의정으로, 송시열을 우의정으로 삼고, 허적을 높여 영의정으로 삼았다.
93) 허적을 행 판중추부사로, 최후상을 지평으로 삼았다.
94) 허적을 영의정으로, 이숙을 대사간으로 삼았다.
95) 영의정 허적이 사정을 아뢰면서 영의정직을 체면해 주기를 청하니 따랐다.
96) 허적을 영의정으로, 김수항을 좌의정으로, 정지화를 우의정으로 …
97) 허적이 끝내 명령을 받들지 않으므로 임금이 특별히 해직을 허가하고 곧바로 영중추부사에 임명하여 …
98) 다시 허적을 영의정으로 삼고, 이원록을 대사헌으로 삼았다.
99) 전 영의정 허적이 상소하여 도체부와 내국 제조의 임무를 사임하기를 청하니 모두 허락하였다.

로왕의 후예이다.

장인은 초배는 광주인 도사 이서이고 계배는 여흥인 민지익(閔之釴)이고 외할아버지는 안동인 충청도 관찰사 김제갑(金悌甲)이다.

4남 2녀를 두었는데 1남은 직장 은(垠)이고 2남은 교서관 정자 견(堅)이며 3남은 후(垕)이고 4남은 야(野)이다. 딸은 1녀는 전주인 이두실(李斗實)과 결혼했고 2녀는 여주인 이심(李湛)과 결혼했다.

형은 호조 정랑 치(稱)이고 아우는 셋인데 진(稹)·한성부 좌윤 질(秩)·재(穡)이다.

🎁 생애

> 남인으로 1·2차 예송[100]에서 서인과 대립했으며, 1차 예송에서 서인에 패했으나 제 2차 예송에서 서인의 김석주의 도움으로 승리하여 집권한 뒤 송시열 등을 귀양 보내고 탁남의 영수가 되어 정권을 장악했다. 그러나 경신대축출로 서인이 집권하자 축출되어 사약을 받았다.

인조 11(1633)년 사마시에 합격하고 인조 15(1637)년 정시문과에 급제하였다. 인조 16(1638)년 검열로 등용되고 홍문록에 뽑혔고 봉교·홍문관 수찬을 역임하고 인조 17년 부수찬·지평·수찬에 임명되었다. 인조 18년 부수찬·수찬·평안도 도사를 역임하고 인조 19년 수찬을 거쳐 의주 부윤 겸 관향사로 나갔다. 인조 23년 동부승지로 조정에 들어왔다가 다시 경상도

---

100) 제 1차 예송은 기해예송이라고도 하는데 1659년 효종이 승하하자 인조의 계비이던 자의대비의 복상기간을 어떻게 할 것인가 하는 문제로 서인과 남인 사이에 벌어졌던 논쟁이다. 서인은 효종이 장남이 아니기 때문에 1년 상(기년상)을 주장하였고 남인은 3년 상을 주장하였다. 결과는 1년 상으로 결정되면서 서인이 승리하여 남인인 윤선도 등이 귀양 가는 것으로 마무리 되었다.
2차 예송은 갑인예송이라고도 한다. 현종 15(1673)년 효종비 인선왕후가 죽은 뒤 다시 자의대비의 복상 기간을 가지고 논쟁을 벌였는데 서인은 둘째 며느리로 인정하여 대공설(9개월설)을 주장하였고 남인은 맏며느리로 예우하여 기년 상을 주장하였다. 서인의 김석주 등 일부가 남인을 거들어 기년 상이 채택되었고 이로 인해 정권이 남인으로 넘어가고 송시열이 유배되고 서인은 정권에서 멀어져 갔다. 숙종이 즉위하자 서인들이 송시열의 구명운동을 벌이면서 허적, 윤휴 등 남인 세력을 몰아내는 경신대축출(숙종 6년)이 일어났으며 장례문화가 획일화 되는 계기가 되었다.

관찰사에 제수되어 외직으로 나갔다. 인조 25년 일본의 사신 평성행을 접대할 때 조정의 분부를 따르지 않아서 경상도 관찰사에서 파직되었으나 인조 26(1648)년 전라도 관찰사에 임명되었다.

효종 즉위(1649)년에 다시 평안도 관찰사로 제수되었으나 부임하기도 전인 효종 1(1650)년 병조 참판에 제수되었다. 효종 2년 형조 참판으로 동지의금부사를 겸하였고 효종 3년 병조 참판·대사헌·형조 참판·대사헌·호조 참판을 차례로 역임하였다. 효종 4년 평안도 관찰사로 재직할 때 원접사로 정 2품 이상인 사람 가운데 적당한 사람이 없자 효종 6년 자급을 올려 원접사에 임명되었으며 호조 판서에 제수되어 호조 판서로 동지경연과 지경연을 겸했다. 효종 7(1656)년 형조 판서로 전임되었는데 이때 천안 군수 서변으로부터 역적을 모의했다는 무고를 받고 형조 판서에서 물러났다. 그러나 서변의 무고가 밝혀져 서변은 죄를 받고 허적은 호조 판서로 복직되었으며 같은 해에 병조 판서로 전임되었고 효종 9년 의정부 우참찬에 임명되었다. 효종 10(1659)년 동지사가 되어 청나라에 다녀왔다. 돌아와서 형조 판서에 제수되었는데 간원이 탄핵하는 상소를 올려서 잠시 체직되었다가 한성부 판윤으로 옮겼다.

현종 즉위(1659)년 호조 판서에 제수되어 지의금부사를 겸하였는데 1차 예송(기해예송)이 발생하여 자의대비의 상을 3년 상으로 하자고 주장했다. 그러나 기년 상을 주장하는 서인에 패하여 해임되고 추고를 당하였다. 현종 1(1660)년 판의금부사가 되었고 현종 3년 호조 판서에서 물러나서 판중추부사가 되었다, 이어서 의정부 좌참찬·예조 판서·병조 판서·판의금부사를 역임했다. 같은 해 병조 판서로 임금의 부름을 받고 올라오다 병으로 여주에서 체직을 청하는 소를 올렸으나 불허되었다. 진하부사(정사에는 정태화)가 되어 청나라에 다녀와서 한성부 판윤이 되고 이어서 형조 판서로 옮겼다. 현종 4(1663)년 원접사가 되었으며, 판의금부사와 한성부 판윤을 역임했다. 현종 5년 의정부 우참찬·호조 판서를 역임하고 우의정으로 승차하였다. 현종 7년 우의정으로 사은사 겸 진주정사로 청나라에 다녀왔다. 현종 8

(1667)년 좌의정으로 승차했고 현종 12년 영의정으로 승차했으며 윤계가 탄핵하는 상소를 올리자 면직을 청하는 사직소를 올렸으나 받아들이지 않았다. 현종 13년 사직소를 내고 충주로 내려가 영의정에서 체직되고 행판중추부사로 물러났다. 현종 14년 영중추부사로 전임되었다가 같은 해에 다시 영의정으로 복귀하였다. 현종 15(1674)년 사직소를 올려 영의정에서 사직하고 시골에 머물다가 효종의 비인 인선왕후가 승하했다는 소식 듣고 올라와 2차 예송(갑인예송)을 일으켜 기년 상을 주장하였다. 서인인 김석주 등의 도움으로 대공설(9개월)을 주장하는 서인에 이겨서 권력을 쥐고 영의정으로 복귀하여 송시열을 유배시키는 등 서인을 몰아냈다.

숙종 즉위(1674)년 영의정으로 원상을 겸하여 서정을 보았으며 영의정으로 사은사 겸 진주변무사로 청나라에 다녀왔다. 숙종 5(1679)년 판중추부사 허목이 영의정 허적의 죄를 논하는 차자를 올리자 7월에 영의정에서 물러나 영중추부사로 머물다가 같은 해 10월에 다시 영의정으로 복귀하였다. 숙종 6(1680)년 경신대축출[101]이 발생하여 모든 직에서 물러나는 사직을 허락받았다. 이어서 관작이 삭탈되고 백성으로 돌아가는 명을 받았다. 숙종 6(1680)년 5월 5일 사사하라는 명을 받았다. 다음날 5월 6일 역적 토멸한 일을 종묘에 고하였으며 5월 11일 의금부에서 사사되었다. 졸기는 없다.

▶ 참고문헌

〈다음백과사전〉, 〈인조실록〉, 〈효종실록〉, 〈현종실록〉, 〈숙종실록〉, 〈양천허씨세보〉

---

101) 남인이 축출되고 서인이 정권을 독점한 사건, 이 사건으로 서인은 노론과 소론으로 갈린다.

김수흥(金壽興)

본관은 신안동이고 자는 기지(起之)이며 호는 퇴우당(退憂堂)이고 시호는 문익(文翼)이다. 인조 4(1626)년에 태어나서 숙종 16(1690)년에 죽었다.

재임기간

현종 15(1674)년 4월 26일[102] – 현종 15(1674)년 7월 16[103] ※ 후임 허적
숙종 14(1688)년 7월 14일[104] – 숙종 15(1689)년 2월 2일[105] ※ 후임 여성제

가문

아버지는 동지중추부사 광찬(光燦)인데 좌승지를 역임하고 영의정에 증직된 광혁(光爀)에게 입양되었다. 친할아버지는 장단 부사 상관(尙寬)인데 아버지 광찬이 좌의정 상헌(尙憲)에게 입양되어 상헌이 양할아버지가 된다. 증조부는 동지돈녕부사 극효(克孝)인데 상헌이 큰아버지 대효(大孝)에게 입양되어 대효의 대를 이었다. 극효는 광해군의 정비인 문성군부인의 이모부로 신안동의 중시조 역할을 했다. 극효는 아들 다섯을 두었는데 상용이 우의정이고 상관이 장단 부사이며 상복이 진사·광릉 참봉이고 상헌이 좌의정이며 상건(尙謇)이 경주 부윤이다. 고조부는 생해(生海)인데 신천 군수를 역임하고 영의정에 증직되었으며 성종의 아들인 경명군(景明君) 이침(李忱)의 사위가 된다. 5대조는 평양 서윤 번(璠)이고 6대조는 사헌부 장령 영수(永銖)이며 7대조는 한성부 판관 계권(係權)이다. 8대조는 비안 현감 삼근(三近)이고 9대조는 봉예랑 혁(革)이며 10대조는 전농정 득우(得雨)이다. 11대조는 판예빈시사 근중(斤重)이고 12대조는 위위시 주부동정 자(賓)이며 13대조도 위위시 주부동정 희(熙)이다. 14대조는 호장정위 남수(南秀)이고 15대조는 호장 여기(呂其)이며 16

---

102) 김수흥을 영의정으로, 정지화를 좌의정으로, 이완을 우의정으로 …
103) 영의정 김수흥을 춘천에다 부처하였다.
104) 김수흥을 특별히 임명하여 영의정으로 삼았다.
105) 영의정 김수흥을 파직하게 하고 말하기를 …… "예로부터 임금의 무리들은"이라 말했는데 무리라고 말한 것은 공경하는 것이 아니다.

대조는 공수부정 습돈(習敦)인데 신안동의 1세조다. 그 이상의 세계는 실전되었고 시조는 고창군[106] 성주 선평(宣枰)이다.

장인은 남원인 목사 윤형각(尹衡覺)이고 외할아버지는, 친외할아버지는 연안인 목사 김래(金琜)이고 친외증조는 인목대비의 친정아버지인 연흥부원군(延興府院君) 김제남(金悌男)이며 양외할아버지는 광산인 동지중추부사 김존경(金存敬)이다.

아들은 안악 군수 창설(昌說)이고 딸은 다섯인데 1녀는 남양인 현감 홍택보(洪澤普)와 결혼했는데 홍택보는 영의정 홍명하(洪命夏)의 아들이다. 2녀는 여산인 서윤 송광속(宋光涑)과 결혼했고 3녀는 연안인 대사헌 이희조(李喜朝)와 결혼했다. 4녀는 우봉인 판서 이만성(李晚成)과 결혼했고 5녀는 경주인 목사 이성좌(李聖佐)와 결혼했다.

형은 공조 참판 수증(壽增)이고 아우는 영의정 수항(壽恒)·적성 현감 수징(壽徵)·진사 수응(壽應)·학관 수칭(壽偁)·강동 현령 수능(壽能)이다. 누이들은 각각 용인인 목사 이정악(李挺岳)·풍산인 현감 홍주천(洪柱天)·영의정 이유(李濡)의 아버지이고 좌의정 권상하(權尙夏)의 장인인 전주인 군수 이중휘(李重輝)·은진인 판서 송규렴(宋奎濂)·한산인 지평 이광직(李光稷)·양천인 영의정 허적(許積)의 아들이고 성평군(成平君) 이혼(李渾)의 장인인 허서(許墅)와 결혼했다.

🎁 생애

> 좌의정 상헌의 손자이고 영의정 수항의 형이며 영의정 창집의 큰아버지이고 영의정 홍명하와 사돈 관계이다. 1차 예송에서 이겼으나 2차 예송에서 남인에 패해 춘천에 부처되었다가 경신대축출로 서인이 집권하자 돌아와서 다시 영의정이 되었다. 숙종이 희빈 장씨의 아들(경종)을 세자로 책봉하려 하자 시기상조임을 들어 반대했다. 이를 계기로 숙종이 남인에 정권을 맡기는 기사환국으로 장기에 유배되었고 유배지에서 죽었다.

인조 26(1648)년 사마시에 합격하고 효종 6(1655)년 춘당대문과에 병과로 급제했다.

---

[106] 고창군은 오늘날의 안동의 옛 이름이다.

효종 7(1656)년 아우 수항과 함께 문과중시에 합격했으며 설서를 역임하고 효종 8년 부수찬에 임명되었다. 효종 9년 수찬·헌납·부수찬·헌납·수찬·교리를 역임하고 이조 좌랑에 임명되어 효종 10(1659)년 암행어사로 파견되었다.

현종 1(1660)년 이조 좌랑에서 부교리로 전임되었고 현종 2년 응교로 임명되어 암행어사로 파견되었다. 현종 4(1663)년 광주 부윤·대사간·승지를 역임했고 현종 5년 대사간·동부승지·병조 참의·우부승지·대사간·대사성·승지·경기도 관찰사에 임명되었다. 현종 7(1666)년 도승지를 역임하고 호조 판서에 임명되어 정헌대부로 가자되었고 현종 11(1670)년 숭록대부로 가자되었으며 강화 유수에 임명되었다. 현종 12년 호조 판서에 임명되어 현종 13(1672)년 지경연을 겸했으며 현종 14(1673)년 우의정으로 승진했고 현종 15(1674)년 영의정에 올랐다. 영의정으로 있을 때 효종비가 승하하자 2차 예송이 일어났다. 남인이 기년설(1년설)을 주장할 때 대공설(9개월설)을 주장하였는데 남인에 패하자 관작이 삭탈되었고 7월 16일 춘천에 부처되었다.

숙종 1(1675)년 풀려나서 숙종 6(1680)년 경신대축출로 서인이 다시 집권하자 영중추부사가 되었고 사은사 겸 진주정사로 청나라에 다녀왔으며 숙종 7년 동지사 겸 사은사로 다시 청나라에 다녀왔다. 숙종 14(1688)년 다시 영의정에 올랐으나 숙종 15(1689)년 숙종이 소의 장씨(희빈 장씨)가 낳은 왕자 윤(昀:뒤의 경종)을 세자에 책봉하려 하자 송시열과 함께 시기상조라 반대했다. 숙종이 서인을 물리치고 남인에게 정권을 맡기자 장기에 유배되었다가 숙종 16(1690)년 유배지에서 죽었다. 저서로 <퇴우당집>·<퇴우만필> 등이 있으며 숙종 20년에 복관되었다. <숙종실록> 숙종 16(1690)년 10월 12일 첫 번째 기사에 '전 영의정 김수홍의 졸기'가 있다.

🔲 평가
전 영의정 김수홍의 졸기

전 영의정(領議政) 김수흥(金壽興)이 장기(長鬐)의 적소(謫所)에서 졸(卒)하였는데, 65세였다. 김수흥의 자(字)는 기지(起之)이며, 문정공(文正公) 김상헌(金尙憲)의 손자이다. 아우 김수항(金壽恒)과 차례로 조정에 등용되었는데, 문사(文詞)는 김수항보다 못하였으나 또한 아량이 있어 쓸 만하였다. 간사(幹事)하는 기량이 남보다 뛰어나서 과단(果斷)하고 민첩하게 처리하였으므로, 탁지(度支)의 정사(政事)는 사람들이 근세에 드문 것으로 일컬었다. 현종(顯宗) 때에 특별히 정승으로 제배(除拜)되고 이어서 수상(首相)에 올랐는데, 급제한 지 겨우 10여 년이었으나 남들이 갑자기 올랐다고 하지 않았다. 김수흥은 일찍부터 어진 할아버지의 가르침을 받아 경술(經術)에 마음을 두었었다. 전후 정승의 벼슬에 있던 것은 오래지 않으나 한결같이 유현(儒賢)을 부호(扶護)하고 군덕(君德)을 보도(輔導)하는 것을 주장삼고, 낭패스러운 형세가 되더라도 돌아보지 않았으므로, 세상에서 이 때문에 칭찬하였다. 어려운 때를 당하여 횡액을 면하지 못하여 장해(瘴海)에서 해를 겪고 마침내 널[柩]로 돌아오니, 선류(善類)가 누구나 다 상심하고 통탄하였다. 뒤에 문익(文翼)이라 증시(贈諡)하였다.

참고문헌

〈인조실록〉, 〈효종실록〉, 〈현종실록〉, 〈숙종실록〉, 〈다음백과사전〉, 〈안동김씨세보〉, 〈안동김씨세계급추암이하종계록〉

김수항(金壽恒)

본관은 신안동이고 자는 구지(久之)이며 호는 문곡(文谷)이고 시호는 문충(文忠)이다. 인조 7(1629)년에 태어나서 숙종 15(1689)년에 죽었다.

재임기간

숙종 6(1680)년 4월 3일[107] - 숙종 11(1685)년 7월 4일[108] ※ 후임 김수항
숙종 11(1685)년 8월 11일[109] - 숙종 13(1687)년 7월 24일[110] ※ 후임 남구만

가문

아버지는 동지중추부사 광찬(光燦)이고 할아버지는 좌의정 상헌(尚憲)이다.[111] 아버지 광찬의 친아버지는 부사 상관(尚寬)인데 좌의정 상헌(尚憲)에게 입양되어 상헌이 양할아버지가 된다. 친증조부는 동지돈녕부사 극효(克孝)인데 상헌이 삼가 현감 대효(大孝)에 입양되어 대효의 대를 이었다. 친증조부 극효는 광해군의 정비인 문성군부인의 이모부로 신안동의 중시조 역할을 했다. 극효는 아들 다섯을 두었는데 상용(尚容)이 우의정이고 상관이 장단 부사이며 상복(尚宓)이 진사·광릉 참봉이고 상헌이 좌의정이며 상건(尚騫)이 경주 부윤이다. 고조부는 생해(生海)인데 신천 군수를 역임하고 영의정에 증직되었으며 성종과 숙의 홍씨 사이에 태어난 경명군(景明君) 이침(李忱)의 사위가 된다. 생해 이상의 세계는 김수흥과 같다.

장인은 안정인 해주 목사 나성두(羅星斗)이고 외할아버지는 연안인 목사 김래(金琜)이며 외증조부는 선조의 계비인 인목왕후의 친정아버지인 연흥부원군(延興府院君) 김제남(金悌男)이다.

---

107) 김수항을 특배하여 영의정으로, 정지화를 좌의정으로, 여성제를 예조 판서로…
108) 영의정 김수항이 급히 청하기를 그만두지 않았다. …… 김수항이 끝내 나오지 아니하였으며, 이 때에 이르러 정사한 것이 스물일곱 차례나 되어 임금이 하는 수 없이 체차할 것을 윤허하였다.
109) 김수항을 영의정으로 삼았다.
110) 영의정 김수항과 우의정 조사석이 여러 차례 정사하니 임금이 체직하도록 윤허하였다.
111) 광찬의 친아버지는 부사 상관(尚寬)인데 광찬이 좌의정 상헌에 입양되어 상헌의 대를 이었다.

1남 창집(昌集)은 영의정이고 2남 창협(昌協)은 대제학·예조 판서인데 좌의정 이정구(李廷龜)의 손녀사위이며 우의정 이행원(李行遠)의 외손녀사위이다. 3남 창흡(昌翕)은 진사이며 학자로 시호가 문간공이며 영의정 이항복의 현손녀사위가 된다. 4남 창업(昌業)은 문인화가인데 호가 노가재이다. 동몽교관에 임명되었으나 취임하지 않았다. 익풍군(益豊君) 속(涑)의 사위이고 양녕군(陽寧君) 경(儆)의 처할아버지이고 임해군(臨海君) 진(珒)의 처증조부이다. 5남 창즙(昌緝)은 생원시에 합격한 학자로 예빈시 주부에 임명되었으나 취임하지 않았다. 영의정 홍서봉(洪瑞鳳)이 처증조부이다. 6남은 창립(昌立)이다. 창립은 학자로 판서 이민서(李敏叙)의 사위이며 좌의정 원두표(元斗杓)가 처외할아버지이다. 딸은 전주인 이섭(李涉)과 결혼했다.

형은 공조 참판 수증(壽增)과 영의정 수흥(壽興)이고 아우는 적성 현감 수징(壽徵)·진사 수응(壽應)·학관 수칭(壽秤)·강동 현령 수능(壽能)이다. 누이들은 각각 용인인 목사 이정악(李挺岳)·풍산인 현감 홍주천(洪柱天)·영의정 이유(李濡)의 아버지이고 좌의정 권상하(權尙夏)의 장인인 전주인 군수 이중휘(李重輝)·은진인 판서 송규렴(宋奎濂)·한산인 지평 이광직(李光稷)·양천인 영의정 허적(許·積)의 아들이고 성평군(成平君) 이혼(李渾)의 장인인 허서(許墅)와 결혼했다.

생애

좌의정 상헌의 손자이고 영의정 수흥의 아우이며 영의정 창집의 아버지이고 좌의정 이세백의 외할아버지이고 영의정 이의현의 외증조부다. 1차 예송에서 이겨 남인의 윤선도 등을 귀양보냈으나 2차 예송에서 패해 영암으로 귀양 갔다가 철원으로 이배되었고, 경신대축출 뒤에 서인이 노론과 소론으로 나뉠 때 노론의 영수가 되었다. 기사환국으로 남인이 재집권하자 진도로 유배된 뒤에 사약을 받고 죽었다.

효종 즉위(1649)년 진사시에 합격하고 효종 2(1651)년 알성문과에서 장원 급제했다. 효종 4(1635)년 지평·정언·서장관을 역임하고 효종 5년 교리를 역임하고 이조 정랑에 임명되어 중학교수를 역임했고 효종 6(1655)년 부교리·수찬·이조 정랑에 임명됐다. 효종 7(1656)년 사인·응교·사인·사간

겸 보덕·부응교·승지를 역임했다. 같은 해에 문과중시에 급제하고 효종 8년 이조 참의·승지·대사간·이조 참의를 역임했으며 효종 9(1658)년 승지·부제학에 임명되었다.

현종 즉위(1659)년 우승지·좌부승지·우승지·대사간을 역임했다. 이 해에 효종이 승하하자 자의대비가 입을 복상문제로 1차 예송이 발생했는데 기년설과 3년설로 맞설 때 송시열의 기년설을 지지하였다. 1차 예송에서 이기자 남인의 윤선도 등을 귀양 보냈다. 현종 1(1660)년 도승지에 올라 동지춘추를 겸했고 예문관 제학·대사성·이조 참판을 역임하고 현종 2(1661)년 동지경연으로 동지의금부사를 겸했다. 현종 3년 대사헌·대제학·도승지·이조 참판을 역임하고 예조 판서에 승진했고 현종 4(1663)년 대사헌·예조 판서·이조 판서·대사헌·형조 판서·이조 판서·예조 판서를 역임했다. 현종 5년 우참찬을 거쳐 이조 판서에 임명되어 원자보양관과 대제학을 겸했으며 현종 7(1666)년 예조 판서로 전임되었다가 대사헌으로 전임되어 세자좌빈객을 겸하다가 형조 판서로 옮겼다. 현종 8년 이조 판서를 역임했으며 현종 9(1668)년 대사헌·예조 판서·지경연을 역임했고 현종 11(1670)년 우참찬·대사헌·예조 판서·이조 판서를 역임했다. 현종 12(1671)년 대제학·이조 판서·판의금부사·이조 판서를 역임하고 현종 13(1672)년 우의정으로 승진하였다가 좌의정으로 전임되었다. 현종 14년 좌의정에서 물러나 행판중추부사가 되어 현종 15(1674)년 사은사로 청나라에 다녀왔다. 이때의 영의정은 형 김수홍이다. 판중추부사에서 사직했는데 얼마 뒤에 좌의정에 제배되었다.

숙종 즉위(1674)년 좌의정에서 우의정으로 전임되었다가 숙종 1(1675)년 좌의정이 되었으나 판중추부사로 전임되고 다시 좌의정에 임명되었다가 판중추부사가 되었으나 효종비가 죽은 뒤에 일어난 2차 예송에서 남인에 패하여 남인인 윤휴·허적·허목 등의 공격으로 관직을 빼앗기고 원주에 부처되었다가 영암군으로 귀양 갔다. 숙종 2년 왕의 석방 지시가 있었음에도 남인들의 반대로 석방되지 못하고 철원에 이배되었다. 숙종 6(1680)년 경신대축출(경신환국)로 서인이 집권하자 영의정에 임명되어 숙종 7(1681)년 <현종실록> 편찬 총재관이 되었고 서인이 남인의 처벌 문제로 노론과 소론으로 갈릴 때 노론의 영수로서 강력한 처벌을 주장했다. 숙종 11년 7월 스물일곱 번의 사직상소를 내어 사직을 허락받고 영의정에서 사직했으나 같은 해 8월에 다시 영의정에 제수되었다가 숙종 13(1687)년 영의정에서 물러나 영돈녕부사가 되었다. 숙종 15(1689)년 기사환국으로 남인이 재집권하자 진도에 유배된 뒤에 사약을 받고 죽었다. 저서로 <문곡집>·<송강행장>이 있고 현종의 묘정에 배향되었으며 영평의 옥병서원·진도의 봉암사·영암의 녹동서원에 제향되었다.

<숙종실록> 숙종 15(1689)년 윤 3월 28일 기사에 처형되었다는 기록만 있고 졸기는 없으며 송시열의 지문만 있다.

참고문헌

〈효종실록〉, 〈현종실록〉, 〈숙종실록〉, 〈다음백과사전〉, 〈안동김씨세보〉, 〈안동김씨세계급추암이하종계록〉, 〈지문. 송시열 지음〉

남구만(南九萬)

본관은 의령이고 자는 운로(雲路)이며 호는 약천(藥泉) 또는 미재(美齋)이다. 인조 7(1629)년에 태어나서 숙종 11(1711)년에 죽었다.

🎁 재임기간

숙종 13(1687)년 7월 25일[112] – 숙종 14(1688)년 7월 15일[113] ※ 후임 김수홍
숙종 20(1694)년 4월 1일[114] – 숙종 21(1695)년 7월 2일[115] ※ 후임 남구만
숙종 21(1695)년 10월 2일[116] – 숙종 22(1696)년 6월 25일[117] ※ 후임 유상운

🎁 가문

아버지는 금성 현령 일성(一星)이고 할아버지는 평강 현감 식(烒)이며 증조부는 부호군·첨정을 지낸 타(柁)이고 고조부는 문과에 장원하고 승지와 함경도 병마절도사를 역임한 언순(彦純)이다. 5대조는 군기감 첨정·안주 목사 치욱(致勖)이고 6대조는 부사과 계(悈)이며 7대조는 간성 군수 구(俅)이고 8대조는 좌의정 지(智)이다. 9대조는 병조 의랑 경문(景文)이고 10대조는 영의정 재(在)이다. 11대조는 고려 밀직부사·조선 전라도 안무사 을번(乙蕃)이고 12대조는 지영광군사 천로(天老)이며 13대조는 풍저창 부사 익저(益旼)이고 13대조는 추밀원직 부사 군보(君甫)다.

장인은 초배가 지평을 지낸 동래인 정수(鄭脩)이고 계배는 여흥인 절도사 민승(閔昇)이며 외할아버지는 안동인 부사 권박(權瞨)이다.

4남 1녀를 두었는데 1남 학명(鶴鳴)은 영의정 이항복의 증손녀 사위가 된다. 종부시 주부에 임명되었으나 나가지 않고 은거하며 학문 연구에 몰두했다. <회은집>·<회은잡지> 등의 저서를 남겼다. 2남 학성(鶴聲)은 현감이

---

112) 남구만을 영의정으로, 이조 판서 이숙을 우의정으로 제수하였다.
113) 남구만은 경흥부에 위리안치하게 하고, 여성제는 경원부에 위리안치하게 하였는데 …
114) 임금이 또 명하여 남구만을 서용하고, 이어서 영의정에 제배하였다.
115) 영의정 남구만이 또 소를 올려 체직을 비니 …… 드디어 체직을 허락하였다.
116) 다시 남구만을 영의정으로 삼았다.
117) 남구만에게 영중추를 부직하고, 유상운·신익상에게 판중추를 부직하였다.

고 3남 학청(鶴淸)은 주부이며 4남 학정(鶴貞)은 현감이다. 딸은 시정 조태상(趙泰相)과 결혼했다. 학명이 아들 셋을 두었는데 극관(克寬)은 행원으로 <단거일기>·<몽예집>을 남겼고 처관(處寬)은 병조 좌랑을 역임했으며 오관(五寬)은 감역을 역임했다.

방계로는 삼촌 이성(二星)은 병조 판서를 역임했고 고조부의 아우 언경(彦綱)은 학자이다.

시조 "동창이 밝았느냐 노고지리 우지진다"의 작가로 서인의 중심인물이며 문장과 서화에 뛰어났다.

🧊 생애

영의정 재와 좌의정 지의 후손이다. 서인으로 남인의 윤휴와 허견을 탄핵하다가 상신을 모독한 죄로 남해로 유배되었다가 경신대축출로 남인이 쫓겨나자 돌아와 서인이 소론과 노론으로 나뉠 때 소론의 영수가 되었다. 기사환국으로 남인이 득세하자 강릉에 유배되었다가 풀려났다. 희빈 장씨에 대해 가볍게 처벌할 것을 주장했으나 장씨가 사사되자 고향으로 돌아왔다. 시조 '동창이 밝았느냐'의 저자이다.

사계 김장생의 문인이었던 송준길(宋浚吉)에게 수학하고 효종 7(1656)년 별시문과에 을과로 급제했다. 효종 8년 사서·정언을 역임하고 효종 9년 지평·정언·지평·정언을 역임했으며 효종 10(1659)년 지평·사서·정언을 역임하고 부교리에 임명되어 암행어사로 파견되었다.

현종 즉위(1659)년 교리를 역임하고 현종 1(1660)년 이조 정랑을 역임했으며 현종 2년 교리·헌납·이조 정랑·헌납·이조 정랑을 역임했다. 현종 3(1662)년 영남 진휼암행어사로 파견되었다가 돌아와 수찬에 임명된 뒤에 헌납·이조 좌랑·응교·교리·부응교를 역임했다. 현종 4년 응교·집의·부응교·사간·집의·부응교·집의·응교를 역임했으며 현종 5(1664)년 집의·사간·승지·동부승지를 역임하고 대사간에 임명되었으나 대신을 공격한 죄로 체차되었다. 현종 8(1667)년 승지에 임명되었으나 어떤 일로 하옥되었다가 풀려나서 형조 참의에 임명되었고 현종 9년 승지를 거쳐 안변 부사로 나갔다가 돌아와서 승지를 역임하고 전라도 관찰사로 다시 외직에 나갔다. 돌아와서 대사간·우승지를 역임했다. 현종 10(1669)년 이조 참의·대사성을 역임하고 현종 11년 청주 목사로 나갔다가 현종 12(1671)년 함경도 관찰사에 임명되어 두 번째로 도백이 되었다.

숙종 즉위(1674)년 이조 참판에 임명되었으나 곧 면직되었고 얼마 뒤에 형조 참판에 임명되고 대사성으로 전임되었다. 숙종 4(1678)년 형조 판서에 임명되었고 숙종 5년 한성부 좌윤에 임명되었으나 남인인 윤휴·허견 등을 탄핵하다가 상신을 모독한 죄로 남해로 유배되었다. 숙종 6(1680)년 경신대축출로 남인이 실각하자 도승지로 관직에 복귀한 뒤에 부제학·대제학·대사간을 역임했다. 숙종 8(1682)년 상복을 벗고 병조 판서에 임명되어 대제학과 지경연을 겸했는데 병조 판서로 무창(茂昌)과 자성(慈城) 2군을 설치했으며 군정의 어지러움을 많이 개선했다. 서인이 노론과 소론으로 나뉘자 소론의 영수가 되어 숙종 10년 우의정으로 승진했으나 이 해에 기사환국이 일어나 남인이 득세하자 강릉에 유배되었다. 숙종 11년 유배에서 풀려 좌의정에 임명되어 숙종 12년 사은정사로 청나라 다녀왔다. 숙종 13년 영의정에 올랐으나 숙종 14(1688)년 경흥부에 위리안치되었다가 풀려나서 용인의 파담으로 방면해 돌아왔다. 숙종 15년 중궁이 폐출되고 판중추부사가 되었다. 숙종 20(1614)년 갑술옥사가 일어나 중궁이 복위되자 다시 영의정에 올랐고 숙종 21년 7월 사직하겠다는 상소를 내어 허락받고 영중추부사에 임명되었다. 같은 해 10월에 다시 영의정에 임명되었고 숙종 22(1696)년 영의정에서 물러나 영중추부사가 되었다. 숙종 27(1701)년 희빈 장씨를 가볍게 처벌하자고 주장했으나 숙종이 희빈 장씨를 사사하기로 결정하자 사직하고 고향으로 내려갔다. 그 뒤에 관작을 삭탈당하고 숙종 28년 아산현으로 유배되었다가 전리방귀의 처분을 받고 석방되었다. 숙종 30(1704)년 영중추부사에 임명받았고 숙종 36(1710)년 봉조하가 되었다가 숙종 37(1711)년에 83세로 죽었다. 숙종의 묘정에 배향되었고 강릉의 신석서원에 제향되었다. 저서로 <약천집>·<주역참동계주>가 있고 글씨로는 '좌상 남지비'·'창성장현광

비'·개심사·양화루·영송루 액자 등이 있다.

<숙종실록> 숙종 37(1711)년 3월 17일 첫 번째 기사에 '봉조하 남구만의 졸기'가 있다.

📦 평가

봉조하 남구만의 졸기

......

남구만은 국초(國初)의 상신(相臣) 남재(南在)의 후손(後孫)인데 중간에 형세가 기울어 세력을 떨치지 못하여 호서(湖西)의 결성(結城)에 우거(寓居)하였다. 남구만은 젊어서부터 문재(文才)가 있었고, 필법(筆法)도 또한 공교하고 아름다웠다. 서울에 유학(遊學)하여 김익희(金益熙)에게 의탁하니, 김익희는 곧 그의 내외종(內外從)과의 근친(近親)이었다. 김익희가 그를 사랑하여 그의 자질(子姪)과 같이 공부하도록 하였고, 이어서 이민적(李敏迪)의 형제(兄弟)와 서로 사이좋게 사귀며 즐기었다. 김(金)·이(李) 두 집안이 서로 칭찬하여 추천하고 좋은 평탄을 널리 퍼뜨리니 저절로 유림(儒林)의 우두머리에 있게 되어 명성(名聲)이 이미 알려졌다. 과거에 급제하기에 이르러서는 청반(淸班)의 길에 조금도 거리끼고 막힘이 없었으며, 또 송준길(宋浚吉)의 문하(門下)에 학업을 청하여 문인(門人)·사우(士友)와 더불어 종유(從游)하니 당시의 명망이 더욱 높아갔다. 성품이 편협(褊狹)하고 강팍하며 각박한데, 강직하여 패려궂고 뽐내는 행동을 좋아하므로 세상이 입을 모아 강개(剛介)의 선비라고 일컬었다.

갑인년에 간흉(奸兇)이 정권을 잡으니 향곡(鄕曲)으로 물러가 있다가, 기미년에 좌윤(左尹)으로 서울에 들어왔다. 이때 역적(逆賊) 허견(許堅)이 이정(李楨)·이남(李柟)과 결탁하여 모반(謀反)할 마음을 품어 중외(中外)가 어수선하고 두려워하면서도 감히 그 기미(機微)의 싹을 꺾는 자가 있지 않았는데, 김석주(金錫胄)가 남구만에게 그 간사하고 기만된 일을 발설하도록 권하였더니 남구만이 두려워서 따르지 않자, 김석주가 이에 귀띔하기를, '이것은 내지(內旨)이니 다른 우려는 없도록 보장하겠다.' 하였다. 남구만이 이를 믿고 마침내 임금에게 상소(上疏)하였다가 귀양가게 되었으니, 이 때문에 명성이 더욱 높아지게 되었으나, 그 일을 아는 자는 이미 그가 군자(君子)가 아니라고 의심하였다.

갑술년에 조정(朝廷)에 나아가게 되어서는 제일 먼저 장희재(張希載)를 옹호하였으며, 그 뒤 업동(業同)의 옥사(獄事)에 더욱 낭패(狼狽)하고 실수(失手)해서 명분(名分)과 의리(義理)와는 적수(敵讐)가 되었고, 마침내 흉악한 계략이 더욱 성하기에 이르러 화(禍)가 궁위(宮闈)에 미치게 되었다. 젊어서는 자못 청렴 간결하여 사심(私心)이 없는 것으로써 자허(自許)하더니 관작이 높아지면서부터는 모든 것이 거꾸로 되었다. 훈국(訓局)을 관장하면서는 촉탁(囑托)이 분연(紛然)하여 사사로운 뜻이 낭자(狼藉)하였고, 더욱이 대장(大將) 신여철(申汝哲)과 서로 거슬려 그 사사로운 부탁을 들어주지 않은 것을 노엽게 여겨 탑전(榻前)에서 청죄(請罪)하고, 그 장임(將任)을 파면케 하니, 조야(朝野)가 몹시 놀랐다.

만년(晚年)에 서자(庶子)를 위하여 산업(産業)을 경영했는데, 비루(鄙陋)하고 외잡(猥雜)한 일이 많아서 천종(賤宗)의 모욕(侮辱)까지 받게 되기에 이르니, 사람들이 모두 비웃었다. 남구만은 그가 이미 사류(士類)에서 용납되지 못함을 스스로 알고는 정론(正論)을 배척하고 억제하는데 더욱 꺼리는 바가 없었다. 만년에 문자(文字)를 저술(著述)하면서 송시열(宋時烈)과 김수항(金壽恒) 부자(父子)를 침해하고 비방하였는데, 그 말이 몹시 해괴하고 패악하여 그 평생(平生)의 심술(心術)을 여지없이 드러냈다고들 한다. 뒤에 그의 무리가 국권(國權)을 잡아 시호(諡號)를 '문충(文忠)'이라 하였다.

참고문헌

〈효종실록〉, 〈현종실록〉, 〈숙종실록〉, 〈다음백과사전〉, 〈의령남씨족보〉, 〈국조인물고〉

여성제(呂聖齊)

본관은 함양이고 자는 희천(希天)이며 호는 운포(雲浦)이고 시호는 정혜(靖惠)이다. 인조 3(1625)년에 태어나서 숙종 17(1691)년에 죽었다.

🔷 재임기간

숙종 15(1689)년 2월 2일[118] – 숙종 15(1689)년 2월 9일[119] ※ 후임 권대운

🔷 가문

친아버지는 인천 부사 이량(爾亮)인데 당숙인 이징(爾徵)에게 입양되었다. 이징은 예조 참판·도승지·공조 참판을 역임했다. 친할아버지는 강원도 관찰사 우길(祐吉)인데 종조부인 유길(裕吉)의 아들인 이징에 입양되었기 때문에 유길의 대를 잇게 되었다. 유길은 한성부 우윤과 병조 참판을 역임했다. 증조부는 첨지중추부사 순원(順元)이고 고조부는 좌승지 숙(淑)이며 5대조는 장악원 첨정 세침(世琛)이고 6대조는 장단 부사 윤수(允秀)이다. 7대조는 내자시 첨정 충보(忠輔)이고 8대조는 당진 현감 종숙(宗肅)이며 9대조는 호조 좌랑 계(稽)이다. 10대조는 지의정부사 칭(稱)이고 11대조는 서령 길손(吉孫)이며 12대조는 밀직부사 공계(公綖)이다. 13대조는 헌부의랑 극해(克諧)이고 14대조는 사복윤 문화(文和)이며 15대조는 판사 위황(渭璜)이다. 16대조는 상서성 좌복야 상보(尙輔)이고 17대조는 평장사 자장(子章)이며 18대조는 대장군 임청(林淸)이고 19대조는 함양여씨의 시조인 고려국 전서 어매(御梅)이다.

장인은 소현세자의 장인인 우의정 강석기(姜碩期)의 아들 첨지중추부사 강문성(姜文星)이고 장모는 영의정 신흠(申欽)의 딸이다. 외할아버지는 친외할아버지는 한효순(韓孝純)이고 양외할아버지는 인조의 정비인 인열왕후의 친정아버지인 서평부원군 한준겸(韓浚謙)이다.

---

118) 지중추부사 목내선을 좌의정에 제배하고 예조 판서 김덕원을 우의정으로, 여성제를 영의정으로 삼았다.
119) 영의정 여성제가 양주에 이르러, 세 번을 상소하여 사직하기를 청하니, 이를 허락하였다.

아들은 필승(必升)인데 19세에 요절했다. 손자 광주(光周)는 진안 현감과 사헌부 지평을 역임했고 증손자 선장(善長)은 승지를 역임했다. 딸은 해흥부원군 오수량(吳遂良)과 결혼해서 오명준(吳命埈) · 오명항(吳命恒) · 오명신(吳命新) · 오명집(吳命集)을 낳았다. 오명준은 의정부 좌참찬이고 오명항은 의정부 우의정이며 오명신은 집현전 부제학이다.

🎁 생애

소현세자의 장인 우의정 강석기의 손녀사위이고 인조의 국구인 서평부원군 한준겸의 외손자이며 영의정 신흠의 외손녀사위이고 우의정 오명신의 외할아버지이다. 공신추록의 폐단을 시정해야 한다는 소를 올렸다가 좌천되었다. 소론으로 박세채 · 남구만이 유배되자 이들을 구하려다가 경원으로 유배되었다. 인현왕후의 폐출에 반대하는 소를 올렸으나 뜻을 이루지 못했다.

효종 5(1654)년 정시문과에 장원급제하고 효종 7(1656)년 검열에 임명되었으며 효종 10(1654)년 봉교에 임명되었다.

현종 즉위(1659)년 좌랑 · 정언을 역임했고 현종 1(1801)년 지평 · 정언 · 지평 · 정언에 임명되었다. 현종 2년 부사과 · 암행어사 · 정언 · 지평 · 부호군 · 지평을 차례로 역임하고 현종 3년 정언 · 수찬 · 정언 · 교리 · 지평 · 이조 정랑 · 수찬 · 교리에 임명되었으며 현종 4(1663)년 부수찬 · 수찬 · 교리 · 부교리를 역임했다. 현종 5년 교리 · 부교리 · 이조 좌랑을 역임하고 수찬에 임명된 뒤에 경기우도 암행어사로 파견되었다가 돌아와서 이조 좌랑에 임명되었다. 현종 6년 이조 정랑에서 북평사로 좌천되었다가 현종 7(1666)년 부응교로 승진한 뒤에 집의 · 사간 · 집의 · 우사인을 역임했다. 현종 8년 부응교 · 응교 · 사간 · 응교 · 집의 · 사인 · 부응교 · 사간 · 부응교 · 집의를 역임했으며 현종 9년 사간 · 부응교 · 사간 · 집의 · 사인 · 집의 등 청현직을 두루 역임하고 승지에 임명된 뒤에 전라도 관찰사에 임명되었다. 현종 12(1671)년 동부승지에 임명되었고 현종 13년 대사간에 임명된 뒤에 승지 · 대사간 · 승지 · 병조 참의 · 승지 · 대사간에 임명되었다. 현종 14년 우부승지 · 좌부승지를 역임하고 현종 15(1674)년 이조 참의를 역임하고 함경도 관찰사에 임명되었다.

숙종 2(1676)년 함경도 관찰사의 임기를 마치고 돌아와 이조 참판에 제수되었고 숙종 3년 호조 참판·형조 참판을 역임하고 숙종 6(1680)년 예조 판서에 승진한 뒤에 우참찬·대사헌·예조 판서·대사헌·우참찬·좌참찬·대사헌·좌참찬을 차례로 역임했다. 숙종 7년 대사헌을 역임하고 예조 판서로 있을 때 공신추록의 폐단을 시정해야 한다는 소를 올려 좌천되었다. 그러나 현종의 국상 때 국장도감을 맡아서 이룬 공적을 인정받아 숭정대부로 가자되었다. 이어서 판의금부사에 임명된 뒤에 좌참찬·예조 판서를 역임했다. 숙종 8년 수어사·좌참찬을 역임하고 숙종 9(1683)년 광주 유수에 임명되었으며 숙종 10년 병조 판서에 임명된 뒤에 뇌물 수수의 폐단을 제거하기 위해 노력하고 이조 판서로 전임되었다. 숙종 11년 호조 판서·형조 판서·좌참찬·형조 판서를 차례로 역임하고 숙종 12(1686)년 예조 판서·판의금부사·이조 판서를 역임했다. 숙종 13년 좌참찬·판의금부사를 역임하고 이조 판서에 임명되었으나 어떤 일로 파직되었다가 좌참찬에 임명된 뒤에 이조 판서를 역임했다. 숙종 14(1688)년 판의금부사를 역임하고 영의정이 남구만인 조정에서 우의정에 임명되었다. 그러나 박세채·남구만 등이 왕의 총애를 받던 동평군을 비난하다가 유배되자 이들을 구하려다가 삭직되고 의금부에 구속되었으며 경원으로 유배되었다. 같은 해에 유배에서 풀려나 판돈녕부사에 임명되었으며 숙종 15(1689)년 우의정으로 복귀했다가 2월 2일 영의정에 임명되었다. 그러나 소론인 그는 남인들과 여러 차례 의견 충돌을 겪은 끝에 7일 뒤인 같은 해 2월 9일에 영의정에서 사직하는 것을 허락 받고 판돈녕부사로 전임되었다. 당시 남인 등이 성혼·이이를 문묘에서 출향하려 하자 이들을 문묘에 배향할 때 자신이 관계관이었다고 해서 스스로 정리하고 고향으로 갔다. 고향에서 인현왕후 폐출 소식을 듣고 상경하여 소를 올렸으나 뜻을 이루지 못하고 다시 고향으로 내려가 있다가 숙종 17년 67세의 나이로 죽었다. 저서에 <운포유고>가 있다.

<숙종실록> 숙종 17(1691)년 8월 14일 첫 번째 기사에 '행판중추부사 여성제의 졸기'가 있다.

📦 평가

행_판중추부사 여성제의 졸기

…… 여성제는 정자(正字) 이홍상(李弘相)과 함께 고(故) 상신(相臣) 강석기(姜碩期)의 손녀의 지아비로서, 강가(姜家)에 화(禍)가 일어나게 되어서는 이홍상은 차마 마음으로 그 억울함을 알면서 그 아내와 헤어질 수 없으므로 스스로 벼슬을 그만두고 평생을 마쳤으나, 여성제는 화를 입을 것을 겁내어 정장(呈狀)하여 헤어지고 다시 다른 아내를 얻었는데, 그래도 옛정에 끌려 몰래 전처를 집에 두어 소생까지 있으니, 스스로 임금을 속이고 금령(禁令)을 범하는 데로 돌아가는 것을 면하지 못하였다. 부부는 사람의 대륜(大倫)인데 그 처의(處義)의 구차하고 간약함이 이러하였으므로, 사람들이 이 때문에 이홍상을 칭찬하고 여성제를 그르게 여겼다. 다만 교유(交遊)를 넓히고 부침(浮沈)을 잘하여 차차로 벼슬을 옮겨 마침내 대배(大拜)에 이르렀다. 뒤에 정혜(靖惠)라 증시(贈諡)하였다.

참고문헌

〈다음백과사전〉, 〈효종실록〉, 〈현종실록〉, 〈숙종실록〉, 〈함양여씨세보〉

권대운(權大運)

본관은 안동이고 자는 시회(時會)이고 호는 석담(石潭)이다. 광해군 4(1612)년에 태어나서 숙종 25(1699)에 죽었다.

🔖 재임기간

숙종 15(1689)년 2월 10일[120] - 숙종 20(1694)년 4월 1일[121] ※ 후임 남구만

🔖 가문

아버지는 사어를 역임한 근중(謹中)이고 할아버지는 예조 판서를 역임하고 길창군(吉昌君)에 봉해진 충정공(忠貞公) 협(悏)이며 증조부는 동지중추부사를 역임한 상(常)이고 고조부는 전생서 참봉 진(振)이다. 5대조는 감찰 욱(旭)이고 6대조는 호조 좌랑 온(溫)이며 7대조는 도절제사 복(復)이고 8대조는 숙(肅)이며 9대조는 왕중귀(王重貴)인데 충선왕의 양자가 되어 왕씨 성을 가졌고 정승을 역임했다. 10대조는 왕후(王珝)이고 11대조는 수문전 대제학 부(溥)이다. 12대조 이상의 세계는 권중하와 같다.

장인은 초배는 상산인 감사 김상(金尙)이고 계배는 단양인 생원 우정(禹鼎)인데 우정은 판사 홍업의 아들로 생원시에 합격하고 성균관 유생으로 있을 때 병자호란이 일어나자 혼자 남아 문묘를 뒤처리하고 포로가 되자 3일 동안 굶은 뒤 금강에서 투신하여 자결했다. 뒤에 지평에 추증되었다. 외할아버지는 전주인 군수 이유혼(李幼渾)이다.

대운에게 두 아들이 있는데 1남은 증이조 참판 위(瑋)이고 2남은 대사헌 규(珪)이다. 위가 중경(重經)을 낳았는데 이조 참의를 역임했다.

일가로는 풍덕 군수를 역임하고 좌찬성에 증직되었다가 다시 우의정으로 가증된 길흥군 신중(信中)이 대운의 큰아버지이다. 큰아버지 신중은 아들 삼

---

120) 권대운을 제배하여 영의정으로 삼았다
121) 참국한 대신 이하는 관작 삭탈하여 문외 출송하고, 민암 등을 절도에 안치케 하다.

형제를 두었는데 큰아들 대임(大任)은 정선옹주와 결혼하여 길성위가 되었다가 나중에 길성군에 봉해졌는데 대임의 아들이 돈녕부사 진이다. 신중의 둘째 아들은 대명(大鳴)인데 동지중추부사이고 셋째 아들이 대식(大式)이다.

🎁 생애

정선옹주의 시숙부다. 남인으로 경신대축출로 서인이 득세하자 영일로 유배되었다가 기사환국으로 영의정에 올라 송시열에게 사약을 내리는 등 서인을 가혹하게 탄압했다. 갑술환국으로 노론정권이 수립되자 절도에 안치되었으나 80이 넘어 석방되었다.

인조 27(1649)년 전시문과에 급제하고 정언이 되었다.

효종 즉위(1649)년 정언으로 있다가 효종 3(1652)년 지평으로 전임되었고 다시 정언이 되었으며 효종 4년 지평·정언·부교리·헌납을 역임했다. 효종 5년 이조 정랑에 임명되고 효종 6(1655)년 부교리가 되어 평안도 암행어사로 파견되었으며 효종 7년 이조 정랑·부교리 겸 문학·집의·사인·응교에 임명되었다. 효종 8년 사간·집의·사간·집의·사간·집의·부응교·사간을 차례로 역임하고 효종 9(1658)년 승지에 임명되었다.

현종 즉위(1659)년 좌부승지·우부승지를 역임하고 현종 1(1660)년 양주 목사로 나갔다가 현종 2년 형조 참의가 되었다. 현종 3년 좌부승지에 임명되고 현종 5(1664)년 남병사·승지·병방승지·좌부승지·우승지·예조 참의·병조 참의·좌승지·한성부 우윤·형조 참판을 역임하고 현종 6년 동부승지·개성 유수를 역임했다. 현종 7(1666)년 평안도 관찰사에 임명되었고 현종 8년 대사간에 임명되었으며 현종 10년 함경도 관찰사·예조 판서·도승지를 역임했다. 현종 11(1670)년 호조 판서를 역임하고 현종 14년 형조 판서에 임명되어 현종 15년 국정도감 제조를 겸했고 이어서 동지부사·판의금부사·우참찬을 역임했다.

숙종 즉위(1674)년 예조 판서에 임명되어 숙종 1(1675)년 병조 판서로 전임되었다가 우의정으로 승진하고 다시 좌의정으로 승진했다. 숙종 2(1676)

년 진하사 겸 동지사로 청나라에 다녀왔으며 숙종 6(1680)년 판중추부사로 있을 때 경신대축출로 남인이 실각하고 서인이 득세하자 파직당하고 영일로 귀양 가서 위리안치 되었다. 숙종 15(1689)년 기사환국으로 남인이 집권하자 풀려나서 권대운을 서용하라는 명에 따라 2월 10일 영의정으로 제배되어 유배중인 서인의 영수 송시열을 사사하게 하는 등 서인을 가혹하게 탄압했다. 숙종 20(1694)년 갑술환국으로 영의정에서 물러나고 관작이 삭탈되고 절도에 안치되었으나 숙종 21(1695)년 나이가 80이 넘어서 석방되었고 숙종 25(1699)년에 88세로 죽었다. 죽은 뒤에 왕명에 의해 관작이 회복되었다.

<숙종실록> 숙종 25(1699)년 10월 24일 '죄인 권대운 졸기'가 있다.

🧊 평가

죄인 권대운의 졸기

방귀전리(放歸田里)한 죄인 권대운이 사망하였다. 임금이 권대운의 진 죄는 무겁지만, 청백한 것은 숭상할만하고, 또 직임을 맡겨 부린 지가 오래라는 것으로 집첩을 환급할 것을 특별히 명하였는데, 간원에서 간쟁하였으나, 끝내 따르지 않았다. 권대운은 젊었을 적에 자못 간악한 것으로 이름났었고, 벼슬을 두루 거쳐 승진해서 경상의 반열에 이르렀는데 심한 죄를 진 것이 없었으므로 사람들이 칭찬하기도 했었다. 그러다가 임금이 처음 등극하였을 적에 제일 먼저 태사에 들어가서 허적과 함께 조정을 탁란시켰고, 그 뒤 또 권세를 다투다가 서로 갈라졌는데, 무릇 참독한 의논에 관계된 것은 주장하지 않은 것이 없었다. 송시열이 역모를 꾀하고 있으니 궁성을 호위하여 방어하라고 하기에 이르렀으므로 중외에서 두려워하였는데, 경신년에는 그 죄 때문에 천극의 벌을 받았다. 기사년에 다시 기용되어 수상이 되었는데, 은밀히 폐립에 대한 모의를 주장하면서 겉으로 임금 앞에서는 배척하였으며, 대신의 예에 의거 장현(張炫)에게 상을 주기를 청하기에 이르렀다. 그리고 폐후하는 날에는 병을 핑계대어 심적(心迹)이 남김 없이다 드러났기 때문에 통분해 하지 않는 사람이 없었다. 갑술년에 곤위가 다시 회복되자, 양사에서 번갈아 교장하여 죄주기를 청하니, 처음에는 먼 곳에 정배하였다가, 곧이어 방귀전리시켰는데, 이때에 이르러 죽으니, 향년 88세이다.

참고문헌

〈인조실록〉, 〈효종실록〉, 〈현종실록〉, 〈숙종실록〉, 〈다음백과사전〉, 〈안동권씨 세보〉

유상운(柳尙運)

본관은 문화이고 자는 유구(悠久)이며 호는 약재(約齋)·누실(陋室)이고 호는 충간(忠簡)이다. 인조 14(1636)년에 태어나서 숙종 33(1707)년에 죽었다,

🔹 재임기간

숙종 22(1696)년 8월 11일[122] – 숙종 24(1698)년 1월 23일[123] ※ 후임 유상운
숙종 24(1698)년 3월 13일[124] – 숙종 25(1699)년 3월 16일[125] ※ 후임 유상운
숙종 25(1699)년 6월 27일[126] – 숙종 25(1699)년 10월 17일[127] ※ 후임 서문중

🔹 가문

아버지는 형조 좌랑을 역임하고 영의정에 증직된 성오(誠吾)이고 할아버지는 속(洓)인데 해남 현감을 역임하고 좌찬성에 증직되었다. 증조부는 몽익(夢翼)인데 첨정을 지내고 이조 판서에 증직되었으며 고조부는 사헌부 감찰 용공(用恭)이다. 5대조는 부제학과 공조 참판을 역임한 희저(希渚)이고 6대조는 고양 군수 순행(順行)이며 7대조는 한림 삼(曘)이고 8대조는 예조 참판 맹문(孟聞)이다. 9대조는 관(寬)인데 집현전 대제학과 우의정을 역임하고 청백리에 녹훈되었다. 10대조는 사헌부 판관 안택(安澤)이고 11대조는 첨의평리·상호군 식(湜)이며 12대조는 판예빈시사 성비(成庇)이다. 13대조는 순(淳)인데 밀직사를 역임했고 14대조는 언침(彦琛)인데 예부 상서를 역임했으며 15대조는 공권(公權)인데 정당문학 참지정사이다. 16대조 총 이상의 세계는 순과 같다.
장인은 전의인 이행원(李行遠)인데 우의정을 역임했고 외할아버지는 호조

---

122) 유상운을 영의정으로 삼고, 좌참찬 서문중을 우의정에 제배하고 윤지선을 좌의정으로 올렸다.
123) 영의정 유상운이 연속해서 사단(사직 단자)을 올리니, 임금이 판서추(판중추부사)로 체직하도록 윤허하였다.
124) 유상운을 영의정에 임명하였다.
125) 영의정 유상운이 병을 핑계로 오래도록 출사하지 않자 임금이 비로소 체직할 것을 윤허하고 판중추에 붙였다.
126) 유상운을 영의정으로, 서문중을 좌의정으로 삼았다.
127) 영상 유상운은 정석의 수위에 있으면서 재억할 방도는 생각하지 않고, 도리어 파란을 조장하여 더욱 부정을 야기시켰다. 대신의 소위가 이러하니 진실로 한심스럽기 그지없다. 파직시키라.

판서와 좌참찬을 역임한 나주인 박동량(朴東亮)이다.

아들은, 1남은 홍문관 교리 봉서(鳳瑞)이고 2남은 좌의정 봉휘(鳳輝)인데 봉휘는 신임사화의 주동자로 집안이 몰락했다. 3남은 회양 부사 봉일(鳳逸)이고 4남은 왕자의 사부 봉협(鳳協)이고 5남은 봉채(鳳采)이다.

🎁 생애

청백리로 녹선된 우의정 관의 후손이고 우의정 이행원의 사위이며 좌의정 봉휘의 아버지이다. 소론으로 노론의 김석주를 탄핵하는 상소를 올렸고, 장희재의 편지에 인현왕후에 대한 불온한 내용이 있었으나 제주도에 유배시키는 선에서 수습했다. 이 일로 노론의 지탄을 받고 관작이 삭탈되고 희빈 장씨에 사약을 내리려 하자 반대하여 직산에 유배되었다가 풀려났다.

현종 7(1666)년 별시문과에 급제하고 현종 8(1667)년 가주서에 임명되었고 현종 10년 정언에 임명되었다. 현종 13(1672)년 지평으로 있을 때 충청도에 큰 비가 내려 피해가 발생하자 수재를 살피기 위해 충청도 암행어사로 파견되었다. 현종 14년 수찬·장령을 역임하고 현종 15(1674)년 교리에 임명되었다.

숙종 3(1677)년 강계 부사에 임명되었고 숙종 5(1679)년 문신정시에서 장원했으며 장원으로 인해 가선대부로 가자되고 한성부 우윤에 임명되었다. 숙종 6년 대사간·도승지를 거쳐 다시 대사간에 임명되었는데 경신대축출이 일어나자 허견(許堅) 등 남인에 의해 추대된 복성군을 탄핵했다. 같은 해에 평안도 관찰사에 제수되어 외직으로 나갔다. 이 해에 서인이 노론과 소론으로 나뉘자 윤증(尹拯)·박세채(朴世采) 등과 소론에 가담하여 노론 김석주(金錫胄)의 전횡을 탄핵하는 소를 여러 번 올렸다. 숙종 8(1682)년 대사간·도승지를 역임하고 다시 대사간이 되어 숙종 9년 사은사로 청나라에 다녀왔다. 돌아와서 대사간·도승지에 임명되었고 숙종 10년 평안도 관찰사에 임명되었으며 숙종 11(1685)년 다시 도승지에 임명되었다가 부제학·대사헌·부제학·광주 유수를 역임하고 호조 판서로 승진했다. 숙종 12년에는 대사헌·호조 판서에 임명되었고 숙종 13(1687)년에는 공조 판서와 호조 판서로 전임되었다. 숙종 14년 판의금부사로 특별히 승진되다가 이조 판서로 전임되었고 다시 호조 판서에 임명되었다. 숙종 15년 장희재(張希載)가 동생인 희빈 장씨에게 보낸 서한에 인현왕후에 대한 불온한 구절이 있다 하여 투옥되자 노론의 반대에도 불구하고 장희재를 처형하면 혐의가 세자의 생모인 희빈에게 미친다 하여 장희재를 제주도에 유배시키는 선에서 사태를 수습했다. 이 일로 노론의 지탄을 받아 관작이 삭탈되고 성문 밖으로 쫓겨났다. 숙종 20(1694)년 판의금부사로 관직에 복귀하고 이조 판서로 전임되었다가 숙종 21년 우참찬을 역임하고 우의정으로 승진했고 연이어 좌의정으로 승진했다.

숙종 22년 좌의정에서 물러나 판중추부사로 있다가 영의정에 올랐으나 숙종 24(1698)년 연속해서 사직을 요청하여 1월에 체직하고 판중추부사로 제수되었다. 같은 해 3월 다시 영의정에 임명됐으나 숙종 25년 병을 핑계로 출사하지 않아 3월 16일 체직을 윤허 받고 판중추부사에 임명되었다. 그러나 석 달 뒤인 6월에 세 번째로 영의정에 제수되었다. 그러나 계속해서 출사를 거부하여 10월에 파직되었다. 두 달 뒤인 12월 18일 다시 판중추부사로 서용되었다. 숙종 27(1701)년 옥사가 일어나 희빈 장씨가 연루되자 남구만과 함께 세자의 생모에게 사약을 내리는 일이 옳지 않다고 주장했다. 이 일로 11월 6일 파직되었고 11월 9일 관작이 삭탈되어 문외출송된 뒤에 충청도 직산에 유배되었다. 숙종 28년 방귀전리에 처해졌고 숙종 30(1704)년 귀양에서 풀려나 판중추부사에 임명되었다가 숙종 33(1707)년 72세의 나이로 죽었다. 나주 <죽봉사>에 제향되었다.

<숙종실록> 숙종 33(1707)년 12월 4일 두 번째 기사에 '행중추부사 유상운의 졸기'가 있다.

🏆 평가

행 판중추부사 유상운의 졸기

…… 유상운은 성품이 기경(機警)하고, 시속(時俗)에 붙좇는 데 공교하였다. 또 오원(奧援)과 깊이 결탁하여 무릇 승진하거나 탁용(擢用)되는 바가 특간(特簡)에서 많이 나와 태부(台府)에까지 올라가게 되었다. 갑술년의 초두에 몰래 남구만(南九萬)을 도왔으나 겉으로는 관여하는 바가 없는 것처럼 하였는데, 업동(業同)의 옥사(獄事)에 이르러서 남구만과 더불어 한밤중에 등대(登對)하여 그 일을 해산(解散)시켜 줄 것을 청하자, 임금이 그 말을 받아들여 업동을 놓아 주었다. 유상운이 손을 모으며 말하기를, "감격스럽고 감격스럽습니다." 하니, 당시 사람들이 지목하여 유감격(柳感激)이라고 하였다. 인현 왕후(仁顯王后)가 승하(升遐)하자 불령(不逞)스런 무리들이 장씨(張氏)가 마땅히 차례대로 올라갈 것이라고 떠들어대었는데, 한 달 전에 시골 선비가 상소로 남구만을 배척하여 남구만이 이 때문에 조정을 떠나게 되었으나, 유상운은 한 마디 말이 없었다. 이에 이르러 인심이 흉흉하여 안정되지 못함을 보고서 갑자기 현요(衒耀)할 계책을 내어 이에 상소하여 말하기를,

…… "갑술년에 남구만이 장희재(張希載)에 은혜를 온전히 베풀 것을 청한 것은 내가 실로 수창(首倡)하였다." 하니, 공의(公義)가 놀라고 분하게 여기며 침을 뱉고 더럽다고 하지 아니함이 없었으며, 그 정상을 논하건대 남구만보다 심하다고 하였다. 뒤에 그 당(黨)이 나라의 권세를 잡자 시호를 충간(忠簡)이라고 하였다.

[참고문헌]

〈다음백과사전〉, 〈현종실록〉, 〈숙종실록〉, 〈문화유씨세보〉

서문중(徐文重)

본관은 대구이고 자는 도윤(道潤)이며 호는 몽어정(夢魚亭)이고 시호는 공숙(恭肅)이다. 인조 12(1634)년에 태어나서 숙종 35(1709)년에 죽었다.

🔖 재임기간

숙종 26(1700)년 1월 16일[128] – 숙종 26(1700)년 3월 22일[129] ※ 후임 서문중
숙종 26(1700)년 5월 16일[130] – 숙종 27(1701)년 3월 27일[131] ※ 후임 최석정
숙종 28(1702)년 1월 24일[132] – 숙종 28(1702)년 9월 29일[133] ※ 후임 최석정

🔖 가문

친아버지는 남원 부사 정리(貞履)인데 당숙인 함경도 관찰사 원리(元履)에게 입양되었다. 원리는 영의정 김육(金堉)의 사위이다. 친할아버지는 달성위 경주(景霌)였으나 아버지가 당숙인 원리에게 입양됨으로 종조부인 우의정 경우(景雨)의 대를 잇게 되었다. 증조부는 판중추부사 성(渻)이고 고조부는 해(嶰)이다. 5대조는 참의 고(固)이고 6대조는 장령 팽소(彭召)이며 7대조는 언양 현감 거광(居廣)이고 8대조는 안주 목사 미성(彌性)이다. 미성은 대제학 거정(居正)의 아버지이다. 미성 이상의 세계는 서당보와 같다.

장인은 용인인 유수 이후산(李後山)이고 외할아버지는 초배는 삼척인 감찰 심설(沈說)이고 계배는 형조 판서 이시발(李時發)인데 친외할아버지는 이시발이다.

3남 2녀를 두었는데 1남은 생원 종보(宗普)이고 2남은 진사 종로(宗魯)인데 모두 일찍 죽었다. 3남 종유(宗愈)는 진사시에 합격하고 군수를 역임했다. 1

---

128) 민진장을 우의정에 승진 임명하였으며 서문중·이세백을 차례로 영상과 좌상으로 승진 임명하고 …
129) 영의정 서문중이 김창직의 소척으로 인하여 여러 차례 차자를 올려 면직을 청하니, 임금이 마지못해 들어주기를 허락하였다.
130) 서문중을 영의정으로, 신완을 우의정으로 삼다.
131) 영의정 서문중이 병을 핑계로 사직함이 45번째에 이르니, 임금이 마지못하여 윤허하였다.
132) 서문중을 영의정으로, 이정귀를 사간으로 …
133) 영의정 서문중이 면직되었다. 서문중이 35번 정고하였는데, 임금이 여러 차례 나오도록 힘썼으나 나오지 않으므로, 이때에 와서야 체임하였다.

녀는 응교 조대수(趙大壽)와 결혼했고 2녀는 생원으로 현령이 된 민재수(閔在洙)와 결혼했다. 종보는 3남 2녀를 두었는데 1남은 현감 명운(命運)이고 2남은 현감 명건(命建)이며 3남은 명적(命迪)이다. 종로는 아들이 없고 딸만 둘을 두었다. 종유는 1남 2녀를 두었는데 아들은 명권(命眷)이다.

형제로는 형 문상(文尙)이 병조 참의·지제교이고 아우는 문하(文夏)와 예조 판서 문유(文裕)이다. 형 문상의 아들 종태(宗泰)가 영의정을 역임했고 종태의 아들이 좌의정 명균(命均)이며 명균의 아들이 영의정 지수(志修)이다. 지수의 아들 유신(有臣)은 정시문과에 장원하고 대제학을 역임했다. 유신의 아들 영보(榮輔)가 예조 판서·호조 판서·이조 판서·대제학을 역임했고 영보의 아들 기순(箕淳)이 예조 판서·병조 판서·이조 판서·대제학을 역임하여 3대 대제학의 가문을 이루었다.

🎲 생애

> 달성위 경주의 손자이고 영의정 종태의 숙부이며 좌의정 명균의 종조부이고 영의정 지수의 종증조부다. 기사환국 때 인현왕후의 폐위에 반대하다가 금천으로 퇴거했고, 갑술옥사로 서인이 정권을 잡자 복귀했다.

효종 8(1657)년 진사시에 합격했다. 그러나 효종 10(1659)년부터 현종 5(1664)년 사이에 생가와 양가의 부모상을 당하여 8년간 상을 치렀다. 현종 14(1673)년 학행으로 천거되어 동몽교관이 되었다.

숙종 1(1675)년 사재감 주부에 올랐다가 의금부 도사가 되고 그 뒤 청도 군수·이천 부사를 거쳐 숙종 6(1680)년 상주 목사로 임명되었다. 같은 해에 상주 목사로 있으면서 정시문과에서 장원급제했다. 숙종 7년 광주 부윤에 임명된 뒤 남한산성 수축에 힘을 기울였고 숙종 8년 경상도 관찰사에 임명되었으나 승진이 빠르다는 여론으로 부임하지 않은 채 동부승지에 임명되었다가 좌부승지로 승진했다. 숙종 9(1683)년 호조 참판에 임명되자 대신들이 승진이 빠르다는 이유로 환수할 것을 요청했으나 임금이 듣지 않았다.

숙종 10년 어영대장·예조 참판을 역임하고 숙종 11(1685)년 도승지에 임명되었다. 숙종 12년 대사간에 임명되었다가 공조 참판으로 전임되었다. 숙종 13년 형조 판서에 제수되어 종묘 제조·빙고 제조·강화 주관당상을 겸했고 어영대장이 되었다. 숙종 14(1688)년 인조의 계비인 장열대비가 승하하자 빈전도감 제조가 되어 본직에 체임되어 있다가 지중추부사가 되고 이어서 의정부 우참찬에 제수되었다. 숙종 15(1689)년 정월에 국상의 공을 인정받아 정헌대부로 가자되었으나 기사환국 때 인현왕후의 폐위에 반대하다가 중앙에서 밀려나 금천으로 퇴거했다. 그러나 남인의 책동으로 서울에서 떨어진 안변 부사로 나갔다가 숙종 17년 동지부사에 임명되어 북경에 다녀왔다. 가을에 경주 부윤에 임명되었으나 부임하지 않았다. 숙종 18년 강릉 부사로 나갔고 숙종 20(1694)년 강릉 부사로 있을 때 갑술옥사로 중궁이 복위되고 서인이 정권을 잡게 되면서 병조 판서에 올라 지의금부사·선혜청 당상·종묘 제조·선공감 제조를 겸했다. 그러나 남인에 대한 온건한 태도로 탄핵을 받고 다시 금천으로 낙향했다가 한성부 판윤으로 복귀했다. 훈련대장을 역임하고 형조 판서에 임명되어 지경연사·세자빈객·승문원 제조·비변사의 유사당상을 역임했다. 숙종 21년 다시 병조 판서에 임명되어 선혜청 제조·사복시 제조·금위대장을 겸했다. 숙종 22년 형조 판서·대사헌·한성부 판윤·판의금부사·좌참찬을 역임하고 우의정으로 승차했으나 사직하고 판돈녕부사가 되었다. 숙종 24년 사은정사로 청나라에 다녀왔고 숙종 25년 좌의정에 임명되었고 숙종 26(1700)년 1월 영의정으로 승진하였으나 같은 해 3월 영의정에서 사직하고 판중추부사에 임명되었다. 그 해 5월에 다시 영의정에 올랐고 숙종 27년 영의정에서 사직하고 판돈녕부사가 되어 호위대장을 겸했다. 숙종 28년 1월 세 번째로 영의정에 제수되었으나 서른다섯 번의 정고로 같은 해 9월에 영의정에서 사직한 뒤에 판중추부사가 되어 기로소에 들어가 독서에 힘쓰다 숙종 35년에 죽었다.

저서로는 경상도 관찰사 때 그곳의 지리와 군사 상황을 엮은 <해방지>와 의정부에 있으면서 각 지방의 성지·호구·토전·군대 등을 정리한

<군국총부>가 있다. 그밖에 <조야기문>·<상제례가범>·<역대재상연표>·<국조대신연표>·<병가승산>·<서문중연행기록> 등이 있다.

<숙종실록> 숙종 35(1709)년 1월 6일 첫 번째 기사에 '판중추부사 서문중의 졸기'가 있다.

🧊 평가

판중추부사 서문중의 졸기

…… 서문중은 오래 음관(蔭官)의 길에 있으면서 자못 이재(吏才)를 나타냈었다. 등제(登第)한 이후에 재간과 역량으로 발탁되어 정승의 자리에 올랐으나 소루(疎漏)한 일이 많은데다 또 학식도 없어서 정승 때의 명성(名聲)이 음관 적보다도 크게 감손(減損)되었으며, 특히 각근(恪謹)하게 봉직(奉職)하는 것으로 더운 날이나 비 내리는 날도 가리지 않아 당시 사람들에게 칭찬받다가 이에 이르러 졸했는데, 나이 76이었다. ……

참고문헌

〈효종실록〉, 〈현종실록〉, 〈숙종실록〉, 〈다음백과사전〉, 〈대구서씨세보〉, 〈국조인물고 : 시장(諡狀). 이진망(李眞望) 지음〉

최석정(崔錫鼎)

본관은 전주이고 처음 이름은 석만(錫萬)이었으며 자는 여화(汝和)이다. 호는 명곡(明谷)이고 시호는 문정(文貞)이다. 인조 24(1646)년에 태어나서 숙종 41(1715)년에 죽었다.

재임기간

숙종 27(1701)년 6월 19일[134] ─ 숙종 27(1701)년 10월 1일[135] ※ 후임 서문중
숙종 29(1703)년 2월 11일[136] ─ 숙종 29(1703)년 6월 16일[137] ※ 후임 신완
숙종 31(1705)년 4월 13일[138] ─ 숙종 31(1705)년 8월 10일[139] ※ 후임 최석정
숙종 32(1706)년 1월 24일[140] ─ 숙종 32(1706)년 10월 28일[141] ※ 후임 최석정
숙종 33(1707)년 1월 12일[142] ─ 숙종 33(1707)년 5월 7일[143] ※ 후임 최석정
숙종 33(1707)년 7월 13일[144] ─ 숙종 34(1708)년 4월 19일[145] ※ 후임 최석정
숙종 34(1708)년 7월 29일[146] ─ 숙종 35(1709)년 6월 29일[147] ※ 후임 최석정
숙종 35(1709)년 10월 24일[148] ─ 숙종 36(1710)년 2월 30일[149] ※ 후임 이여

---

134) 최석정을 영의정으로 제배하고, 조태구를 대사간으로 …
135) 영상 최석정을 중도 부처하라.(진천현에 부처되었다.)
136) 최석정을 영의정에 임명하고 정호를 이조 참의로 …
137) 영의정 최석정이 행주에서 인천으로 옮겨가서 상소하여 사직을 청하니 …… 본직은 지금 우선 면하게 하였으니 안심하고 올라오라.
138) 다시 최석정을 영의정으로 삼았다.
139) 영의정 최석정이 면직되었다. 최석정이 전후에 여러 번 사직하였으나 임금이 윤허하지 않다가 이때에 이르러 비로서 억지로 따랐다.
140) 최석정을 영의정으로, 여필중을 장령으로 …
141) 영의정 최석정이 사직 단자를 여러 번 올렸으나, …… 임금이 비로소 체직하도록 윤허하였다.
142) 최석정을 영의정으로, 김창집을 좌의정으로 삼았다.
143) 영의정 최석정이 누차 상소하여 사직하고 나오지 않으니, 임금이 잠시 체직을 허락하였다.
144) 최석정을 영의정으로, 김상덕을 문학으로,
145) 영의정 최석정이 면직되었다.
146) 행 판중추부사 최석정으로써 영상을 제배하는데 명수하여 면소하였다.
147) 영의정 최석정이 거의 40차례나 정사하고 20차례가 넘도록 상소를 진달하므로 임금이 …… 윤허하였다.
148) 최석정을 영의정으로 제배하고 한배주를 사간으로, …
149) 영의정 최석정이 병을 핑계대어 정고한 것이 일곱 번에 이르니 임금이 본직에 대한 해임을 허락하였다.

친아버지는 한성부 좌윤 후량(後亮)인데 작은아버지인 홍문관 응교 후상(後尙)에게 입양되었다. 할아버지 명길(鳴吉)은 영의정이고 증조부 기남(起南)은 영흥 부사이며 고조부는 수준(秀俊)이다. 5대조는 빙고별제 업(嶪)이고 6대조는 명손(命孫)이며 7대조는 효공(孝恭)이고 8대조는 승종(承宗)이다. 9대조 사강(士康)은 우찬성 겸 판이조사이고 10대조 유경(有慶)은 개국원종공신으로 좌참찬 의정부사를 역임하고 청백리에 녹선되었다. 11대조 재(宰)는 문하좌시중 상의도평리 찬성사이고 12대조는 선부 전서 득평(得枰)이며 13대조는 병부시랑 정신(正臣)이고 14대조는 비서 소윤 전(佺)이다. 15대조는 수문전 태학사 남부(南敷)이고 16대조는 예부상서 숭(崇)이다. 17대조는 신호위 상장군 순작(純爵)인데 전주최씨의 시조로 완산부 개국백이다.

장인은 경주인 좌의정 이경억(李慶億)이고 친외할아버지는 경주인 감사 안헌징(安獻徵)이다. 석정이 후상에게 입양함으로 양외할아버지는 경주인 이원지(李元之)이다.

아들 창대(昌大)는 성균관 대사성을 역임했다. 형은 공조 좌랑 석진(錫晉)이고 아우는 좌의정 석항(錫恒)인데 후원(後遠)에 입양되었다.

방계로는 할아버지 명길의 형은 내길(來吉)인데 내길은 공조 판서를 역임했다. 명길의 아우는 혜길(惠吉)·가길(嘉吉)·경길(敬吉)인데 혜길이 예조 참판을 역임했다.

🟦 생애

영의정 명길의 손자이고 좌의정 이경억의 사위이며 좌의정 석항의 형이다. 양명학의 대가로 소론의 영수인 윤증을 옹호하고 노론의 영수 김수항을 논척하다가 파직되기도 했다. 청나라 사신이 왔을 때 통역이 없는 상태에서 답한 일로 국격을 떨어뜨렸다는 탄핵을 받고 삭출되기도 했다. 왕세자 보호를 위해 희빈 장씨의 처형에 반대했다. 최석정이 찬집한 <예기운편>은 노론으로부터 주자를 배반했다는 비판을 받아 판본이 소각되었다. 음운학에 정통하여 <경세정운도설>을 찬집했다.

남구만과 박세채의 문인으로 현종 7(1666)년 사마 진사시에 합격하고 현종 12(1671)년 정시문과에 급제했다. 현종 13(1672)년 겸열에 등용되어 사서로 전임되었다.

숙종 1(1675)년 홍문록에 올랐으며 숙종 2년 5도 도체찰사 허적의 추천으로 허적의 종사관으로 임명되었다가 봉교로 전임되었다. 봉교로 있을 때 이식(李湜)·이돈(李墩)·오도일(吳道一)을 수찬에 응찬했는데 수찬으로 응찬한 것이 붕당이라 하여 파직되었다. 숙종 3년 수찬에 임명되었다가 숙종 4년 교리로 임명되었다. 이때에 시정·예론에 관한 상소문이 문제가 되어 삭탈관직 되고 문외출송 되었다가 한재로 인해 석방되었다. 숙종 6(1685)년 병조정랑·부응교·응교·전한·동부승지를 역임했다. 숙종 10(1684)년 승지·대사성·부제학에 임명되었고 숙종 11년 부제학으로 소론의 영수인 윤증을 옹호하고 김수항을 논척하여 파직되었다가 호조 참판으로 복귀하고 대사성으로 전임하였다.

숙종 12(1686)년 진주사의 부사로 청나라에 다녀오고 한성부 우윤에 임명되었다. 숙종 13년 다시 부제학에 임명되었다가 병조 참판·도승지·대사성을 차례로 역임하고 숙종 14년 다시 부제학에 임명되었다. 이때 신기옥형을 완성했다. 같은 해에 의금부의 자사 받고 관작이 삭제되었다가 대사성에 임명되고 이조 참판으로 전임하여 홍문관 제학을 겸했다. 숙종 15(1689)년 이익수를 의망한 일로 안동 부사로 좌천되었다. 숙종 22년 이조 참판 겸홍문관 제학을 역임하고 한성부 판윤으로 승진하였다. 대사헌에 임명되었다가 다시 한성부 판윤에 임명되었고 이조 판서로 대제학을 겸하다가 숙종 23(1697)년 우의정으로 승진했다. 우의정으로 왕세자 책봉을 위해 진주사 겸 주청정사로 청나라에 다녀왔다. 숙종 24(1698)년 청나라 이부시랑 도대(陶岱)가 궤유미를 가지고 왔을 때 역관이 없는 상태에서 "가을 개시(開市)의 정지를 청하기 위하여 계문하기 원한다."는 답을 했다. 역관이 없는 상태에서 답한 일로 국격을 떨어뜨렸다는 양사의 탄핵을 받고 관직에서 삭출되고 문외출송 되었다가 판중추부사로 관직에 돌아왔다. 숙종 25년 좌의정 겸 대제학으로 <국조보감> 속편을 편찬하고 <여지승람>을 증보하도록 하였다. 좌의정에 물러나서 영돈녕부사로 있다가 숙종 27년 판돈녕부사를 거쳐 6월에 영의정에 임명되었다. 영의정으로 있으면서 왕세자의 보호를 위해 희빈 장씨의 처형에 반대했다. 이 일로 10월에 진천으로 중도부처 되었다가 숙종 28년 방송되었다. 숙종 29년 2월에 영의정에 제수되었으나 같은 해 6월에 상소하여 사직했다. 숙종 31년 4월에 다시 영의정에 제수되었으나 같은 해 8월 사직상소를 올려 사직을 허락받았다. 숙종 32년 1월에 또 영의정에 임명되었으나 그 해 10월 여러 번의 사직 단자를 내어 사직을 허락받았다. 숙종 33년 1월 다섯 번째로 영의정에 제배되고 5월에 사직상소를 내어 사직했다가 같은 해 7월 여섯 번째로 영의정에 임명되었다가 숙종 34년에 영의정에서 면직되고 판중추부사로 물러났다가 같은 해 7월에 다시 영의정에 임명되고 숙종 35년 판중추부사로 물러났다가 같은 해에 다시 영의정에 임명되었다. 숙종 36년 다시 판중추부사로 물러나는 등 노론과 소론의 당쟁 속에 소론을 영도하여 7차례의 영의정에 올랐다. 숙종 41(1715)년에 판중추부사로 죽었다. 죽은 뒤에 숙종의 묘정에 배향되었으며 진천의 지산서원(芝山書院)에 제향되었다.

"최석정이 찬집한 <예기운편>도 내용이 정주(程朱)가 정한 것과 다른 점이 많아 노론의 공격을 받았으며 1709년 홍문관에서 이 책을 간행하기로 했으나 승지 이관명(李觀命)과 성균관 유생 이병정(李秉鼎) 등으로부터 주자를 배반했다는 비난을 받아 판본이 소각되었다. 문장과 글씨에 뛰어났으며 음운학에도 정통하여 <경세정운도설> 등을 찬집했다.(<다음백과사전>)

저서로 <명곡집>, 편저로 <좌씨집선>·<운회전요>·<전록통고> 등이 있고 글씨도 잘 써서 <영상유상운갈> 등이 전한다.

<숙종실록> 숙종 41(1715)년 11월 11일 3번째 기사에 '판중추부사 최석정의 졸기'가 있다.

판중추부사 최석정의 졸기

······ 임금이 전교하기를,

"지극한 슬픔으로 눈물이 흘러 옷깃을 적시었다."

하고, 이어 예장(禮葬) 등의 일을 속히 거행하라고 명하였다. 최석정은 성품이 바르지 못하고 공교하며 경솔하고 천박하였으나, 젊어서부터 문명(文名)이 있어 여러 서책을 널리 섭렵했는데, 스스로 경술(經術)에 가장 깊다고 하면서 주자(朱子)가 편집한 ≪경서(經書)≫를 취하여 변란(變亂)시켜 삭제하였으니, 이로써 더욱 사론(士論)에 죄를 짓게 되었다. 그리고 여러 번 태사(台司)에 올랐으나 일을 처리함에 있어 전도되고 망령된 일이 많았으며, 남구만(南九萬)을 스승으로 섬기면서 그의 언론(言論)을 조술(祖述)하여 명분(名分)과 의리(義理)를 함부로 전도시켰다. 경인년에 시약(侍藥)을 삼가지 않았다 하여 엄지(嚴旨)를 받았는데, 임금의 권애(眷愛)가 갑자기 쇠미해져서 그 뒤부터는 교외(郊外)에 물러가 살다가 졸하니, 나이는 70세이다. 뒤에 시호(諡號)를 문정(文貞)이라 하였다.

〈숙종보궐정오실록〉

판중추부사 최석정의 졸기

······ 최석정은 자(字)가 여화(汝和)이고, 호(號)가 명곡(明谷)인데, 문충공(文忠公) 최명길(崔鳴吉)의 손자이다. 성품이 청명(淸明)하고 기상(氣象)이 화락(和樂)하고 단아(端雅)했으며, 총명함이 다른 사람보다 뛰어났다. 어려서 남구만(南九萬)과 박세채(朴世采)를 따라 배웠는데, 이치를 분별하여 깨달아 12세에 이미 ≪주역(周易)≫에 통달하여 손으로 그려서 도면을 만드니, 세상에서 신동(神童)이라 일컬었다. 구경(九經)과 백가(百家)를 섭렵하여 마치 자기 말을 외듯이 하였는

데, 이미 지위가 고귀해지고 늙었으나 오히려 송독(誦讀)을 그치지 않으니, 경술(經術)·문장(文章)·언론(言論)과 풍유(風猷)가 일대 명류(名流)의 종주가 되었다. 산수(算數)와 자학(字學)에 이르러서는 은미(隱微)한 것까지 모두 수고하지 않고 신묘하게 해득(解得)하여 자못 경륜가(經綸家)로서 스스로 기약하였다. 열 번이나 태사(台司)에 올라 당론(黨論)을 타파하여 인재(人才)를 수습하는 데 마음을 두었으며, ≪대전(大典)≫을 닦고 밝히는 것을 일삼았다. 신사년에 세 번 차자를 올려 미움 받았는데, 이는 다른 사람들이 하기 어려워하는 것이었으니, 조태채(趙泰采)가 매복(枚卜)에서 대신(大臣)의 풍도가 있다고 했다. 소관(小官)에 있을 때부터 임금의 권애(眷愛)가 특별하여 만년까지 쇠하지 않자, 당인(黨人)들이 이를 매우 시기하여 처음에는 경서(經書)를 훼파(毀破)하고 성인을 업신여겼다고 무함하다가 마침내 시병(侍病)하는 데 삼가지 않았다고 구죄(構罪)하니, 하루도 조정에 편안히 있을 수 없었다. 그러나 편안히 지내면서 끝내 기미(幾微)를 얼굴빛에 나타내지 않으니, 사람들이 그의 너그러운 도량에 감복하였다. 만년에는 더욱 경외(京外)를 왕래하다가 황야(荒野)에서 죽으니, 식자(識者)들이 한스럽게 여겼다. 그러나 문식이 지나치고 또 경솔하여 절실함이 깊지 못하였다. 정치를 논함에 있어서도 긴요한 듯하면서 실지로는 범연하여 남구만(南九萬)처럼 독실하고 정확(精確)하지는 못했다. 시호(諡號)는 문정(文貞)이며, 태묘(太廟)에 배향(配享)되었다.

> 참고문헌

〈다음백과사전〉, 〈현종실록〉, 〈숙종실록〉, 〈숙종보궐정오실록〉, 〈전주최씨 한성판윤공파 세보〉

신 완(申琬)

본관은 평산이고 자는 공헌(公獻)이며 호는 경암(絅庵)이고 시호는 문장(文莊)이
다. 인조 24(1646)년에 태어나서 숙종 33(1707)년에 죽었다.

재임기간

숙종 29(1703)년 8월 6일[150] – 숙종 30(1704)년 6월 24일[151] ※ 후임 신완
숙종 30(1704)년 9월 26일[152] – 숙종 31(1705)년 2월 5일[153] ※ 후임 최석정

가문

친아버지는 목사 여식(汝拭)인데 삼촌 양성 현감 여정(汝挺)에게 입양되었다.
할아버지는 공조 판서·형조 판서·총융사를 역임한 인조반정공신 준(埈)이
고 증조부는 영의정 경진(景禛)이며 고조부는 임진왜란 때 탄금대에서 전사한
삼도 순변사 립(砬)이다. 5대조는 생원으로 전설별검(典設別檢)에 제수되었으나
취임하지 않고 영의정에 증직된 화국(華國)이고 6대조는 이조 판서를 역임한
기묘명신 상(鏛)이며 7대조는 종친부 전첨을 역임한 말평(末枰)인데 <악학궤
범>을 지었다. 8대조는 충청도 관찰사 자준(自準)이고 9대조는 좌의정·예문
관 보문각 대제학 개(槩)이며 10대조는 종부 시령 안(晏)이다. 11대조는 전리
판서 수문전 대제학 집(諿)이고 12대조는 좌대언 중명(仲明)이며 13대조는 조
봉랑 연(衍)이다. 14대조는 병부랑중 적(𥠧)이고 15대조는 도관 영재(令材)이며
16대조는 전서 응시(應時)이다. 17대조는 녹사직장 동정 명부(命夫)이고 18대
조는 승지 동정 유비(愈毘)이며 19대조는 태자태보 경(冏)이다. 20대조는 직제
학 성(晟)이고 21대조는 개국공 홍상(弘尚)이며 22대조는 원윤 보장(甫藏)이다.
23대조는 평산신씨 시조인 고려 개국원훈대장군 숭겸(崇謙)이다.

---

150) 이여를 좌의정에, 김구를 우의정에 임명하고, 신완을 영의정에 승진시켰다.
151) 영의정 신완이 병을 핑계하여 오랫동안 나오지 않으니, …… 신완이 또 차자를 올려 간절히
     사직하니, 허락하였다.
152) 다시 신완을 영의정으로 삼았다.
153) 영의정 신완의 정사가 42차례에 이르니, 임금이 그의 관직을 체임하도록 하였다.

장인은 초배가 임천인 황해도 관찰사 조원기(趙遠期)인데 조원기는 영의정 이경석(李景奭)의 사위이다. 계배의 장인은 초계인 감역 정상주(鄭相冑)이고 외할아버지는 공조 판서 이기조(李基祚)이다.

아들은 1남이 성하(聖夏)인데 연안 부사와 돈녕부 도정을 역임하고 평운군(平雲君)에 봉해졌다. 2남은 정하(靖夏)인데 유에게 출가했고 3남은 명하(明夏)이고 4남은 수위(守衛) 형하(亨夏)이다. 5남은 영하(英夏)이고 6남은 녕하(寧夏)이다. 성하의 아들 방(昉)은 이조 참판·도승지·경상도 관찰사·부제학을 역임했고 서는 군수를 역임했다.

🎲 생애

인조반정공신 준의 손자이고 영의정 경진의 증손자이며 순변사 립의 고손자이고 영의정 이경석의 외손녀사위이다. 서인으로 경신대축출로 서인이 집권하자 남인의 권대운을 공격했고, 김석주의 공격을 받고 삭탈관작 되었다. 희빈 장씨의 처벌을 가볍게 할 것을 주장했고 북한산성의 축성을 건의하여 윤허를 받았다.

박세채(朴世采)의 문인으로 현종 13(1672)년 별시문과에 급제하고 가주서에 임명되었다. 현종 14(1673)년 지평으로 옮겼고 현종 15년 정언·지평·정언·사서·정언을 차례로 역임했다.

숙종 즉위(1674)년 지평·정언을 역임하고 숙종 4(1678)년 암행어사로 파견되었으며 숙종 6년에는 정언·부교리·헌납·교리·헌납·부수찬·헌납·수찬·헌납·부교리를 차례로 역임했다. 이 해에 경신대축출이 일어나자 서인으로 남인인 권대운(權大運)과 민희(閔熙)를 공격했다. 숙종 7(1681)년 이조 좌랑·이조 정랑·부교리·부응교·사간·응교를 역임했고 숙종 8년 응교·사간·집의·승지를 역임하고 숙종 9(1683)년 대사간이 되었다. 이때 태조의 시호를 덧붙이는 것에 반대한 박태유(朴泰維)의 상소에 편들었다. 그러자 우의정 김석주가 신완이 동서분당을 조장했다고 문제 삼아 체직을 청함에 따라 삭탈관작 되었다. 숙종 10(1684)년 강양도 관찰사154)에 임명되어 관직에 복귀하였고 승지로 전임되었으며 숙종 12년 도승지·대사간·도승지·호조 참판·도승지를 역임했다. 숙종 13(1687)년 대사간·대사헌을 역임하고 숙종 14년 대사간을 역임하고 경기도 관찰사에 임명되었다. 숙종 20(1694)년 다시 대사간에 임명되었고 평천군에 봉해졌으며 한성부 판윤·지의금부사·예조 판서를 역임했다. 숙종 21년 삭출되었다가 다시 대사헌으로 복귀했고 숙종 22년 좌참찬·지의금부사·대사헌·좌참찬·대사헌·좌참찬·예조 판서를 역임했다. 숙종 24(1698)년 대사헌·한성부 판윤·이조 판서를 역임했고 숙종 25년 이조 판서를 역임했다. 숙종 26(1700)년 좌참찬과 예조 판서를 역임한 뒤에 우의정에 임명되었다. 우의정으로 희빈 장씨의 처벌을 완화할 것을 주청했고 시무8조를 올렸으며 북한산성의 축성을 건의하여 윤허받았다. 숙종 29년 8월 영의정으로 승진했고 숙종 30년 6월 병을 핑계 대어 나오지 않고 사직소를 올려 사직했다가 같은 해 9월 영의정에 제수되었으며 숙종 31년 42차례 정사하여 사직을 허락받고 판중추부사로 옮겼다. 숙종 33년 죽었다.

　<숙종실록> 숙종 33(1707)년 2월 25일 두 번째 기사에 '평천군 신완의 졸기'가 있다.

🔲 평가
평천군 신완의 졸기

　…… 신완은 성품이 인자(仁慈)하고 낙이(樂易)하여 평소에 질언거색(疾言遽色)이 적었으며, 또 종족(宗族)에게 돈목(敦睦)하고 고구(故舊)에게 독실(篤實)하였다. 젊어서 조지겸(趙持謙)의 일대(一隊)와 잘 지냈는데, 뒤에 그 병심(秉心)이 바르지 못함을 보고는 드디어 소원(疎遠)하게 대하였으며, 사류(士類)와 더불어 서로 사이가 좋아 힘써 명의(名義)를 주장하였다. 전석(銓席)을 관장하게 되자 부억

---

154) 강원도

(扶抑)이 반드시 공의(公議)를 따랐는데, 이 때문에 사당(邪黨)들이 깊이 질시(嫉視)하여 이세근(李世瑾)의 탄핵(彈劾)이 있기까지 하였고, 또 임부(林溥)와 이잠(李潛)에게 무함·날조를 받아 대죄(待罪)한 채 해를 넘겨 마침내 병한(屛閑) 가운데서 졸(卒)하니, 세상에서 이 때문에 애석하게 여겼다.

<숙종보궐정오실록>
평천군 신완의 졸기

······ 신완이 외모는 비록 단아(端雅)하였지만, 속은 실로 흐리멍덩하고 겁이 많았으며, 부드럽고 유약하여 특별한 절조(節操)가 없었다. 젊은 날에는 한태동(韓泰東)과 조지겸(趙持謙)에게 붙어 청의(淸議)를 주장하였는데, 갑술년에 이르러 훈부(勳府)의 일 때문에 남구만(南九萬)에게 논박 받아 파직되었으므로, 속으로 원한을 품었다. 이때 문순공(文純公) 박세채(朴世采)가 토역(討逆)을 주장하여 남구만과 약간 차이[逕庭]가 있었는데, 신완의 무리가 마침내 사문(師門)을 구실로 삼아 당인(黨人)과 투합(投合)하였다. 뒤에 천관(天官)에서 시작하여 태부(台府)에 올라 임금의 뜻에 순종하고 열복(悅服)하여 오랫동안 권병(權柄)을 차지하고, 당인을 부식(扶植)하며 사류(士類)를 배척해 억눌렀으므로 여러 차례 환관(宦官)의 탄핵을 당하였다. 만년에는 기첩(妓妾)에게 마음이 홀리어 말하는 것마다 다 들어주었으며, 관직과 옥사(獄事)를 파니, 문정(門庭)이 저자와 같아 더욱 족히 볼 것이 없었다. 그러나 그 자상하고 돈목(敦睦)함에 대해서는 세상에서 또 칭송함이 많았다.

참고문헌

〈헌종실록〉, 〈숙종실록〉, 〈숙종보궐정오실록〉, 〈평산신씨 문희공파보〉

이 여(李畲)

본관은 덕수이고 자는 치보(治甫)이며 호는 수곡(睡谷)·수촌(睡村)·포음(蒲陰)이고 시호는 문경(文敬)이다. 인조 23(1645)년에 태어나서 숙종 44(1718)년에 죽었다.

재임기간

숙종 36(1710)년 3월 26일[155]–숙종 36(1710)년 윤 7월 17일[156] ※ 후임 서종태

가문

아버지는 예빈시정 신하(紳夏)이고 할아버지는 식(植)이다. 식은 예조 판서와 대제학을 역임했고 한문의 4대가로 알려져 있다. 증조부는 찰방을 역임하고 좌찬성에 증직된 안성(安性)이고 고조부는 생원으로 승지에 증직된 섭(涉)이다. 5대조는 도총부 도사 원상(元祥)이고 6대조는 대제학과 좌의정을 역임한 행(荇)이며 7대조는 사간 의무(宜茂)이다. 8대조는 지온양군사 추(抽)인데 추는 율곡의 고조부가 된다. 9대조는 지돈령부사 명신(明晨)이고 10대조는 공조 참의 양(揚)이다. 양 이상의 세계는 이기와 같다.

장인은 풍천인 문정공 사정 임좌(任座)이고 외할아버지는 영월인 교관 신후원(辛後元)이다.

아들은 돈녕부 도정 태진(台鎭)이고 태진이 침(沈)을 낳았다. 침은 만녕전 참봉에 제수되었으나 취임하지 않았다. 딸이 넷인데 1녀는 번남인 돈녕부 도정 박필문(朴弼文)과 결혼했고 2녀는 남양인 현령 홍우해(洪禹諧)와 결혼했으며 3녀는 원성인 현감 원명직(元命稷)과 결혼했고 4녀는 광산인 현령 김홍택(金弘澤)과 결혼했다.

형은 삼척 부사 번(蕃)이다.

방계로는 할아버지 식(植)이 아들 셋을 두었는데 1남은 면하(冕夏)이고 2남

---

155) 이여를 영의정으로, 김창집을 우의정으로 제배하고 …

156) 영의정 이여가 여주에서 돌아와 진소하여 명소를 환납하니 "…… 본직에 대한 사면을 허락한다." …… 이에 체차하여 판중추부사를 맡겼다.

은 신하(紳夏)이며 3남이 단하(端夏)이다. 단하는 대제학과 좌의정을 역임했고 단하의 고손이 영의정 병모(秉模)이다.

🎁 생애

> 좌의정 행의 후손으로 조선 후기 한학의 4대가인 대제학 택당 식의 손자이며 좌의정 단하의 조카이다. 기사환국으로 남인이 집권하자 송시열과 함께 면직되었다가 갑술옥사로 남인이 제거되고 인현왕후가 복위되자 관직에 복귀하여 중궁복위교명을 지었으며 희빈 장씨와 장희재의 처벌을 주도했다. 노론으로 소론과 대립하다 영의정에서 물러나 여주로 내려갔다.

현종 3(1662)년 진사시에 합격하고 숙종 6(1680)년 춘당대 문과에서 급제하고 검열이 되었다. 숙종 7(1681)년 홍문록에 뽑혀 홍문관 정자가 되었으며 숙종 8년 홍문관 박사·홍문관 정자·수찬·정언·부수찬을 차례로 역임했다. 숙종 9년 강원도 암행어사로 파견되었다가 돌아와서 헌납이 되었다. 이어서 이조 좌랑으로 전임되었다가 다시 헌납이 되고 또 이조 좌랑에 임명되었다. 숙종 10(1684)년 이조 정랑·부응교·집의·헌납·사간·집의·사인을 차례로 역임하고 숙종 11년 부응교·집의 등 청현직을 골고루 역임하고 동부승지에 제수되었다. 이어서 이조 참의·승지·부제학·이조 참의로 전임되고 숙종 12년 대사성을 거쳐 부제학에 제수되었다. 숙종 13(1687)년 다시 이조 참의에 임명되었다가 부제학으로 전임되었다. 숙종 14년 대사간·이조 참의·대사간·부제학·대사간을 역임하고 숙종 15(1689)년 이조 참의로 전임되었는데 이때 기사환국으로 남인이 집권하고 서인이 몰락하자 송시열과 함께 면직되었다. 숙종 20(1694)년 갑술옥사로 남인이 제거되고 인현왕후가 복위되자 형조 참판으로 관직에 복귀하여 인현왕후의 복위를 알리는 중궁복위교명문을 지었다. 동지경연사를 겸하고 성균관 대사성으로 전임되었다가 숙종 21년 부제학으로 전임되고 이어서 도승지에 임명되었다. 그러나 어머니를 봉양하기 위해 벼슬을 그만 두었다가 이조 참판으로 복귀했다. 숙종 22년 공조 참판·대사성·한성부 판윤 겸 예문관 제학을 역임하고 예조 판서로 승진했다. 이 뒤의 벼슬은 동지사·한성부 판윤을 역임하고 숙종 23년 경기도 관찰사·이조 판서 겸 예문관 제학·의정부 좌참찬·대제학·동지경연을 역임했다. 숙종 24년에는 의정부 우참찬·대사헌·예조 판서를 역임했으며 숙종 26년 예조 판서 겸 홍문관 제학·이조 판서를 역임했다. 숙종 27(1701)년 판의금부사로 있으면서 장희빈이 인현왕후를 저주한 무고의 옥을 다스려 장희빈과 장희재를 처형했다. 그 뒤에 대제학으로 전임되었다가 숙종 28년 이조 판서로 전임되었다. 이때 사직소를 올려 사직을 허락받고 잠시 관직에서 물러나 있었다. 얼마 뒤에 의정부 좌참찬으로 관직에 돌아와서 바로 좌의정으로 승차했다. 숙종 30(1704)년 좌의정으로 임진왜란 때 군대를 파견했던 명나라 신종의 은혜를 추모하는 제단인 대보단을 쌓는데 참여했다. 숙종 31(1705)년 좌의정에서 물러나 판중추부사에 임명되었다가 숙종 36년 3월 영의정으로 승진했다. 그러나 소론과 대립하다가 같은 해 윤 7월에 영의정에서 체직되고 판중추부사로 전임되었다. 판중추부사에 임명되자 여주로 내려가 은거하다가 숙종 44(1718)년 죽었다. 저서로 <수곡집>이 있다.

<숙종실록> 숙종 44년 1월 22일 첫 번째 기사에 '행 판중추부사 이여의 졸기'가 있다.

🎲 평가

행 판중추부사 이여의 졸기

······ 이여는 판서 이식(李植)의 손자였는데, 약관(弱冠)에 이미 문명을 떨쳤다. 처음 벼슬하여 사국(史局)에 천거되어 들어갔으며 이어 옥당(玉堂)에 선임되어 호당(湖堂)에서 사가(賜暇)하였다. 화직(華職)을 두루 거쳐 여러 번 전관(銓官)의 자리에 들어갔는데, 선인의 경계를 인용하여 힘써 사양하였으나 체직이 되지 않았다. 태사(台司)에 올라와서 더욱 경계하고 조심하여 마음을 편하게 가지지 아니하고 항상 국세(國勢)를 진작시키고 조정을 화합시키는 것을 자

기의 임무로 삼았다. 언제나 당론(黨論)이 나라의 화가 될 것을 걱정하여 일찍이 과격하거나 각박한 의논을 한 적이 없었다. 전후 상소하여 아뢴 것이 명백하고도 적절하여 간략하게 설득하는 뜻을 깊이 체득했다. 사문(斯文)의 큰 시비를 당하여서는 또 의연하게 의논을 정립하여 조금도 흔들리거나 의혹되지 아니하니, 사람들이 그 학력(學力)을 증험하게 되었다. 지위가 공상(公相)에 올랐으나 몸가짐은 한결같이 포의(布衣)의 선비처럼 하였으며, 거주하는 집이 좁고 누추하였으나 거처하는 데에 여유가 있었다. 임종할 즈음에는 온화하여 마치 편안히 잠자는 것 같았는데, 다음날에 이르러서도 얼굴색이 조금도 변하지 아니하니, 사람들이 모두 기이하게 여겼다.

참고문헌

〈국조인물고 : 묘표, 권상하(權尙夏) 지음〉, 〈다음백과사전〉, 〈현종실록〉, 〈숙종실록〉, 〈증보 제 9간 덕수이씨세보〉

서종태(徐宗泰)

본관은 대구이고 자는 노망(魯望)이며 호는 만정(晚靜)·서곡(瑞谷)·송애(松厓)이고 시호는 문효(文孝)이다. 효종 3(1652)년에 태어나서 숙종 45(1719)년에 죽었다.

📋 재임기간

숙종 37(1711)년 4월 19일[157]−숙종 38(1712)년 1월 20일[158] ※ 후임 서종태
숙종 38(1712)년 4월 19일[159]−숙종 38(1712)년 9월 26일[160] ※ 후임 이유
숙종 40(1714)년 9월 27일[161]−숙종 42(1716)년 8월 5일[162] ※ 후임 김창집

📋 가문

아버지는 병조 참의 문상(文尚)이고 할아버지는 남원 부사 정리(貞履)이며 증조부는 선조와 인빈 김씨 사이에 태어난 정신옹주의 남편인 달성위 경주(景霌)이고 고조부는 판중추부사 성(渻)이다. 성 이상의 세계는 서당보와 같다.

장인은 전주인 지제교 이휘(李蕙)이고 외할아버지는 판서 이명한(李明漢)이고 외증조부는 좌의정 이정구(李廷龜)이다.

4남을 두었는데 1남은 명륜(命倫)이고 2남은 좌의정 명균(命均)이며 3남이 명순(命純)이고 4남이 이조 판서 명빈(命彬)이다. 명균이 지수(志修)를 낳았는데 지수가 영의정이 되어 삼대 정승을 이루었고 지수가 대제학 유신(有臣)를 낳았다. 또 지수는 우의정 김구(金構)의 사위가 되었는데 김구의 아들 김재로(金在魯)가 영의정을 역임했고 김재로의 아들 김치인(金致仁)이 영의정을 역임해서 지수의 친가와 처가가 모두 3대 정승을 배출했다. 또 영의정 김재로의 사촌

---

157) 서종태·김창집은 차례로 영상·좌상에 승진하고, 조상우를 우의정으로 삼았다.
158) 영의정 서종태가 정사하여 열두 번 올리기에 이르니, 임금이 잠시 사직을 허락하였다.
159) 어필로 서종태의 이름을 첨서해 다시 영의정으로 삼고 김창집을 다시 좌의정으로 삼았다.
160) 영의정 서종태·좌의정 김창집이 모두 명초해도 나오지 않으므로 …… 이유를 영의정으로 삼고, 서종태와 김창집을 차례로 낮추어 좌상과 우상으로 삼았다.
161) 서종태를 영의정으로 삼았다.
162) 영의정 서종태가 면직되었다. …… 처지가 불안해서 황급히 성 밖으로 나가 병을 핑계하여 정고한 것이 스물네 번째에 이르니 …

김상로(金尙魯)도 영의정을 역임했다. 영의정 문중이 작은아버지다.

🎁 생애

> 달성위 경주의 증손이고 좌의정 명균의 아버지이며 영의정 자수의 할아버지이고 영의정 문중의
> 숙부이다. 기사환국으로 인현왕후가 폐위되자 사직소를 올려 사직하고 저술에 전념하다 갑술환국
> 으로 인현왕후가 복위되자 관직에 나왔다.

숙종 1(1675)년 생원시에 장원하고 숙종 6(1680)년 별시문과에 급제했다. 숙종 7(1681)년 검열에 임명된 뒤 실록청 도청·낭청으로 <현종실록> 편찬에 참여했다. 숙종 8년 홍문관 정자와 홍문관 제학을 역임하고 숙종 9년 홍문관 저작·홍문관 박사·수찬·헌납·교리·헌납·교리·이조 좌랑·수찬·지평·이조 좌랑·부교리·헌납을 역임했다. 숙종 10(1684)년 부교리·헌납·부교리·이조 좌랑·수찬·헌납·수찬·부교리를 차례로 역임했고 숙종 11년 헌납·교리·수찬을 역임했다. 숙종 12년에는 부응교·집의·교리·사간·부응교·응교·집의·부응교·응교 등 청현직을 두루 역임하고 같은 해에 승지에 임명되었다. 숙종 13(1687)년 대사간으로 전임되었다가 숙종 14년 다시 승지에 임명되었는데 숙종 15(1689)년 기사환국으로 인현왕후 민씨가 폐위되자 오두인(吳斗寅)·박태보(朴泰輔) 등과 소를 올리고 은퇴하여 저술에만 전념했다.

숙종 20(1694)년 갑술환국으로 인현왕후가 복위되자 다시 관직에 나와 대사간·승지·이조 참의·대사성·대사간·대사성·부제학·승지·이조 참의를 차례로 역임했다. 숙종 21년 한성부 우윤·대사성에 임명된 뒤에 동지사가 되어 명나라에 다녀와서 개성 유수가 되었다. 숙종 22년 대사성·대사헌·부제학·이조 참판·홍문관 제학·예조 참판·대사헌·부제학을 차례로 역임했고 숙종 23(1697)년 이조 참판·부제학·대사성·공조 참판·이조 참판을 역임했다. 숙종 24년 부제학·대제학 겸 지관사·좌참찬을 역임하고 숙종 25년 예조 판서로 승차하였으나 부모상을 당하여 벼슬에서 물

러나 시묘했다. 숙종 27년 상을 마치고 돌아와 우참찬에 임명된 뒤 예문관
제학·호조 판서·공조 판서·예조 판서·한성부 판윤·예조 판서·좌참
찬을 역임했다. 숙종 28년 예문관 제학·홍문관 제학·대사헌을 역임했다.
숙종 29년 한성부 판윤·홍문관 제학을 역임하고 공조 판서로 있을 때 동
지사로 임명되었으나 사양하여 추고를 당한 뒤에 승문원 제조가 되었으며
동지사로 명나라에 다녀왔다. 숙종 30(1704)년 한성부 판윤·이조 판서·공
조 판서 겸 홍문관 제학·형조 판서를 역임하고 숙종 31년 이조 판서로 판
의금부사를 겸했으나 이조 판서에서 면직되고 판의금부사의 직만 유지했
다. 이어서 공조 판서·우참찬으로 전임되었다가 한성부 판윤으로 전임되
었다. 그러나 사직하고 판의금부사를 거쳐 우의정으로 승차했다. 숙종 32년
좌의정에 임명되었으나 열아홉 번 정사로 사직을 윤허 받고 판중추부사가
되었다. 숙종 33(1707)년 다시 우의정에 제수되었으나 숙종 34년 면직되었
고 숙종 35년 판중추부사를 거쳐 다시 좌의정에 제배되었다. 숙종 36(1710)
년 정고하여 좌의정에서 사직하는 것을 허락받고 판중추부사가 되었으나
같은 해에 다시 좌의정에 임명되었다. 숙종 37년 영의정에 임명되었고 숙
종 38년 1월 사직상소를 내어 영의정에서 물러나 있다가 같은 해 4월 다시
영의정에 제수되었다. 그러나 명초해도 나오지 않아서 같은 해 9월 이유가
영의정에 임명되고 종태는 좌의정으로 좌천되었다. 숙종 40(1714)년 세 번
째로 영의정에 제배되었다가 숙종 42(1716)년 영의정에서 사직하고 판중추
부사가 되었고 숙종 44년 빈궁도감 제조로 판중추부사를 겸했으며 숙종
45(1719)년 판중추부사로 죽었다. 저서로 <만정당집>이 있다.

　　<숙종실록> 숙종 45(1719)년 2월 21일 첫 번째 기사에 '판중추부사 서종
태의 졸기'가 있다.

🔳 평가

　행 판중추부사 서종태의 졸기

　…… 서종태는 사람됨이 겸손하고 공손하며 고상하고 정제(整齊)하였으니,

문학(文學)으로 지위가 태사(台司)에 이르렀다. 비록 정승으로서 일컬을 만한 업적은 없었으나 지론(持論)이 과격(過激)하지 않았고, 자신을 단속하여 청렴(清廉)하고 검소(儉素)하였으므로 문하(門下)에 잡빈(雜賓)이 없었으니, 사람들이 이로써 칭찬하였다.

참고문헌

〈숙종실록〉, 〈다음백과사전〉, 〈대구서씨세보〉

이 유(李濡)

본관은 전주인데 광평대군 여(璵)의 후손이다. 자는 자우(子雨)이고 호는 녹천(鹿川)이며 시호는 혜정(惠定)이다. 인조 23(1645)년에 태어나서 경종 1(1721)년에 죽었다.

🔹 재임기간

숙종 38(1712)년 9월 26일163) – 숙종 39(1713)년 7월 4일164) ※ 후임 서종태

🔹 가문

아버지는 금산 군수 중휘(重輝)이고 할아버지는 사헌부 장령·용양위 부사과 형(逈)이다. 증조부는 첨지중추부사 후재(厚載)이고 고조부는 봉산 군수를 역임하고 완산부원군에 봉해진 욱(郁)이다. 5대조는 아산 현감 인건(仁健)이고 6대조는 백천 군수 한(漢)이며 7대조는 정안 부정 천수(千壽)이고 8대조는 청안군(淸安君) 영(嶸)이다. 9대조는 영순군 부(溥)이고 10대조는 광평대군 여(璵)이며 11대조는 세종이다.

장인은 강원도 관찰사를 역임한 함종인 어진익(魚震翼)이고 외할아버지는 동지중추부사를 역임한 안동인 김광찬(金光燦)이다. 김광찬은 좌의정 김상헌의 양아들이며 공조 참판 곡운 김수증·영의정 김수홍·영의정 김수항의 아버지이고 영의정 김창집과 성천 부사 김창국의 할아버지이다. 계배는 안동인 동지중추부사 김득신(金得臣)이다.

아들은 둘인데 1남은 남평 현감 현응(顯應)이고 2남은 한성부 서윤 현숭(顯崇)이다. 딸도 둘인데 1녀는 파평인 윤혜(尹惠)와 결혼했는데 윤혜는 좌의정 윤지완(尹趾完)의 아들이다. 2녀는 원주인 참군 원명일(元命一)과 결혼했다.

여동생은 안동인 좌의정 권상하(權尙夏)와 결혼했다.

---

163) 이유를 영의정으로 삼고, 서종태와 김창집을 차례로 낮추어 좌상과 우상으로 삼았다.
164) 영의정 이유와 좌의정 이이명이 사직소를 각기 네 번씩 올리니, …… "본직을 부득이 이제 우선 면부하니 …"

🔲 생애

세종의 아들 광평대군 여의 후손이고 영의정 김수항의 생질이며 영의정 김창집과 외종형제이고 좌의정 권상하의 처남이다. 왕자정호가 이르다는 송시열의 상소에 대사간으로 있으면서 성토하지 않았다는 이유로 파직되었다가 갑술옥사로 서인이 집권하자 재차 등용되었다. 백성에게 섬의 개간을 허용하고 건주위와 만포 사이에 둔전을 설치할 것을 건의했으며 북한산성 수축을 주도했고 호패법에는 반대했다.

현종 9(1668)년 별시문과에 병과로 급제하고 설서로 등용되었다. 현종 13(1672)년 정언·지평을 역임하고 현종 14년에는 정언·수찬을 역임했으며 현종 15(1674)년에는 교리에 임명되었다.

숙종 즉위(1674)년에 헌납을 역임하고 숙종 1(1675)년 부교리·헌납·이조 좌랑·수찬을 역임했다. 숙종 2년 이조 정랑·응교·집의 등 청·현직을 두루 역임했다. 숙종 6(1680)년 부응교를 거쳐 숙종 7년 사간·부응교·승지·부응교·응교·승지를 역임하고 숙종 8년 양주 목사로 나갔다. 숙종 9년에는 고부사를 역임하고 숙종 10(1684)년 승지·참의로 전임되었다. 숙종 11년 승지를 거쳐 경상도 관찰사에 임명되었다가 다시 승지에 임용되었으나 얼마 되지 않아서 강양도 관찰사[165)로 나갔다. 숙종 12년 좌부승지를 거쳐 숙종 13년 전라도 관찰사에 임명되어 세 번째로 도백이 되었다. 숙종 14년 대사간에 임명되었다가 숙종 15(1689)년 승지를 거쳐 다시 대사간에 임명되었으나 이때 왕자정호(王子定號)가 너무 이르다는 송시열의 상소가 있었다. 이에 대해 대사간으로 아무런 성토도 하지 않았다는 이유로 파직되었다. 숙종 20(1694)년 갑술옥사로 서인이 재집권하자 다시 등용되어 평안도 관찰사에 임명되어 네 번째로 도백에 올랐다. 숙종 22(1696)년 평안도 관찰사로 압록강 하류의 여러 섬에 사는 백성에게 섬의 개간을 허용해줄 것과 건주위로부터 만포 사이에 둔전을 설치해 만일의 사태에 대비할 것을 건의했다. 이어 도승지에 올랐다가 대사간·부사직으로 전임되었으나 얼마 지

---

165) 강원도를 일컫는다.

나지 않아 다시 도승지에 임명되었다. 그러나 얼마 되지 않아 대사헌으로 전임되었다. 숙종 23년 한성부 좌윤에서 한성부 판윤으로 승차하고 동지사가 되어 청나라에 다녀와서 대사헌에 임명되었다. 대사헌에 임명되자 사직소를 올려 사직했다가 호조 판서에 임명되었다. 숙종 24(1698)년 병조 판서에 임명되었는데 병조 판서로 호포(戶布)보다 구포(口布)가 양역을 변통하는 데 합당하다고 주장했다. 숙종 25년 부모상을 당하여 벼슬에서 물러나 시묘하고 숙종 28(1702)년 상을 마치고 대사헌으로 관직에 복귀하여 병조 판서·판의금부사 겸 판돈녕부사로 전임되었다. 숙종 29년에는 이조 판서로 금위영 제조를 겸하다가 숙종 30년 우의정으로 승진하여 양역 업무를 주관하면서 민진후(閔鎭厚)·유집일(兪集一) 등과 함께 <오군문개군제급양남수군변통절목(五軍門改軍制及兩南水軍變通節目)>·<교생낙강자징포절목(校生落講者徵布節目)>을 만들었다. 숙종 31(1705)년 우의정에서 사직하고 판중추부사가 되었다. 숙종 33년 좌의정에 임명되었다가 숙종 36(1710)년 좌의정에서 물러나 판중추부사가 되었는데 판중추부사로 있으면서 북한산성 수축을 주관했고 경리청을 설치하여 성역의 경비를 담당했다. 숙종 38년 영의정에 제수되었다. 영의정에 제수되자 우의정 김창집과 내외종 형제라는 이유로 사직을 요청했으나 받아들여지지 않고 함께 정승이 되었다. 숙종 39년 영의정에서 사직하고 판중추부사에 임명되었다. 숙종 43(1717)년 유도대신이 되었고 숙종 44년 영중추부사가 되었고 숙종 45(1719)년 영중추부사로 기로당상이 되었다.

경종 1(1721)년 죽었으며 죽은 뒤에 경종의 묘정에 배향되었다. 이유는 양역 변통에 큰 관심을 보여 "호포는 인족징(隣族徵) 등의 폐단을 야기한다며 반대했다, 교생고강(校生考講) 등을 통해 낙강자에게 징포하는 등 피혁자들을 찾아내어 군영 문제를 해결하려 했다는 점에서 조선초 이래의 한경수괄책의 전통을 잇고 있다."(<다음백과사전>)

<경종실록> 경종 1(1721)년 7월 29일 두 번째 기사에 '영중추부사 이유의 졸기'가 있다.

🎲 평가

영중추부사 이유의 졸기

······ 임금이 하교하기를,

"새로 또 원로(元老)를 잃었으니, 슬픔을 어떻게 견딜 수 있겠는가?" 하고,

······ 이유는 마음씨가 화이(和夷)하여 각박하게 의논하는 것을 기뻐하지 않았다. 젊은 나이에 조정에 나와 큰 도(道)를 역임하였지만 명성과 치적이 없다가 영상(領相)의 자리에 올라서야 곧 사공(事功)이 있는 것으로 자처(自處)하면서 북한산(北漢山)에 성을 쌓을 것을 강력히 주장하였으니, 나라를 위하는 원대한 계획에서 나온 것이라 말하였지만 재주나 모유(謨猷)가 본디 짧았으며, 식견과 사려도 어두워 일 처리에 실수가 많았고, 임용(任用)이 정당하지 못한 사람이 많았으니, 나라를 좀먹고 백성을 병들게 하여 해를 끼친 것이 한정이 없었다. 그가 존호(尊號) 올리기를 청한 것도 자신을 잘 보이기 위한 것으로 사대부(士大夫)의 기풍과 절의를 여지없이 무너뜨린 것이니, 이로써 그의 평생을 단정할 수가 있다. 주상께서 사위(嗣位)함에 있어서 일찍이 3공(三公)의 소임을 받지 못했으니 사업은 진실로 논할 것이 없지마는, 제우(際遇)도 말할 만한 것이 없었는데 다만 당인(黨人)들의 사호(私好) 때문에 묘정(廟庭)에 배식(配食)까지 하였으니, 공론이 해괴하게 여겼다.

참고문헌

〈다음백과사전〉, 〈현종실록〉, 〈숙종실록〉, 〈경종실록〉, 〈광평대군 장의공(章懿公) 자손보〉

김창집(金昌集)

본관은 신안동이고 자는 여성(汝成)이며 호는 몽와(夢窩)이고 시호는 충헌(忠獻)이다. 인조 26(1648)년에 태어나서 경종 2(1722)년에 죽었다.

재임기간

숙종 43(1717)년 5월 12일[166] - 숙종 44(1718)년 8월 8일[167] ※ 후임 김창집
숙종 45(1719)년 1월 4일[168] - 경종 1(1719)년 10월 11일[169] ※ 후임 김창집
경종 1(1719)년 10월 13일[170] - 경종 1(1721)년 12월 9일[171] ※ 후임 조태구

가문

아버지는 영의정 수항(壽恒)이고 할아버지는 동지중추부사 광찬(光燦)이며 증조부는 좌의정 상헌(尙憲)이고 고조부는 동지돈녕부사 극효(克孝)이다. 이상의 세계는 김수흥과 같다.

장인은 번남인 박세남(朴世楠)이고 처할아버지는 대사헌 박황(朴潢)이며 외할아버지는 안정인 목사 나성두(羅星斗)이다.

2남 2녀를 두었는데 1남은 우부승지 제겸(濟謙)이고 2남은 호겸(好謙)인데 종숙인 창숙(昌潚)에게 입양되었다. 1녀는 여흥인 현감 민계수(閔啓洙)와 결혼했는데 민계수는 우의정 민진장(閔鎭長)의 아들이고 2녀는 여흥인 교관 민창수(閔昌洙)와 결혼했는데 민창수는 우의정 민진원(閔鎭遠)의 아들이다.

아우는 창협(昌協) · 창흡(昌翕) · 창업(昌業) · 창즙(昌緝) · 창립(昌立)인데 창협(昌協)은 당대의 문장가로 문과에 장원하고 대제학과 예조 판서를 지냈고 창흡(昌翕)은 과장(科場)에 발을 끊고 사헌부 집의 겸 진선(進善)에 임명되었으나 사양

---

166) 권상하를 우의정으로 삼고, 이이명을 차례에 따라 좌의정으로 올리고, 김창집을 차례에 따라 영의정으로 올렸다.
167) 영의정 김창집을 면직시키고 행 판중추부사에 임명하다.
168) 김창집을 영의정에 임명하였다.
169) 영의정 김창집이 차자를 올려 치사를 청하니 허락하였다.
170) ▶ 영의정 김창집 등이 아뢰기를 이란 기사 있음.
171) 영의정 김창집과 좌의정 이건명을 갈라고 명하였다.

하고 학문에 힘썼다. 그러나 형 창집이 신임사화로 죽자 병이 도져서 죽었다. 창업은 진사로 동몽교관에 임명되었으나 취임하지 않았고, 창즙은 생원시에 합격하고 예빈시 주부에 임명되었으나 취임하지 않았으며 창립은 학자이다. 누이는 전주인 이섭(李涉)과 결혼했다.

큰아버지 수흥(壽興)이 영의정이고 직계 후손으로 좌의정 김이소·영은부원군 김조순·영의정 김좌근·좌의정 김홍근·영의정 김흥근·영흥부원군 김조근·영의정 김병학·영의정 김병국·영의정 김병시 등이 있다.

🎲 생애

> 좌의정 상헌의 증손자이고 영의정 수항의 아들이며 영의정 수흥의 조카이고 우의정 민진장의 외할아버지이다. 기사환국으로 남인이 정권을 잡고 아버지 수항이 진도로 유배되어 사약을 받자 영평에 은둔하다가 갑술옥사로 남인이 축출된 뒤에 관직에 복귀했다. 신임사화로 소론이 정권을 잡자 이이명·조태채·이건명 등 노론 4대신과 함께 사사되었다.

현종 13(1672)년 진사시에 합격하였으나 현종 16(1675)년 아버지 수항이 화를 입고 귀양을 가자 과거시험을 미루었고 숙종 7(1681)년 내시교관에 임명된 뒤에 공조 좌랑을 역임했으며 숙종 10(1684)년 정시문과에서 을과로 급제했다.

숙종 11(1685)년 정언·지평을 역임했고 숙종 12년 부수찬·교리·헌납·교리·헌납·이조 좌랑을 역임했다. 숙종 13년 수찬을 역임했으며 숙종 14(1688)년 검상·응교·부응교·응교·부응교를 역임했다. 숙종 15(1689)년 기사환국으로 남인이 정권을 잡으면서 서인이었던 아버지 수항이 남인의 명사들을 마구 죽였다는 탄핵을 받아 진도로 유배되고 사약을 받자 영평에 은둔했다. 현종 20(1694)년 갑술옥사로 남인이 축출된 뒤 복관되어 병조 참의·승지·대사간을 역임했고 숙종 21년 대사간을 거쳐 영월 부사로 있을 때 큰 기근이 들고 도둑이 들끓어 민정이 소란하자 관군을 이끌고 이를 소탕했다. 숙종 23년 대사간·승지를 역임했고 숙종 24(1694)년 강화 유수가 되어 외직으로 나갔다가 숙종 26년 대사헌이 되었고 숙종 27(1701)년 개성 유수·호조 판서·지의금부사를 역임했다. 숙종 28(1702)년 호조 판서·지의금부사를 역임했고 숙종 29년 이조 판서로 전임되었으나 상을 당하여 벼슬에서 물러났다. 숙종 31(1705)년 상을 마치고 형조 판서로 관직에 들어와서 숙종 32년에는 한성부 판윤을 역임하고 우의정으로 승진했다가 바로 뒤에 사직하고 판중추부사가 되었다. 숙종 33(1707)년 좌의정에 올랐으나 사직하겠다는 상소를 내고 사직하여 판중추부사에 임명되었다. 숙종 36년 다시 우의정이 되었고 숙종 37(1711)년 좌의정이 되었으며 숙종 38년 좌의정에서 물러나 행중추부사가 되어 사은사로 청나라에 다녀와서 좌의정에 임명되었다. 그러나 이유(李濡)를 영의정으로 삼으면서 영의정 서종태와 좌의정 김창집을 한 자급 낮추어 좌·우의정에 임명함으로 우의정이 되었다. 우의정에서 물러나 판중추부사에 임명되었다가 다시 좌의정에 임명되었으나 좌의정에서 파직되었다가 다시 좌의정에 임명되는 등 벼슬 이동이 심했다. 숙종 42(1716)년 병신처분으로 노론이 실권을 잡자 숙종 43(1717)년 영의정에 올랐다가 숙종 44년 면직되었고 숙종 45년 두 번째로 영의정에 제수되어서 숙종 46(1720)년 영의정으로 원상이 되었다.

경종 즉위(1720)년 영의정으로 원상을 겸하면서 서정을 맡았고 경종 1(1721)년 10월 11일 사직소를 내어 영의정에서 사직했으나 이틀 뒤인 10월 13일 네 번째로 영의정에 제수되었다. 그러나 신임사화로 소론이 정권을 잡자 12월 9일 면직되었다. 같은 해 12월 10일 지평 오성시가 삼흉을 벌할 것을 청하고 이어서 사간 이진유와 헌납 이명의 연속된 상소로 인해 12월 12일 거제부에 안치되었다. 경종 2(1722)년 4월 10일 국청에서 김창집의 손자이며 김제겸의 아들인 김성행을 잡아 가두었고 4월 23일 이이명(李頤命)[172] 과 김창집을 사사하라는 지시를 내렸다가 4월 25일 사사하라는 전지를 거두었다. 그러나 4월 26일 사사하지 말라는 명을 거두었고 4월 29일 사사한

---

172) 영의정 이경여의 손자

다음 5월 2일 금부도사가 김창집이 사사되었음을 장문하여 아뢰었다.

영조 17년 관작이 회복되었고 영조 묘정에 배향되었으며 과천의 사충서원과 거제의 반곡서원에 제향되었다. 저서로 <몽와집>·<오륜전비언해>·<국조자경편>이 있다.

졸기는 없다.

참고문헌

〈현종실록〉, 〈숙종실록〉, 〈경종실록〉, 〈영조실록〉, 〈다음백과사전〉, 〈안동김씨세보〉, 〈안동김씨세계급추암이하종계록〉

조태구(趙泰耉)

본관은 양주이고 자는 덕수(德叟)이며 호는 소헌(素軒)·하곡(霞谷)이고 시호는 문정(文貞)이다. 현종 1(1660)년에 태어나서 경종 3(1723)년에 죽었다.

🏵 재임기간

경종 1(1721)년 12월 19일[173] − 경종 3(1723)년 6월 6일[174] ※ 후임 최규서

🏵 가문

아버지는 사석(師錫)인데 우의정과 좌의정을 역임했고 할아버지는 형조 판서 계원(啓遠)이다. 증조부는 호조 판서를 역임한 존성(存性)이고 고조부는 람(擥)이다. 5대조는 연손(連孫)이고 6대조는 성종과 숙용 심씨 사이에서 태어난 숙혜옹주(淑惠翁主)와 결혼한 부마 한천위[175] 무강(無彊)이다. 7대조는 참봉 광세(光世)이고 8대조는 중휘(仲輝)이다. 9대조는 강원도 관찰사를 역임한 근(瑾)이고 10대조는 대제학·형조 판서·병조 판서를 역임한 말생(末生)이다. 11대조는 서운관정 의(誼)이고 12대조는 보승 별장 인필(引弼)이며 13대조는 양주조씨의 시조인 판중추원사 잠(岑)이다.

장인은 초배는 연안인 응교 이유상(李有相)이고 계배는 전주인 현감 이관성(李觀成)이며 외할아버지는 안동인 진사 권후(權垕)이다.

5남 3녀를 두었는데 1남 언빈(彦彬)은 출계했고 2남은 통덕랑 헌빈(獻彬)이고 3남은 부수 현빈(賢彬)이며 4남은 건빈(健彬)이고 5남은 만빈(晩彬)이다. 1녀는 나주인 박사검(朴師儉)과 결혼했는데 박사검은 금능군(錦陵君) 박필건(朴弼健)의 아들이고 2녀는 안동인 김동혁(金東爀)과 결혼했는데 김동혁은 판서 김연계(金演繼)의 아들이며 3녀는 진사 정극순(鄭克淳)과 결혼했다.

그러나 노론 정권이 들어서자 관작이 추탈되고 처자는 노예가 되고 가산

---

173) 최규서를 좌의정으로 최석항을 우의정으로, 조태구를 올려서 영의정으로 삼았다.
174) 영의정 조태구가 졸하였다.
175) 숙혜옹주와 결혼했다.

이 적몰되는 보복을 받았다.

형은 태로(泰老)이고 아우는 태기(泰耆)이다.

4촌인 우의정 태채(泰采)는 노론이었기 때문에 신임사화 때 김창집·이건 명·이이명 등 노론 4대신과 함께 소론인 태구에 의해 죽음을 당하였다. 또 한명의 4촌은 좌의정 태억(泰億)인데 태억은 태구와 함께 소론이었다.

🎲 생애

한천위 무강의 후손으로 좌의정 사석의 아들이다. 경종 1년 노론정권이 연잉군(영조)에게 대리청 정을 실시하려 하자 소론의 영수로 최석항 등과 함께 대리청정을 환수하고 신임사화를 일으켜 노론 4대신인 김창집·이이명·이건명·조태채를 사사하고 소론정권을 수립하고 영의정에 올랐다. 죽은 뒤에 관작이 삭탈되고 가산이 적몰되었으며 처자는 노예가 되었다.

숙종 12(1686)년 별시문과에 급제하여 관직에 들어왔다. <숙종실록>에 나타난 조태구의 관직 이동을 정리하면 다음과 같다. 숙종 17(1691)년 예문 관 검열이었으나 소론이었던 아버지 조사석의 죄로 물러났다. 숙종 22(1696) 년 설서·사서·지평·문학·정언·부교리·헌납을 역임하고 숙종 23년 문학·함경도 감진어사·수찬·문학·이조 좌랑 겸 사서·부교리·이조 좌랑을 역임했다. 숙종 24(1698)년 헌납·교리·이조 좌랑·교리·이조 정 랑·부교리·이조 정랑·부교리·이조 정랑·교리·헌납·이조 정랑·수 찬·헌납을 차례로 역임했다. 숙종 25년에 사간·승지를 역임하고 숙종 27 (1701)년에 충청도 관찰사에 제수되었으나 관찰사에서 사직하고 승지·대사 간·승지를 역임하였다. 숙종 28년 다시 충청도 관찰사에 제수되어 외직으 로 나갔다가 숙종 29년에 이조 참의에 임명되어 돌아왔다. 숙종 30년에는 대사간·승지·대사성에 임명되었고 숙종 31(1705)년에는 이조 참의·형조 참의·대사성·이조 참의에 제수되었다. 숙종 32(1706)년 평안도 관찰사에 임명되어 다시 외직으로 나갔다가 숙종 34년 부제학에 임명된 뒤에 도승 지·부제학에 차례로 임명되었다. 숙종 35(1709)년에 부제학에서 물러나 동지성균관사 · 공조 참판 · 대사성 · 이조 참판을 역임하고 동지정사로 청나라에 다녀왔다. 숙종 36년에 관직에서 파직되었다가 숙종 37(1711)년에 한성부 판윤으로 승차하여 예조 판서 · 이조 판서 · 한성부 판윤 · 이조 판서로 전임되었다. 숙종 38년에는 공조 판서와 호조 판서를 역임하였고 숙종 40(1714)년 병조 판서 · 판의금부사를 역임하였다. 숙종 41년에는 예조 판서에 임명되었고 숙종 42년에는 판의금부사에 임명되었다. 숙종 43(1717)년에 형조 판서 · 의정부 우참찬 · 충청도 별건시관 · 의정부 좌참찬 · 형조 판서를 역임하였다. 숙종 44년 다시 한성부 판윤에 임명되었다가 호조 판서로 전직되었으나 곧 면직되었다. 다시 한성부 판윤 · 수어사 · 공조 판서를 역임하고 숙종 45년 호조 판서 · 의정부 좌참찬 · 형조 판서를 역임하여 역대 대신들 가운데 판서를 가장 많이 역임하였다.

경종이 즉위(1720)한 뒤에도 한성부 판윤 · 지춘추 · 지돈녕부사 · 이조 판서 · 공조 판서 · 호조 판서 등을 역임하고 우의정으로 승진했다. 경종 1(1721)년에는 노론정권이 연잉군에게 대리청정을 시키려 하자 밤에 몰래 임금 만났다. 이 일로 조태구를 탄핵하라는 상소가 이어졌다. 그러나 영의정 김창집을 비롯해 이이명 · 이건명 · 조태채[176] 등 노론 4대신이 연잉군(뒤의 영조)을 세제로 책봉시키고 대리청정을 실시하게 했다. 그러자 손론의 영수로 최석항 · 이광좌 등과 함께 대리청정에 반대하여 대리청정을 환수시켰다. 이어서 김일경 등으로 하여금 노론 4대신을 역모의 죄로 몰아 사사하게 하는 등 신임사화를 일으켜 소론정권을 수립하고 영의정에 올랐다. 경종 2년에는 지평 김홍석이 상소하여 조태구를 공격하였고 뒤에도 여러 차례에 걸쳐 탄핵 상소가 이어졌으나 탄핵되지 않았고 경종 3년에 영의정으로 죽었다.

조태구가 죽은 뒤에 노론정권이 들어서자 영조 22(1746)년 관작이 추탈되고 영조 31(1755)년에는 처자를 노예로 삼고 가산을 적몰하는 보복을 받았다.

---

176) 조태채는 조태구의 사촌이었으나 노론인 조태채와 소론인 조태구는 정치적으로 숙적관계였다.

글씨를 잘 써서 <이충무공고하도유허비>·<왕자연련군명비>·<완산백조구석비>·<길성군유허례비> 등이 있고 편서로 <주서관견>이 있다. 주서관견은 산법에 관한 책으로 양전 등의 목적에 사용하기 위한 책이다.

<경종실록> 경종 3(1723)년 6월 6일 두 번째 기사에 '영의정 조태구의 졸기'가 있다.

🧊 평가

영의정 조태구의 졸기

…… 임금이 하교(下敎)하기를,

"이제 현덕(賢德)을 잃으니, 그 놀랍고 슬픈 감회를 어찌 말로써 다 비유할 수 있으랴?" 하고,……

조태구는 고(故) 상신(相臣) 조사석(趙師錫)의 아들로 타고난 성품이 온아(溫雅)하고 외모가 단정하였다. 화현(華顯)의 관직을 역임(歷任)하였고, 경반(卿班)의 지위에 올랐으며, 지금 임금께서 왕위를 이어받자 맨 먼저 정승으로 뽑히었다. 여러 음흉한 무리들이 극성을 떨 때를 당하여 실로 고줏대 같은 명망을 지녔고, 몸을 떨쳐 궐문(闕門)에 호소(呼訴)함에 미쳐 위험을 돌려 평안으로 바꾸어 놓았으니, 세운 공덕이 뛰어나 시대의 여망(輿望)에 흡족하였다. 그리하여 상하(上下)가 모두 의지하며 중하게 여겼는데, 병이 이미 깊어 중무(衆務)를 처리할 수 없었고, 또 역량(力量)이 없어 시끄러운 잡음을 진압할 수 없었다. 특히 지금 막 생겨나는 의논들과 다른 의견을 가졌기 때문에 도리어 그들의 미움을 받아 마침내 낭패를 당하고 시골로 물러가 은거(隱居)했으니, 의논하는 사람들이 애석하게 여겼다. 평소 청렴하고 소박하여 산업(産業)을 일삼지 않았으며, 여러 번 번임(蕃任)을 맡았는데도 집안에 털끝만큼도 보냄이 없었다. 다만 타고난 성품이 좀 유약하여 자못 타인의 부탁을 잘 받았으므로 관직에 있을 때에 치적(治蹟)이 있다는 말은 없었다.

<경종수정실록>

조태구의 졸기

    …… 처음 영조(英祖)가 잠저(潛邸)에 있을 적에 조태구가 가만히 두려워하고 꺼려하는 마음을 품고서 혐의를 무릅썼다는 말을 만들어 내어 위핍(危逼)을 가하였다. 저위(儲位)로 세워지고 나서는 역신(逆臣) 유봉휘(柳鳳輝)가 신하 노릇 하지 않을 마음을 품고 흉소(凶疏)를 올리자 방자하게 구해(救解)하면서 충지(忠志)에서 나왔다고 추장(推奬)했다. 그리고 정사(政事)를 대리(代理)하라는 명이 있게 되자 몰래 북문(北門)으로 들어가서 기필코 저알(沮遏)시키고야 말았다. 목호룡(睦虎龍)의 변(變)이 발생하자 양옥(梁獄)은 추구(推究)하지 말라고 한 일을 인용함으로써 세제(世弟)를 암매(暗昧)한 지경에 처하게 하였고, 무옥(誣獄)을 단련(鍛鍊)해 내어 못하는 짓이 없었다. 이러니 흉도(凶徒)의 거괴(巨魁)를 논한다면 조태구가 아니고 누구이겠는가? 그런데 왕장(王章)이 가해지기도 전에 편안히 방안에 누워 죽었으니, 이것이 어찌 하늘이 죄진 자를 징토한다는 뜻이겠는가? 영조조(英祖朝)에 이르러 삼사(三司)가 토죄하기를 청하면서 해가 지나도록 고집하여 간쟁했는데, 병인년에 이르러서야 비로소 관작(官爵)의 추탈을 명하였고, 을해년에 처자를 노예로 삼고 가산을 적몰하는 법전을 거행하였다.

참고문헌

〈숙종실록〉, 〈경종실록〉, 〈경종수정실록〉, 〈영조실록〉, 〈양주조씨족보〉, 〈다음백과사전〉

최규서(崔奎瑞)

본관은 해주이고 자는 문숙(文叔)이며 호는 간재(艮齋)·소릉(少陵)·파릉(巴陵)이고 시호는 충정(忠貞)이다. 효종 1(1650)년에 태어나서 영조 11(1735)년에 죽었다.

재임기간

경종 3(1723)년 8월 28일[177] - 영조 즉위(1724)년 9월 23일[178] ※ 후임 이광좌

가문

친아버지는 사도시정 석영(錫英)인데 지평(砥平) 현감 석유(錫儒)에게 입양되었다. 할아버지는 총융사 진해(振海)이고 증조부는 호조 좌랑 집(潗)이며 고조부는 종성 부사 경창(慶昌)이다. 5대조 수인(守仁)은 영변 대도호부사이고 6대조 응(滃)은 양구 현감이며 7대조 세걸(世傑)은 헌납이고 8대조 연(埏)은 집현전 전한이다. 9대조는 집현전 부제학 만리(萬理)이다. 만리는 훈민정음 창제에 반대했다. 10대조 하(荷)는 예빈시 소윤이고 11대조 안해(安海)는 한성윤이며 12대조 공(珙)은 사재감 령이고 13대조 계통(繼通)은 대호군이다. 14대조 유엄(有渰)은 도첨의 중찬이고 15대조 자(滋)는 수문전 태학사인데 <보한재집>의 저자이다. 16대조 민(敏)은 상서성 좌복야이고 17대조 윤인(允仁)은 감찰어사이며 18대조 약(瀹)은 예부상서이다. 19대조는 상서령 판이부사 사제(思齊)이고 20대조는 유선(有善)이며 21대조는 문하시중 충(沖)이다. 충은 우리나라 사학의 효시인 구재학당을 열었다. 22대조 온(溫)은 해주최씨의 시조인데 판이부사를 역임했다.

장인은 전주인 첨지중추부사 이혜(李蕙)이고 외할아버지는 광산인 예빈시정 김자남(金自南)이다.

아들은 여섯이고 딸은 둘인데 1남은 연기 현감 상진(尚震)이고 2남은 사도

---

177) ▶ 영의정 최규서가 상소하여 사직하였다. …… 안심하고 정사를 의논하여 현재의 어려움을 구제하라.는 기사 있음.
178) 영의정 최규서가 치사하였다.(고향으로 돌아갔다.)

시 첨정 상복(尙復)이며 3남은 지돈녕부사 성정(尙鼎)이다. 4남은 동빙고 별검 상겸(尙謙)이고 5남은 연천 군수 상관(尙觀)이며 6남은 사헌부 지평 지제교 상리(尙履)이다. 1녀는 청송인 서윤 심종현(沈宗賢)과 결혼했고 2녀는 원주인 증 이조 참판 원양군(原陽君) 원명설(原命卨)과 결혼했다.

형은 경릉 참봉 익서(翼瑞)이고 아우는 돈녕부 도정 성서(星瑞)이다.

🎲 생애

> <보한재집>의 저자인 수문전 태학사 자와 훈민정음 창제에 반대한 집현전 부제학 만리의 후손이다. 희빈 장씨의 왕비 책봉에 반대했고 노론정권이 들어서자 사직하고 광주에 은거하다가 소론 정권이 들어서자 좌의정에 제수되었다. 노론이 세제 연잉군에게 대리청정할 것을 건의하자 반대하여 철회시켰고 영의정에 임명되었으나 영조가 즉위하자 사직하고 향리로 돌아갔다. 이인좌의 난이 발발하자 급히 상경하여 대책을 알리고 고향으로 돌아갔다.

현종 10(1669)년 사마시에 합격하여 진사가 되었으며 숙종 6(1680)년 별시 문과에 급제했다. 숙종 11(1685)년 지평·정언·지평을 역임하고 홍문록에 뽑혔다. 숙종 12년 수찬을 거쳐 이조 좌랑으로 있을 때 함경남도 어사로 파견되었다. 돌아와서 헌납·이조 정랑·헌납을 역임하고 숙종 13(1687)년 교리·헌납·부수찬·사인·부응교·사간을 역임했다. 숙종 14년 승지와 대사간을 역임하고 양주 목사로 나갔다가 돌아와서 대사성에 임명되었다. 숙종 15(1689)년 대사간·승지·대사성·이조 참의를 역임하고 강화 유수로 나갔다가 돌아와서 대사헌·이조 참판을 역임했다. 숙종 16(1690)년 희빈 장씨를 왕비로 책봉하려 하자 반대했다. 숙종 20(1694)년 전라도 관찰사를 역임하고 숙종 22(1696)년 대사헌에 임명되었다. 숙종 23년 진주사 겸 주청 부사(정사는 최석정)로 청나라에 다녀와서 부제학·도승지·우부빈객·대사성을 역임했다. 숙종 24년 형조 판서로 승차한 뒤에 예조 판서·의정부 좌참찬·예조 판서·의정부 우참찬·예조 판서 겸 예문관 제학을 역임했다. 숙종 25년 대사헌·대제학·형조 판서·대사헌에 차례로 임명되었고 숙종 26년 의정부 우참찬·이조 판서를 역임하고 예조 판서에 임명되었으나 사직소를 내고 부임을 거부하였다. 부임을 거부한 일로 관작이 삭탈되고 문외 출송 되었다가 다시 예조 판서에 임명되었으나 곧 체직되었다. 숙종 27년 에는 의정부 우참찬·예조 판서·의정부 우참찬·예조 판서·형조 판서· 대사헌·형조 판서를 역임했고 숙종 28년에는 한성부 판윤에 임명되었다가 물러났다. 숙종 32년에는 홍문관 제학·수어사·형조 판서를 역임하고 숙 종 35년 개성 유수로 나갔다가 돌아와서 형조 판서·대사헌을 역임했다. 숙종 36(1710)년 행사직·형조 판서·의정부 좌참찬을 역임했고 숙종 37년 판의금부사·지춘추부사·판돈녕부사·예조 판서·공조 판서·예조 판서 를 역임했다. 숙종 38년 판돈녕부사를 역임하고 숙종 39년에는 홍문관 제 학에 임명되었고 숙종 42(1716)년 예문관 제학에 임명되었다. 이 해에 소론 이 실권하고 노론이 정권을 잡자 숙종 43년 사직하고 고향 광주에 은거하 였다. 숙종 45(1719)년 지돈녕부사·판돈녕부사·홍문관 제학을 역임하였다.

경종 1(1721)년 초야에 물러나 있었으나 소론이 집권하자 좌의정에 제수 되었고 같은 해에 노론이 세제 연잉군(뒤의 영조)의 대리청정을 건의하자 반 대하여 철회시켰다. 경종 3년 영의정에 임명되었다.

영조 즉위(1724)년 영의정에서 치사하고 봉조하가 되어 향리로 돌아갔다. 그러나 영조 4(1728)년 이인좌 등이 밀풍군 탄(坦)을 추대하여 반란을 일으켰 을 때 조정에 알려 난을 평정하는 데에 기여했다. 이 일로 영조로부터 일사 부정(一絲扶鼎)이라는 어필을 하사받았다. 그러나 공신에 녹훈되는 것은 끝내 거절하였다. 영조 5년 향리로 돌아가 봉조하로 있다가 영조 9년 치국의 도 에 있어 실천의 중요함을 상소하고 영조 11년에 서울의 사재에서 죽었다. 죽은 뒤에 영조의 묘정에 배향되었다. 저서로는 17·18세기 노론과 소론의 정쟁을 이해하는 데 중요한 자료인 <간재집>이 있다. 영조 15년 충정(忠貞) 이란 시호가 내려졌다.

<영조실록> 영조 11(1735)년 1월 1일 4번째 기사로 '봉조하 최규서의 졸 기'가 있다.

📦 평가

봉조하 최규서의 졸기

…… 최규서는 어려서부터 한때의 명망이 있었으며, 지위가 재상[卿宰]에
까지 이르렀으나 성묘(省墓)한다고 핑계하고 고향으로 돌아가서 숙종(肅宗)의
세대가 끝날 때까지 그대로 있으면서 벼슬하지 아니하였다. 경종조[景廟朝]에
이르러서 임인년의 옥사(獄事)가 일어나자, 곧 한 소장을 올렸는데, '40년 동
안 쌓여 오던 화(禍)가 비로소 오늘날에 와서 터졌다.'라는 말이 있었으니,
그때의 사람들이 앙화를 일으킬 마음이라고 말하였다. 무신년의 역변(逆變)
이 일어남에 미쳐 도성에 달려와서 적의 동정(動靜)을 고발하여 사건이 평정
되자, 훈명(勳名)을 힘써 사양하니, 임금이 이를 가상히 여겨 '한 가닥 절의로
서 나라를 붙들었다.[一絲扶鼎]'라는 네 글자를 손수 써서 주어 그를 포장하였
었다. 이때에 이르러 서울의 사제(私第)에서 졸하였는데, 임금이 부음(訃音)을
듣고 애도하여 유지(諭旨)를 내리기를,

"청렴하고 근신(謹愼)하는 지조와 기미(機微)를 먼저 알아보는 명석함으로써
몸을 깨끗이 하여 고향에 은거하였으며, 신축년 임인년의 분경(奔競)하던 때
를 당하여 더러움에 물들지 않고 나쁜 것에 더럽히지 않아서 그 마음이 맑
고 깨끗하였다. 하물며 종사와 나라를 깊이 사랑하여 먼저 적당(賊黨)의 간담
을 꺾어버려 세상에 다시없는 큰 공을 세웠는데도 힘써 훈명을 사양하여
항구 불변의 우아한 지조를 이룩하였으니, 그가 벼슬에서 물러나고 나아가
는 것이 진실로 처신(處身)하는 의리에 마땅하였다. 아! 원로(元老)가 서거(逝去)
하였으니, 장차 어디에 의지하랴? ……

참고문헌

〈다음백과사전〉, 〈현종실록〉, 〈숙종실록〉, 〈경종실록〉, 〈영조실록〉, 〈해주최씨세보〉

이광좌(李光佐)

본관은 경주이고 자는 상보(尙輔)이며 호는 운곡(雲谷)이고 시호는 문충(文忠)이다. 현종 15(1674)년에 태어나서 영조 16(1740)년에 죽었다.

🔖 재임기간

영조 즉위(1724)년 10월 3일[179] − 영조 1(1725)년 2월 2일[180] ※ 후임 정호
영조 3(1727)년 7월 1일[181] − 영조 3(1727)년 8월 23일[182] ※ 후임 이광좌
영조 3(1727)년 10월 7일[183] − 영조 5(1729)년 5월 18일[184] ※ 후임 홍치중
영조 13(1737)년 8월 11일[185] − 영조 16(1740)년 5월 26일[186] ※ 후임 김재로

🔖 가문

아버지는 사헌부 장령 세구(世龜)이고 할아버지는 공주 목사 시현(時顯)이다. 증조부는 선공 감역 성남(星男)이고 고조부는 영의정 항복(恒福)이다. 5대조는 몽량(夢亮)인데 도승지·한성 판윤·우참찬·형조 판서를 역임했고 6대조 예신(禮臣)은 진사로 관직에 나가지 않고 포천에 정착하여 학문 연마와 후학 양성에 힘썼다. 7대조는 안동 판관을 역임하고 이조 판서에 증직된 성무(成茂)이다. 8대조는 첨지중추부사 숭수(崇壽)이고 9대조는 공조 참판 연손(延孫)이다. 10대조는 전농 판관을 역임하고 이조 참판에 증직된 승(昇)이며 11대조는 지인주사를 역임하고 이조 참의에 증직된 원보(元普)이고 12대조는 문부 상서 과(薖)이다. 13대조는 검교정승 세기(世基)이고 14대조는 문하평리 핵(翮)이며 15대조는 상의원 직장동정 득견(得堅)이다. 16대조는 보윤 승고(升高)이고 17대조는 군윤 선용(宣用)이며 18대조는 현복(玄福)이다. 19대조는 순흥 부

---

179) 이광좌를 영의정으로, 유봉휘를 좌의정으로, 조태억을 우의정으로, 심수현을 병조 판서로…
180) 영의정 이광좌, 좌의정 조태억에게 별유를 내려 명소를 받게 하고, 해래 사관을 소환하였다.
181) 특별히 이광좌를 서용하여 영의정으로 삼고, 이태좌를 호조 판서로 삼았다.
182) 이광좌가 정승은 맡을 수 없다 하여 영중추로 바꾸다.
183) 다시 이광좌를 영의정으로 삼고, 심수현을 발탁하여 우의정으로,…
184) 영의정 이광좌가 잇따라 소장을 올려 사직하니, 임금이 허부하였다.
185) 봉조하 이광좌를 영의정으로 삼았다
186) 예조에서 영의정 이광좌의 상 때문에 조시를 멈추기를 청하니…

사 춘정(春貞)이고 20대조는 문하시중 총섬(寵暹)이며 21대조는 치연(侈連)이고 22대조는 문하시중 칭(偁)이다. 23대조는 좌사간 주복(周復)이고 24대조는 정조시랑 승훈(承訓)이며 25대조는 병정 윤홍(潤弘)이다. 26대조는 중원태수 김서(金書)이고 27대조는 병부령 김현(金現)이며 시조는 알평(謁平)이다.

장인은 초배가 풍산인 판결사 홍만회(洪萬恢)인데 홍만회는 영안위 홍주원의 아버지이다. 계배는 나주인 임기(林耆)이고 외할아버지는 고령인 박장원(朴長遠)이다.

아들이 없어서 형좌(衡佐)의 아들 종익(宗翼)을 입양했는데 종익이 아들이 없어서 종인(宗仁)의 아들 경선(敬善)을 입양했다.[187]

방계로는 고조부 영의정 항복(恒福)이 아들 넷을 두었는데 성남(星男)·정남(井男)·규남(奎男)·기남(箕男)이다. 정남의 증손이 형조 참판 세필(世弼)인데 세필의 1남은 좌의정 태좌(台佐)이고 태좌가 아들을 낳으니 영의정 종성(宗城)이다. 또 세필의 2남이 정좌(鼎佐)인데 정좌의 10세손이 영의정 유원(裕元)이다. 영의정 종성의 후손 가운데 현대 인물로는 부통령을 지낸 시영(始榮)과 독립운동가 회영(會榮)이 있다.

🔷 생애

영의정 항복의 고손자이고 영안위 홍주원의 매부이다. 소론을 배척하는 병신처분에 반대하다 벼슬에서 쫓겨났으나 경종이 대리청정을 하자 관직에 복귀했고 노론이 연잉군의 대리청정을 시도하자 반대하여 경종 보호에 힘썼다. 신임사화로 소론정권이 들어서자 예조 판서에 임명되었다. 영조가 등극하고 신임사화의 잘못을 논하는 노론에 의해 벼슬에서 물러났으나 정미환국으로 영의정에 올랐다. 영조의 탕평정책에 호응하여 노론의 민진원과 노소연립정권을 세우고 당쟁의 피해를 줄이려 했으나 나주괘서사건으로 소론이 숙청될 때 관직이 삭탈되었다가 뒤에 회복되었다.

숙종 20(1694)년 별시문과에서 장원했다. 숙종 21년 지평에 임명된 뒤 정언·지평이 되고 숙종 20년 다시 정언·지평·정언이 되었다. 정언으로 있을 때 홍문록에 뽑혀 수찬에 임명되었다. 숙종 23(1697)년 부수찬·정언·

---

187) <경주이씨세보>에는 다른 아들로 부호군 종인(宗仁)이 기록되어 있다.

사서·지평·부수찬을 차례로 역임하고 숙종 24년 헌납이 되었다. 숙종 25년에는 부교리·헌납·수찬·헌납·부수찬·부교리를 차례로 역임하고 숙종 26(1700)년 헌납·이조 정랑을 역임했다. 숙종 28년 헌납·이조 좌랑·부교리 겸 문학을 역임하고 숙종 29년에는 수찬 겸 문학·부교리·헌납·부교리·교리 겸 사서·헌납을 역임했다. 숙종 30(1704)년 헌납 겸 문학·헌납·이조 좌랑·헌납·응교 겸 보덕·교리·검상을 역임하는 등 청·현직을 두루 역임했다. 숙종 31년에 보덕이 되고 숙종 32년에는 상주 목사로 전임된 뒤에 집의 겸 보덕·형조 참의에 임명되었다. 숙종 33년 전라도 관찰사에 임명되어 외직에 나갔다가 숙종 34년 이조 참의에 임명되어 돌아왔다. 숙종 36년 대사성이 되고 다시 이조 참의가 된 뒤에 숙종 37년 대사간·승지를 역임하고 이조 참의로 옮겼으나 파직되었다. 숙종 38(1712)년 부제학과 이조 참의를 역임하고 평안도 관찰사로 두 번째 도백이 되었다. 돌아와서 이조 참의가 되었으나 바로 다음해 함경도 관찰사로 세 번째 도백이 되었다. 숙종 41년 평안도 관찰사에서 병조 참판으로 옮긴 뒤 동지사로 청나라에 다녀왔다. 숙종 42(1716)년 이조 참판에 임명되고 홍문관 제학을 거쳐 한성부 좌윤으로 있었다. 이때 숙종이 죽은 윤선거·윤증 부자의 관작을 추탈하고 윤선거의 문집 목판을 부수게 하는 등 소론을 배척하는 병신처분을 내리자 이에 반대하다가 숙종 43년 벼슬에서 쫓겨났다. 숙종 44(1712)년 세자(뒤의 경종)가 대리청정을 하자 예조 참판으로 관직에 복귀하고 숙종 45년 경기도 관찰사가 되어 네 번째로 도백이 되었다.

1720년 경종이 즉위한 해에 예조 참판에 임명되고 이조 참판으로 전임되었을 때 노론이 연잉군(뒤의 영조)의 대리청정을 주장하자 적극적으로 반대하여 경종의 보호에 힘썼다. 경종 1(1721)년 예조 참판·도승지·호조 참판을 거쳐 사직(司直)에 임명되었다. 이때 김일경(金一鏡)의 상소로 노론의 4대신이 위리안치되었다. 다음 해에는 목호룡(睦虎龍)의 고변으로 노론 계열이 죽음을 당하거나 유배되는 신임사화로 소론정권이 수립되자 예조 판서에 임명되었다. 이어서 수어사에 임명되고 평안도 관찰사를 거쳐 형조 판서에 임

명되었다가 병조 판서로 옮겨 예문관 제학과 세자우빈객을 겸했다. 경종 2
년 대제학으로 판의금부사를 겸했으며 이조 판서로 옮겼다가 호조 판서에
임명되었다. 경종 3년 병조 판서를 역임하고 우의정으로 승차하였으며 경
종 4년에는 우의정으로 원상을 겸했다.

　영조 즉위(1724)년 원상으로 좌의정이 되었다가 영의정으로 승차했다. 그러
나 신임사화의 잘못을 논하는 노론계의 계속된 상소로 영조 1(1725)년 관직에
서 삭탈되었다. 영조 3(1727)년 당쟁의 조정을 꾀하여 소론을 재등용한 정미
환국 때 다시 영의정이 되어서 <경종실록>·<숙종실록>의 보유편을 편찬
하였으며 신임사화를 재론해 노론의 4대신을 반역 죄인으로 규정하고 영의
정에 물러나 영중추부사가 되었으나 같은 해인 10월 7일 세 번째로 영의정
이 되었다. 영조 4년 이인좌의 난이 평정된 뒤 분무원종공신 1등에 녹훈되고
영조 5년 벼슬에서 물러났다가 영중추부사로 복귀했다. 영조 6년 탕평책을
추진한 영조의 뜻에 호응하여 노론의 민진원(閔鎭遠)과 제휴하여 노론·소론의
연립정권을 세우고 당쟁의 폐해를 막고자 노력했다. 영조 9(1733)년 봉조하가
되었다가 영조 13(1737)년 다시 영의정이 되었으나 영조 16(1740)년 박동준(朴
東俊) 등이 호역(護逆)한 죄를 들어 탄핵하자 울분 끝에 단식하다가 죽었다.

　죽은 뒤인 영조 31(1755)년 나주괘서사건[188]으로 소론계열이 숙청될 때
관작이 삭탈되었으나 순종 1(1908)년 죄적에서 풀리고 관작이 회복되었다.

　<영조실록> 영조 16(1740)년 5월 26일 첫 번째 기사에 '예조에서 영의정
이광좌의 상 때문에 조시를 멈추도록 청하다'는 기사가 있다.

🎲 평가

　친정을 행하다. 예조에서 영의정 이광좌의 상 때문에 조시(朝市)를 멈추도

---

188) 영조 4(1928)년 이인좌의 난은 영조 즉위 이후 정국의 주도권을 장악한 노론과 노론의 후원
　을 받는 영조에 대한 반발로 일어난 무장반란사건이다. 이 일로 소론의 힘은 약화되었다. 소
　론인 윤지는 숙종 때 과거에 올랐으나 김일경의 옥사로 아버지 윤취상은 고문으로 죽고 자신
　은 제주도로 귀양을 갔다가 나주로 이배되었는데 민심을 동요할 목적으로 1755년 1월, 나라
　를 비방하는 글을 나주 객사에 붙였다. 이 사건으로 소론의 명문은 거의 몰락했다.

록 청하다

…… 끝나기 전에 예조(禮曹)에서 영의정 이광좌(李光佐)의 상(喪) 때문에 조시(朝市)를 멈추기를 청하니, 임금이 놀라고 슬퍼하며 말하기를,

"영상(領相)이 나라를 위하여 고심한 것은 내가 깊이 아는 바이다. 시기하여 배척하는 일을 여러 번 당하여 뜻을 펴지 못하였거니와 그가 행공(行公)한 것은 나라의 일이 어지러웠던 때이고 그가 임용된 것은 찬선(饌膳)을 물리치고 합문(閤門)을 닫았던 때에 지나지 않았는데, 이제는 끝났다. 구재(柩材)를 가려 보내고 월봉(月俸)은 3년 동안 그대로 주고 예장(禮葬) 들의 일은 규례에 따라 거행하게 하라." 하였다.

사신은 말한다. "이광좌는 숙묘(肅廟) 병신년의 처분 이후로 분노하고 원망하여 벼슬하지 않았다. 경묘(景廟) 신축년에 비로소 나와 벼슬하게 되어서는 김일경(金一鏡)·목호룡(睦虎龍)을 워낙 나라 사람들이 함께 분하게 여기는 바인데도 징토(懲討)하지 않고 도리어 장려하여 임용하였다. 경묘가 편찮아 대점(大漸)하게 되어서는 의약청(議藥廳)을 설치하지 않아서 무신년의 흉언(凶言)을 만들었다. 정미년에 다시 들어와 정승이 되어서는 연차(聯箚)를 반역이라 하여 사신(四臣)을 역안(逆案)에 두었고, 이명언(李明彦)을 무죄라 하여 용서하여 임용하기를 힘껏 청하였으며, 이사성(李思晟)을 병사(兵使)로 삼고 권익관(權益寬)을 북백(北伯)으로 삼고 정사효(鄭思孝)를 호남백(湖南伯)으로 삼았다. 심유현(沈維賢)·이유익(李有翼)·홍계일(洪啓一) 등과 같은 역적들도 다 그 문인(門人)이었다. 그러므로 사람들이 다 이광좌를 역적의 우두머리로 여긴다. 이때에 이르러 삼사(三司)에서 합사(合辭)하여 토죄(討罪)하였는데, 이광좌가 갑자기 죽었다. 을해년에 이르러 마침내 그 관작(官爵)을 추탈(追奪)하였다."

참고문헌

〈다음백과사전〉, 〈숙종실록〉, 〈경종실록〉, 〈영조실록〉, 〈경주이씨세보〉

정 호(鄭澔)

본관은 연일이고 자는 중순(仲淳)이며 호는 장암(丈巖)이고 시호는 문경(文敬)이다. 인조 26(1648)년에 태어나서 영조 12(1736)년에 죽었다.

🔲 재임기간

영조 1(1725)년 4월 23일[189] – 영조 3(1727)년 4월 14일[190] ※ 후임 이광좌

🔲 가문

아버지는 사헌부 감찰과 청안 현감을 역임한 경연(慶演)이고 할아버지는 생원 직(溭)이다. 증조부는 강릉 부사 종명(宗溟)이고 고조부는 <관동별곡>의 저자인 좌의정 송강 철(澈)이다. 5대조는 돈령부 판관 유침(惟沈)이고 6대조는 참봉 위(渭)이며 7대조는 김제 군수 자숙(自淑)이고 8대조는 병조 판서 연(淵)이다. 9대조는 보문각 대제학 홍(洪)이고 10대조는 대제학과 정당문학을 역임한 사도(思道)이다. 11대조는 유(侑)이고 12대조는 윤(潤)이며 13대조는 평장사 균지(均之)이다. 14대조는 진사 창우(昌祐)이고 15대조는 감무 극유(克儒)이다.

장인은 강릉인 목사 최응천(崔應天)이고 외할아버지는 여흥인 민광환(閔光煥)이다.

2남을 두었는데 1남은 한성 판관과 평안 도사를 역임한 희하(羲河)이고 2남은 순하(舜河)이다.

형은 주부 필(泌)과 섭(涉)이고 아우는 영동 현감 진(津)과 순릉 봉사 온(溫)과 증이조판서 영(泳)이다.

---

189) 정호를 영의정으로, 민진원을 좌의정으로, 이관명을 우의정으로…
190) 영의정 정호가 면직되었다.

🎲 생애

<관동별곡>의 저자인 좌의정 송강 철의 고손이다. <가곡원류>를 간행할 때 발문에 윤증을 비난하는 글을 쓴 일로 파직되고 발문도 없앴다. 정호가 파직되자 노소 대립이 격화되었으나 노론이 승리함으로 직첩을 돌려받고 발문도 회복되었다. 신임사화가 일어나자 유배되었고 노론이 재집권하자 영의정에 다시 올랐다. 그러나 정미환국으로 삭탈관작되고 유배되었다가 풀려났다.

　숙종 8(1682)년 생원이 되었고 숙종 10(1684)년 정시문과에 급제하여 벼슬길에 올랐다. 숙종 12(1686)년 검열에 임명되고 숙종 14(1688)년 정언으로 있을 때 오도일을 사판에서 삭직하자고 발설하기도 하였다. 숙종 15(1689)년 기사환국으로 남인이 정권을 잡자 파직되어 문외출송되고 경성으로 유배되었다. 숙종 16(1690)년 경성 판관에 임명되었으나 같은 해에 장열왕후의 소상날 혼자 평복을 입은 죄로 헌부의 요청에 따라 삭거 삭탈되었다. 숙종 20(1690)년 지평으로 있을 때 병조 판서 서문중을 엄벌하라는 상소를 올리기도 했다. 이어 수찬에 제수되었고 숙종 21(1695)년 부교리·정언·부수찬·교리를 거쳐 숙종 22(1696)년 의령 현령으로 나갔다. 숙종 24(1698)년 수찬·집의·수찬·보덕·사간을 거쳐 숙종 25(1699)년 동래 부사로 나아갔다. 숙종 27(1670)년 광주 부윤으로 승차했다. 숙종 28(1671)년 조정으로 돌아와서 승지·대사성·이조 참의에 임명되었다가 삭직되었다. 숙종 29(1703)년 이조 참의로 있을 때 오명준이 상소로 공격하였으나 사면 받았다. 이어서 부제학·이조 참의·부제학을 거쳐 숙종 30(1704)년 이조 참의·함경도 관찰사·부제학을 역임했다. 숙종 31(1705)년 도승지에 임명되었다가 다시 부제학에 임명되었다. 숙종 36(1710)년 대사간을 거쳐 대사헌으로 있었는데 당론을 일삼는다는 이유로 흥해·갑산으로 유배되었고 숙종 37(1711)년 평창으로 양이되었다가 풀려났다. 숙종 39(1673)년 대사성으로 재임용되어 부제학을 거쳐 예조 참의에 제수되었다. 이때 송시열을 묘정에 배향하자는 건의를 하기도 했다. 숙종 40(1674)년 예조 참판으로 승차하고 경기도 관찰사로 전임되었다. 숙종 41(1675)년에 부제학으로 있을 때에 유계의 손자인 유상

기가 할아버지의 유저인 <가계원류>를 간행하게 된다. 이때 권상하가 서문을 쓰고 정호가 발문을 썼는데 발문에 스승을 배반한 윤증을 비난하는 글을 썼다. 숙종은 평소에 윤증을 후대하여 우의정에 임명했으며 '유상'이라 칭하면서 가까이 했다. 마침 <가례원류>가 간행될 때 윤증이 죽어 숙종이 매우 애석해할 때 정호가 윤증을 공격하였기 때문에 숙종은 유현을 배척했다 하여 정호를 파직시키고 문외출송한 뒤에 발문을 없애버렸다. 정호가 파직되자 노론이 일제히 상소하여 정호를 구하려 했으나 받아들여지지 않고 오히려 소론의 상소로 권상하의 서론마저 삭제시켰다. 이 일로 노론과 소론 사이에 격한 논쟁이 있었으나 숙종 42(1716)년 노론이 승리함으로써 풀려나서 직첩을 돌려받았다. 풀려나서 대사헌에 임명되면서 발문도 회복되었으며 뒤이어 이조 참판이 되었다. 숙종 42(1716)년에는 윤선거의 문집 <노서유고>가 간행되었는데 이 책이 간행되자 노론계 유생들이 이 문집에 효종에 대한 불손한 내용이 있다고 상소하여 각판을 깨뜨려 없애고 윤선거 부자의 관작도 추탈하였다. 숙종 43(1717)년 소론의 반대에도 불구하고 세자의 대리청정이 이루어졌고 대리청정이 이루어지자 이조 참판을 거쳐 예조 판서로 승진했다. 숙종 44(1718)년 이조 판서에 임명되었다가 바로 이조 판서에서 면직되고 예조 판서를 거쳐 대사헌에 임명되었다. 숙종 45(1719)년 공조 판서·한성부 판윤·대사헌·의정부 좌참찬·예문관 제학을 역임했다.

경종 1(1721)년 실록청 총재관으로 <숙종실록> 편찬에 참여하였다. 경종 2(1722)년 신임사화로 극변으로 찬축되었다가 이산으로 찬축되었으며 다시 강진의 신지도에 유배되었다. 다음 해인 경종 3(1723)년에는 정호의 생서원(生書院)이 철훼되었다.

영조 1(1725)년 유배지를 가까운 곳으로 옮겼고, 노론이 재집권하자 예조 판서를 거쳐 우의정에 특진되어서 신임사화로 처형된 노론의 네 대신의 신원을 상소하였다. 같은 해에 좌의정에 제수되고 영의정에 제수되었으나 영조 3(1727)년 정미환국으로 영의정에서 면직되어 영중추부사로 물러나 있었다. 그러나 곧이어 삭탈관작되고 문외출송 당하였다. 영조 4(1728)년 영천군으로 원찬 되었고 영조 5(1729)년 유배에서 풀려나 직첩 돌려받았다. 영조 6(1730)년 판중추부사에 임명되고 영조 9(1733)년 영중추부사가 되고 기로소에 들어가서 지내다가 영조 12(1736)년 여생을 마쳤다.

<영조실록> 영조 12(1736)년 10월 15일 첫 번째 기사에 '영부사 정호의 졸기'가 있다.

🎁 평가

영부사 정호의 졸기

......

정호는 문청공(文淸公) 정철(鄭澈)의 후손인데, 문정공(文正公) 송시열(宋時烈)의 문하에 출입하였다. 몸가짐이 강직하고 방정하였는데, 언론이 과격하였기 때문에 오랫동안 조정에서 편안히 있을 수가 없었다. 지위가 삼사(三事)에 이르렀으나, 집에서는 죽으로도 끼니를 잇지 못한 적이 여러 번이었다. 그 고장에 살면서 청신(淸愼)하다는 것으로 이름이 났었다.

참고문헌

〈다음백과사전〉, 〈숙종실록〉, 〈경종실록〉, 〈영조실록〉, 〈연일정씨문제공파세보〉

홍치중(洪致中)

본관은 남양(당홍계)이고 자는 사능(士能)이며 호는 북곡(北谷)이고 시호는 충간(忠簡)이다. 현종 8(1667)년에 태어나서 영조 8(1732)년에 죽었다.

🎖 재임기간

영조 5(1729)년 6월 6일[191] – 영조 8(1732)년 6월 23일[192] ※ 후임 심수현

🎖 가문

아버지 득우(得禹)는 강원도 관찰사이고 할아버지 중보(重普)는 우의정이다. 증조부 명구(命耈)는 평안도 관찰사이고 고조부 서익(瑞翼)은 병조 참의다. 5대조 성민(聖民)은 대제학과 호조 판서를 역임했고 6대조 춘경(春卿)은 황해도 관찰사인데 영의정 서봉(瑞鳳)의 할아버지이다. 7대조 계정(係貞)은 예문관 대교이고 8대조 윤덕(潤德)은 봉상시 부정이다. 9대조 경손(敬孫)은 동지성균관사·첨지중추부사이고 10대조 지(智)는 사재감 직장이며 11대조 상부(尙溥)는 전법 좌랑이다. 12대조는 징(徵)이고 13대조는 주(澍)이며 14대조는 판삼사사 융(戎)이고 15대조 규(奎)는 첨의중찬이다. 규는 고려 충혜왕의 모후인 명덕태후의 아버지다. 16대조는 추밀원부사 진(縉)이고 17대조는 사윤(斯胤)이며 18대조는 원중(源中)이고 19대조는 병부상서 지유(至柔)다. 20대조는 수사공 상서성 좌복야 관(灌)이고 21대조는 군기감사 덕승(德升)이며 22대조는 위위시경 호(灝)이며 23대조는 상서성 우복야 의(毅)이다. 24대조는 태부경 동주(東周)다. 25대조 은열(殷悅)은 처음 이름은 유(儒)인데 남양 홍씨 당홍계의 시조이며 고려 개국공신이다.

장인은 경주인 통덕랑 이인식(李寅烒)이고 외할아버지는 경주인 부제학 김경여(金慶餘)이다.

---

191) 이조 판서 이집을 우의정에 제배하고 좌의정 홍치중을 영의정으로 우의정 이태좌를 좌의정으로…
192) 영의정 홍치중이 졸하였다.

아들은 1남이 참봉 제유(濟猷)인데 일찍 죽었고 2남이 진유(晉猷)다. 제유의 6세손이 영의정 홍순목(洪淳穆)이다. 딸은 1녀는 박성한과 결혼했고 2녀는 권소와 결혼했다. 박성한은 좌의정 이태좌(李台佐)와 처남남매 사이다.[193]

치중의 숙부는 득기(得箕)인데 효종과 인선왕후 사이에 태어난 숙안공주(淑安公主)와 결혼한 익평위(益平尉)이다.

🎁 **생애**

우의정 중보의 손자이고 익평위 득기의 조카이다. 북평사로 청나라 사신 목극등과 함께 국경을 정하고 백두산 경계비를 세우는 데 참여했다. 신임사화로 홍주 목사로 좌천되었으나 노론정권이 들어서자 지의금부사로 복귀했다. 노론의 온건파를 이끌면서 탕평에 협조했다.

숙종 25(1699)년 사마시에 합격하고 숙종 32(1708)년 정시문과에 급제했다. 배국에서 대신·육경·삼사의 장관이 각각 2인씩을 추천하는 재식(才識)으로 추천을 받아 검열에 임명되고 설서를 겸했다. 숙종 33년 대교에 임명되고 숙종 34(1708)년 사서로 홍문록에 뽑혔는데 얼마 뒤에 도당에서 행한 홍문록에 또 뽑혔다. 숙종 36년 부수찬을 거쳐 부교리에 임명되고 숙종 37년 지평·부교리·교리·부수찬·헌납·부교리·교리·부교리를 차례로 역임했다. 숙종 38(1712)년 이조 정랑으로 북평사에 임명되어 청나라 사신 목극등(穆克登)과 함께 국경을 정하고 백두산경계비를 세우는 데에 참여했다. 이조 정랑으로 문학을 겸하고 이어서 수찬에 임명되었다. 숙종 39(1713)년 교리·부교리·이조 정랑·수찬·부수찬·교리 겸 사서·부사직을 역임하고 성주 안핵어사로 파견되었다. 돌아와서 부교리·이조 정랑 겸 문학·부응교 겸 보덕·사간을 역임했다. 숙종 40년 부응교·응교 겸 보덕 등 청·현직을 골고루 역임하고 승지에 제수되었다. 숙종 41년 대사간에 제수되고 숙종 42(1716)년 승지에 임명되었다가 충청도 관찰사에 제수되었다. 그러나 부임도 하기 전에 경상도 관찰사로 바뀌어 외직으로 나갔다가 숙종 43년

---

193) 이태좌는 영의정 이항복의 후손으로 영의정 이광좌의 재종형이다.

전라도 관찰사로 전임되었다. 숙종 44년 대사성으로 제수되어 조정으로 돌아왔고 숙종 45(1719)년 통신정사에 임명되어 일본에 다녀오는 등 외교 분야에 공을 세웠다. 숙종 46(1720)년 함경도 관찰사에 임명되어 세 번째로 도백에 부임했다.

경종 즉위(1720)년 부제학·도승지·부제학·공조 참판·도승지·대사성·부제학에 제수되고 경종 1(1721)년 대사헌·이조 참판·개성 유수를 역임하고 형조 판서로 승진했다. 형조 판서로 있을 때 신임사화[194]가 일어나 홍주 목사로 좌천되었다. 경종 2년 판의금부사가 되었는데 신임사화가 더 격해져서 탄핵을 받고 벼슬에서 물러났다.

영조 즉위(1724)년 영조가 즉위하고 노론이 재집권하자 지의금부사로 복귀하고 비변사 제조에 임명되었다. 영조 1(1725)년 한성부 판윤을 역임하고 예조 판서에 임명되어서 동경연과 동성균을 겸했다. 이어서 병조 판서로 전임된 뒤에 판의금부사를 겸했다. 의정부 좌참찬·형조 판서를 역임하고 영조 2년 우의정으로 승차하고 좌의정으로 전임되었다. 영조 3년 극력으로 사직을 요청하여 사직을 허락받고 판중추부사가 되었으나 다시 좌의정에 임명되었다. 그러나 다섯 적의 처분에 불만을 품었기 때문에 우의정으로 낮추었다. 우의정으로 낮추자 사직소를 내고 시골로 내려갔으나 엄한 꾸지람을 받고 돌아와 우의정을 역임했다. 우의정에서 물러나 영중추부사가 되고 영조 4년 판중추부사로 전임되었다가 좌의정에 임명되었다. 영조 5(1729)년 영의정에 임명되었고 영조 8(1732)년 영의정으로 죽었다.

"원만한 성격으로 손론의 영수 이광좌(李光佐)와도 친교가 있었으며, 노론 온건파를 이끌면서 탕평론에 근거하여 노·소론의 연합을 통한 정국 안정을 이르기 위해 노력했다."(<다음백과사전>)는 평가를 받고 있다.

---

194) 경종 1(1721)년인 신축년과 경종 2(1722)년인 임인년에 일어나서 신임사화라 하나 주로 임인년에 일어났다 하여 '임인사화'라고도 한다. 경종 보호를 명분으로 삼은 소론과 연잉군(영조)의 대리청정을 주장한 노론과의 싸움이다. 소론이 노론을 역적으로 몰아 노론의 4대신인 김창집은 거제로, 이이명은 남해로, 조태채는 진도로, 이건명은 나로도로 안치하고 다른 노론대신들도 삭직, 문외출송, 정배 등을 당하였다.

<영조실록> 영조 8(1732)년 6월 23일 첫 번째 기사에 '영의정 홍치중의 졸기'가 있다.

📦 평가

영의정 홍치중의 졸기

…… 홍치중은 사람됨이 자애롭고 신실하며 침착하고 중후하여 평생토록 남을 해롭게 하거나 미워하는 행동과 급히 서두는 얼굴빛이 없었다. 다만 이해(利害)를 돌아보고 계교(計較)가 다단(多端)하여, 무릇 사정(邪正)과 현우(賢愚)의 사이에서 엄격하게 분변하지 못했기 때문에 재상(宰相)의 업적으로는 일컬을 만한 것이 없었다.

참고문헌

〈다음백과사전〉, 〈숙종실록〉, 〈경종실록〉, 〈영조실록〉, 〈남양홍씨남양대군파세보〉, 〈신도비명〉

심수현(沈壽賢)

본관은 청송이고 자는 기숙(耆叔)이며 호는 지산(止山)이다. 현종 4(1663)년에 태어나서 영조 12(1736)년에 죽었다.

🎁 재임기간

영조 8(1732)년 12월 26일[195] - 영조 10(1734)년 5월 4일[196] ※ 후임 이의현

🎁 가문

아버지는 응교 유(濡)이고 할아버지는 진사 약한(若漢)이며 증조부는 한성부 서윤 억(檍)이고 고조부는 인조의 이종사촌인 홍문관 응교 광세(光世)이다. 5대조는 과천 현감 엄(俺)이고 6대조는 서인의 초대 영수이고 명종의 처남인 예조 참판 의겸(義謙)이며 7대조는 명종의 국구 청릉부원군 영돈녕부사 강(鋼)이다. 8대조는 영의정 연원(連源)이고 9대조는 의정부 사인 순문(順文)이며 10대조는 내자시 판관 원(湲)이고 11대조는 영의정 회(澮)이다. 12대조는 영의정 온(溫)이고 13대조는 정종 1년 문하좌정승을 역임한 덕부(德符)다. 덕부 이상의 세계는 심덕부와 같다.

장인은 초배는 전의인 직장 이만겸(李萬謙)이고 계배는 광주인 안후진(安後震)이며 외할아버지는 백천인 동지중추부사 조석윤(趙錫胤)이다.

4남 1녀를 두었는데 1남 악(鍔)은 참판이고 2남 약(鑰)은 용담 현령이며 3남은 필(鉍)이고 4남은 내시교관 발(鈸)이다. 딸은 동래인 부사 정석기(鄭錫耆)와 결혼했다.

---

195) 판부사 심수현을 영의정 겸 공조 판서로, 김흥경을 우의정으로, 서명균을 승진시켜서 좌의정으로…

196) 영의정 심수현이 상소하여 사직하니, 임금이 수서로 비답을 내리고 체직을 허락하였다.

영의정 온·영의정 회·영의정 연원·명종의 국구 청릉부원군 강·서인의 초대 영수인 예조 참판 의겸의 후손이다.

숙종 30(1704)년 춘당대 문과에 급제하고 숙종 32(1706)년 설서·사서·지평·사서를 차례로 역임하고 숙종 33년 수찬·부수찬·부교리를 역임했다. 숙종 34(1708)년 교리·부수찬을 역임하고 다시 교리에 임명된 뒤에 강원도 암행어사에 파견되어 철원 부사 이원명(李元命) 등을 징계하고 영월 부사 박중규(朴重圭) 등에 상을 내린 뒤에 돌아와서 수찬에 임명되었다. 숙종 35(1709)년 부교리·지평을 역임하고 다시 부교리에 임명된 뒤에 평안도 강가 일곱 고을의 암행어사로 파견되었다. 돌아와서 수찬·교리·헌납을 역임하고 숙종 36년 다시 수찬에 임명되었다가 의주 부윤에 임명되었다. 숙종 38(1712)년 승지에 임명되었고 숙종 40(1714)년 양양 부사에 임명되었는데 양양 부사로 있으면서 선정을 베풀어 포상을 받고 충청도 관찰사로 승진되었다. 숙종 41(1715)년 승지에 임명되었으며 숙종 42년 승지에서 형조 참의로 전임되었다. 숙종 44(1719)년 경상좌도 균전사로 파견되었을 때 상소를 올려 양전을 종래대로 시행할 것을 주청하였다.

경종 즉위(1720)년 승지에 임명되었고 경종 1(1721)년 부호군·승지·강화 유수를 역임했으며 경종 3년 대사헌·이조 참판·세자좌부빈객을 역임하고 경종 4(1724)년 한성부 판윤으로 승진하여 공조 판서로 전임되었다.

영조 즉위(1724)년 병조 판서에 임명된 뒤에 판의금부사를 겸했으며 숭록대부에 가자되었다. 영조 1(1725)년 병조 판서에서 체차되었다가 다시 병조 판서에 임명되고 지중추부사를 겸했다. 그러나 역적을 비호했다 하여 죄인으로 몰리고 탄핵을 받았다. 영조 3(1727)년 병조 판서·판의금부사·지경연을 역임하고 우의정으로 승진하여 사은 겸 진주사로 청나라에 다녀왔는데 영조 4년 사신으로 나라를 욕되게 했다는 이유로 양사의 탄핵을 받아 파직되었다가 곧 복직되었다. 영조 5(1729)년 우의정에서 물러나 판중추부사가 되었다. 영조 8(1732)년 영의정으로 승진하고 공조 판서를 겸했으나 영조 10(1734)년 영의정에서 사직하는 것을 허락받고 판중추부사로 있다가 영조 12년에 죽었다.

<영조실록> 영조 12(1736)년 10월 28일 두 번째 기사에 '판부사 심수현의 졸기'가 있다.

🔹 평가

판부사 심수현의 졸기

······ 임금이 하교하여 애도하면서 이르기를, "심수현은 기구 대신(耆舊大臣)으로서 충직하고도 정성스런 성품(性稟)을 지녔으므로, 마음속으로 항상 존경하고 있었다. 나라를 위하는 정성이 항상 순독(純篤)하는 가운데 들어 있었고, 소신이 확고하여 부박(浮薄)한 시의(時議)에 동요되지 않았으니, 말속(末俗)에서 찾아보면 이 사람보다 나은 사람이 없다. 나이는 비록 노쇠하였으나 의지는 오히려 확고하였다. 지난번 언자(言者)들이 그의 외모만 보고 그의 인품을 몰랐었기 때문에 정부(政府)의 수석(首席)을 오래도록 비웠는데, 내가 돈면(敦勉)하여 다시 나오게 하고 싶었다. 금방 병이 위독하다는 말을 듣기는 했지만 어찌 갑자기 졸서(卒逝)할 줄이야 생각이나 했겠는가?"······

참고문헌

〈다음백과사전〉, 〈숙종실록〉, 〈경종실록〉, 〈영조실록〉, 〈청송심씨대동세보〉

이의현(李宜顯)

본관은 용인이고 자는 덕재(德哉)이며 호는 도곡(陶谷)이고 시호는 문간(文簡)이다. 현종 10(1669)년에 태어나서 영조 21(1745)년에 죽었다.

재임기간

영조 11(1735)년 2월 12일[197] - 영조 11(1735)년 2월 28일[198] ※ 후임 김흥경

가문

아버지는 좌의정 세백(世白)이고 할아버지는 파주 목사 정악(挺岳)이며 증조부는 후연(後淵)이고 고조부는 사헌부 대사간 지제교 사경(士慶)이다. 5대조는 진사 계인(啓仁)이고 6대조는 병조 좌랑 신충(藎忠)이며 7대조는 즙(檝)이고 8대조는 진사 종형(宗衡)이다. 9대조는 사복시정 적(績)이고 10대조는 전라 병마절도사 행검(行儉)이며 11대조는 이천 도호부사 수강(守綱)이고 12대조는 강원도·전라도 관찰사로 청백리에 녹선된 백지(伯持)이다. 13대조는 개성 유후·서해도 도관찰사 사위(士渭)이고 14대조는 구성부원군에 봉해진 중인(中仁)이며 15대조는 판도판서·상호군 판정의사사 광시(光時)이고 16대조는 합문지후 석(奭)이다. 17대조는 상서공 부랑중 유정(惟精)이고 18대조는 동정 당한(唐漢)이며 19대조는 승동정 인택(仁澤)이다. 20대조는 직장동정 진문(晉文)이고 21대조는 봉어동정(奉御同正) 광보(匡輔)이며 22대조는 위위시승 현후(鉉候)이고 23대조는 상의봉어 효공(孝共)이다. 24대조는 사공·상서성 좌복야 참지정사 회(懷)이고 25대조는 태자태사 정(靖)이며 26대조는 원윤(元尹) 헌정(憲貞)이다. 시조는 27대조 태사·부마 길권(吉卷)이다.

장인은 세 명인데 초배는 함종인 강원도 관찰사 어진익(魚震翼)이다. 어진익의 손자는 경종의 비인 선의왕후의 아버지이며 경종의 국구인 함원부원

군 어유구(魚有龜)이다. 어진익은 영의정 이유(李濡)와 동서간이다. 계배는 은진인 주부 송하석(宋夏錫)이고 3배는 전주인 유인(柳寅)이다. 외할아버지는 연일인 군수 정창징(鄭昌徵)이다. 정창징은 정몽주(鄭夢周)의 후손으로 우의정 정유성(鄭維城)의 아들이고 홍익한(洪翼漢)의 사위이다. 할머니는 안동인 좌의정 김상헌(金尙憲)의 손녀로 공조 참판 곡운 김수증(金壽增)·영의정 김수흥(金壽興)·영의정 김수항(金壽恒)의 오누이이다.

은진 송씨와의 사이에서 1남을 두었는데 보문(普文)이다. 딸이 넷인데 1녀는 창원인 황직(黃樴)과 결혼했는데 황직은 판서 황귀하(黃龜河)의 아들이다. 2녀는 경주인 김성주(金聖柱)와 결혼했고 3녀는 평산인 세마 신광복(申光復)과 결혼했으며 4녀는 남양인 홍일과 결혼했다.

누나들은 각각 안동인 권상명(權尙明)·남양인 홍덕보(洪德普)·해평인 윤부(尹溥)와 결혼했고 누이는 청풍인 참판 김희로(金希魯)와 결혼했다.

방계로는 큰아버지 현릉 참봉 세웅(世雄)의 손자가 공조 판서·판돈녕부사 보혁(普赫)인데 보혁의 아들은 예조 판서 경호(景祜)이고 경호의 아들이 영의정 재협(在協)이다. 따라서 영의정 재협이 의현의 종증손이 된다.

🎁 생애

좌의정 세좌의 아들이다. 연잉군의 대리청정 문제로 김일경의 탄핵을 받고 벼슬에서 물러났고 신임사화로 운산군에 유배되었다. 영조가 즉위하고 노론정권이 들어서자 관직에 복귀하였으나 정미환국으로 파직되었다. 이인좌의 난이 일어나자 관직에 복귀하여 관련자를 다스렸다. 영의정으로 있을 때 노론 4대신의 신원을 요구하는 노론의 주장을 막으라는 영조의 명에 반대하다가 삭직되었다가 판중추부사로 복귀했다.

김창협(金昌協)의 문인으로 숙종 20(1694)년 별시문과에 급제하고 숙종 22(1696)년 검열에 등용되었다. 숙종 23년 설서에 임명되고 숙종 25년 정언으로 있을 때 홍문록에 뽑혔다. 숙종 27(1701)년 사서·정언·사서·지평·사서·문학을 차례로 역임하고 숙종 28년 정언·지평을 거쳐 정언으로 있을 때 다시 홍문록에 뽑혔다. 숙종 31년 지평·부수찬·교리·이조 좌랑·부교리·헌납 겸 사서·부교리·헌납 겸 사서·부교리를 역임하고 숙종 32 (1706)년 부수찬·부교리·부수찬·금성 현령·문학·교리·헌납·이조 정랑·수찬을 역임했다. 숙종 33년 이조 정랑 겸 문학·부교리·헌납·부교리 겸 문학·부응교·응교·부교리를 역임했다. 숙종 34(1708)년 부응교 등 청·현직을 골고루 역임하고 숙종 36년 이조 참의에 임명되었으나 어떤 일로 파직되었다. 숙종 37년 승지에 임명된 뒤에 경상도 관찰사에 제수되었다. 숙종 38년 대사간·승지를 거쳐 이조 참의에 임명되었다가 체직되었으나 다시 승지에 임명된 뒤에 대사간과 이조 참의를 역임했다. 숙종 39(1713)년 부제학·대사성·부제학을 역임하고 숙종 40년 대사성에 제수되었다가 황해도 관찰사에 임명되어 두 번째로 도백이 되었다. 숙종 41년 다시 이조 참의에 임명되었고 숙종 42(1716)년 개성 유수·이조 참의·예조 참판을 거쳐 도승지에 제수되었다. 대사성으로 전임된 뒤에 예조 참판·대사헌·부제학을 역임하고 숙종 43년 대사헌과 부제학을 거쳐 경기도 관찰사에 임명되어 세 번째로 도백이 되었다. 숙종 46(1720)년 대사간에 임명되었다.

경종이 즉위(1720)하자 예조 참판에 임명되어 동지정사로 청나라에 다녀왔다. 돌아와서 한성부 판윤으로 승차했고 이어서 형조 판서·의정부 우참찬을 역임했다. 경종 1(1721)년 예조 판서에 임명되었다가 이조 판서로 전임되었으나 이조 판서에서 사직했다. 이어서 형조 판서에 제수되고 다시 예조 판서로 전임되어 예문관 제학을 겸했다. 이때 왕세제 연잉군(뒤의 영조)의 대리청정 문제로 소론 김일경(金一鏡)의 탄핵을 받아 벼슬에서 물러났다. 경종 2년 김일경의 사주를 받은 목호룡(睦虎龍)의 고변으로 신임사화가 일어났고 정언 정수조의 상소로 운산군에 유배됐다.

영조가 즉위하고 다음 해인 영조 1(1725)년 양이[199]하였다가 유배에서 풀려났으며 영조가 서용할 것을 명하자 지춘추부사로 관직에 복귀한 뒤 선공감 제조·동경연·사역 제조·형조 판서·이조 판서·수어사·예문관 제학·

---

199) 가까운 곳으로 유배지 옮기는 것

판의금부사 · 우빈객 · 대제학 · 이조 판서를 지내고 왕세자 죽책200) 제진의 공으로 승문원 제조와 비변사 유사당상을 겸했다. 영조 2년 예조 판서 · 판의금부사 · 예조 판서 · 대제학을 지내고 영조 3년 우의정이 되었으나 정미환국으로 파직되었다. 영조 3년 무신란(戊申亂)이 일어나자 판중추부사로 관직에 복귀하여 관련자들을 다스렸다. 영조 8(1732)년 사은 겸 진하정사로 청나라에 다녀왔고 영조 11(1735)년 2월 12일 영의정이 되어 김창집 · 이이명의 신원을 요구하는 노론의 주장을 막으라는 영조의 명에 반대하다가 10여일 뒤인 2월 28일 삭직되었다. 판중추부사로 복귀하였다가 영조 14(1738)년 영중추부사로 옮겼고 영조 18(1742)년 노쇠하여 쉬게 하기 위해 봉조하가 되었다. 영조 21년에 죽었다. 저서로 <도곡집>이 있으며 글씨는 <금양위박미비(金陽尉朴瀰碑)> · <충정공홍익한갈(忠正公洪翼漢碣)> 등이 있다.

　<영조실록> 영조 21년 10월 8일 첫 번째 기사에 '봉조하 이의현의 졸기'가 있다.

🎲 평가

봉조하 이의현의 졸기

　…… 의현은 이세백(李世白)의 아들로서 문학(文學)을 좋아하고 청검(淸儉)을 스스로 지녀 삼조(三朝)를 두루 섬겨 지위가 영의정[上相]에 이르렀는데 비록 경세 제민(經世濟民)의 재능은 없었으나 어려운 때에 홀로 청의(淸議)를 지켜 선비들의 깊은 존경을 받았으니, 임금이 이 때문에 중시하였다. 졸하기에 이르러 임금이 애도하고 아깝게 여겼다.

참고문헌

〈다음백과사전〉, 〈숙종실록〉, 〈경종실록〉, 〈영조실록〉, 〈용인이씨족보〉

---

200) 세자빈의 책봉문을 새긴 간책

김흥경(金興慶)

본관은 경주이고 자는 자유(自有) 또는 숙기(叔起)이고 호는 급류정(急流亭)이며 시호는 정헌(靖獻)이다. 숙종 3(1677)년에 태어나서 영조 26(1750)년에 죽었다.

🔷 재임기간

영조 11(1735)년 11월 20일[201] - 영조 12(1736)년 2월 27일[202] ※ 후임 이광좌

🔷 가문

아버지는 두성(斗星)이고 할아버지는 세진(世珍)이며 증조부는 황해도 관찰사 홍욱(弘郁)이고 고조부는 안기도 찰방 적(積)이다. 5대조는 선무랑을 역임하고 좌승지에 증직된 호윤(好尹)인데 서산 입향조가 되며 6대조 연(堧)은 안주 목사를 역임했다. 7대조는 공산 판관 양수(良秀)이고 8대조는 장단 부사 희(僖)이며 9대조는 병조 좌랑·예조 좌랑·호조 좌랑 영원(永源)이고 10대조는 평양 서윤 근(根)이다. 11대조는 판전교시사 자수(子粹)이고 12대조는 오(珸)이며 13대조는 삼사 부사 영백(英伯)이고 14대조는 합문지후 예(裔)이다. 15대조는 예빈성승 종성(宗誠)이고 16대조는 도감 판관 정유(貞裕)이며 17대조는 위위시 주부 필균(匹匀)이다. 18대조는 전중내급사(殿中內給事) 칙려(則麗)이고 19대조는 태자태사 인관(仁琯)인데 경주김씨의 1세로 본다. 인관은 경순왕 김부(金溥)의 후손이다.

장인은 창원인 평시령 황하영(黃夏英)이고 외할아버지는 광주인 참봉 김영후(金榮後)이다.

아들이 넷인데 장남 한정(漢禎)은 첨절제사를 역임했고 2남은 한좌(漢佐)인데 아우 신경(愼慶)에 입양했고 3남은 한우(漢佑)이며 4남 한신(漢藎)은 도총관을

---

201) 김재로를 좌의정으로, 송인명을 우의정으로 삼았다. 김흥경이 차서대로 영의정으로 승진하였는데…

202) 영의정 김흥경이 고향에 있으면서 여러 번 상소하여 면직시켜줄 것을 간절히 원했었는데, …… 특별히 마지못하여 허락하니 즉시 올라오도록 하라.

역임했는데 영조와 정빈 이씨 사이에서 태어난 화순옹주(和順翁主)와 결혼하여 월성위(月城尉)가 되었다.

손자는 한정에서 넷을 두었는데 태주(泰柱)·신주(愼柱)·이주(頤柱)·건주(健柱)인데 이주는 형조 판서를 역임했다. 한신은 아들이 없어서 이주를 입양했다. 이주의 아들이 예조 참판 노영(魯永)과 이조 판서·병조 판서·형조 판서·공조 판서·지돈녕부사를 역임한 노경(魯敬)이다. 노경은 대사성을 역임한 서예가 추사 정희(正喜)의 아버지이다. 한정의 증손자 노응(魯應)은 형조 판서와 병조 판서를 역임했는데 노응의 아들이 좌의정을 역임한 도희(道喜)이다.

아우는 신경(愼慶)과 광흥창 인경(寅慶)이다.203)

🧊 생애

> 화순옹주의 시아버지이고 추사 정희의 고조부이며 좌의정 도희의 고조부이다. 신임사화로 파직되었다가 영조가 즉위하자 도승지로 복귀하고 정미환국으로 벼슬에서 쫓겨났고 탕평책에 반대하다 파직되었다.

숙종 25(1699)년 정시문과에서 병과로 급제하고 검열에 임명되었다. 숙종 27(1701)년 검열로 설서를 겸했고 숙종 28년 설서에서 사서로 전임되었다가 정언에 임명되었다. 숙종 29(1703)년 정언에서 사서로 전임되었다가 다시 정언·사서·부수찬·수찬에 임명되었으며 숙종 30년 부수찬·부교리·정언·부교리·교리에 임명되었다. 숙종 31년 수찬·부수찬·수찬·정언·수찬에 임명되었고 숙종 32(1706)년 부수찬에 임명되어 암행어사로 파견되었다가 돌아와서 수찬에 임명되었으나 체임되었다. 숙종 33년 교리·이조 정랑·부교리·교리에 임명되었고 숙종 34년 홍산 현감을 역임하고 돌아와서 부교리가 되어 문학을 겸했고 교리로 옮겼다가 이조 정랑이 되어 사서를 겸했으며 다시 교리에 임명되었다. 숙종 35(1709)년 사간·집의·응교를 역

---

203) 인검의 선대는 산원대경 양검(良儉) - 도관 판관 계윤(繼尹) - 판관 정구(正矩) - 심(深) - 시중 감(鑑) - 경순왕 부(溥)로 이어진다.

임하고 숙종 36년에는 부응교·응교·집의·부교리를 역임하고 승지에 올랐으며 숙종 38년 대사간에 임명되었다. 숙종 40(1714)년 대사간에서 승지로 전임되었다가 도승지에 임명되었다. 숙종 41년 대사간·도승지·대사간을 역임하고 숙종 42년 충청도 관찰사가 되어 외직으로 나갔다. 숙종 43(1717)년 대사간·경기도 관찰사·대사헌을 역임했다. 숙종 44년 예조 참판·도승지·충청도 관찰사에 임명되었고 숙종 45(1719)년 도승지를 역임하고 이조 참판에 임명되었다.

경종 1(1721)년 대사성·예조 참판을 역임하고 경종 2년 도승지·한성부 우윤에 임명되었으나 신임사화로 파직되었다.

영조 즉위(1724)년 다시 도승지에 올라 관상감 제조를 거쳐 예조 참판이 되었고 영조 1(1725)년 대사헌·동지춘추를 역임하고 호조 판서로 승진했다. 같은 해에 대사헌·우참찬으로 동지정사가 되어 청나라에 다녀왔고 형조 판서로 지경연을 겸했다. 영조 2년 예조 판서로 전임되었다가 병조 판서로 전임되어 내국 제조를 겸했고 이어서 판의금부사가 되었다. 영조 3년 정미환국으로 소론 이광좌 등이 집권하자 한성부 판윤에서 쫓겨났다가 이듬해 우참찬으로 복직되고 좌참찬으로 전임되었다. 영조 4(1728)년 판의금부사로 있다가 사직했으나 곧 이어 우참찬·판의금부사·좌참찬에 임명되었다. 영조 5년 판의금부사에 임명되었으나 영조의 탕평책에 반대하다가 파직되었다가 우참찬으로 임명되고 다시 판의금부사가 되었다. 영조 6년 형조 판서·좌참찬에 임명되었고 영조 7(1731)년 판돈녕부사·이조 판서에 임명되었다. 영조 8년 황해도 관찰사가 되어 외직에 나갔다 돌아와 판돈녕부사·지중추부사·공조 판서가 되었는데 이때 아들 김한신이 화순옹주와 결혼하여 월성위가 되었다. 이어서 우의정으로 승진했다. 영조 11(1735)년 영의정으로 승진하고 영조 12년 영의정에서 물러나 판중추부사가 되었으며 영조 21(1745)년 영중추부사가 되었다가 봉조하가 되었다.

<영조실록> 영조 26(1750)년 3월 26일 세 번째 기사에 '치사한 봉조하 김흥경의 졸기'가 있다.

📦 평가

치사한 봉조하 김흥경의 졸기

김흥경은 본성이 근실 검약하여 벼슬이 삼공에 이르렀으나 혁혁한 명성은 없었다. 아들 김한신(金漢藎)이 화순 옹주(和順翁主)에게 장가든 뒤로는 더욱 조심하여 도민(都民)들이 그 집안에 부마가 있는 줄도 모를 지경이었으니, 사람들이 이로써 자못 칭찬하였다.

참고문헌

〈숙종실록〉, 〈경종실록〉, 〈영조실록〉, 〈다음백과사전〉, 〈경주김씨 상촌공후 학주공 파보〉

김재로(金在魯)

본관은 청풍이고 자는 중례(仲禮)이며 호는 청사(淸沙) 또는 허주자(虛舟子)이고 시호는 충정(忠靖)이다. 숙종 8(1682)년에 태어나서 영조 35(1759)년에 죽었다.

🔖 재임기간

영조 16(1740)년 9월 28일[204] – 영조 21(1745)년 3월 14일[205] ※ 후임 김재로
영조 21(1745)년 4월 14일[206] – 영조 25(1749)년 9월 5일[207] ※ 후임 조현명
영조 27(1751)년 3월 25일[208] – 영조 28(1752)년 9월 23일[209] ※ 후임 이종성
영조 29(1753)년 9월 3일[210] – 영조 30(1754)년 5월 7일[211] ※ 후임 이천보

🔖 가문

아버지는 우의정 구(構)이고 할아버지는 전라도 관찰사 징(澄)이며 증조부는 공조 정랑 극형(克亨)이고 고조부는 인백(仁伯)이다. 5대조는 계(繼)이고 6대조는 대호군 여광(汝光)이며 7대조는 정주 목사 우증(友曾)이다. 8대조는 극함(克諴)이고 9대조는 부사 리(理)이며 10대조는 강원도 관찰사 의지(儀之)이다. 의지 이상의 세계는 김육과 같다.

장인은 청송인 부사 심징(沈澂)이고 외할아버지는 이몽석(李蒙錫)이다.

3남 1녀를 두었는데 1남 치일(致一)이 장악원정이고 2남 치인(致仁)이 영의정이며 3남 치언(致彦)이 통덕랑이고 딸은 목사 이명중(李明中)과 결혼했다.

형 희로(希魯)는 호조 참판이고 희로의 아들이 시직 치만(致萬)이며 치만의 아들 종수(鍾秀)가 좌의정이다. 사촌 상로(尙魯)도 영의정이다.

---

204) 김재로를 영의정으로, 송인명을 좌의정으로 …
205) 영의정 김재로가 면직되었다.
206) 김재로를 영의정으로, 송인명을 좌의정으로 중복하고…
207) 영의정 김재로가 면직되었다. …… 그의 종제 김약로가 입상(우의정에 임명됨)하였다는 이유로 면직을 청하니, 허락하였다.
208) 김재로를 다시 영의정으로 삼았다.
209) 영의정 김재로가 또 당종 형제가 나란히 정석을 차지하고 있는데다 또 늙었다는 이유로 굳이 사직하니, 임금이 면부하고 영중추부사에 부직하였다.
210) 김재로를 다시 영의정에 제배하라고 명하였다.
211) 영의정 김재로가 입시하여 면직을 청하니 임금이 허락하여 영중추부사로 삼는다고 명하였다.

🏵 생애

> 우의정 구의 아들이고 영의정 치인의 아버지이며 좌의정 종수의 종조부이고 영의정 상로의 4촌
> 이다. 신임사화로 파직되었다가 영조가 즉위하고 관직에 복귀하여 유봉휘·이광좌 등을 좌주도록
> 했다. 정미환국으로 파직되었으나 이인좌의 난 때 반란군을 진압했다. 그 뒤 신임사화로 죽은 노
> 론의 4대신을 신원케 했으나 탕평을 어긴 죄로 파직되었다가 복직했다. 영의정으로 임인옥안을
> 불사르고, 옥안을 그대로 두고 한 박문수·이종성을 파직시키고 소론의 관작을 추탈하여 노론
> 의 권력 기반을 굳혔다. 영의정으로 재임하는 동안 한천여혁절목 10조와 과거의정절목 10조를
> 제정하고 왕실의 상복제를 정리했다.

    숙종 28(1702)년 진사시에 합격했고 숙종 35(1709)년 최석정의 <예기유
편>에 대해 논박했다. 숙종 36(1710)년 춘당대문과에서 을과로 급제하고 검
열에 임명되었다. 숙종 37년 한림·직장에 임명되었고 숙종 39(1713)년 설
서를 겸했으며 숙종 40년 지평·정언을 역임했다. 숙종 41년 지평·별검춘
추·정언을 역임하고 숙종 42(1716)년 부수찬으로 있으면서 소론의 유봉
휘·정식 등이 선현을 무고했다 하여 파직시키게 했다. 이어서 부교리·부
수찬·교리를 역임했다. 숙종 43년 부교리·헌납을 역임하고 다시 부교리
에 임명되어 경기도 암행어사로 파견되었다가 돌아와서 수찬·교리·이조
좌랑·부교리·교리를 역임했으며 숙종 44년 헌납·종사관·승지·대사간
을 역임했다. 숙종 45(1719)년 전라도 관찰사·대사성·승지를 역임하고 전
라도 균전사로 나가 양안(量案)212)을 개정할 것을 요구했다. 돌아와서 우부승
지·이조 참의·부제학을 역임했다.

    경종 즉위(1720)년 호조 참의·승지·부제학·이조 참의·어전통사를 역
임하고 경종 1(1721)년 승지·이조 참의·대사간·승지·개성 유수·병조
참판·예조 참판을 역임했으며 경종 2년 신임사화로 파직되고 경종 3년 이
산군으로 유배되었다.

    영조 즉위(1724)년 석방되고 영조 1(1725)년 직첩을 돌려받고 한성부 좌
윤·대사간·이조 참판을 역임하고 부제학으로 있으면서 소론의 유봉휘·

---

212) 토지대장

이광좌 등 5인을 죄주도록 하고 김일경을 무고로 탄핵하여 죽게 했다. 그 뒤 이조 참판·홍문관 제학·예조 참판을 역임하고 홍문관 제학에 임명되었으나 어머니의 병으로 체직되었다. 영조 3(1727)년 정미환국으로 소론이 득세하자 파직되었다. 영조 4(1728)년 이인좌의 난이 일어났을 때 충주 목사로 기용되어 호서 안무사를 겸하면서 반란을 진압하는 데 기여했다. 이어서 이조 참판에 임명되었으나 당파를 만든 죄로 파직되어 문외출송의 처벌을 받았다. 풀려나서 지돈녕부사에 임명되어 수어사를 겸했고 지춘추관사로서 실록청 당상을 겸하며 <경종수정실록> 편찬에 참여했다. 영조 5년 수어사를 역임하고 황해도 관찰사로 나갔다가 돌아와 형조 참판을 역임했으며 병조 판서로 승진하여 예문관 제학을 겸했다. 영조 6년 동지의금부사·병조 판서에 임명되어 지경연을 겸했다. 영조 7(1731)년 병조 판서로 있으면서 신임사화로 죽은 노론대신 김창집과 이이명의 복권을 상소하여 신원케 했다. 좌참찬으로 전임되어 예문관 제학을 겸하다가 영조 8년 우참찬·판의금부사·판돈녕부사·호조 판서를 차례로 역임했고 영조 9년 이조 판서를 역임했으며 영조 10(1734)년 예조 판서를 역임했다. 영조 11(1735)년 한성부 판윤·지돈녕부사·형조 판서·이조 판서·형조 판서·좌참찬·판의금부사를 역임하고 좌의정으로 승진했으나 영조 13(1737)년 당파싸움을 하여 탕평책을 어긴 죄로 파직되었다가 곧 좌의정으로 복직했다. 영조 14년 판중추부사에 올라 사은정사로 청나라에 가서 새로 나온 <명사(明史)>를 얻어 왔다. 영조 15(1739)년 좌의정에 제배되었다가 영조 16(1740)년 영의정으로 승진되었고 영조 17(1741)년 신유대훈(辛酉大訓)이라 하여 임인옥안(壬寅獄案)을 불사르고 특사하도록 하고 5인의 역안(逆案)[213]을 그대로 두도록 주장한 박문수·이종성 등을 파직시켰다. 그 뒤로 소론의 관직이 추탈되고 노론의 권력 기반은 더욱 굳어졌다. 영조 21(1745)년 3월 영의정에서 면직되고 영돈녕부사로 물러났으나 같은 해 4월 다시 영의정에 임명되었다. 영조 25(1749)년 9

---

213) 반역죄인들의 죄를 기록한 문서

월 영의정에서 면직되고 판중추부사에 임명되었으며 영조 26년 영중추부사로 전임되었다. 영조 27(1751)년 3월 다시 영의정에 임명되었으나 영조 28년 당종형제가 나란히 정석에 있을 수 없고 또 늙었다는 이유를 들어 사직소를 올려 사직을 허락받고 영중추부사로 물러났다. 영조 29(1753)년 9월 네 번째로 영의정에 임명되었다가 영조 30년 5월 영의정에서 사직하고 영중추부사에 임명되었다. 영조 34(1758)년 봉조하가 될 때까지 네 번에 걸쳐 영의정을 역임했다. "영의정 재임기간 영춘추관사를 겸해 한천이혁절목(翰薦釐革節目) 10조와 과거의정절목(科擧議定節目) 8조를 제정하고 왕실의 상복제를 바로잡는 등 치밀하게 정사를 펼쳤다."(<다음백과사전>) 영조 35(1759)년 봉조하로 78세에 죽었다. 죽은 다음에는 기사대신(耆社大臣)이 되어 영조의 묘정에 배향되었다. 저서로 <천의소감언해>·<난여>가 있고 편서로 <예기보주>·<좌씨집선속>·<금석록>·<청풍김씨세보> 등이 있다.

50여년을 관직에 있으면서 거의 절반을 상신(相臣)으로 지냈다. 결백하고 검소한 성품으로 박식하고 예학이 깊었다.(<다음백과사전>) 노론을 권력기반으로 올렸다.

<영조실록> 영조 35(1759)년 10월 15일 세 번째 기사에 '봉조하 김재로가 죽자 성복하고 친림하겠다고 하다'고 기록되어 있다.

📦 평가

봉조하 김재로가 죽자 성복하고 친림하겠다고 하다

하교하기를,

"봉조하 김재로는 지난날의 구신(舊臣)인데, 30년 동안 원보(元輔)로 있다가 이미 고인(故人)이 되었으니, 슬프고 애석함을 어디에 비유하겠는가? 4일 동안 성복(成服)한 뒤에 원량(元良)을 거느리고 친히 그 집에 친림(親臨)할 테니, 이로써 분부(分付)하라."

김재로의 자(字)는 중례(仲禮)이고, 청풍(淸風) 사람으로, 고 상신(相臣) 김구(金

構의 아들이다. 젊어서 문과(文科)에 등제(登第)하였는데, 청렴 검소하고 박람(博覽)하였으며 예학(禮學)에 조예가 깊어 사우(士友)들의 추중하는 바가 되었다. 해서(海西)와 영남(嶺南)의 감사(監司)를 역임하였고, 양전(兩銓)을 거쳐 마침내 태부(台府)에 들어갔으며, 융성(隆盛)한 때를 만나 30년 동안 원보(元輔)로 있다가 늙어서 치사(致仕)하였다. 집에서는 부지런하였고 나라의 일을 잠시도 잊어버리지 않았으니, 재상(宰相)의 기풍이 있다고 이를 수 있다. 단지 조현명(趙顯命)·송인명(宋寅明)과 함께 탕평(蕩平)의 주인(主人) 노릇을 하였으므로, 사람들이 이로써 기롱을 하였다.

참고문헌

〈숙종실록〉, 〈경종실록〉, 〈영조실록〉, 〈다음백과사전〉, 〈청풍세보〉, 〈청풍김씨세계도〉

조현명(趙顯命)

본관은 풍양이고 자는 치회(稚晦)이며 호는 귀록(歸鹿)·녹옹(鹿翁)이다. 숙종 16(1690)년에 태어나서 영조 28(1752)년에 죽었다.

📦 재임기간

영조 26(1750)년 3월 11일[214] - 영조 26(1750)년 10월 29일[215] ※ 후임 김재로

📦 가문

아버지는 의금부 도사 인수(仁壽)이고 할아버지는 진사 상정(相鼎)이다. 증조부는 형조 판서·공조 판서·예조 판서·우참찬·좌참찬을 역임한 형(珩)이다. 그러나 상정이 작은아버지 선공감역 민(珉)에게 입양되었다. 고조부는 승지 희보(希輔)이다. 5대조는 사헌부 감찰 기(磯)이고 6대조는 풍저창수 세훈(世勛)이며 7대조는 부사직 익상(益祥)이고 8대조는 통사랑 후지(厚之)이다. 9대조는 사옹원정 개평(開平)이고 10대조는 회양 부사 신(愼)이며 11대조는 보문각 대제학 염휘(炎暉)이고 12대조는 형부 낭중 계령(季齡)이다. 13대조는 감찰원 장령 정(晶)이고 14대조는 예빈경 진규(振圭)이며 15대조는 첨사 온순(溫珣)이고 16대조는 천화사 전적 지린(之藺)이다. 17대조부터 6대는 실전되었고 시조는 문하시중 맹(孟)이다.

장인은 초배는 철원인 현감 윤지원(尹志源)이고 계배는 안동인 도정 김성유(金聖游)이며 외할아버지는 광산인 승지 김만균(金萬均)인데 사계 김장생의 후손이다.

9남 2녀를 두었는데 1남은 재득(載得)이고 2남은 재한(載翰)이며 3남은 재이(載履)이고 4남은 재전(載田)이며 5남은 재천(載天)이다. 6남은 재양(載陽)이고 7남은 재측(載則)이며 8남은 재묵(載黙)이고 9남은 재욱(載旭)이다. 딸은 둘인데 1녀는 달

---

214) 다시 조현명을 영의정으로 삼고, 이응협을 사간으로 …
215) 영의정 조현명은 특별히 상직을 면하기를 허락하니, 윤강을 엄히 하였다.

성인 서명성(徐命誠)과 결혼했고 2녀는 한산인 첨사 이해진(李海鎭)과 결혼했다.

형은 세 명인데 경명(景命)·영명(永命)·문명(文命)이다. 경명은 승지와 대사간을 역임했고 영명은 교하 현감을 역임했으며 문명은 대제학과 좌의정을 역임했다. 문명의 딸이 효명세자[216]에게 시집갔는데 정조가 즉위하면서 정조의 양아버지인 효명세자가 진종으로 추증되면서 효순왕후(孝純王后)가 되었다. 이에 따라 문명은 진종의 국구가 되고 풍릉부원군(豊陵府院君)에 봉해졌다. 문명의 장인은 김창업이고 처외할아버지는 영의정 김수항이다. 문명의 아들 재호(載浩)는 우의정을 역임했다. 방계로는 작은아버지 상우(相遇)가 우의정이다.

💎 생애

> 좌의정 풍릉부원군 문명의 아우이고 효순왕후의 작은아버지이며 우의정 재호의 숙부이고 우의정 상우의 조카다. 서인에 속했으나 뒤에 소론의 정치적 입장을 취했다. 그러나 외가가 전통적인 노론의 집안이기 때문에 노론과도 일정한 연계를 맺을 수 있었다. 아버지가 박세채의 문인이었기 때문에 박세채의 파붕당설의 영향을 받아 탕평을 지향하는 정치적 입장을 지녔다. 신임사화가 일어나자 송인명과 함께 왕세제 보호에 힘썼다.

숙종 39(1713)년 진사시에 합격하고 숙종 45(1719)년 증광문과에 급제하고 검열로 등용되었다.

경종 1(1721)년 겸 설서로 있을 때 연잉군(뒷날의 영조)이 왕세제로 책봉되자 이를 둘러싸고 노론과 소론이 격심하게 대립한 신임사화가 일어나자 송인명과 함께 세제 보호론을 주장하여 손론의 핍박으로 곤경에 처해있던 왕세제 보호에 힘썼다.

영조 1(1725)년 병조 좌랑에 임명되고 영조 2년에 용강 현령에 제수되었다. 영조 3년 지평으로 탕평을 주장하는 만언소를 올렸으며 문학으로 전직하였다. 영조 4(1728)년 부교리 겸 사서·이조 좌랑·교리·문학이 되었는

---

216) 영조와 정빈 이씨 사이에서 태어나 경의군(敬義君)에 봉해지고 왕세자로 책봉되었으나 10세에 죽었다. 사도세자의 형으로 정조의 양아버지이다. 정조가 즉위하자 진종으로 추존되었다.

데 이이좌의 난이 일어나자 도순무사 오명항의 종사관으로 이인좌의 난을 평정한 공으로 분무공신 3등[217])에 녹훈되고 인평군에서 풍원군으로 개봉되었다. 그 뒤에 동부승지·부제학·대사성·대사헌을 차례로 역임하고 영조 5(1729)년 공조 참판·동지의금부사·부제학·예조 참판·대사성을 거쳐 도승지에 임명되었다. 영조 6년 부제학·도승지·지의금부사를 거쳐 경상도 관찰사로 나가 영남의 난민을 무마하고 기민의 구제에 힘썼다. 영조 8(1732)년 경상도 관찰사에서 삭직되었는데 이는 형 문명의 병이 위독하다는 소식을 듣고 교귀[218])를 하지 않고 가도사에게 인부[219])를 주고 상경하였기 때문이다. 같은 해에 한성부 좌윤으로 복직하고 영조 9(1733)년 전라도 관찰사에 임명되었다. 영조 10년 전라도 관찰사에서 파직되었으나 우의정인 김흥경이 파직의 명을 거두라고 청하여 파직을 면하였다. 이어서 공조 참판에 제수되었다. 영조 11(1735)년 부제학·어영대장·형조 판서를 역임하고 평안도 관찰사에 임명되어 세 번째 도백이 되었다. 영조 12년 이조 판서로 지경연·동경연·우부빈객을 겸하다가 예조 판서로 전직하고 다시 의정부 우참찬에 제수되었다. 영조 13년 형조 판서·의정부 우참찬·의정부 좌참찬에 임명되었으나 관작이 삭탈되고 문외출송 되었다가 이조 판서로 관직에 복귀하였다. 영조 14년에 패초를 어긴 일로 파직되었다가 다시 이조 판서로 관직에 복귀하여 예문관 제학을 겸하였다. 그 해에 동지정사로 중국에 다녀와서 판의금부사에 임명되었다. 영조 15년 형조 판서·예문관 제학·판의금부사·의정부 우참찬·의정부 좌참찬·이조 판서·형조 판서·판의금부사·의정부 좌참찬·한성부 판윤을 역임하였다. 영조 16(1740)년 공조 판서·호조 판서·판의금부사·의정부 우참찬·병조 판서를 거쳐 우의정으로 승진했다. 영조 17년 거듭된 사직상소 끝에 우의정에서 사직하는 것을 허락받고 물러났으나 얼마 되지 않아 다시 우의정에 제수되었다. 영조 19

---

217) 수충강성결기효력분무공신
218) 후임자에게 도장을 넘기는 행사
219) 도장

년 심양문안사로 청나라에 다녀왔다. 영조 22(1746)년 우의정에서 사직하고 영돈녕부사로 물러나 있었으나 다시 우의정에 제수되었다가 우의정에서 면직되고 영돈녕부사가 되었다. 영조 23(1748)년 좌의정으로 승차하고 영조 25년 진하 겸 사은정사로 청나라에 다녀왔다. 좌의정에서 물러나 영돈녕부사가 되었다가 영조 26년 3월 11일 영의정에 올랐다. 그러나 그 해에 사직소를 올려 10월 29일 영의정에서 사직하는 것을 허락받고 다시 영돈녕부사가 되었다. 영조 27(1751)년 좌의정에 제수되었으나 병을 핑계로 사직하고 영돈령부사가 되었으며 낙향하여 아버지의 묘를 지키다가 영조 28년에 죽었다. 영조 29년 충효(忠孝)라는 시호가 내려졌다.

<영조실록> 영조 28(1752)년 4월 26일 첫 번째 기사에 '영돈령부사 조현명의 졸기'가 있다.

🧊 평가

영돈녕부사 조현명의 졸기

…… 하교하기를,

"동궁에서 임금과 신하가 다 젊었을 때부터 알았다. 무신년에는 공을 세워 공이 사직(社稷)에 있었다. 효성을 다하려 하여 조정을 떠나 시골로 내려가기를 청하기에 내가 그 효성에 감동하여 허락하였는데 갑자기 이런 비보를 듣게 되니 슬픈 마음을 어찌 다 말하랴? 제반 부조와 상수(喪需)를 후하게 행하여 나의 뜻을 표하라." 하였다.

조현명의 자는 유회(幼晦)이니 조문명(趙文命)의 아우이다. 어려서부터 글을 읽고 기절(氣節)이 있어 옛날의 명석(名碩)에 스스로를 견주고, 녹녹하게 남의 뒤나 따르는 것을 부끄럽게 여겼다. 등과하자 오래지 않아 춘방관(春坊官)이 되어 신축년·임인년의 흉당(兇黨)들이 세제(世弟)를 핍박함을 보고 보호론을 제창하여 임금의 권우(眷遇)를 받았다. 무신년에 적(賊)이 일어나자 종군(從軍)을 자청하여 군병이 중도에 이르렀는데 밤중에 갑자기 군중이 크게 놀라니,

조현명이 자객이 들어왔음을 의심하고 입고 있는 옷자락을 잘라 가동(家僮)에게 주면서 '너는 이것을 가지고 집에 돌아가서 내가 이곳에서 죽었다고 집안사람들에게 말하라.' 하고 칼을 집고 원수(元帥)의 장막에 들어가서 적을 수색할 것을 큰 소리로 외쳤는데, 적이 과연 잡히자 군중이 비로소 변동이 없었다. 난이 평정되자 공신에 책훈되고 마침내 영상에까지 올랐다. 집안에 있을 때에는 청검(淸儉)하여 장원(墻垣)을 꾸미지 않았으며, 소주(疏奏)에는 개절(凱切) 질직(質直)하여 남이 하지 못할 말을 하였고, 전관(銓官)을 맡은 지 6년 동안에 사람들이 감히 사사로운 부탁을 하지 못하였다. 다만 뽐내기를 좋아하고 들뜨기가 쉬워 더러는 남의 기만을 당하면서도 고집을 부리고, 홧김에 일을 저지르고서도 그 나쁜 짓을 따랐으니, 세상에서는 이 점을 흠으로 여기나 이것으로 그 어짊을 가리지는 못하였다.

참고문헌

〈다음백과사전〉, 〈숙종실록〉, 〈경종실록〉, 〈영조실록〉, 〈풍양조씨세보〉

이종성(李宗城)

본관은 경주이고 자는 자고(子固)이며 호는 오천(梧川)이다. 시호는 처음에는 효강(孝剛)이었으나 뒤에 문충(文忠)으로 바뀌었다. 숙종 18(1692)년에 태어나서 영조 35(1759)년에 죽었다.

🔖 재임기간

영조 28(1752)년 10월 17일[220] – 영조 29(1753)년 5월 25일[221] ※ 후임 김재로

🔖 가문

아버지는 좌의정 태좌(台佐)이고 할아버지는 형조 참판 세필(世弼)이며 증조부는 이조 참판 시술(時術)이고 고조부는 예빈시정 정남(鼎男)이다. 5대조는 영의정 항복(恒福)이고 6대조는 돈녕부 첨정 몽량(夢亮)이며 7대조는 진사로 벼슬을 사양하고 포천에서 학문과 후학 양성을 한 포천 입향조 예신(禮臣)이다. 8대조는 안동 판관 성무(成茂)이고 9대조는 숭수(崇壽)이다. 숭수 이상의 세계는 이광좌와 같다.

장인은 파평인 윤채(尹采)이고 외할아버지는 남양인 현감 홍득우(洪得禹)이다. 홍득우의 아들이 우의정 홍중보(洪重普)이고 홍중보의 아들이 관찰사 홍명구(洪命耈)다.

아들이 없어서 사촌인 호조 판서 이종백(李宗白)의 아들 경륜(敬倫)을 입양했는데 경륜이 황해도 관찰사를 역임했다. 후손으로는 고종 때 영의정을 지낸 유원(裕元)과 대한민국 초대 부통령 시영(始榮)과 독립운동가 회영(會榮)이 있다. 총리대신 김홍집은 회영의 사위이다.

🔖 생애

영의정 항복의 현손으로 좌의정 태좌의 아들이고 우의정 홍중보의 생질이다. 이인좌의 난이 발생했을 때 영남 암행어사로 민폐를 일소하는 등 8번의 암행어사로 파견되어 민생을 보듬었다. 사도세자의 처벌을 주장하던 김상로의 모함으로 영의정에서 물러났다.

---

220) 이종성을 영의정으로, 이천보를 좌의정으로 삼았다.
221) 김상복을 승지로, 이종성을 판중추부사로 삼았다.

숙종 37(1711)년 진사시에 합격하고 영조 3(1727)년 증광문과에서 병과로 급제하여 겸 설서가 되었다. 이어서 홍문관 신록에 발췌되고 영조 4(1728)년 홍문관 정자가 되고 경연의 전경으로 박문수와 함께 붕당 200년의 폐를 논했다. 같은 해 이인좌의 난이 발생하자 영남 암행어사로 파견되어 민폐를 일소했다. 영남어사로 있을 때 이인좌의 출가한 딸 자매가 문경에 갇혀 있음을 보고 상소하여 풀어주게 했다. 돌아와서 부수찬·부교리·헌납을 역임하고 다시 영남 별건어사로 파견되었다. 별건어사로 파견되어서는 경상도 관찰사 박문수가 부득이 자리를 떠야 할 일이 생기자 박문수를 대신하여 경상도 관찰사의 일을 보았으며, 안동 부사 윤양래를 파직하라는 명이 내리자 한 해에 수령을 네 번 바꾸면 안 된다는 논리로 파직을 막는 상소를 올려 허락 받았다. 영조 5년 수찬·부수찬·부교리·경기도 도사·부교리·교리·북도 평사·응교를 역임하고 북도 암행어사로 파견되었다. 북도 암행어사로 파견되었다가 함경도 암행어사·함경도 안집어사로 임무를 바꾸어 수행했다. 이어서 응교·부응교를 역임했다. 영조 6(1730)년 교리·응교·부응교를 차례로 역임하고 북로 감진어사로 파견되었고, 응교를 거쳐 안성 군수로 나갔다가 돌아와 부응교가 되었다. 영조 7년에는 관서 암행어사로 파견되어 양덕 현감 남윤관을 파직시키고 개천 군수 홍태평과 맹산 현감 이희하와 황주 목사 이상재를 포상할 것을 건의했다. 암행어사의 임무를 마치고 돌아와 부응교·교리·응교를 거쳐 다시 경기도 별건어사로 파견되었다가 임무를 마치고 돌아와서 응교에 임명되었고 영조 8년 교리로 있을 때 이번에는 과천 암행어사로 파견되는 등 암행어사로 민생을 보듬는 일에 힘썼다. 암행어사를 마치고 돌아와서 광주 부윤이 되었다가 영조 9(1733)년 좌부승지가 되고 대사간으로 전임되었다가 다시 좌부승지가 되었다. 같은 해에 이조 참의와 대사성으로 전임되었다가 영조 10년 부제학·이조 참의를 역임했다. 부제학으로 있을 때는 양역의 폐해를 상소했으며 이조 참의로 있을 때는 화폐 사용의 편리함에 대해 논하고 탕평책에 반대했다. 영조 11년 다시 부제학에 임명되었다가 다시 이조 참의에 임명되고 영조 12년 다시 부제학이 되었다. 이어서 부사과·대사간에 제수되었다가 다시 부제학을 역임하고 경기도 관찰사에 임명되었다. 같은 해에 병조 참판으로 동지의금부사를 겸하였으나 탕평책에 반대하다가 삭출되었으나 곧 도승지로 관직에 복귀해서 예문관 제학·공조 참판에 제수되었다. 영조 14년에는 대사간·부제학·호조 참판·이조 참판·부제학에 제수되었다. 영조 15(1739)년 한성부 우윤을 역임하고 부제학에 임명되었는데 응교로 있을 때 박문수를 논박한 일로 삭탈되었다. 영조 17년 대사간에 임명되었다가 부사직으로 전임되어 우부빈객을 겸했다. 이어서 이조 참판을 거쳐 다시 홍문관 부제학이 되고 한성부 좌윤으로 예문관 제학을 겸했다. 같은 해에 평안도 관찰사를 거쳐 호조 참판이 되었다가 영조 18(1742)년 공홍도 관찰사222)를 역임했다. 영조 19년 부제학·대사헌을 거쳐 공조 판서로 승차했다가 형조 판서로 전임되었다. 영조 20년에는 이조 판서로 동지성균관사를 겸하고 예조 판서로 전임되었다가 부사직에 임명되었다. 영조 21년 형조 판서에 임명되었다가 평안도 관찰사에 임명되어 다시 외직으로 나갔고 영조 22년에는 공조 판서에 이어 형조 판서에 제수되었다가 다시 함경도 관찰사에 제수되었다. 영조 24년 대사헌으로 있다가 어떤 일로 파직되었고 영조 25년에는 이조 판서·지돈녕부사를 역임했다. 영조 26(1750)년 개성부 유수를 거쳐 영조 28년 좌의정으로 승차했고 같은 해에 바로 영의정으로 승차했다. 영조 29년 사도세자의 처벌을 주장하던 김상로 등의 모함으로 영의정에서 면직되어 영조 30년 판중추부사에 임명되었다. 영조 31(1755)년 관작이 삭탈되고 문외출송 되었다가 석방되어 판중추부사에 임명되었다. 영조 33년 내의원봉상시 도제조로 임명되고 숙종의 계비인 인원대비의 상을 당해 의례의 구조와 종묘 혼전의 예의 칠조를 올려 시행하게 했다. 영조 34(1758)년 영중추부사에 제수되어 장헌세자를 잘 보살폈으나 어떤 일로 파직되었다. 그러나 곧바로 영중추부사에 임명되었고 이듬해인 영조 35년에 영중추부사

222) 충청도 관찰사를 말한다.

로 죽었다. 죽은 뒤에 장조의 묘정에 배향되었다. <오천집>이 있다.

<영조실록> 영조 35(1759)년 1월 12일자 세 번째 기사에 '영중추부사 이종성이 죽자 결복 후 아들을 서용토록 하다'는 기록이 있다.

🎁 평가

영중추부사 이종성이 죽자 결복 후 아들을 서용토록 하다

…… 하교(下敎)하기를,

"이 영부사는 봉조하(奉朝賀)의 아들로서 참하(參下)에서부터 그 임금의 지우(知遇)를 얻었고 말초(末抄)에까지 확연(廓然)한 그 마음은 늙을수록 더욱 돈독하여 나라를 위해 충성을 다하였기에 나에게는 뿌리쳐도 가지 않는 신하였다. 지난번에 입시(入侍)한 지가 약간일(若干日)에 지나지 않았는데, 어찌하여 이러한 흉보(凶報)를 들을 줄 뜻하였겠느냐? 듣고서도 심히 의아스러워 문득 참이 아닌가 의심하였다. 슬픈 마음을 어떻게 비유하겠느냐? ……" 하였다.

사신(史臣)은 말한다. "이종성은 문사(文詞)가 섬민(贍敏)하고 성질(性質)이 강명(剛明)하였다. 그런데 을해년 뒤에는 허물을 씻을 수가 없어서 부끄러움을 품은 채 구용(苟容)함을 면치 못하였다. 삼가 상고하건대, 이종성은 이태좌(李台佐)의 아들로 소년(少年)에 급제하여 남상(南床)에 뽑혔었고, 시배(時輩)들이 추예(推譽)로 청환(淸宦)과 요직(要職)을 두루 거치지 않은 것이 없었으며, 지위가 태보(台輔)에 이르러서는 소론(少論)의 영수(領袖)가 되었다. 평일(平日)의 사범(師範)은 단지 이광좌(李光佐)뿐이었는데, 을해년에 이르러서야 황연(怳然)히 크게 깨달아 비로소 전년(前年)의 잘못을 알고 임금 앞에서 우러러 진달하였다. 그가 참으로 잘못을 깨닫고 그렇게 할 것인지, 아니면 중심(中心)에는 그렇지 못한 바가 있었던 것인지 마땅히 분별할 자가 있을 것이다."

참고문헌

〈다음백과사전〉, 〈숙종실록〉, 〈영조실록〉, 〈한국 민족문화 백과대사전〉, 〈경주이씨세보〉

이천보(李天輔)

본관은 연안이고 자는 의숙(宜叔)이며 호는 진암(晉庵)이고 시호는 문간(文簡)이다. 숙종 24(1698)년에 태어나서 영조 37(1761)년에 죽었다.

재임기간

영조 30(1754)년 5월 14일[223] – 영조 31(1755)년 4월 21일[224] ※ 후임 이천보
영조 31(1755)년 7월 17일[225] – 영조 32(1756)년 2월 18일[226] ※ 후임 이천보
영조 32(1756)년 3월 2일[227] – 영조 34(1758)년 8월 12일[228] ※ 후임 유척기

가문

아버지는 옥천 군수 주신(舟臣)이고 할아버지는 성조(成朝)이다. 증조부는 공조 판서·예조 판서·호조 판서·우참찬·좌참찬·대제학을 역임한 일상(一相)이고 고조부는 대제학과 이조 판서를 역임한 명한(明漢)이다. 5대조는 대제학과 좌의정을 역임한 월사 이정구(李廷龜)이고 6대조는 삼등 현령 계(啓)이며 7대조는 동지중추부사 순장(順長)이다. 8대조는 사헌부 장령 혼(渾)이고 9대조는 판중추부사를 역임하고 연성부원군에 봉해진 석형(石亨)이다. 10대조는 보의장군 회림(懷林)이다. 회림 이상의 세계는 이시백과 같다.

장인은 은진인 부사 송상유(宋相維)이고 외할아버지는 숙종의 비인 인경왕후의 친정아버지인 광성부원군(光城府院君) 김만기(金萬基)이다. 김만기는 문원왕사계 김장생의 증손으로 병조 판서와 영돈녕부사를 역임했다.

아들 문원(文源)은 이조 판서·형조 판서·병조 판서·예조 판서를 역임했고 문원이 좌의정 존수(存秀)를 낳았다. 딸은 각각 조경(趙絅)·해주인 판중추부사 오재순(吳載純)과 결혼했고 또 한 명의 딸은 경기도 관찰사·형조 판

223) 이천보를 영의정으로, 김상로를 좌의정으로,…
224) 영의정 이천보가 면직되었다. 이천보가 도성을 나간 후에 또 상소하여 해직을 비니 …
225) 이천보를 영의정에 특배하고 이기경을 동지사 서장관으로 삼고,…
226) 영의정 이천보와 좌의정 김상로를 파직하였다.
227) 영돈녕 이천보를 영의정에 제배하고 판중추 김상로를 좌의정에 제배하였다.
228) 영의정 이천보와 좌의정 김상로를 파직시키고 영부사 유척기를 영의정으로,…

서·이조 판서·병조 판서·공조 판서를 역임한 서유방(徐有防)과 결혼했다.

방계로는 고조부 명한(明漢)의 후손으로 정보(鼎輔)가 대제학과 판중추부사를 역임했고 철보(喆輔)가 예조 판서를 역임했으며 철보의 아들 복원(福原)이 대제학과 좌의정을 역임했다. 또 복원의 아들은 시수와 만수인데 시수(時秀)가 영의정이고 만수(晚秀)가 대제학과 이조 판서를 역임했다. 또 길보(吉輔)는 공조 판서를 역임했고 길보의 아들 성원(性原)은 좌의정을 역임했다.

💼 생애

좌의정 월사 이정구의 후손으로 좌의정 존수의 할아버지이고 숙종의 국구 광성부원군 김만기의 외손자이다. 장헌세자의 평양원유사건으로 인책되어 음독자살했고 국왕의 중화지도를 강조하는 유소를 남겼다. 시에 뛰어난 재질을 보였다.

영조 15(1739)년 알성문과에서 을과로 급제했다. 이성종이 한림으로 천거하였으나 회전시 윤득화가 막았다. 영조 16년 설서·홍문관 정자·부수찬을 역임하고 영조 17년 정언·교리·부수찬·헌납·교리 겸 사서를 역임했다. 영조 18(1742)년 옥천 안핵암행어사에 파견되었다가 돌아와서 수찬·부수찬·부교리·교리·장령·교리·부수찬·헌납·교리·부교리·교리·응교에 차례로 임명되었다. 영조 19년에는 부응교·사간을 역임했고 영조 20년에는 동청낭청을 역임하는 등 청현직을 고루 역임하고 같은 해에 승지에 오른 뒤에 대사간을 역임했다. 영조 21(1745)년 승문원 부제조에 이어 병조 참지에 임명되었으며 영조 22년 황해도 관찰사에 임명되었다. 황해도 관찰사로 재직하던 영조 23(1747)년 각 도의 영에는 모두 성이 있는데 해주에만 성이 없는 것을 보고 해주에 성을 쌓을 것을 건의해 허락 받았다. 영조 23년에 부제학을 역임했고 영조 24년에는 대사성·이조 참의·이조 참판·동지의금부사를 역임했다. 영조 25년 우부빈객·예문관 제학·형조 참판·이조 참판을 역임하고 영조 26(1750)년 병조 판서로 승차하여 세자좌빈객을 겸하다가 이조 판서로 전임되었다. 영조 28년 병조 판서로 예문관 제학을 겸하고 지의금부사를 거쳐 우의정으로 승진했다. 우의정으로 있을 때 "동궁(장헌세자)이 대리한 이후부터 영조가 소장을 일체 보지 않아서 상하의 정서와 언로가 막히는 문제가 있다고 지적했다."(<다음백과사전>) 같은 해에 이광좌(李光佐)를 탄핵할 때 동조했다가 우의정에서 파직되었으나 곧 복직되어 판중추부사를 거쳐 좌의정에 임명되었다. 영조 30(1754)년 좌의정에서 삭출되고 판중추부사로 물러났으나 다시 좌의정으로 복귀했다가 같은 해에 영의정으로 승진했다. 영조 31(1755)년 7월 17일 영의정에서 면직되었다가 같은 날 곧바로 영의정으로 복귀했다. 이 해에 경종 때에 있었던 세제의 대리청정 추진과 신임사화의 진위를 둘러싼 노론과 소론 사이의 시비에서 노론과 영조의 승리를 상징하는 대훈의 역사적 기록을 맡는 <천의리편감> 찬수청 도제조가 되었다. 영조 32년 2월 어떤 일로 파직되어 문외출송되었다가 같은 해 3월 세 번째로 영의정에 임명되었다. 영조 34(1758)년 다시 파직되어 판중추부사로 물러나 있다가 영조 35(1759)년 영중추부사로 옮기었으며 그 해에 죽었다. "실록에는 병으로 죽었다고 되어 있으나, 장헌세자의 평양원유사건에 책임을 느껴 음독자살했다고 한다. 국왕의 중화지도(中和之道)를 강조하는 유소(遺疏)를 남겼다. 담론을 즐겼으며 젊어서 사장을 익혀 시에 뛰어난 재질을 보였다."(<다음백과사전>) 저서로 <진암집>이 있다.

<영조실록> 37(1761)년 1월 5일 세 번째 기사에 '영중추부사 이천보의 졸기'가 있다.

🎲 평가

영중추부사 이천보의 졸기

…… 그의 유소(遺疏)에 대략 이르기를,

"돌아보건대 지금의 한없는 여러 가지 일 중에 성궁(聖躬)을 보전하고 아끼는 것 만한 것이 없습니다. 기쁨과 노여움이 간혹 갑자기 발하게 되면 그

중정(中正)한 도리를 잃을 뿐만 아니라 기혈(氣血)이 손상될 우려가 있으며, 시행과 조치가 간혹 격렬하거나 번뇌를 이루게 되면 교령(敎令)에 해로움이 있을 뿐만 아니라 정신이 소모되고 허물어지는 근심이 있게 됩니다. 삼가 원하건대, 중화(中和)하는 도리를 더욱 힘쓰시어 강녕(康寧)하는 아름다움을 누리도록 하소서." 하였다.

삼가 살펴보건대, 이천보(李天輔)의 자(字)는 의숙(宜叔)이며 연안(延安) 사람이다. 젊어서는 사장(詞章)을 익혔는데, 문강공(文康公) 김창흡(金昌翕)이 그의 시가(詩歌)를 보고서 매우 훌륭하다고 칭찬을 하였었다. 영종(英宗) 기미년에 을과(乙科)에 합격하였으며 홍문관에 들어가 정자(正字)가 되었고, 한 세대에서 명망이 높아 이조 참의와 승문원 부제조(承文院副提調)가 되었다. 일찍이 상소하여 조정(調停)을 넓히도록 청하니 영종이 크게 기뻐하였는데, 이에 대신(大臣)인 김재로(金在魯)·조현명(趙顯命)이 번갈아가며 말로 추천하자 바로 발탁하여 이조 참판 겸 예문관 제학을 삼았고, 얼마 있다가 차례를 뛰어넘어 병조 판서에 임명되었으며, 또 이조 판서로 자리를 옮겼다가 의정부에 들어가 우의정이 되었는데, 당시 나이 52세였고, 얼마 되지 않아 영의정으로 승진하였다.

처음에 홍계희(洪啓禧)가 균역(均役)에 대한 일을 건의하니, 임금이 이천보에게 명하여 비변사(備邊司)에서 홍계희와 균역에 대한 일을 의논하게 하였으나, 이천보가 끝까지 명에 응하지 않았다. 그리고 이존중(李存中)이 김상로(金尙魯) 형제를 발탁하였다가 처벌을 받아 배척되고 기용되지 않았는데, 이천보가 말하기를, '이존중을 어찌 버릴 수 있겠는가?'라고 하면서 바로 추천하여 승문원 부제조로 삼게 하였다. 그리고 홍봉한(洪鳳漢)은 지위가 높아 조정에서 위세를 떨쳤으므로 여러 대신(大臣)들이 함께 올리려고 하였는데 유독 이천보만은 불가하게 여겼으며, 임금이 복상(卜相)하도록 명하였으나 이천보가 끝내 홍봉한을 복상하지 않았다.

이천보가 물러나 육화정(六化亭)에서 살다가 병으로 죽으니, 나이 64세였다. 벼슬살이하면서 조심하고 조졸하였는데, 그가 졸(卒)함에 이르러서는 염습(斂襲)할 한 가지 의복도 없었으므로 사대부(士大夫)들이 모두 그의 청렴했음을 칭찬하였다. 하지만 공명(功名)을 차지하기에 급하여 상소하여 조정(調停)을 주청하였고, 조현명(趙顯命)에게 아부하여 크게 추켜세워 추천해 줌을 얻어 마침내는 의정부의 정승 자리에 올랐으므로, 당시 사람들이 이것을 단점으로 여겼다. ……

참고문헌

〈다음백과사전〉, 〈영조실록〉, 〈연안이씨소부감판사공파세보〉

유척기(俞拓基)

본관은 기계이고 자는 전보(展甫)이며 호는 지수재(知守齋)이고 시호는 문익(文翼)이다. 숙종 17(1691)년에 태어나서 영조 43(1767)년에 죽었다.

🎁 재임기간

영조 34(1758)년 8월 12일[229] — 영조 35(1759)년 3월 18일[230] ※ 후임 김상로

🎁 가문

아버지는 청주 목사 명악(命岳)이고 할아버지는 사헌부 대사헌 철(櫛)이며 증조부는 강원도 관찰사 성증(省曾)이고 고조부는 선무랑 대의(大義)이다. 5대조는 자산 군수 영(泳)이고 6대조는 호조 판서 강(綱)이며 7대조는 형조 판서와 이조 판서를 역임한 여림(汝霖)이며 8대조는 첨지중추부사 기창(起昌)이다. 9대조는 진사 해(解)이고 10대조는 집(輯)이다. 11대조는 판사재감사 성복(成福)이고 12대조는 판도판서 승계(承桂)이며 13대조는 판도판서 겸 한양 부윤 선(儒)이다. 14대조는 상승국부내승 득선(得瑄)이고 15대조는 사재감 주부 여해(汝諧)이며 16대조는 진사 진경(晉卿)이다. 17대조는 섭호장(攝戶長) 성미(成美)이고 18대조는 호장 의신(義臣)인데 기계유씨의 관향조이고 기계유씨의 시조는 신라 아찬 삼재(三宰)이다.

장인은 평산인 판관 신사원(申思遠)이고 외할아버지는 용인인 정언 이두악(李斗岳)이다.

아들은 넷인데 1남은 선릉 참봉 언흠(彦欽)이고 2남은 공조 참판 언현(彦鉉)이며 3남은 통덕랑 언진(彦鉁)이고 4남은 고양 군수 언수(彦銖)이다. 언진의 양아들은 한녕(漢寧)인데 동부승지와 대사간을 역임했다. 딸은 1녀는 남양인 홍익빈(洪益彬)과 결혼했고 2녀는 풍산인 현감 홍흠보(洪欽輔)와 결혼했으며 3녀

---

229) 영의정 이천보와 좌의정 김상로를 파직시키고 영부사 유척기를 영의정으로,…
230) 판부사 이천보를 영의정으로, 유척기를 판부사로…

는 대구인 서명현(徐命顯)과 결혼했고 4녀는 해평인 우의정 윤시동(尹蓍東)과 결혼했다.

방계로는 할아버지 대사헌 철(櫛)이 세 아들을 두었는데 1남은 명순(命舜)이고 2남은 명건(命健)이고 3남은 명악(命岳)이다. 명건이 최기(最基)와 직기(直基)를 낳았는데 최기는 의정부 우참찬이고 직기는 한성부 우윤이다. 직기는 언호(彦鎬)를 낳았는데 언호가 좌의정이다.

🎲 생애

우의정 윤시동의 장인이고 좌의정 언호의 종조부이다. 신임사화 때 홍원에 유배되었다가 영조 즉위년 노론이 집권하자 관직에 복귀했고 정미환국으로 파직되었으나 이인좌의 난이 발생하자 다시 등용되었다. 신임사화로 사사된 노론 4대신의 신원에 힘썼고, <경국대전>의 도량형에 의거하여 세종 때의 도량형기의 표준화를 이루었다. 노론의 온건파로 이천보와 함께 탕평에 협력했고 창곡과 조세 등 경제 정책에 관심을 가졌다.

김창집의 문인으로 숙종 40(1714)년 증광문과에 급제하고 숙종 41(1715)년 검열에 임명된 뒤에 설서를 겸했으며 숙종 43년 사서·정언·지평을 역임하고 숙종 44(1718)년 부수찬에 임명되었다.

경종 즉위(1720)년 부수찬·수찬·이조 좌랑·부교리·교리·헌납을 차례로 역임하고 경종 1(1721)년 이조 좌랑·헌납·교리·이조 좌랑·헌납·응교·검상을 지내고 사간으로 전임되었다. 사간으로 있을 때 연잉군(뒤의 영조)이 세제로 책봉되자 주청사 김창집의 서장관이 되어 청나라에 다녀와서 보덕을 겸했다. 경종 2년 신임사화를 일으켜 집권한 소론의 언관 이거원(李巨源)의 탄핵을 받아 홍원에 유배되었다가 동래에 안치되었다.

영조 1(1725)년 노론이 재집권하자 석방되어서 대사간으로 관직에 복귀했다. 그 뒤에 승지·이조 참의·승지·대사간·승지를 역임하고 영조 2년 경상도 관찰사에 임명되었다. 그러나 상소로 인해 삭출되었고 다시 함경도 관찰사에 제수되었으나 출사하지 않아서 파직되었다. 이어서 대사간에 제수되었으나 영조 3(1727)년 노론과 소론이 극심한 당쟁을 일으키자 당쟁을 조정하기 위해 소론이 정계에 복귀하도록 하는 인사 개편, 즉 정미환국으로 파직되었다. 영조 4년 이인좌의 난이 일어나자 재차 등용되어 원자 보양관·세자시강원 빈객을 역임하고 영조 6(1730)년 강화부 유수에 임명되었다. 영조 8년 부제학·형조 참판·대사성·동지의금부사·한성부 좌윤을 지내고 도승지에 임용되었으나 출사하지 않고 버티었다. 이 일로 도승지에서 파직되었다. 같은 해에 동지의금부사에 임명되고 한성부 좌윤에 임명되었으나 소명을 어겼기 때문에 출척되어 남양 부사로 좌천되었다. 영조 10(1734)년 황해도 관찰사에 임명되고 영조 11년 원자 보양관에 임명되었다. 영조 12년 세자빈객·부제학·예문관 제학·부제학을 역임하고 평안도 관찰사에 임명되었으나 임지로 떠나면서 임금께 하직인사를 하지 않은 죄로 파직되었다. 그 뒤에 동경연·대사간에 임명되었다. 영조 13(1737)년 대사헌·동지춘추를 역임하고 한성부 판윤에 임명되었으나 판윤으로 출사하지 않으려 했기 때문에 경상도 관찰사에 임명했다. 영조 14년 한성부 판윤·호조 판서를 역임하고 영조 15(1739)년 한성부 판윤·판의금부사를 거쳐 우의정에 승진했다. 우의정을 지내면서 신임사화로 사사된 노론대신 김창집·이이명의 복권을 건의하여 신원시켰으나 소론의 유봉휘(柳鳳輝) 등을 탄핵하다가 뜻을 이루지 못하고 영조 16년 우의정에서 체차되어 판중추부사가 되었다. 우의정으로 재직하면서 <경국대전>의 도량형에 관한 기록에 의거하여 세종 때의 도량형기의 표준을 재현할 것을 상소하여 1742년에 이것을 실현케 했다. 영조 18년 녹봉과 소명을 사양했다. 영조 25(1749)년 어머니의 상을 당하여 시묘했고 영조 27년 상을 마치고 판중추부사에 임용되었다. 영조 29(1753)년 내국 도제조에 임명되었고 영조 30년 심양 문안사로 청나라에 다녀왔으며 영조 31(1755)년 영중추부사에 임명되었고 영조 34(1758)년 영의정에 임명되었다. 영조 35년 세 번 정사한 끝에 영의정에서 사직하는 것을 허락 받고 영의정에서 물러나 판중추부사를 지낸 뒤에 영중추부사로 전임되었으며 봉조하가 되어 기로소에 들어갔다. 영조 43년 봉조하로 죽었다.

　노론 중의 온건파로 이천보(李天輔)와 같이 영조의 탕평정치에 협력했으며 창곡·조세 등 경제 정책에 관심을 가졌다. 저서로 <자수재집>이 있으며 당대의 명필로 홍주의 <노은동선생유허비>·순창의 <삼인대사적비>·경주의 <신라시조왕묘비>·청주의 <만동묘비> 등을 남겼다.(<다음백과사전>)

<영조실록> 영조 43(1767)년 10월 30일 첫 번째 기사에 '봉조하 유척기의 졸기'가 있다.

🎁 평가

봉조하 유척기의 졸기

…… 임금이 연석(筵席)에서 애석해 한탄하고 꿈에서 보았다는 하교까지 하면서, 시장(諡狀)을 기다리지 말고 즉시 시호(諡號)를 의논하라고 하였다. 문익(文翼)이란 시호를 내렸다. 유척기는 너그럽고 후덕하여 대신다운 도량이 있었으므로, 위·아래가 의지하며 중히 여겨 온 지 거의 수십 년이나 되었다.

참고문헌

<다음백과사전>, <경종실록>, <영조실록>, <기계유씨족보>

김상로(金尙魯)

본관은 청풍이고 자는 경일(景一)이며 호는 하계(霞溪) 또는 만하(晩霞)이고 시호는 익헌(翼獻)이다. 숙종 28(1702)년에 태어나서 영조 42(1766)년에 죽었다.

재임기간

영조 35(1759)년 5월 7일[231] - 영조 35(1759)년 8월 15일[232] ※ 후임 김상로
영조 35(1759)년 8월 17일[233] - 영조 36(1760)년 10월 14일[234] ※ 후임 홍봉한

가문

아버지는 대제학과 좌찬성을 역임한 유(楺)이고 할아버지는 전라도 관찰사 징(澄)이며 증조부는 공조 정랑 극형(克亨)이고 고조부는 인백(仁伯)이다. 5대조는 계(繼)이고 6대조는 대호군 여광(汝光)이며 7대조는 정주 목사 우증(友曾)이다. 8대조는 극함(克諴)이고 9대조는 부사 리(理)이며 10대조는 강원도 관찰사 의지(儀之)이다. 11대조는 호조 참의 관(灌)이고 12대조는 판봉상시사 중방(仲房)이며 13대조는 문하시중 창조(昌祚)이고 14대조는 감문위 대호군 현(鉉)이다. 현 이상의 세계는 김육과 같다.

장인은 초배는 임천인 지중추부사 조정만(趙正萬)이고 계배는 풍산인 참의 홍주국(洪柱國)이며 삼배는 전주인 서령 이진명(李晉命)이고 외할아버지는 송박(宋博)이다.

아들은 이조 참의 치양(致讓)과 교리 치현(致顯)이고 손자는 종렬(鍾烈)이다.

큰형 취로(取魯)는 도승지·병조 판서·이조 판서·호조 판서를 지냈고 둘째형 약로(若魯)는 좌의정을 지냈다.

방계로는 큰아버지는 우의정 구(構)인데 구의 큰아들인 재로(在魯)가 영의정을 지냈고 재로의 아들은 영의정 치인(致仁)이다. 구의 2남 희로(希魯)가 호

---

231) 김상로를 영의정으로, 신만을 좌의정으로, 이후를 우의정으로 …
232) 김상로를 파직하고 …
233) 다시 김상로를 제배하여 영의정으로 삼았다.
234) 임금이 영의정 김상로의 사면을 허락하고 …

조 참판을 지냈는데 희로의 아들은 진사로 사직을 역임한 치만(致萬)이며 치만의 아들은 좌의정 종수(鍾秀)와 지평과 장령을 역임하고 <본암집>을 지은 종후(鍾厚)이다.

탕평책 실시에 찬성했으나 시파와 벽파로 나뉘는 계기가 된 사도세자의 처벌을 적극 주장했다.

☘ 생애

좌의정 약로의 아우이고 우의정 구의 조카이며 영의정 재로의 사촌이고 영의정 치인의 종조부다. 사도세자의 처벌을 강력히 주장하여 관철시켰으나 영조가 후회하여 청주에 부처시켰다가 석방시켰다. 그러나 정조가 즉위하자 영조와 사도세자를 이간시켜 세자를 죽게 했다는 이유로 관작이 삭탈되고 아들과 조카도 절도에 안치되었다.

경종 1(1721)년 진사시에 합격하고 영조 10(1734)년 춘당대 문과에서 병과로 급제했다. 검열에 임명되었고 지평으로 전임되어 한림 출신이라는 이유로 6품직에 승진해서 응교가 되었다. 영조 11(1735)년 정언·지평을 역임하고 영조 12년 정언에 있으면서 경기도 암행어사로 파견되었다. 영조 13(1737)년 정언·교리·부교리·교리·헌납·교리·부교리·이조 좌랑·사예·부응교·교리·집의를 역임했다. 영조 15(1739)년 경기도 양정암행어사와 이조 정랑을 거쳐 영조 16(1740)년 교리·부교리·부응교·교리·응교·부사과·승지·응교·대사간·승지를 역임하고 강원도 관찰사로 나가 기근에 허덕이는 백성들을 구제할 것을 상소했다. 영조 18(1742)년 대사성을 역임하고 영조 19년 부제학으로 전임되었다가 영조 20년 승지에 임명되어 무과시험에 폐단이 많으니 엄격하게 시행해야 한다고 건의했다. 이어서 경상도 관찰사에 임명되어 도내 사태(沙汰)로 인해 죽음을 당한 사람들을 구휼할 것을 상소해 허락 받았다. 영조 21(1745)년 좌의정 송인명의 천거로 한성부 우윤에 임명되었다가 대사헌·도승지·동지경연사·대사성·동지의금부사를 역임했다. 영조 22년 한성부 우윤·부제학·예조 참판·대사헌·한성부 우윤·동지의금부사·병조 참판을 역임했다. 영조 23(1747)년 이조 참판을 역임하고 영조 24년 형조 판서로 승진했고 한성부 판윤·병조 판서[235]로 전임되어 영조 25(1749)년 세자우빈객을 겸하면서 탕평책 실시에 찬성했다. 영조 26년 좌의정으로 승진했으나 사촌 김재로가 영의정에 있었기 때문에 사직하고 이조 판서·한성부 판윤을 역임했으며 영조 27년 호조 판서·형조 판서를 역임하고 평안도 관찰사로 나갔다. 영조 28(1752)년 병조 판서·판의금부사를 역임하고 우의정으로 승진했으나 영조 29년 8월 우의정에서 파직되어 판중추부사에 임명되었고 영조 30(1754)년 약방 도제조를 겸하다가 좌의정에 임명되었다. 영조 35(1759)년 5월 7일 영의정에 임명되었고 같은 해 8월 15일 파직되었으나 이틀 뒤인 8월 17일 다시 영의정에 제수되었다. 영조 36(1760)년 영의정에서 물러나 영중추부사에 임명되었다. 이 해에 사도세자 처벌을 강력히 주장하여 관철시켰으나 뒤에 영조가 후회하자 파직을 당하고 청주에 부처되었다가 석방되었고 영조 45(1769)년 봉조하가 되었다.

정조 즉위(1776)년 영조와 사도세자를 이간시켜 세자를 죽이게 했다는 이유로 관작이 추탈되었고 아들과 조카도 절도에 안치되었다. 영조 42(1766)년 12월 29일 죽었는데 졸기는 없고 고종 때에 신원되었다.

참고문헌

〈경종실록〉, 〈영조실록〉, 〈정조실록〉, 〈다음백과사전〉, 〈청풍세보〉, 〈청풍김씨세계도〉

---

235) 이때 영의정은 사촌 김재로이다.

홍봉한(洪鳳漢)

본관은 풍산이고 자는 익여(翼汝)이며 호는 익익재(翼翼齋)이고 시호는 익정(翼靖)이다. 숙종 39(1713)년에 태어나서 정조 2(1778)년에 죽었다.

🎁 재임기간

영조 37(1761)년 9월 27일[236] – 영조 38(1762)년 윤 5월 2일[237] ※ 후임 신만
영조 39(1763)년 7월 10일[238] – 영조 42(1766)년 4월 16일[239] ※ 후임 홍봉한
영조 42(1766)년 4월 26일[240] – 영조 42(1766)년 8월 29일[241] ※ 후임 윤동도
영조 44(1768)년 11월 24일[242] – 영조 46(1770)년 1월 10일[243] ※ 후임 김치인

🎁 가문

친아버지 현보(鉉輔)는 문과에 장원급제하고 예조 판서를 역임했고 할아버지 중기(重箕)는 사복시 첨정이며 증조부 만용(萬容)은 병오증시문과에서 장원급제하고 예조 판서와 우참찬을 역임했다. 고조부는 영안위 주원(柱元)이다. 주원은 선조와 인목대비의 소생인 정명공주(貞明公主)와 결혼한 영안위(永安尉)이다. 5대조 영(霙)은 예조 참판·동지중추부사이고 6대조 이상(履祥)은 대사헌이며 7대조 수(脩)는 부사직이다. 8대조 우전(禹甸)은 부사용이고 9대조 계종(繼宗)은 사포서 별제이며 10대조 숙(俶)은 우군사정이고 11대조 구(龜)는 우낭장이다. 12대조 연(演)은 부문각 대제학이고 13대조 유(侑)는 밀직사·대제

---

236) 판부사 홍봉한을 특별히 영의정에 제수하고, 호조 판서 윤동도를 특별히 우의정에 제수하였으며 …
237) 영의정 홍봉한과 우의정 윤동도의 파직을 명하고 신만을 영상에 제배하였으니 …
238) ▶ "전 전라감사 윤경순을 발탁하여 공조 판서로 삼았다. 영의정 홍봉한이,…"라는 기사가 있음.
239) 영의정 홍봉한, 좌의정 김상복, 우의정 김치인을 파직하고 …
240) 전 영의정 홍봉한, 전 영부사 윤동도, 전 좌의정 김상복에게 직첩을 주어 서용하기를 명하고, 홍봉한과 김상복을 다시 상신에게 제배하였다.
241) 영의정 홍봉한이 안마를 하사한 것을 거두고 현임 상직을 사면하기를 청하다.
242) 영의정 김치인이 열 번째로 정사하니, 임금이 수서로 사임을 허락하고, 전 영부사 홍봉한을 영의정으로 배명하였다.
243) 전 영의정 홍봉한과 전 좌의정 김상복 및 전 판부사 김양택을 모두 서용하되, 서추에 부직하라 명하고 …

학이며 14대조 간(侃)은 도첨의 사인·지제고다. 15대조 지경(之慶)은 풍산 홍씨의 시조로 국자 직학·지공거·추밀원부사를 역임했다.

장인은 초배가 한산인 황해도 관찰사 이집(李潗)이고 계배는 김해인 김씨이다. 외할아버지는 공조 판서 임방(任埅)이다.

아들은 1남이 이조 참판 낙인(樂仁)이고 2남이 판돈녕부사 낙신(樂信)이며 3남이 도총부 도총관 낙임(樂任)이고 4남이 동지돈녕부사 낙윤(樂倫)이며 5남이 낙좌(樂佐)이고 6남은 낙이(樂彛)이다. 딸은 혜경궁홍씨이고 정조가 외손자이다.

이복동생으로 계모 성주이씨의 소생인 좌의정 인한(麟漢)과 준한(俊漢)과 용한(龍漢)이 있다.

방계로는 종조부가 만형(萬衡)이고 8촌 종형 창한(昌漢)은 홍국영(洪國榮)과 원빈 홍씨의 할아버지다.

🎲 생애

정명공주의 남편 영안위 주원의 고손이고 혜경궁 홍씨의 아버지이며 영의정 낙성의 증조부이고 좌의정 인한의 배다른 형이다. 장헌세자의 죽음에 대해서는 중립적 방관자였으나 장헌세자의 아들 은신군과 은언군의 관작이 삭탈되고 세손(정조)의 지위가 위협을 받자 이를 저지하기 위해 힘썼다. 세손을 보호하기 위해 북당을 결성하여 남당과 대립했고 백골징포나 환곡의 작폐를 금지하고 은결을 재조사하는 등 백성의 부담을 덜어주는 데에 힘썼다.

영조 11(1735)년 사마 진사시에 합격244)하고 음보로 참봉에 제수되었다. 영조 19(1743)년 세자빈의 간택이 있었는데 홍봉한·최경흥·정순일의 딸이 3간택에 들어가고 홍봉한의 딸이 세자빈으로 간택됐다. 영조 20년 딸이 세자빈에 간택됨으로 승륙(陞六)되었으며 정시문과에 급제하고 문학이 되었다. 영조 21년 광주 부윤에 이어 승지에 제수되었으며 영조 22년 공홍도 관찰사245)·승지를 역임하고 영조 23(1747)년 도승지에 임명되었다가 이조 참의

---

244) <다음백과사전>에는 생원으로 되어 있으나 <영조실록>에는 진사로 기록되어 있다.
245) 충청도를 한때 공홍도라 불렀다.

로 전임되었다. 영조 24년 성균관 대사성에 이어 경기도 관찰사에 제수되고 영조 25(1749)년 병조 참판·도승지·예조 참판을 차례로 역임했다. 영조 26년에 어영대장·호조 참판에 제수되었고 영조 27년 한성부 좌윤·예조 참판·어영대장에 제수되었다. 영조 28년 부사직·호조 참판을 역임하고 대사헌으로 전임되었다. 대사헌으로 있으면서 좌부빈객과 우부빈객을 차례로 겸했다. 영조 29(1753)년 예조 판서로 승진했으나 예조 판서에서 물러나 어영대장으로만 활동하다가 부사직·예조 판서·이조 판서로 차례로 전임되었으나 사양하여 이조 판서에서 체차되고 의정부 좌참찬에 임명되었다. 이 해에 비변사 당상으로 있었는데 청인들이 애양책문(靉陽柵門) 밖에서 거주하며 개간하는 것을 금지시켰다. 영조 30년 의정부 우참찬에 제수되고 영조 31(1755)년 병조 판서에 임명되었다. 이 해에 아내인 정부인 이씨가 죽었다. 영조 32년 다시 예조 판서에 제수되고 광주 유수를 거쳐 평안도 관찰사에 임명되었다. 영조 33년 판의금부사·의정부 좌참찬·훈련대장에 차례로 임명되었으며 영조 34년에는 호조 판서로 전임되었다. 영조 36년 이조 판서를 거쳐 호조 판서에 임명되었다가 호조 판서에서 물러나 금위대장이 되었다. 이어서 의정부 좌참찬이 되고 영조 37년 우의정으로 승진한 뒤에 좌의정으로 천전되고 좌의정에서 물러나 판중추부사를 거쳐 같은 해에 영의정으로 승진했다. 영조 38년 영의정에서 파직된 뒤 좌의정에 제수되었으나 물러나 판중추부사로 있다가 다시 좌의정으로 복귀했다. 영조 39(1763)년 다시 좌의정에서 면직되어 영중추부사에 임명되었다가 또 좌의정에 임명된 뒤에 두 번째로 영의정에 올랐다. 이 해에 박세채의 문묘 배향을 적극 추진했다. 영조 42년 4월 16일 영의정에서 파직되어 영중추부사로 물러나 있다가 열흘 뒤인 4월 26일 세 번째로 영의정에 제수되었다. 그러나 같은 해 8월 29일 사면을 청하여 상직에서 사면되었다가 영조 44년 네 번째 영의정에 임명되었다. 영조 46(1770)년 영의정에서 물러나 다시 영중추부사로 있었는데 영중추부사로 재임할 때 장헌세자(사도세자)의 아들인 은신군과 은언군의 관작을 삭탈하고 세손(뒤의 정조)까지 그 지위가 위협 당하자 이를 저지하기 위해 노력했다. 이 일로 한유의 탄핵을 받고 봉조하가 되었다가 영조 47(1771)년 청주목에 부처되었다. 그러나 영조 48(1772)년 영조는 혜빈을 위로하기 위해 삭직했던 것을 탕척하고 다시 봉조하에 제수했다.[246] 1776년 정조가 즉위한 뒤로 봉조하로 정조와 자주 직대하다가 정조 2(1778)년에 죽었다.

"영조대 중반 이후 탕평당계 척신들이 남당으로 결집하면서 청류적(淸流的) 정치관을 가진 장헌세자와 반목했다. 그 결과 1762년 장헌세자가 죽음을 당할 때 이를 방관하는 중립적 입장을 취했다. 그후 영조에게 세손 보호를 부탁받고 자파 세력을 결집하여 북당(北黨:洪黨)을 이루면서 남당과 대립했다. 영조의 탕평책에 부합하는 입장에서 전권을 행사하여 탕평당으로 불렸으나, 의리와 명절(名節)에 투철하지 못한 권귀(權貴)로 비난받기도 했다. 정조 연간에는 그의 행적에 대한 시비가 시파(時派)・벽파(僻派) 대립의 한 주제가 되기도 했다. 그러나 시무6조의 건의와 백골징포・환곡작폐의 금지, 은결 재조사 등 백성의 부담을 경감하기 위해 노력했다. 저서로는 국정운영에 대한 주장을 정조가 집적 편찬한 <어정홍익정공주고>와 <정사휘감>・<익익재만록> 등이 있다."(<다음백과사전>)

<정조실록> 정조 2(1778)년 12월 4일 첫 번째 기사에 '봉조하 홍봉한의 졸기'가 있다.

🧊 평가

봉조하 홍봉한의 졸기

…… 홍봉한은 영안위(永安尉) 홍주원(洪柱元)의 현손(玄孫)이다. 영종(英宗) 갑자년에 과거에 급제하였는데, 변변치 못한 재능으로 왕실의 지친(至親)임을 가탁하여 특별히 영종의 위임(委任)을 받았으므로, 오영(五營)과 육관(六官)의 장관

---

246) 청명당(淸名堂) 사건을 계기로 김귀주 세력에게 탄핵을 받았으나 영조가 <영수백세록>을 간행하여 이들을 당론으로 처단함으로써 무사했다

을 지냈다. 신사년에 복상(卜相)되어 지위가 상상(上相)에 이르렀는데 작은 기국에 갑자기 귀하게 되었으므로 모질고 강퍅한 성질을 멋대로 부렸다. 10년 동안 정권(政權)을 잡고 있으면서 나라를 좀먹고 백성을 병들게 하였으며 선류(善類)들을 미워하여 은밀히 중상(中傷)당한 사람이 많았다. 아들 셋과 아우 둘이 모두 조정에 포열(布列)되어 권병(權柄)을 농락하여 마구 휘둘렀는데, 권세의 기염이 대단하여 감히 따지는 사람이 없었다. 임오년의 화변(禍變)이 있었을 때 뭇 신하들은 간담이 무너져 내려 어찌할 줄을 몰랐는데, 홍봉한이 앞장서서 아뢰기를, '신은 오로지 성궁(聖躬)만 알 뿐입니다.' 하였는데, 얼마 안 되어 다시 정승이 되어 거리낌 없이 방자한 짓을 마구 하였다. 그 뒤 또 추숭(追崇)하여 입묘(入廟)시키려 한다는 이야기를 가지고 이연(离筵)을 공동(恐動)시켰는데, 이는 대개 스스로 용서받지 못할 죄를 진 것을 알고 임금의 뜻을 엿보아 살피려는 것이었으니, 이에 한때 청의(淸議)를 지닌 자 가운데 공격하지 않는 이가 없었다. 영종 신묘년에 인(禋)과 진(禶)의 일로 인하여 파면되어 서인(庶人)이 되었었으나, 용서하고 억지로 치사(致仕)하게 했었는데, 이때에 이르러 졸하였다. 하교하기를,

"내가 의지하고 있는 것은 오직 자궁(慈宮)뿐인데, 자궁께서 이런 슬픈 일을 당하시어 애훼(哀毁)가 지나치시니, 나의 마음이 더욱 어떠하겠는가? 초종(初終)의 예장(禮葬)에 관계된 모든 일을 일체 청풍 부원군(淸風府院君)의 예에 의거하여 후하게 거행하도록 하라. 아! 자궁의 마음을 위로해 드릴 길 없다. 그리고 이는 예전(禮典)에 기재되어 있는 것이니, 성복(成服)하는 날 마땅히 나아가 조문(弔問)해야 한다. 유사(有司)로 하여금 전례를 조사하여 거행하게 하라."……

▶ 참고문헌

〈다음백과사전〉, 〈영조실록〉, 〈정조실록〉, 〈풍산홍씨대동보〉

신 만(申晚)

본관은 평산이고 자는 여성(汝成)·성백(成伯)이며 시호는 효정(孝正)이다. 숙종 29 (1703)년에 태어나서 영조 41(1765)년에 죽었다.

📦 재임기간

영조 38(1762)년 윤 5월 2일[247] – 영조 38(1762)년 9월 17일[248] ※ 후임 신만
영조 38(1762)년 9월 20일[249] – 영조 39(1763)년 5월 26일[250] ※ 후임 신만
영조 39(1763)년 5월 30일[251] – 영조 39(1763)년 7월 4일[252] ※ 후임 홍봉한

📦 가문

아버지는 사철(思喆)인데 호조 판서와 영중추부사를 역임했고 할아버지는 이천 부사 단(鍴)이다. 증조부는 사헌부 집의 명규(命圭)이고 고조부는 종성 부사 상(恦)이다. 5대조는 대사성 민일(敏一)이고 6대조는 사재감 첨정 암(黯)이며 7대조는 진사시와 생원시에 합격한 정미(廷美)이다. 8대조는 사직서령을 역임하고 참판에 증직된 원(援)이고 9대조는 영석(永錫)이다.

장인은 초배가 전주인 현감 이현응(李顯膺)이고 처할아버지는 영의정 이유 (李濡)이다. 계배는 경주인 첨지중추부사 최명달(崔命達)이며 외할아버지는 완 산인 첨지중추부사 이규일(李楑一)이다.

아들은 1남이 영희전 참봉 광소(光紹)이고 2남이 광수(光綏)인데 광수는 영 조와 영빈 이씨 사이에서 태어난 화협옹주(和協翁主)와 결혼한 영성위(永城尉)이 다. 3남 광형(光炯)은 설서를 역임했고 4남은 광위(光緯)다. 또 하나의 아들인

---

247) 영의정 홍봉한과 우의정 윤동도의 파직을 명하고 신만을 영의정으로 제배하였으니 …
248) 영의정 신만, 좌의정 홍봉한, 우의정 윤동도가 차자를 올려 진면하고 …(참수한 남병사 윤구 년을 구하려다가 파직되었다.)
249) 다시 신만을 영의정으로, 홍봉한을 좌의정으로, 윤동도를 우의정으로 제배하였다.
250) 영의정 신만을 파직하고, 좌의정 홍봉한을 면직시켰다.(윤급이 아들 신광집을 의망해서 파직 되었다.)
251) 다시 신만을 영의정에 제배하였다.
252) 특지를 내려 영의정 신만을 파직시켰다.(인의하고 도성 나가서)

광집(光緝)은 작은아버지인 영의정 회(晦)에게 양자로 갔으며 재건(在健)·재현(在顯)·재헌(在憲)을 낳았다.

아우로는 영의정을 역임한 회(晦)가 있고 누이의 남편은 예조 판서와 우의정을 역임한 원인손(元仁孫)이다.

🎲 생애

> 영의정 회의 형이고 화협옹주의 시아버지이며 영의정 이유의 외손자이고 우의정 원인손의 처남이다. 정미환국으로 원지에 유배되었다가 풀려났고, 사도세자의 죽음을 방관한 죄로 파직되었다가 영의정으로 복귀했다.

영조 2(1726)년 알성문과에 급제하여 승문원 정자에 임명되었고 영조 3(1727)년 실록청 도청낭청에 임명되었다. 정미환국으로 노론계 인물이 파면되고 조태억(趙泰億)·이광좌(李光佐) 등 소론이 기용되자 숙종 때의 일을 들어 파직되고 원지에 유배되었다가 풀려났다. 영조 5(1729)년 검열이 되고 영조 6년 지평이 되었다가 정언에 임명되었다. 영조 9(1733)년 정언에서 부교리로 전임된 뒤에 헌납·수찬·지평·헌납·교리를 차례로 역임했다. 영조 10년 수찬·이조 좌랑을 역임하고 헌납이 되었는데 상소한 일로 파직되었다가 이조 좌랑·검상을 역임했다. 영조 11년 교리·부응교·교리를 역임했으며 영조 12(1736)년 교리로 보덕을 겸했으며 부응교로 전임된 뒤에는 문학을 겸했다. 이어서 승지로 옮겼다가 대사간으로 전임되었다. 영조 13년 승지·대사성을 역임하고 영조 15(1739)년 대사간·승지·대사간·이조 참의·부제학을 역임했다. 영조 16년 승지를 역임하고 도승지에 승진한 뒤에 부제학·이조 참판·병조 참판을 역임했다. 영조 17(1741)년 다시 도승지에 제수되었다가 대사헌·병조 참판·부제학·동경연·개성 유수를 역임하고 영조 19년 경기도 관찰사에 임명되었다. 영조 21(1745)년 부제학을 역임하고 영조 22년 대사헌·이조 참판·병조 참판을 역임하고 대사성으로 있었는데 어떤 일로 문외출송 되었다가 동경연으로 복귀하여 대사헌·형조 참판에 임명되었다. 영조 23년에는 한성부 좌윤·이조 참판을 역임한 뒤에 형조 판서로 승진한 뒤에 우부빈객·예조 판서를 역임했다. 영조 24(1748) 년 이조 판서로 임명되었다가 파직되었으나 다시 대사헌에 임명되어 형조 판서로 전임되었다. 영조 25(1749)년 우참찬과 좌참찬을 역임하고 영조 26 (1750)년 이조 판서·예조 판서·동경연을 역임하고 정헌대부로 가자된 뒤에 지돈녕부사를 거쳐 다시 예조 판서에 임명되었다. 영조 27년 숭정대부로 가자된 뒤에 판돈녕부사가 되고 이어서 숭록대부로 가자된 뒤에 판의금부사·예조 판서·한성부 판윤에 임명되었다. 영조 28(1752)년 판의금부사에 임명되었으며 영조 29년 한성부 판윤·좌참찬·병조 판서·지춘추·병조 판서·지경연·병조 판서·이조 판서에 차례로 임명되었다. 영조 30년 이조 판서에서 파면되었다가 한성부 판윤에 임명되었고 이어서 판의금부사에 임명되었다. 영조 31(1755)년 이조 판서로 찬수 당상을 겸하면서 <천의소감>을 편찬했다. 영조 32(1756)년 우의정으로 승진했으나 영조 33(1757)년 과거시험과 관련하여 파직되었다가 바로 우의정에 제수되었다. 영조 34(1756)년 좌의정에 임명되었으나 영조 35년 아버지 지중추부사 사철이 죽어서 벼슬에서 물러나 시묘했다. 영조 38(1762)년 시묘를 마치고 판중추부사에 임명되었다. 영조 38년 윤 5월 영의정으로 승진했으나 남병사 윤구년을 참할 때 영의정 신만·좌의정 홍봉한·우의정 윤동도가 차자를 올려 구하려다가 같은 해 9월 17일 영의정에서 파직되었다. 그러나 파직된 지 사흘 뒤인 영조 38년 9월 20일 다시 영의정에 제수되어 평양 감사의 장문으로 인하여 재읍(災邑)에 대한 진곡을 1만석에 한정하여 확급하여 진자에 보충하게 했고 숙릉(淑陵)과 지릉(智陵)을 수개(修改)하는 역사를 감독하고 돌아왔다. 그러나 이듬해인 영조 39년 5월에 윤급이 만의 아들 광집을 의망한 일로 다시 파직되었다가 열흘 뒤인 영조 39년 5월 30일 세 번째로 영의정에 올랐으나 영조 39년 7월 인의하고 도성을 나가 입시하라는 명을 받들지 않아서 파직되고 판중추부사에 임명되었다가 영중추부사로 옮겼으나 영조 40년 3월 영중추부사에서 파직되었다가 얼마 뒤에 영중추부사에 제수되어 영조 41년 영중추부사로 죽었다.

　<영조실록> 영조 41(1765)년 3월 30일 네 번째 기사에 '영부사 신만의 졸기'가 있다.

🔹 평가

영부사 신만의 졸기

　…… 신만의 사람됨은 자상하고 모난 데를 드러내지 않았으며, 수상(首相)이 된지 해가 넘도록 건백(建白)한 바가 없었고, 다만 유신(儒臣) 송명흠(宋明欽)을 예로써 불러들이기를 청하였는데, 송명흠이 상소를 올렸다가 임금의 뜻을 거슬리는 데 이르러서는 신만도 역시 저어(齟齬)하여 스스로 마음이 편치 못하였다. …… 신만은 곧 영성위(永城尉) 신광수(申光綏)의 아버지이다.

참고문헌

〈영조실록〉, 〈평산신씨 문희공파보〉, 〈다음백과사전〉

윤동도(尹東度)

본관은 파평이고 자는 경중(敬仲)이며 호는 남애(南厓)·유당(柳塘)이고 시호는 정문(靖文)이다. 숙종 33(1707)년에 태어나서 영조 44(1768)년에 죽었다.

🟦 재임기간

영조 42(1766)년 10월 21일[253] – 영조 42(1766)년 11월 5일[254] ※ 후임 윤동도
영조 42(1766)년 11월 24일[255] – 영조 42(1766)년 12월 9일[256] ※ 후임 서지수

🟦 가문

아버지는 이조 판서 혜교(惠敎)이고 할아버지는 부제학 진(搢)이며 증조부는 장령 순거(舜擧)이다. 순거의 친아버지는 대사간 황(煌)인데 큰아버지인 수(燧)에게 입양되었기 때문에 윤동도의 고조부는 수가 되었다. 또 순거는 소론의 영수인 증(拯)의 아버지인 선거(宣擧)의 형이다. 5대조는 세창(世昌)이고 6대조는 돈(暾)이며 7대조는 동부승지를 역임하고 충청도 병마절도사를 역임한 선지(先智)이다. 8대조는 탁(倬)인데 대사성·동지중추부사·한성부 좌윤을 역임했다. 9대조는 곡성 현감 사은(師殷)이고 10대조는 사헌부 장령 배(培)이며 11대조는 검교 참의 판한성부사 희제(希齊)이고 12대조는 이조 판서 곤(坤)이다. 13대조는 의정부 좌정승 겸 판이조사 승순(承順)이고 14대조는 군부판서 척(陟)이고 15대조는 첨의찬성사 안숙(安淑)이다. 안숙 이상의 세계는 윤인경과 같다.

장인은 풍양인 공조 판서 조원명(趙遠明)이고 외할아버지는 전주인 좌찬성 이익수(李益壽)이다.

형은 수(燧)와 황(煌)이고 아우는 전(烇)과 흡(熻)과 희(熺)이다.

수의 아들은 1남이 훈거(勛擧)인데 변(抃)을 낳았고 2남은 순거(舜擧)인데 수

---

253) 영부사 윤동도를 제배하여 영의정으로 삼았다.
254) 윤동도가 강상에서 있으면서 명을 받들지 않으니 면상을 명하였다.
255) 전 영의정 윤동도를 다시 영의정에 제배하고, 승지를 보내어 함께 오라고 명하였다.
256) 판부사 서지수를 영의정으로

(燧)에게 출가했고 3남은 상거(商擧)이고 4남은 문거(文擧)인데 박(搏)을 낳았다. 5남은 선거(宣擧)인데 소론의 영수 증(拯)[257]과 추(揓)를 낳았고 6남은 민거(民擧)이며 7남은 경거(耕擧)이고 8남은 시거(時擧)이다.

🎲 생애

> 소론의 영수인 증의 당숙으로 정치적으로 소론을 지지했다.

　영조 20(1744)년 사마 진사시에 합격하고 이듬해에 정시문과에 급제했다. 영조 21(1745)년 세자시강원 사서에 임명되었으며 영조 24(1748)년 부수찬·헌납·교리·부교리 겸 문학·수찬·부수찬에 임명되었다. 영조 25년 수찬·교리·수찬·교리·헌납·수찬·부교리에 임명되었다. 영조 26(1750)년 부교리·부수찬 겸 교서관 교리·교리 겸 사서·헌납·부수찬·장령 겸 필선에 임명되었으며 영조 27년 집의·부응교 겸 보덕·도승지·대사간을 역임했다. 영조 28(1751)년 경상도 관찰사에 임명되었으나 병을 얻어 이듬해에 다른 사람으로 교체되었다. 영조 30년 대사성·대사간을 역임하고 영조 31년 대사성·부제학을 역임하였으며 영조 32년 승지·대사간을 역임했다. 영조 33년 대사성에 임명되고 영조 34년 대사헌으로 전임되었다가 영조 35(1759)년 도승지에 임명되었으며 같은 해에 이조 참판으로 전임되었다. 영조 36년 부제학을 역임하고 청풍 부사로 나갔으나 어떤 일로 파직되었다가 호조 판서에 임명되었다. 영조 37(1761)년 우의정으로 승진하고 영조 38년 함경남도 병마절도사 윤구년의 처벌을 반대하여 용서를 청했다가 영조 39년 파직되었다. 그러나 3일 만에 우의정에 복직하고 연이어 좌의정으로 승진했다. 영조 42(1766)년 10월 21일 영의정에 임명되었으나 강상에 머물면서 명을 받지 않아 11월 5일 영의정에서 면직되어 판중추부사로 물러나 있다가 같은 해에 좌의정에 임명되었다. 영조 42년 11월 24일 다시 좌의정

---

257) 좌찬성, 우의정, 판돈녕부사에 임명되었으나 사퇴하고 벼슬에 나가지 않았다.

에서 면직되었다가 영조 42년 좌의정에 임명되었고 같은 해에 영중추부사를 역임하고 다시 영의정에 제수되었다. 그러나 며칠 뒤인 영조 42년 12월 8일 영의정에서 체직되어 영중추부사로 물러앉았다가 영조 44(1768)년 62세로 죽었다.

<영조실록> 영조 44(1768)년 12월 7일 네 번째 기사에 '영부사 윤동도의 졸기'가 있다.

🧊 평가

영부사 윤동도의 졸기

…… "아! 윤 영부사는 누구의 아들인가? 그 아버지의 아들로서 나라를 위한 충성스러운 마음은 이미 알고 있는데, 근래에 강건하면서도 빈청(賓廳)의 계달에 참여하지 아니하여 내가 이미 그를 의아하게 여겼고, 차자(箚子)를 보고 비록 알았으나 어찌 이 단자(單子)의 미품(微稟)을 어찌 뜻하였겠는가? 아! 2년 사이에 세 정승이 이와 같았으니, 이도 또한 국운(國運)에 관계된 바이다. 슬픔을 어찌 비유하겠는가? 무인년에 공묵합(恭默閤)에서 부제조(副提調)가 된 일을 추억하니, 내 마음을 어찌 억제하겠는가? ……" 하였다. 윤동도의 자(字)는 경중(敬仲)인데, 고(故) 판서 윤혜교(尹惠敎)의 아들이다. 가세(家世)가 유(儒)를 본업(本業)으로 하여, 문학과 재유(才猷)로써 일컬었다.

▌참고문헌

〈다음백과사전〉, 〈영조실록〉, 〈파평윤씨대동보〉

서지수(徐志修)

본관은 대구이고 자는 일지(一之)이며 호는 송옹(松翁)·졸옹(拙翁)이고 시호는 문정(文清)이다. 숙종 40(1714)년에 태어나서 영조 44(1768)년에 죽었다.

🎖 재임기간

영조 42(1766)년 12월 9일[258] – 영조 43(1767)년 3월 14일[259] ※ 후임 김치인
영조 44(1768)년 6월 8일[260] – 영조 44(1768)년 6월 14일[261] ※ 후임 김치인

🎖 가문

아버지는 좌의정 명균(命均)이고 할아버지는 영의정 종태(宗泰)이며 증조부는 병조 참의·지제교 문상(文尙)이고 고조부는 남원 부사 정리(貞履)이다. 5대조는 선조와 인빈 김씨 사이에 태어난 정신옹주의 남편인 달성위 경주(景霌)이고 6대조는 판중추부사 성(渻)이다. 성 이상의 세계는 서당보와 같다.

장인은 전의이씨이고 외할아버지는 청풍인 우의정 김구(金構)인데 김구의 아들이 영의정 재로(在魯)이고 재로의 아들이 영의정 치인(致仁)이며 재로의 사촌이며 치인의 당숙인 상로(尙魯)가 영의정을 역임하였다.

아들은 사헌부 대사헌 겸 홍문관 예문관 대제학 유신(有臣)이다. 유신이 춘보(春輔)와 영보(榮輔)를 낳았는데 춘보가 황해 병사와 삼도 통제사 총융사를 역임하고 좌찬성에 증직되었고 영보는 행판돈녕부사 겸 이조 판서·홍문관 예문관 대제학을 역임했다. 영보의 아들이 기순(箕淳)인데 예조 판서·이조 판서·병조 판서·대제학을 역임하고 청백리에 녹선되어 3대 대제학 문중을 이루었다.

---

258) 판부사 서지수를 영의정으로, 판돈녕 한익모를 좌의정으로, 평안 감사 김상철을 우의정으로 제배하고 …
259) ▶ 영의정 서지수가, 윤광천이 대훈의 일 때문에…라는 기록이 있음.
260) 서지수를 영의정에 김양택을 좌의정에 제수하였다.
261) 영상 서지수를 중도 부처하라. (사직 상소 때문에)

🎲 생애

달성위 경주의 현손으로 영의정 종태의 손자이고 좌의정 명균의 아들이며 우의정 김구의 외손자이고 영의정 김재로의 생질이며 영의정 김치인과 내외종 사이이다. 원손(정조) 보양관으로 원손의 교육과 보호에 힘썼고 장헌세자의 비행을 조작하여 영조에게 보고한 김상로와 홍계희의 일당을 탄핵했다.

영조 9(1733)년 진사시에 합격했고 영조 14(1738)년 구일제에서 수석을 차지해 급제를 받았으며 영조 16(1740)년 증광문과에서 병과로 급제했다. 영조 17(1741)년 사관이 되었고 사관으로 피선된 자 가운데 소시에 뽑힌 뒤 검열이 되었다. 영조 18년 정언에 임명되었고 영조 20(1744)년 교리에 임명된 뒤 영조 21년 교서 교리를 겸했고 수찬·부수찬을 역임했다. 영조 23년 부수찬·장령·부응교·부교리를 거쳐 교리에 임명되었으나 어떤 일로 파직되었다. 그러나 곧 교리·보덕·응교에 임명되었다. 영조 25(1749)년 수찬·부교리 겸 보덕·교리·옥당·교리을 차례로 역임하고 영조 26년 부교리에 임명된 뒤에 김인술 사건을 다시 조사하기 위해 북도 안핵사에 파견되었다 돌아와서 보덕과 사서를 겸했으며 부수찬으로 전임되어서도 보덕을 겸했다. 영조 27(1571)년 교리로 전임된 뒤에 수원 시재어사로 파견되었다. 영조 28년 도승지에 임명되었다가 대사간으로 전임되었고 영조 29년 승지를 역임하고 영조 30(1754)년 이조 참의·대사성·승지를 역임했다. 영조 31년 부제학·동경연을 역임하고 함경도 관찰사에 임명되었으며 영조 32년 부제학으로 원손보양관이 되어 원손(뒤의 정조)의 교육과 보호에 힘썼다. 영조 33년 대사헌에 임명된 뒤에 부제학으로 전임되었으나 영조 34(1758)년 부제학에서 사직했다. 얼마 되지 않아 부제학에 제배되어 유선을 겸했다. 영조 35년 대사헌에 이어 이조 참판에 임명되었으나 어떤 일로 이조 참판에서 파면되었다. 대사헌으로 있을 때에는 장헌세자의 비행을 조작하여 영조에게 허위 보고한 김상로(金尙魯)·홍계희(洪啓禧) 일당을 탄핵했고 시강원 빈객으로 장헌세자를 교도하여 보호하는 데에 힘썼다. 영조 36년 좌유선·대사성을 역임하고 영조 37년 유선을 거쳐 대사성에 임명되었으나 어떤 일로 파직되었다. 그러나 곧 형조 판서로 승차한 뒤에 이조 판서에 임명되었으나 충주에 부처되고 삭직되었다. 영조 38(1762)년 죄를 감하여 위리를 철거한 뒤에 방면되고 직첩을 돌려받고 대사헌에 임명된 뒤에 호조 판서가 되었다. 영조 39년 지경연에 이어 이조 판서에 임명되었으나 상의 명을 따르지 않아 이조 판서에서 체직되었다. 이어 참찬에 임명되었다가 다시 이조 판서에 임명되었다. 영조 40년 홍문관 제학·좌빈객·지돈녕부사를 역임했고 영조 41(1765)년 예문관 제학에 이어 이조 판서에 제수되었으나 병으로 면직되고 판의금부사·지경연사를 역임했다. 영조 42년 다시 이조 판서에 임명되었으나 상소를 내어 체직을 하락 받았다. 같은 해에 예조 판서에 임명된 뒤 우의정으로 승차했으나 곧 우의정에서 물러나 판중추부사가 되고 내국 도제조에 임명되었으나 체차되고 판중추부사로 있다가 12월 9일 영의정에 올랐다. 영조 43년 3월 영의정에서 물러나 판중추부사로 있다가 영조 44년 6월 8일 영의정에 제배되었다. 며칠 뒤인 6월 14일 사직상소의 일로 중도부처 되었다가 판중추부사에 임명되었으나 얼마 뒤에 판중추부사로 죽었다. 정조가 왕위에 오르는 데에 큰 공헌을 했고 천성이 청렴결백하여 세속과 어울리지 않았으며 정조가 즉위하자 청백리에 올랐다.

　<영조실록> 영조 44(1768)년 8월 1일 첫 번째 기사에 '판중추부사 서지수의 졸기'가 있다.

🏵 평가

판중추부사 서지수의 졸기

　…… 서지수의 집안은 대대로 청렴하고 소박해서 잇따라 태부(台府)에 올랐으나, 충신 염결(忠愼廉潔)함을 스스로 지니는 것이 가난한 선비와 같았다. 전후로 여러 번 바른 말을 올렸고 이미 정승에 들어가자 중외의 서민이 모

두 기뻐하였다. 정승의 자리에 오래 있지 아니하여 비록 시행한 바가 없었으나 여정(輿情)의 신망이 끝까지 쇠하지 아니하였는데, 이에 이르러 졸하니 도성 백성이 시장을 파하고 서로 슬퍼하였다.

참고문헌

〈영조실록〉, 〈다음백과사전〉, 〈대구서씨세보〉

김치인(金致仁)

본관은 청풍이고 자는 공서(公恕)이며 호는 고정(古亭)이고 시호는 헌숙(憲肅)이다. 숙종 42(1716)년에 태어나서 정조 14(1790)년에 죽었다.

🔷 재임기간

영조 43(1767)년 3월 19일[262] - 영조 44(1768)년 6월 8일[263] ※ 후임 서지수
영조 44(1768)년 6월 14일[264] - 영조 44(1768)년 11월 3일[265] ※ 후임 홍봉한
영조 46(1770)년 1월 10일[266] - 영조 46(1770)년 10월 2일[267] ※ 후임 김치인
영조 46(1770)년 10월 4일[268] - 영조 46(1770)년 11월 21일[269] ※ 후임 김치인
영조 46(1770)년 12월 5일[270] - 영조 47(1771)년 4월 24일[271] ※ 후임 김치인
영조 47(1771)년 4월 28일[272] - 영조 48(1772)년 3월 9일[273]. ※ 후임 김상복
정조 10(1786)년 10월 21일[274] - 정조 11(1787)년 7월 21일[275] ※ 후임 김치인
정조 11(1787)년 8월 3일[276] - 정조 12(1788)년 3월 13일[277] ※ 후임 김치인
정조 12(1788)년 4월 13일[278] - 정조 12(1788)년 12월 4일[279] ※ 후임 김치인
정조 13(1789)년 1월 4일[280] - 정조 13(1789)년 1월 9일[281] ※후임 김익

---

262) 김치인·한익모·김상철은 다시 삼공을 제수하며,…
263) 김치인을 판중추부사로 삼았다.
264) 판부사 김치인을 다시 영의정에 제수하고 호조 판서 이창의를 우의정에 제수하라고 명하였다.
265) 영의정 김치인이 열 번째로 정사하니 임금이 수서로 사임을 허락하고 전 영부사 홍봉한을 영의정으로 배명하였다.
266) 이어서 김치인을 영의정으로, 한익모를 좌의정으로 임명하였다.
267) 영의정 김치인에게 속히 삭탈관작의 법을 시행하라.
268) 김치인을 다시 영의정에 임명하고 사관에게 명하여 함께 오도록 하였다.
269) 영의정 김치인이 사직을 청하니 윤허하였다.
270) 다시 김치인을 제배하여 영의정으로, 한익모를 좌의정으로 삼았다.
271) 영의정 김치인 등이 앞으로 나아가자 임금이 화난 음성으로 하교하기를 … 모두 파직시키도록 하였다.
272) 다시 김치인을 영의정으로, 한익모를 좌의정으로 삼고…
273) 영조 47(1771)년 10월 10일 해면했다가 바로 정침하여 영조 48(1772)년 3월 9일 파면되었다.
274) 김치인을 의정부 영의정으로 삼았다.
275) 영의정 김치인이 면직되었다.
276) 다시 김치인을 의정부 영의정으로, 이재협을 좌의정으로 삼았다.
277) 영의정 김치인을 돈유하여 면직하다.
278) 다시 김치인을 의정부 영의정에 제수하였다.
279) 영의정 김치인을 파직하였다.
280) 전 영의정 김치인의 죄명을 씻어주고 서용하여 다시 상직에 제수하라 명하였다.
281) 영의정 김치인이 면직되었다.

🔩 가문

아버지는 영의정 재로(在魯)이고 할아버지는 우의정 구(構)이며 증조부는 전라도 관찰사 징(澄)이고 고조부는 공조 정랑을 역임하고 좌찬성에 증직된 극형(克亨)이다. 5대조는 인백(仁伯)이고 6대조는 계(繼)이며 7대조는 대호군 여광(汝光)이고 8대조는 우증(友曾)이다. 9대조는 극함(克諴)인데 극함 이상의 세계는 김육과 같다.

장인은 초배가 좌의정을 역임한 완산인 이관명(李觀命)이고 계배는 달성인 시어 서명흥(徐命興)이며 3배는 광주인 사인 이요심(李堯心)이다. 외할아버지는 별검·부사를 역임한 청송인 심징(沈懲)이다.

1남 3녀를 두었으나 모두 요절하여 양자를 맞았다.

🔩 생애

> 우의정 구의 손자이고 영의정 재로의 아들이며 좌의정 이관명의 사위이다. 성품이 주도면밀하고 결단력이 있었으며 국가의 전고(典故)를 잘 알았다. 당쟁 조정에 힘썼고 <명의록>과 <일성지장통기> 편찬을 주도했다. 영조·정조 시대에 10회에 걸쳐 영의정에 임명되었다.

영조 14(1739)년 생원시에 합격하고 영조 24년 춘당대 문과에서 장원하고 예문관 전적에 임명되었다가 사서로 전임되었고 또 정언으로 전임되었다. 영조 25(1749)년 문경 암행어사에 파견되어 문경 현감의 탐욕을 다스리고 돌아왔다. 그 뒤 어떤 일로 파직되었다가 지평에 이어 문학에 임명되어 호남 암행어사로 파견되었다. 영조 26(1750)년 문학·정언을 역임하고 부수찬으로 문학을 겸하다가 부교리로 전임되었다. 영조 27년 부교리·교리 겸 문학·부교리·부수찬·낭청을 역임하고 영조 28(1752)년 교리·승지를 역임했으며 영조 29년 승지에 임명되었다. 영조 30(1754)년 대사간을 역임하고 영조 31년 승지·부제조·대사성·참의를 역임했으며 영조 32년 부제학·예조 참의를 역임했다. 영조 33(1757)년 부제학·이조 참판에 제수되고 영조 34년 개성 유수·부제학으로 전임되었으며 영조 35년 경기도 관찰사·이조 참판을 역임했다. 이 해 10월 15일 아버지인 전 영의정 재로가 죽어서 관직에서 물러나 시묘했다. 영조 38(1762)년 공조 판서로 승진되어 이조 판서·호조 판서를 역임했고 영조 40년 상복을 벗고 지돈녕부사로 임용되었다. 영조 41(1765)년 이조 판서·형조 판서를 역임하고 우의정으로 승진하여 내의원 도제조를 겸했다. 영조 42년 좌의정이 되었다가 우의정으로 전임되었으나 곧바로 좌의정에 임명되었다. 영조 43년 좌의정에서 물러나 판중추부사로 있다가 6월 영의정으로 승진했으나 영조 44년 영의정에서 물러나 판중추부사에 임명되었다. 그러나 6일 뒤인 6월 14일 다시 영의정에 제배되었으나 그 해 11월 열 번의 정사 끝에 사임을 허락받았다. 영조 46년 1월 영의정에 제수되었으나 같은 해 10월 삭탈관작 되었다가 이틀 뒤인 10월 4일 영의정에 제배되었다. 그러나 같은 해 12월에 영의정으로 복귀했으나 영조 47년 4월에 파직되었다가 4일 뒤인 영조 47년 4월 28일 여섯 번째로 영의정에 제수되고 같은 해 10월에 해면됐다가 바로 정침하여 영의정으로 재임하여 영조 48(1772)년 3월까지 영의정으로 재임하다 영의정에서 물러나 영중추부사로 있었으나 당파를 만들었다는 죄로 삭직을 당하고 직산현에 부처되었다. 얼마 뒤에 해남현에 원찬되었고 다시 남해현에 안치되었다가 정의현에 안치되었다. 영조 49년 직첩을 돌려받고 영중추부사에 임명되었다가 봉조하가 되었다.

정조 즉위(1776)년 판중추부사로 고부 겸 승습 주청사(告訃兼承襲奏請使:진주정사)가 되어 청나라에 가서 영조의 죽음을 알리고 정조의 승계를 청했다. 돌아와서 영중추부사에 임명되었다가 봉조하가 되어 <명의록(明義錄)> 편찬을 주관했다. 정조 9년 기로소 당상관이 되었으며 전고(典故)에 밝아 왕명으로 <대전통편> 편찬 사업을 총괄했고 정조 10(1786)년 영의정에 제배되어 당쟁 조정에 힘썼다. 정조 11년 잠시 영의정에서 면직되었으나 10여일 뒤에 다시 영의정에 제배되었다. 정조 12(1788)년 3월 영의정에서 면직되었다가 한 달 뒤인 4월 13일에 다시 영의정에 임명되었다. 같은 해 12월 다시 영의정에서 파직되었다가 정조 13년 1월에 다시 영의정에 임명되었다가 5일 뒤인 1월 9일 영의정에서 면직되어 영중추부사로 물러났다. 영조 14(1790)년 75세에 영중추부사로 죽었다. 편저로 <명의록>·<열성지장통기>282) 등이 있으며 <대전통편> 편찬을 주관했다. 성품이 치밀하고 결단력이 있는 인물로 나라의 전고(典故)에 정통해 정사에 활용했다.(<다음백과사전>)

<영조실록> 영조 14(1790)년 3월 3일 첫 번째 기사에 '영중추부사 김치인의 졸기'가 있다.

🎁 평가

영중추부사 김치인의 졸기

치인의 자(字)는 공서(公恕)이며, 영의정 김재로(金在魯)의 아들이다. 영종(英宗) 무진년에 문과(文科)에 급제하여, 양전(兩銓)을 거친 후 영의정에 이르렀고, 치사(致仕)를 하고서 봉조하(奉朝賀)로 있었다. 병신년에 승습 주청사(承襲奏請使)로 연경(燕京)에 갔었고, 병오년에는 치사(致仕)를 한 것이 취소되고 수규(首揆)에 임명되었다. 해임(解任)되고 나서 또 다시 치사를 청하였으나 허락하지 않았다. 그는 주도면밀하고 과감한 성격이었으며, 국가의 전고(典故)에 대하여 잘 알았다. 스스로 옳다고 믿기를 좋아하였고, 대체(大體)에 대해서는 제대로 알지 못하였다. 재로(在魯)가 영종 초기에 탕평책(蕩平策)을 극력 주장하다가 크게 사류(士類)들에게 비난을 받았는데, 치인이 조정에 올라서고부터는 자못 사류들과의 사이에서 주선을 해주어 세상 사람들은 '아버지의 허물을 덮어주었다.'고들 말하였다.

참고문헌

<영조실록>, <정조실록>, <다음백과사전>, <청풍세보>, <청풍김씨세계도>

---

282) 조선시대 왕실 인물들에 대한 공식 기록물

김상복(金相福)

본관은 광산이고 자는 중수(仲受), 호는 직하(稷下)·자연(自然)이다. 숙종 40(1714) 년에 태어나서 정조 6(1782)년에 죽었다.

재임기간

영조 48(1772)년 3월 9일[283] – 영조 48(1772)년 3월 24일[284] ※ 후임 김상복
영조 48(1772)년 4월 8일[285] – 영조 48(1772)년 7월 26일[286] ※ 후임 김상복
영조 48(1772)년 7월 29일[287] – 영조 48(1772)년 8월 20일[288] ※ 후임 신회
영조 48(1772)년 9월 3일[289] – 영조 48(1772)년 10월 5일[290] ※ 후임 한익모
영조 48(1772)년 10월 22일[291] – 영조 48(1772)년 11월 22일[292] ※ 후임 신회
영조 48(1772)년 12월 1일 – 영조 48(1772)년 12월 14일 ※ 후임 신회
영조 49(1773)년 2월 2일[293] – 영조 49(1773)년 윤 3월 13일[294] ※ 후임 한익모
영조 49(1773)년 4월 16일[295] – 영조 49(1773)년 9월 20일[296] ※후임 김상복
영조 49(1773)년 9월 24일[297] – 영조 50(1774)년 6월 21일[298] ※ 후임 한익모

가문

아버지는 한성부 판윤 원택(元澤)이고 할아버지는 강원도 관찰사 진옥(鎭玉)

---

283) 영의정 김치인을 특별히 해면하고 아울러 겸대한 관직도 해면하였으며 내국<도제조> 김상 복으로 대신하게 하였다.
284) 김상복·한익모·김상철에게 아울러 서용하지 않는 형전을 시행하도록 하라.
285) 다시 김상복에게 영의정을 제배하고 박상덕을 이조 판서로 …
286) "삭직하소서" 하니, 오늘에야 양사가 있는 것을 알겠으니 아뢴대로 하라.
287) ▶ 영의정 김상복이 여덟 자 존호를 올리기를… 이란 기사 있음.
288) "청컨대 김상복·김양택·한익모·김상철·이창의·신회·이은·이사관에게 모두 삭직을 시행하소서." 하니 오늘에야 양사가 있는 것을 알겠으니 아뢴대로 하라.
289) 김상복을 영의정으로 제배하고 김상철을 좌의정으로 제배하였다.
290) ▶ "영의정 김상복 등이 우러러 아뢰기를…" 이란 기사 있음.
291) 영의정 한익모를 파직하고 김상복을 영의정에 제배하였다.
292) 신회를 영의정으로, 이은을 좌의정으로, 원인손을 우의정으로,
293) 다시 김상복을 제배하여 영의정으로 삼고 …
294) 영의정 김상복의 관작을 삭탈하고 좌의정 김상철, 우의정 원인손의 면부를 명하였다.
295) 김상복을 다시 제배하여 영의정으로 삼았다.
296) 이에 김상복을 삭직하고 두 사람을 지만하게 하였다.
297) 영의정 삼사의 삭파와 이겸양 등의 정배를 탕척하라고 명하였다.
298) 영의정 김상복, 좌의정 김상철이 입시하여 해직을 원하니 임금이 허락하고 한익모를 영의정으로 이은을 좌의정으로 삼았다.

이며 증조부는 좌부승지 만균(萬均)이고 고조부는 이조 판서 겸 양관 대제학을 역임한 익희(益熙)이다. 5대조는 이조 참판을 역임한 반(槃)이고 6대조는 호조 참판과 형조 참판을 역임한 문원왕 장생(長生)이며 7대조는 예조 참판 계휘(繼輝)이다. 8대조는 지례 현감 호(鎬)이고 9대조는 진산 군수 종윤(宗胤)이며 10대조는 대사간 극뉴(克钮)이다. 11대조는 좌의정 국광(國光)이고 12대조는 사헌부 감찰 철산(鐵山)이며 13대조는 예문관 검열 문(閒)이다. 14대조는 충청도 관찰사 약채(若采)이고 15대조는 전라도 찰방 정(鼎)이며 16대조는 판군기감사 영리(英利)이다. 17대조는 찬성사 사원(士元)이고 18대조는 형부상서 연(連)이며 19대조는 대린(大麟)이다. 20대조는 별장 광존(光存)이고 21대조는 대정 주영(珠永)이며 22대조는 순안 현령 체(蒂)이다. 23대조는 비서감 광중(光中)이고 24대조는 호부상서 의원(義元)이며 25대조는 문하시중 양감(良鑑)이다. 26대조는 문하시랑평장사 정준(廷俊)이고 27대조는 좌복야·한림학사 책(策)이며 29대조는 좌복야·한림학사 준(峻)이다. 30대조는 사공 길(佶)이고 31대조는 각간 식(軾)이며 32대조는 신라 왕자 홍광(興光)인데 광산김씨의 시조이다.

장인은 죽산인 판돈녕부사 안윤행(安允行)이고 외할아버지는 심정보(沈廷輔)이다. 심정보는 인조와 인열왕후 사이에서 태어난 숙명공주(淑明公主)와 결혼한 청평위(靑平尉) 심익현(沈益賢)의 아들이고 영의정 심지원(沈之源)의 손자이다.

아들은 청도 군수 기서(箕書)인데 기서가 원주 판관 재후(在厚)를 낳았고 재후가 백천 군수 석현(奭鉉)을 낳았다.

일가로는 고조부 대제학 익희(益熙)의 둘째 아들이 만증(萬增)인데 만증의 고손이 우의정 희(喜)이다. 또 5대조 이조 참판 반(槃)의 1남이 익렬(益烈)이고 2남이 익희(益熙)이며 3남이 익겸(益兼)이고 4남이 익훈(益勳)인데 익겸의 1남은 숙종의 국구(國舅)인 광성부원군(光城府院君) 대제학 만기(萬基)이고 2남은 <사씨남정기>·<구운몽>의 저자 대제학 만중(萬重)이다. 만기의 손자는 영의정 양택(陽澤)과 시조시인 춘택(春澤)이다.

🔷 생애

사계 김장생의 후손으로 영의정 심지원의 손자이며 청평위 심익현의 아들인 심정보의 외손자다. 홍봉한과 정치적 동지로 북당에 속해서 김구주를 배척하는 데 철저했다. 그러나 홍인한과 정후겸이 왕세손을 해치려 한다는 서명선의 상소에 대해 어떻게 생각하느냐는 영조의 질문을 받고 모호한 답변을 해서 파직되고 부처되었다가 풀려나서 고향인 결성에서 은거하며 학문에 힘썼다.

영조 16(1740)년 알성문과에서 을과로 급제하여 한림(예문관 검열)에 천거되어 영조 17년 검열에 임명되었다가 파직되었으나 곧 검열에 복귀했다. 영조 18년 사대부의 지기를 강조하는 소를 올리고 남유용·한경원을 칭찬해 영조로부터 당론으로 비판을 받았다. 영조 19(1743)년 정언·지평·정언에 임명되었고 영조 20년 정언에서 수찬으로 전임되었으며 영조 21년 헌납·부교리·헌납·교리·지평·사간에 임명되었다. 영조 22(1746)년 부수찬·사간·수찬을 역임하고 필선에 임명되었다가 관직을 삭탈당했다. 영조 23년 사간·부수찬·수찬·부응교·응교·보덕·사간·응교·문학·응교를 역임하고 영조 24년 부사과에 임명되었다가 승지에 임명되었다. 영조 25(1749)년 승지에서 사간으로 전임되었다가 영조 26년 다시 승지가 되어 영조 29(1753)년까지 근무하다가 부제학으로 전임되었다. 같은 해 다시 승지가 되고 이어서 부제학·이조 참의를 역임하고 영조 30년 부제학·승지를 역임하고 수원 부사가 되었다. 영조 32(1756)년 이조 참의·좌승지·강화 유수를 역임하고 영조 33년 예조 참판에 임명되었다. 영조 34년 대사헌·이조 참판에 임명되었으나 영조 35(1759)년 수봉관을 승서하도록 승전한 자라고 현주하여 추천한 까닭으로 이조 참판에서 파직되었다가 승지로 임명되었으며 이 해에 경기도 관찰사에 임명되었다. 영조 36(1760)년 예문관 제학을 역임하고 이조 판서에 제수되었으나 영조 37년 어떤 일로 이조 판서에서 파직되었다가 다시 이조 판서가 되어 약방 제조를 겸하다가 호조 판서에 임명되어 예문관 제학을 겸했다. 영조 38(1762)년 아버지 원택이 음관으로 공조 참판에 제수되었다. 이 해에 이조 판서에 임명되었다가 호조 판서 · 이조 판서 · 예조 판서를 역임하고 영조 39년 이조 판서 · 호조 판서 · 홍문관 제학 · 한성부 판윤을 역임하고 우의정으로 승진했다. 영조 40(1764)년 좌의정 · 우의정 · 좌의정을 역임하고 영조 41년 우의정에 임명되었다가 우의정에서 면직되어 영중추부사가 되었다. 얼마 뒤에 다시 우의정으로 임명되었다가 좌의정으로 전임되었으나 영조 42년 삭직되었다. 다시 좌의정에 임명되었으나 아버지 원택의 병으로 좌의정에서 물러나 판중추부사가 되었으며 아버지가 죽어서 관직에서 물러나 시묘했다. 영조 45(1769)년 상을 마치고 돌아와 좌의정에 임명되었으나 영조 46년 해임되고 판중추부사를 거쳐 영중추부사가 되었다. 영조 48년 3월 영의정에 임명되었으나 곧 해직되고 그 해 4월에 다시 영의정에 임명되었다가 해직되었다. 그러나 3일 뒤인 7월 29일 다시 영의정에 임명되었다가 8월에 해직되고 9월에 또다시 영의정에 임명되었으나 10월에 또 해직되었다. 한익모를 영의정으로 임명했으나 한익모가 파직되자 10월 22일 다시 영의정에 임명되었으나 한 달 뒤인 11월 22일 영의정에서 해임되었다. 또 같은 해 12월 1일 영의정에 제배되었으나 12월 14일 영의정에서 물러나는 등 영조 48년 3월부터 10개월 사이에 영의정에 6번이나 임명되고 해임되었다. 이와 같은 일은 영조 49년에도 계속되어 영조 49년 2월 영의정에 임명되고 윤 3월에 관작이 삭탈되었다가 4월에 영의정에 임명되고 9월에 삭직되었으며 4일 뒤인 9월 24일 아홉 번째로 영의정에 임명되었다가 영조 50년 해직을 허락받고 영조 51년 영중추부사가 되었다.

이 해에 영조로부터 홍인한과 정후겸 등이 왕세손의 대리청정을 막아 세손을 해치려 한다는 서명선의 소에 대해 평가하라는 질문을 받았다. 김상복은 평소 당시의 권신인 홍인한을 비난하는 쪽이었으나 이때는 모호한 답변을 했다.

정조 즉위(1776)년 영조의 질문에 모호한 답변을 했다는 이유로 영중추부사에서 삭직되고 경상도 평해군에 부처되었다가 공주목에 이배되었다. 정조 1(1777)년 귀양에서 풀려나 방귀전리의 처분을 받고 고향인 결성에 은거하며 두문불출하며 학문에 힘썼다. <정조실록>에 죽은 날짜에 대한 기록은 없으나 정조 6(1782)년에 죽은 것으로 되어 있다. 정조 24(1800)년에 신원되어 복관되었다. <어제수덕전편(御製樹德全編)>을 편찬했고 저서로 <통색문답(通塞問答)> 1책이 있으며 <백암당대선사비명(栢庵堂大禪師碑銘)>이 전한다.

홍봉한과 정치적 동지로서 이른바 북당에 속해 평소 김구주를 배척하는데 철저했다. 붕당을 비난하며 인정하지 않는 영조의 탕평책을 옹호했다. 김상복을 평가하기를 겉으로는 평온하나 안으로 강해 큰 뜻을 가졌으면서도 시세가 계속되지 못했다고 평가받고 있다. 평소 청빈하고 검소한 생활로 유명하며 죽을 때까지 손에서 책을 놓지 않았다 한다.(<민족문화대백과사전>)

참고문헌

<영조실록>, <정조실록>, <다음백과사전>, <광산김씨족보>

신 회(申晦)

본관은 평산이고 자는 여근(汝根)이며 호는 알려지지 않았고 시호는 문헌(文獻)이다. 숙종 32(1714)년에 태어나서 정조 6(1782)년에 죽었다.

🎁 재임기간

영조 48(1772)년 8월 2일[299] – 영조 48(1772)년 8월 20일[300] ※ 후임 김상복
영조 48(1772)년 11월 22일[301] – 영조 48(1772)년 12월 1일 ※ 후임 김상복
영조 48(1772)년 12월 14일[302] – 영조 49(1773)년 1월 27일[303] ※ 후임 한익모
영조 50(1774)년 6월 28일[304] – 영조 51(1775)년 7월 1일[305] ※ 후임 한익모

🎁 가문

아버지는 사철(思喆)인데 호조 판서와 영중추부사를 역임했고 할아버지는 이천 부사 단(鍴)이다. 증조부는 사헌부 집의 명규(命圭)이고 고조부는 종성 부사 상(恦)이다. 5대조는 대사성 민일(敏一)이고 6대조는 사재감 첨정 암(黯)이며 7대조는 진사시와 생원시에 합격한 정미(廷美)이고 8대조는 사직서령을 역임하고 참판에 증직된 원(援)이고 9대조는 영석(永錫)이다. 영석 이상의 세계는 신완과 같다.

장인은 남양인 대사헌 홍계적(洪啓迪)이고 외할아버지는 완산인 첨지중추부사 이규일(李揆一)이다.

아들이 없어서 영의정인 형 만(晚)의 셋째 아들 광집(光緝)을 양자로 입양했다. 광집은 광주 부윤을 역임했고 재현(在顯)·재헌(在憲)·재온(在溫)·재전(在全)을 낳았고 후대로 많은 인물이 나왔다.

---

299) 신회를 영의정으로, 이은을 좌의정으로, 이사관을 우의정으로, …
300) 청컨대 김상복·김양택·한익모·김상철·이창의·신회·이은·이사관에게 모두 삭직을 시행하소서 하니 "오늘에야 양사가 있는 것을 알겠으니, 아뢴 대로 하라."
301) 신회를 영의정으로, 이은을 좌의정으로, 원인손을 우의정으로 삼았다.
302) ▶ "영의정 신회가 고 좌의정 이행에 대하여 …" 라는 기사 있음.
303) 영의정 심회와 우의정 이사관, 판의금 한광회는 파직하라고 명하였으며 …
304) 신회를 영의정으로, 이사관을 우의정으로 삼았는데 모두 중비였다.
305) 영의정 신회를 파직하라고 명하였다.

형이 영의정 만(晩)이다. 만의 아들 광수가 영조와 인빈 사이에서 태어난 화협옹주(和協翁主)와 결혼한 영성위(永城尉)이다. 누이의 남편이 이조 판서와 우의정을 역임한 원인손(元仁孫)이다.

🎲 생애

영의정 만의 동생이고 영성위 광수의 숙부이며 우의정 원인손의 처남이다. 사도세자가 죽을 때 적극 동조했다. 이 일로 정조가 즉위한 뒤에 삭탈관작 되고 홍주로 귀양 가서 그곳에서 죽었다. 죽은 뒤 2년이 지나서 관작이 회복되었다.

영조 17(1741)년 진사시에 합격하고 영조 19(1743)년 알성문과에 병과로 급제하였다. 영조 23(1747)년 수찬에 임명된 뒤 문학·부수찬·헌납·교리·헌납·사서·지평에 차례로 임명되었으며 영조 24년 겸 문학·사서·수찬에 제수되었다. 영조 25(1749)년 부교리에 전임된 뒤 교리·부교리·교리·헌납·교리를 역임하고 영조 26(1750)년 승지로 있으면서 사마시의 합격자 발표에 관한 절차를 논의하는 과정에서 그의 주장이 공정성을 잃었다는 대간들의 탄핵을 받고 종성부에 유배되었다. 그러나 영조 27년 교리 겸 필선으로 관직에 복귀하여 좌익선·낭청 겸 필선을 거쳐 승지·대사간을 역임하고 영조 28(1752)년 승지를 역임했다. 영조 29년 형조 참의·승지를 역임했고 영조 30년 한성부 좌윤·형조 참판·승지를 역임했으며 영조 31(1755)년 지의금부사·도승지·동지의금부사를 역임했다. 영조 32년 한성부 좌윤·동지의금부사·도승지를 역임하고 영조 33(1757)년 대사헌·동지경연사·명정 서사관·형조 판서를 역임했다. 영조 34(1758)년 예조 판서를 거쳐 병조 판서에 임명되었는데 이때 삼승포의 중국 무역을 허락하라고 요청하여 허락받았다. 영조 38(1762)년 예조 판서·빈궁도감 강상에 임명되었는데 이 해에 영조가 사도세자를 뒤주에 가두어 죽일 때 이에 적극 동조했다. 영조 39년 공조 판서·형조 판서를 역임하고 황해도 관찰사에 임명되었다. 영조 40(1764)년 이조 판서에 임명되었으나 어떤 일로 파직을 당하고 염치에 격리되었다가 다시 이조 판서에 임명되었다. 그러나 얼마 되지 않아 또 파직되었다가 그 해에 다시 이조 판서에 제수되었다. 영조 41년 평안도 관찰사에 임명되었고 영조 42년 한성부 판윤에 임명되었다. 영조 43(1767)년에는 예조 판서·지경연·판의금부사·이조 판서·예조 판서·세자우빈객·수어사·좌참찬·판의금부사를 차례로 역임했다. 영조 44년에는 부사직을 역임하고 이조 판서에 제수되었으나 바로 체직되었다가 얼마 뒤에 예조 판서에 임명되어 판의금부사·우참찬·좌참찬·이조 판서를 역임했다. 영조 45년 형조 판서·판돈녕부사·수어사·좌참찬·판의금부사·우참찬·이조 판서를 역임했고 영조 46(1770)년에는 대사헌·판의금부사·예조 판서를 역임했다. 영조 47년 한성부 판윤·병조 판서·좌참찬을 역임하고 영조 48(1772)년 좌의정으로 승진했으나 좌의정 이후의 관직 이동이 매우 심했다. 이를 정리하면 3월 27일 좌의정이 되고 6월 16일 우의정이 되었고 6월 28일 다시 좌의정이 되었으나 7월 4일 면직되었다. 그리고 7월 10일 판중추부사에 임명되었고 7월 16일에는 우의정에 임명되었다가 7월 28일에는 좌의정에 임명되는 등 관직 이동이 매우 심했으며 이런 과정은 영의정에 임명된 뒤에도 이어졌다. 영조 48년 8월 2일 영의정으로 승진하였으나 8월 20일 삭출 당했다. 같은 해 11월 22일 다시 영의정에 임명되었으나 며칠 뒤인 12월에 다시 영의정에 제배되었다. 그러나 영조 49년 1월 27일 파직되고 판중추부사에 임명되었다. 영조 50년 6월 28일 다시 영의정에 임명되었고 영조 51년 4월 19일 파직의 명을 받았으나 다음날 파직시키라는 명이 정지됨으로 영의정으로 있었다. 그러나 7월 1일 파직되어 9월 7일 도성 밖으로 나갔다가 판중추부사에 임명되었다. 그러나 9월 12일 의금부에서 대죄하는 등 어지러운 인사에 휩쓸렸다. 같은 해 12월 1일 호위대에 임명되었다가 영조 52(1776)년 3월 5일 다시 좌의정에 임명되었다.

정조 즉위(1776)년 좌의정으로 왕의 죽음을 알리고 시호를 정하여 왕위 계승을 고하는 고부 겸 청시승습 정사에 임명되었으나 사도세자를 죽이는 일에 동조한 일로 정조의 노여움을 사서 파직되었다. 이어서 총호사에서도

파직되고 삭출죄인이 되어 중도부처 되었고 역적으로 규정되었다. 정조 8
년에 죽었다. 죽은 뒤인 정조 8(1784)년 직첩을 돌려받고 관작이 회복되었
다. <정조실록>에 졸기도 보이지 않는다.

참고문헌

〈영조실록〉, 〈정조실록〉, 〈평산신씨 문희공파보〉

한익모(韓翼嘗)

본관은 청주이고 자는 경보(敬甫)이며 호는 정견(靜見)이고 시호는 문숙(文肅)이다. 숙종 29(1703)년에 태어나서 정조 5(1781)년에 죽었다.

📦 재임기간

영조 48(1772)년 10월 5일[306] – 영조 48(1772)년 10월 22일[307] ※ 후임 김상복
영조 49(1773)년 1월 28일[308] – 영조 49(1773)년 2월 2일[309] ※ 후임 김상복
영조 49(1773)년 윤 3월 13일[310] – 영조 49(1773)년 4월 15일[311] ※ 후임 김상복
영조 50(1774)년 6월 21일[312] – 영조 50(1774)년 6월 28일[313] ※ 후임 신회
영조 51(1775)년 7월 7일[314] – 영조 51(1775)년 12월 3일[315] ※ 후임 김상철

📦 가문

친아버지는 진사 사범(師範)이고 할아버지는 한성부 우윤 배의(配義)이다. 증조부는 이조 참판 성우(聖佑)이고 고조부는 상주 목사 수원(壽遠)이다. 5대조 덕급(德及)은 동지돈령부사이고 6대조 응인(應寅)은 우의정이다. 7대조는 충좌위 부사직 경남(敬男)이고 8대조는 충좌위 부호군 유(侑)이며 9대조는 이조 참판 건(健)이고 10대조는 판돈령부사 치인(致仁)이다. 11대조 확(確)은 좌의정인데 덕종의 국구로 소혜왕후의 친정아버지이다. 12대조 영정(永矴)은 순창 군사이다. 영정은 3남 2녀를 두었다. 1남은 좌의정이며 덕종의 국구인 확이고 2남은 전(碩)이며 3남은 시(砧)이다. 1녀는 명나라 태종의 비이고 2녀는 명나라 선종의 공신부인이다. 13대조는 신호위 녹사 영(寧)이고 14대조는 첨의부

---

306) 한익모를 영의정으로, 이창의를 좌의정으로, 이사관을 우의정으로 삼다.
307) 영의정 한익모를 파직하고 김상복을 영의정에 제배하였다.
308) 다시 한익모를 제배하여 영의정으로 삼고, 김상철을 좌의정으로, 이사관을 우의정으로 삼았다.
309) 약방 도제조 한익모의 관직을 삭탈하였다.
310) 한익모를 제배하여 영의정으로 삼고, 이은을 좌의정으로, 이사관을 우의정으로 삼았다.
311) 권점을 주관한 수당상 한익모 등을 모두 파직하기를 계청하니 임금이 그대로 따랐다.
312) 한익모를 영의정으로, 이은을 우의정으로 삼았다.
313) 임금이 창의궁에 나아가 영의정 한익모·우의정 이은을 특별히 면부하였으니 …
314) 한익모를 영의정으로, 홍인한을 좌의정으로 제배하라고 명하였다.
315) ▶ "전 영상 한익모의 …" 라는 기사 있음.

찬성사 방신(方信)이며 15대조는 도첨의 우정승 악(渥)이고 16대조는 보문각 제학 사기(謝奇)다. 17대조는 첨의중찬 강(康)이고 18대조는 좌복야 광윤(光胤)이며 19대조는 검교신호위 상장군 희유(希愈)이고 20대조는 상서성 좌복야 혁(奕)이다. 21대조는 별장 상휴(尙休)고 22대조는 용호군 교위 영(穎)이다. 23대조 난(蘭)은 청주한씨의 시조인데 고려개국공신이며 문하태위를 역임했다.

장인은 기계인 좌랑 유학기(兪學基)이고 외할아버지는 기계인 정랑 유명흥(兪命興)이다.

아들은 1남이 호유(好裕)이고 2남은 순창 군수 태유(泰裕)이며 3남은 승지 정유(鼎裕)다. 딸은 호조 판서 판중추부사 심이지(沈履之)와 결혼했다.

방계로는 형 현모(顯謨)가 예조 참판인데 현모의 아들이 동지중추부사 준유(俊裕)이고 준유의 아들이 영의정 용구(用龜)다.

🎁 생애

덕종의 국구 좌의정 확의 후손이고 영의정 용구의 종조부다. 사도세자가 죽은 경위를 밝히는 교서를 작성하라는 영조의 명을 거절하여 삭탈관작 되었다가 관직에 복귀하였으나 정조가 즉위한 뒤 사도세자의 처벌을 주장한 홍인한의 국문에 불참한 죄로 삭탈관작 되고 부처되었다.

영조 7(1731)년 유학으로 황감제에서 수석을 차지하여 전시직부하고 영조 9(1733)년 식년문과에 을과로 급제하고 집의에 등용되었다. 영조 10년 지평에 임명되고 영조 11년 부응교·정언에 제수되었으며 영조 13년 사서·지평·수찬이 되었으나 대명하지 않아서 나국(拿鞫)을 받고 해남현으로 찬배된 뒤에 위리안치 되었다. 영조 15년 수찬으로 관직에 복귀한 뒤 부수찬을 거쳐 교리로 있을 때 광주 시재 암행어사로 순행하고 돌아와서 교리·수찬을 역임했다. 영조 16년에는 부수찬·교리·수찬·교리·문학을 역임하고 영조 17(1741)년 교리·수찬·부수찬을 역임했다. 영조 19년에 교리·이조 정랑·부수찬·교리를 역임하고 영조 20년에 교리·부응교 등 청·현직을 두루 역임하고 승지에 임명되었다. 영조 21년 공홍도 심리사에 제수되고 이어서 승지에 임명되었다가 호서 심리사로 전임되었다가 광주 부윤에 올랐다. 영조 23년 승지에 임명되었다가 대사간에 제수되었고 영조 24(1748)년 전라도 관찰사로 나갔으나 영조 25년 어떤 일로 전라도 관찰사에서 파직되었다. 영조 26년 이조 참의로 관직에 복귀하여서 형조 참의와 대사간을 역임하고 영조 27년 경상도 관찰사로 나갔다. 영조 28(1752)년 강화 유수로 전임되어 외직을 두루 거치고 영조 29년 병조 판서로 승진했으나 곧 예조 참판으로 차하하고 비국 유사당상을 겸하면서 비국 당상으로 통신사의 제용을 줄이는 일에 참여하였다. 영조 32(1756)년 한성부 판윤·광주 부윤을 역임하고 영조 36년 이조 판서·형조 판서·대사헌을 역임했다. 영조 37년 예조 판서에 제수되었다가 이조 판서로 전임되었다. 이조 판서로 재임하고 있을 때 대제학을 겸했는데 이때 사도세자가 죽은 경위를 밝히는 교서를 작성하라는 명을 끝내 사절하여 파면되고 삭탈관작 되었다. 얼마 뒤에 판의금부사로 관직에 복귀하여 이조 판서로 전임되고 이어서 예문관 제학으로 옮겼다. 영조 38년 다시 이조 판서에 제수되었으나 영조 39년 이조 판서에서 파직되었다가 예조 판서로 복귀했으나 조명채(曺命采)의 전망을 빼어버렸기 때문에 예조 판서에서 삭직되었다. 그 뒤에 판의금부사로 복귀했으나 영조 40년 판의금부사에서 파직되었다. 얼마 뒤에 판돈녕부사에 임명된 뒤 예문관 제학·예조 판서·형조 판서·한성부 판윤을 역임하고 이조 판서에 제수되었으나 왕의 명을 어겨서 이조 판서에서 파직되었다. 영조 41년 판의금부사·홍문관 제학을 역임하고 영조 42(1766)년 공조 판서·판돈녕부사를 역임하고 좌의정으로 승진하였다. 영조 44년 우의정으로 전임되었다가 다시 좌의정에 제수되었고 다시 좌의정에서 물러나 판중추부사에 임명되었으나 사직상소를 올려 판중추부사에서 체직하였다. 영조 45(1769)년 다시 판중추부사를 거쳐 영의정으로 승진했다. 그러나 곧 영의정에서 물러나 판중추부사가 되었다. 영조 46년 다시 좌의정에 임명되었으나 영조 47년 다시 좌의정에서 체차했다가 바로 좌의정이 되었다. 영조 48년 우의정에 임명되었으나 사직하고 판중추부사로 물러나 있다가 같은 해 10월 5

일 영의정으로 승진했으나 같은 해 10월 22일 영의정에서 파직되었다. 영조 49(1773)년 1월 28일 영의정이 되었으나 부임을 거부하여 같은 해 2월 2일 영의정에서 파직되고 부처하라는 명을 받았다. 그러나 바로 명을 거두어들임으로 영조 49년 윤 3월에 다시 영의정에 임명되었다가 같은 해 4월에 영의정에서 파직되고 영중추부사로 물러났다. 영조 50년 6월 21일 또다시 영의정에 제수되었다가 7일 뒤인 6월 28일 영의정에서 면직되었다. 영조 51년 7월 또 다시 영의정에 임명되었으나 같은 해 영의정에서 체직되고 영조 52(1776)년 판중추부사에 제수되는 등 영조 말년 벼슬의 이동이 심하였다.

정조 즉위(1776)년에 사도세자의 처벌을 주장한 홍인한 등을 국문하였는데 이때 불참한 죄로 관작이 삭탈되고 문출죄인이 되어 풍천부에 부처되었다가 연안부에 이배되었다. 정조 1(1777)년 석방되었으나 벼슬에 나가지 않고 향리에 머물다 정조 5(1781)년 죽었다. 죽은 뒤에 신원되었고 순조 55년에 문숙(文肅)이란 시호가 내려졌다.

졸기는 없고 <정조실록> 정조 6(1782)년 12월 3일 '귀양 갔다가 죽은 죄인 한익모'라는 기사가 있다.

참고문헌

〈다음백과사전〉, 〈영조실록〉, 〈정조실록〉, 〈청주한씨제6교대동족보〉

김상철(金尙喆)

본관은 강릉이고 자는 사보(士保)이며 호는 화서(華西)이고 시호는 충익(忠翼)이다. 숙종 38(1712)년에 태어나서 정조 15(1791)년에 죽었다.

🟦 재임기간

영조 51(1775)년 12월 4일[316] - 정조 즉위(1776)년 3월 19일[317] ※ 후임 김양택
정조 즉위(1776)년 8월 17일[318] - 정조 2(1778)년 7월 15일[319] ※ 후임 김상철
정조 2(1778)년 7월 18일[320] - 정조 3(1779)년 9월 29일[321] ※ 후임 서명선
정조 4(1780)년 1월 8일[322] - 정조 5(1781)년 1월 6일[323] ※ 후임 서명선

🟦 가문

아버지는 한성부 판윤·공조 판서·좌참찬·판돈녕부사를 역임한 시혁(始赫)이고 할아버지는 제용감 봉사를 역임한 홍주(弘柱)이며 증조부는 전옥서 봉사 득원(得元)이고 고조부는 예조 좌랑을 역임한 선여(善餘)이다. 5대조는 예조 판서 첨경(添慶)이고 6대조는 사예 충정(忠貞)이며 7대조는 회인 현감 종윤(宗胤)이고 8대조는 생원 귀형(貴亨)이다. 9대조는 돈녕부 봉사 식(埴)이고 10대조는 우왕때 진사시에 합격하고 고려가 망하자 고양에 정자를 짓고 매일 송악산을 바라보며 절을 올린 고려 5충신 일로공 양남(揚南)이며 11대조는 공조 판서 추(錘)이다. 12대조는 문하시중 광을(光乙)이고 13대조는 부사 계초(繼招)이며 14대조는 예부시랑 웅(雄)이다. 15대조는 판사 수정(守精)이고 16대조는 판소부 감사 변(抃)이며 17대조는 대묘서승 혁승(革升)이다. 18대조는 한림학사 굉(玄)이고 19대조는 중서시랑 평장사 사문전 학사 영석(永錫)이며 20

---

316) 김상철을 영의정으로, 이사관을 좌의정으로 제배하였다.
317) 판중추부사 김양택을 제배하여 의정부 영의정으로 삼고, 김상철을 좌상으로 강등하여 삼았다.
318) 판돈녕 서명선을 우의정에 제배하고, 김상철·정존겸을 올려서 영상과 좌상으로 삼았다.
319) 영의정 김상철, 좌의정 서명선, 우의정 정홍순에게 면부하겠다고 명하였다.
320) 영의정 김상철, 좌의정 서명선, 우의정 정홍순에게 상직을 다시 제수하였다.
321) 특별히 영의정 김상철의 벼슬을 해면하고…
322) 김상철을 특배하여 의정부 영의정으로 삼고, 이은을 좌의정으로 삼았다.
323) 영의정 김상철을 면직하였다.

대조는 수태부 문하시중 평장사 인존(仁存)이다. 21대조는 수태부 문하시중 평장사 상기(上琦)이고 22대조는 병부상서 양(陽)이고 23대조는 병부상서 징우(徵祐)이며 24대조는 호부상서 견웅(堅雄)이다. 25대조는 대내마 영견(英堅)이고 26대조도 대내마 동정(東精)이며 27대조는 대내마 자사(紫絲)이다. 28대조는 신(身)이고 29대조는 강릉 김씨의 시조인 명주군왕 주원(周元)이다. 주원은 무열왕의 6세손이다.324)

장인은 이요흠(李堯欽)이고 외할아버지는 이기정(李箕禎)이다.

아들 우진(宇鎭)은 광주 목사를 역임했는데 윤선거의 문집을 훼판한 병신처분의 잘못을 지적하고 소론의 조태구와 유봉휘를 옹호한 죄로 제주도에 유배되었다. 이 일로 감상철은 아들을 잘못 가르쳤다는 죄로 관직이 삭탈되었다가 정조 때에 복권되었다.

🌱 생애

<동국문헌비고>를 편찬케 하고 <신묘중과옥>을 편집 간행했다. 소론으로 아들 우진이 윤선거의 문집을 훼판한 병신처분의 잘못을 지적하고, 소론의 조태구와 유봉휘를 옹호한 일로 아들을 잘못 가르쳤다는 죄로 관직이 삭탈되었다.

영조 9(1733)년 사마시에 합격하고 영조 12(1736)년 정시문과에 급제했다. 영조 15(1739)년 설서에 임명되고 영조 17(1741)년 지평에 임명되었으며 영조 20년 정언·교리·수찬·부수찬·헌납을 차례로 역임하고 영조 21(1745)년 수찬·문학·수찬·정언을 역임했다. 영조 22년 헌납·수찬·교리에 임명되었고 영조 23(1747)년 문학·부수찬·교리·헌납·부수찬·필선·보덕

---

324) 시조의 상계는 주원을 기준으로 아버지는 시중 유정(惟靖)이고 할아버지는 시중 사인(思仁)이며 증조부는 대장 대충(大忠)이고 고조부는 문왕(文汪)이며 5대조는 무열왕 춘추(春秋)이다. 6대조는 이찬으로 문흥대왕(文興大王)으로 추존된 용춘(龍春)이고 7대조는 사윤(舍輪)이며 8대조는 삼맥종(彡麥宗)이다. 9대조는 입종(立宗)이고 10대조는 지대로(智大露)이며 11대조는 습보(習寶)이고 12대조는 평호(平好)이다. 13대조는 내물(奈勿)이고 14대조는 말구(末仇)이며 15대조는 구도(仇道)이고 16대조는 욱보(郁輔)이다. 17대조는 수유(首留)이고 18대조는 아도(阿道)이며 19대조는 집한(執漢)이고 20대조는 알지(閼智)이다.

· 사간 · 교리에 임명되었으며 영조 24년 보덕 겸 필선 · 응교 · 보덕 · 부응교에 임명되었다. 영조 25(1749)년 부교리 · 응교에 임명되었고 영조 28(1752)년 수찬 · 사간 · 집의 등 청현직을 두루 역임하고 같은 해에 동부승지에 임명되었다. 영조 33(1757)년 충청도 관찰사에 임명되었고 영조 35(1759)년 대사간에 임명되었으며 영조 36년에는 이조 참의 · 승지를 역임했고 영조 37년 대사헌 · 이조 참판 · 대사헌을 역임했다. 영조 38(1762)년 경상도 관찰사에 임명되고 영조 39년 한성부 판윤으로 전임되었다가 다시 대사헌이 되었다. 영조 40(1764)년 형조 판서로 승진하여 이조 판서로 전임된 뒤에 동지성균관사를 겸하고 우참찬 · 이조 판서 · 형조 판서 · 호조 판서 · 동지경연을 역임했다. 영조 41(1765)년 병조 판서 · 예조 판서 · 한성부 판윤에 임명되고 영조 42(1766)년 지경연을 거쳐 평안도 관찰사에 제수되었다가 우의정으로 승진되었다. 우의정으로 있으면서 우리나라의 역대 문물제도를 부문별로 망라한 문헌이 필요하다고 왕에게 건의해서 영조 46(1770)년 <동국문헌비고>를 편찬케 했다. 영조 44(1768)년 우의정에서 물러나 판중추부사가 되었다가 얼마 뒤에 다시 우의정에 임명되었다. 영조 47(1771)년 <명사(明史)>에 잘못 적혀있는 조선왕실의 계보와 서적을 바로잡기 위해 진주정사(선계변무사)로 북경에 가서 그 책의 개인 소장을 금하겠다는 약속을 받고 돌아왔으며 영조의 명령으로 그 과정을 정리한 <신묘중광록>을 편집 · 간행했다. 영조 48년 우의정에서 물러나 판중추부사가 되었다가 좌의정에 임명되었으나 곧 물러나 판중추부사에 임명되었다. 그러나 또 좌의정에 임명되고 또 판중추부사가 되고 다시 좌의정에 임명되는 등 여러 차례에 걸쳐 좌의정과 판중추부사를 역임했다. 영조 51(1775)년 영의정으로 승진하여 영조 51년 영의정으로 원상을 겸했다.

정조 즉위(1776)년 3월 김양택이 영의정에 임명되자 영의정에서 물러나 좌의정에 임명되었으나 며칠 뒤인 3월 28일 좌의정에서 해직[325]되었다. 같은 해 4월 11일 다시 좌의정에 제배되었으나 6월 25일 김양택은 삭직되고

---

325) 이광좌 · 조태억 · 최석항은 관작이 추탈되었다.

김상철은 관직이 추탈되었다. 그러나 열흘 뒤인 7월 5일 다시 좌의정에 임명되었다가[326) 8월 영의정으로 승진했다. 정조 2(1778)년 7월 영의정에서 물러났으나 사흘 뒤인 7월 18일 다시 영의정에 제수되었다. 정조 3년 영의정에서 사직하였다가 정조 4년 다시 영의정에 제수되었고 정조 5(1781)년 1월 6일 영의정에서 면직되고 영부사가 되어 기로소에 들어갔다.

정조 10(1786)년 아들 우진(宇鎭)이 죄를 지어 유배되자 탄핵하는 문제가 논의되었으며 11월 17일 파직되었고 정조 15(1791)년 죽었다. 죽은 뒤에 정조가 장례를 위해 아들을 석방할 것을 요청하였으나 신하들의 반대로 석방은 이루어지지 않았고 정조의 명에 따라 관작이 회복되었다.

<정조실록> 정조 15(1791)년 12월 14일 '김상철이 죽었다'는 기사만 있고 졸기는 없다.

참고문헌

<영조실록>, <정조실록>, <다음백과사전>, <강릉김씨파보>, <강릉(진천)김씨상서공단천파보>

---

326) 영의정은 김양택이 임명되었다.

김양택(金陽澤)

본관은 광산이고 자는 사서(士舒)이며 호는 건암(健庵)기고 시호는 문간(文簡)이다. 숙종 38(1712)년에 태어나서 정조 1(1777)년에 죽었다. 아버지 진규(鎭圭)에 이어 3대 대재학으로 유명하다.

🎗 재임기간

정조 즉위(1776)년 3월 19일[327] – 정조 즉위(1776)년 6월 25일[328] ※ 후임 김양택
정조 즉위(1776)년 7월 5일[329] – 정조 즉위(1776)년 8월 7일[330] ※ 후임 김상철

🎗 가문

아버지는 이조 판서 겸 대제학을 역임한 진규(鎭圭)이고 할아버지는 만기(萬基)인데 대제학과 병조 판서·공조 판서를 역임했다. 만기는 숙종의 원비인 인경왕후(仁敬王后)의 아버지인 광성부원군(光城府院君)이다. 따라서 숙종의 국구가 되며 아들 진규, 손자 양택과 함께 3대 대제학을 역임해서 최고의 영예를 안고 있다. 증조부는 익겸(益兼)인데 부사를 역임하고 병자호란 때 화약에 불을 질러 자결했다. 고조부 반(槃)은 이조 참판을 역임했다. 5대조는 장생(長生)인데 호조 참판과 형조 참판을 역임했고 문원왕으로 불린다. 송시열·윤증·조한영(曺漢英)의 스승이다. 6대조는 예조 참판·공조 참판·형조 참판·동지의금부사를 역임한 계휘(繼輝)이다. 계휘 이상의 세계는 김상복과 같다.

장인은 남양인 판관 홍우집(洪禹集)이고 외할아버지는 초배는 완산인 목사 이민장(李敏章)인데 이민장은 영의정 이경여(李敬輿)의 아들이다. 친외할아버지는 계배 연일인 정소하(鄭昭河)이다.

---

327) 판중추부사 김양택을 제배하여 의정부 영의정으로 삼고, 김상철을 좌상으로 강등하여 삼았다.
328) 영중추부사 김상복, 영의정 김양택, 판중추부사 이은, 우의정 정존겸을 삭직하고, 좌의정 김상철을 파직하였다.
329) 다시 김양택을 영의정으로, 김상철을 좌의정으로 제배하고, 김상철을 총호사로 삼았다.
330) 영의정 김양택을 삭직하였으니, 삼사의 합계에 따른 것이다.

아들은 셋인데 1남 노재(魯材)는 양택의 형인 성택(星澤)에게 양자를 갔으나 아들이 없어서 두항(斗恒)을 양자로 삼았다. 2남은 통덕랑 초재(楚材)인데 역시 아들이 없어서 두공(斗恭)을 양자로 삼았다. 3남은 하재(夏材)인데 우의정 이휘지(李徽之)의 사위로 문과에 장원하고 강원도 관찰사·부제학·대사헌·대사간·이조 참판을 역임했으나 처신이 신중하지 못해 대역부도의 죄를 입어 집을 허물어 연못을 만드는 처벌을 받고 자녀와 처와 숙질들이 노비로 전락하게 했다.

　　일가로는 고모가 숙종의 원비인 인경왕후(仁敬王后)이고 종조부는 대제학을 역임하고 <사씨남정기>를 지은 만중(萬重)이다. 시조시인 춘택(春澤)은 사촌이다.

🎁 생애

> 사계 장생의 현손이고 숙종의 국구인 광성부원군 만기의 손자이며 영의정 이경여의 외증손이고 우의정 이휘지의 사돈이다. 죽은 뒤에 아들 하재가 정조의 실덕을 비난하고 사림을 장살해야 한다는 요지의 편지를 승지에게 전하다 들켰다. 이 일로 하재는 대역부도의 죄인으로 주살되었고, 양택은 관작이 삭탈되고 집은 헐려서 연못을 팠으며 처와 자녀와 숙질들은 노비가 되었다.

　　영조 17(1741)년 생원시에 합격하고 영조 19년 알성문과에서 병과로 급제하여 세자시강원 겸 설서에 임명되었다. 영조 20(1744)년 한림소시에 합격했고 영조 21년 사서·정언이 되었으며 영조 22(1746)년 문학에 임명되었다. 영조 23년 부수찬으로 있을 때 좌의정 정석오(鄭錫五)를 논박하다가 영조가 당습(黨習)이라 하여 산음 현감으로 좌천되었으나 얼마 되지 않아서 수찬에 임명되었다. 영조 24년 친제 때 진참하지 않은 까닭에 숙천부에 투비되었다가 사서에 임명되었다. 영조 25년 부교리·사서·부교리·수찬을 거쳐 교리에 임명되어 사서를 겸하였다. 영조 26(1750)년 부수찬·수찬·사서·수찬 겸 문학·부수찬·헌납·부교리·필선을 역임하고 영조 27년 낭청·교리·보덕에 임명되었으며 존중도감의 노고로 통정대부에 가자되었다. 영조 28년 영변 부사를 역임하고 영조 29(1753)년 대사간·승지·승문원 부제조·승지를 역임하고 영조 30(1754)년 황해도 관찰사에 임명되었다. 그러나 청나라의 사신을 잘못 대접했다는 이유로 영조 31년 황해도 관찰사에서 파직되었다가 부제학에 임명되었다. 영조 32(1756)년 충청도 관찰사로 나갔으며 영조 33년 부제학에 임명되어 가선대부로 가자되고 원손의 사부가 되었으며 대사헌·부제학을 역임하였다. 영조 34년 대사성을 거쳐 대제학에 임명되어 영조 35(1759)년과 영조 36(1760)년까지 대제학을 다섯 차례나 역임했다. 또 할아버지 만기·아버지 진규에 이어 3대가 대제학을 역임하였다. 영조 37년 대제학으로 우유선을 겸했고 세자좌빈객을 겸했다. 같은 해에 이조 참판이 된 뒤에 대사성을 겸하다가 공조 판서로 승진하고 한성부 판윤·병조 판서를 역임했다. 영조 38(1762)년 이조 판서에 임명되어 수어사를 겸했으며 한성부 판윤으로 전임되었다. 영조 40년 이조 판서·수어사를 역임하고 영조 41(1765)년 지경연사·판의금부사·세자좌빈객을 역임했고 영조 42년 한성부 판윤으로 세자좌빈객을 역임하다가 우의정으로 승진했다. 영조 43(1767)년 우의정에서 물러나 판중추부사가 되었으나 판중추부사에서 체직되었다가 다시 판중추부사에 임명되었다. 영조 44년 좌의정·판중추부사·좌의정에 차례로 임명되었으나 좌의정에서 해임되었다. 해임된 뒤에 곧바로 좌의정에 제배되었으나 치제(致祭)에 참여하지 않아서 좌의정에서 체차되고 판중추부사에 임명되는 등 좌의정에 임명과 체임을 번갈아 했다. 영조 46(1770)년까지 판중추부사를 역임하고 영조 48년 영중추부사에 임명되어 현종의 옥책문을 지었다. 영조 49(1773)년 판중추부사로 도제조가 되었는데 이는 아버지 김진규가 지난 계사년에 도감 당상이 되었었기 때문이다. 같은 해 윤 3월 13일 아들 김하재를 가르치지 못했다 하여 파직되었다가 윤 3월 21일 영돈녕부사에 임명되었고 영조 50년 내국 도제조가 되고 영조 51년 판중추부사가 되었다.

정조 즉위(1776)년 3월 19일 영의정에 임명되어 3월 21일 총호사 겸 추숭 상시봉릉봉원 도감제조를 겸했으나 6월 25일 패리하고 부도한 말을 보고도 게으름을 부려 시간만 보냈다는 이유로 영의정에서 삭직되었다. 열흘 뒤인 7월 5일 영의정에 제배되었으나 삼사의 합계에 따라 한 달만인 8월 4일 삭직되고 문외출송을 당하였다. 그러나 4일 뒤인 8월 8일 영돈녕부사에 임명되고 8월 24일 찬집청 당상에 임명되었다. 정조 1(1777)년 3월 9일 영돈녕부사에 임명되었다가 그 해에 죽었다. 죽은 뒤인 정조 3년 문간공이란 시호가 내려졌으나 정조 8년 아들 김하재가 대역죄인331)이 되자 관작이 추탈되었다. 고종 1년 관작이 회복되었다.

<정조실록> 정조 1(1777)년 8월 22일 첫 번째 기사에 '영돈녕부사 김양택의 졸기'가 있다.

🎲 평가

영돈녕부사 김양택의 졸기

죽은 뒤에 그의 아들 하재(夏材)의 일로 관직 추탈 당하였음.

하재가 1784년 영희전고유제(永禧殿告由祭)의 헌관으로 분향한 뒤에 정조의 실덕과 사림을 장살할 것 등을 내용으로 하는 내용의 쪽지를 예방승지 이재학(李在學)에게 주었는데, 이 사실이 탄로나 추국된 후 흉측한 대역부도죄인으로 주살당하였다. 그가 죽자 가산이 적몰되고, 집은 헐어버리고 그 자리에 못을 만들었으며, 자녀, 처, 숙질 등은 원도의 노비가 되었다.

고종 1(1864)년에 관작이 회복되었다.

영돈녕부사 김양택의 졸기

---

331) 김하재는 김양택의 아들로 1781년 이조 참판으로 있을 때 제주 목사를 천거한 것이 잘못되어 파직되었다가 곧 복직되었으나 1784년 윤득부의 유배와 관련되어 다시 파직을 당했다. 이에 불만을 품고 같은 해에 영희전 고유제의 헌관으로 분양한 뒤에 정조의 실덕과 사림을 장살할 것 등을 내용으로 하는 쪽지를 예방승지 이재학에게 주었는데 이 사실이 탄로 나서 추국된 뒤에 흉측한 대역부도의 죄인으로 주살을 당했다. 그가 죽자 가산이 적몰되고 파가저택(집을 헐고 연못을 만드는 형벌) 되었으며 자녀·처·숙질들은 먼 도의 노비로 삼았고 이로 인해 김양택도 관작이 삭탈되었다.

김양택은 광성 부원군(光城府院君) 김만기(金萬基)의 손자이다. 평소에 명성(名聲) 과 인망(人望)도 없었는데, 그 선대(先代)의 음덕(蔭德)을 힘입어 두루 화요(華要)한 직을 지내다가 어느새는 숭현(崇顯)한 자리에 오르므로, 세상 사람들이 '글을 못하면서 문병(文柄)을 잡게 되기는 김양택부터 시작되었다.'고 했었다. 정승 의 직에 있게 되어서도 건명(建明)하는 일이 하나도 없었다. 뒤에 그의 아들 김하재(金夏材)가 복주(伏誅)하게 되고, 관작을 추탈(追奪)하게 되었다.

참고문헌

〈영조실록〉, 〈정조실록〉, 〈다음백과사전〉, 〈광산김씨족보〉

서명선(徐命善)

본관은 대구이고 자는 계중(繼仲)이며 호는 귀천(歸泉)·동원(桐源)이다. 첫 번째 시호는 충헌(忠憲)이었으나 정조가 충문(忠文)으로 바꾸었다. 영조 4(1728)년에 태어나서 정조 15(1791)년에 죽었다.

🎲 재임기간

정조 3(1779)년 9월 29일[332]−정조 4(1780)년 1월 5일[333] ※ 후임 김상철
정조 5(1781)년 1월 6일[334]−정조 7(1783)년 1월 19일[335] ※ 후임 정존겸
정조 8(1784)년 10월 11일[336]−정조 9(1785)년 3월 9일[337] ※ 후임 정존겸

🎲 가문

아버지는 이조 판서·호조 판서·우참찬을 역임한 종옥(宗玉)이고 할아버지는 형조 판서·예조 판서·우참찬을 역임한 문유(文裕)이다. 문유는 영의정 문중(文重)의 아우이다. 증조부는 남원 부사 정리(貞履)이고 고조부는 선조와 인빈 김씨 사이에서 태어난 정신옹주의 남편인 관상감 제조 오위도총부 도총관 달성위 경주(景霌)이다. 5대조는 판중추부사 성(渻)이고 6대조는 학자로 영의정에 증직된 해(嶰)이다. 해 이상의 세계는 서당보와 같다.

장인은 강릉인 목사 김시희(金始熺)이고 외할아버지는 덕수인 좌의정 이집(李㙫)이다.

아들이 없어서 용강 현령 명민(命敏)의 아들 노수(潞修)를 입양했다.

형은 명응(命膺)인데 명응은 한성 판윤·형조 판서·이조 판서·호조 판서·병조 판서·홍문관 대제학·판중추부사를 역임했다.

---

332) 좌의정 서명선을 영의정으로, 우의정 홍낙순을 좌의정으로 삼았다.
333) 영의정 서명선이 면직되었다.
334) 좌의정 서명선을 영의정으로 삼았다.
335) 영의정 서명선이 면직되었다. 서명선이 여덟 번째 사직소를 올리자…
336) 서명선을 영의정으로, 홍낙성을 좌의정으로 다시 삼았다.
337) 영의정 서명선의 재상 직위를 특별히 해임시켰다. 그의 사정 형편을 깊이 헤아린 것이다.

🔷 생애

> 달성위 경주의 고손이고 영의정 문중의 종손자이며 좌의정 이집의 외손자다. 세손(정조)의 대리청정을 주장하며 이에 반대하는 홍인한 일파를 탄핵했다.

영조 39(1763)년 직부회시에 나가라는 명을 받았고 증광문과에 응시하여 급제했다. 홍문관 부교리 겸 사서·홍문관 교리에 임명되었다. 영조 40년 홍문관에서 올린 상소가 왕의 분노를 사 홍문관의 다른 관원들과 함께 유배되었다[338]. 그러나 곧 풀려나서 지평·부수찬·북도 감시어사를 역임했다. 영조 41(1765)년 헌납·부교리를 역임하고 영조 42년 사간으로 있을 때 어떤 일로 대정현에 유배되었으나 바로 석방되어서 풍산 만호에 임명되고 응교로 전임되었다. 영조 43년 응교로 호남 암행어사로 파견되었으며 부응교·필선·부교리에 임명되었다. 부교리로 있으면서 문과중시에 합격하였고 영조 44(1768)년 동부승지가 되고 영조 45년 의주 부윤·승지·강원도 관찰사 등을 역임했다. 영조 47(1771)년 이조 참의에 임명된 뒤 성균관 대사성으로 전임되었다가 영조 48년 승지·이조 참의·대사성·대사헌·승지를 차례로 역임하고 영조 49년 부제학·이조 참판으로 옮겼다. 영조 50년 승지·이조 참판·승지·도승지·이조 참판을 역임하고 영조 51(1775)년 승지·이조 참판을 거쳐 부사직으로 있을 때 영조가 병석에 눕자 세손(뒤의 정조)의 대리청정을 주장하며 이에 반대하는 홍인한 일파를 탄핵했다. 이에 영조가 그를 만나보고 크게 칭찬한 뒤에 아버지 고 판서 서종옥을 치제하게 하였으며 홍인한을 축출하였다. 세손이 대리청정을 하게 되자 예조 판서·병조 판서에 올랐으며 영조 52년 수어사·이조 판서를 역임했다.

정조 즉위(1776)년 이조 판서로 빈전도감 제조 겸 수어사·상시봉원 도감 제조를 역임했고 숭정대부로 가자되어 행사직·공조 판서·총융사를 역임했다. 정조 1(1777)년 이조 판서·우참찬·수어사를 역임하고 우의정에 승차

---

338) 서명선은 갑산부로 부처되었다.

했고 정조 2년 좌의정에 임명되었으나 정조 3년 좌의정에서 파면되었다가 곧 좌의정에 제배되었고 같은 해에 영의정으로 승진했다. 정조 4(1780)년 1월 영의정에서 면직되어 영중추부사에 임명되었다가 다시 좌의정에 임명되었다. 정조 5년 1월 다시 영의정에 임명되었으나 정조 6년 병으로 10일간 병가를 내었고 정조 7(1783)년 영의정에서 면직되어 판중추부사로 전임되었다. 정조 8년 세 번째로 영의정에 올랐다가 다음 해인 정조 9(1785)년 영의정에서 해임되고 판중추부사에 임명되었다. 정조 15(1791)년 영중추부사가 되었으며 이 해에 영중추부사로 죽었다.

<정조실록> 정조 15(1791)년 9월 13일 세 번째 기사에 '영중추부사 서명선의 졸기'가 있다.

🎖 **평가**

영중추부사 서명선의 졸기

······ 명선의 자는 계중(繼仲)으로, 서명응(徐命膺)의 아우이다. 영종 계미년에 문과에 급제하였다. 을미년 겨울 세손에게 정사를 대리하도록 하라는 명이 내렸을 때, 홍인한(洪麟漢)이 정후겸(鄭厚謙)을 끼고서 세 가지 알 필요가 없다는 말[三不必知之說]로 그 일을 막고 나서자 상하가 모두 놀라고 통분해 했다. 그리하여 금상의 궁료(宮僚)인 홍국영(洪國榮)이 조정의 관원 가운데 능히 홍인한을 성토할 사람을 찾았으나 인한의 세력이 한창 드세어 아무도 호응하는 자가 없었는데, 명선이 전 참판으로서 상소하여 인한의 죄를 논박하였다. 영종이 그를 불러 만나보고 크게 칭찬한 뒤에 그 아비에게 제사를 지내주고 드디어 인한 등을 축출함으로써 의리가 비로소 확정되었다.

······ 상이 즉위한 뒤에 그에 대한 대우가 나날이 높아져 익대 공신(翊戴功臣)에 비길 정도였으며 몇 년 동안에 구경(九卿)과 융원(戎垣)을 거쳐 영의정에 이르렀다. 상이 매년 12월 3일에는 반드시 서명선과 홍국영·정민시(鄭民始)·김종수(金鍾秀) 등 여러 사람을 불러 음식을 내리고 따뜻한 말로 은근하

고 친밀하게 대하면서 '동덕회(同德會)'라 불렀으니, 그것은 그의 상소가 들어온 날이기 때문이다. 명선은 일처리에 재간이 있는데다 기지가 남보다 뛰어났기 때문에 능히 정후겸을 물리쳐버리고 마침내 을미년과 병신년에 내세운 의리의 주인공이 되었다. 이때에 와서 죽으니 상이 애석해 하고 전교하기를, "이 대신이 이룬 업적이야 어찌 하교가 있은 뒤에야 알겠는가. 백 대의 공론이 엄연히 있을 것이다. 이 대신의 덕을 그린 글은 시장(諡狀)이 아니라, 곧 ≪명의록(明義錄)≫이니, 이 한 권의 책에서 그 인물을 논하는 것이 옳을 것이다. ……" 하니, 홍문관에서 시호를 의논한 결과 '충헌(忠憲)'이라 하였다.

참고문헌

〈영조실록〉, 〈정조실록〉, 〈다음백과사전〉, 〈대구서씨세보〉

정존겸(鄭存謙)

본관은 동래이고 자는 대수(大受)이며 호는 양암(陽庵)·양재(陽齋)·원촌(源村)이고 시호는 문안(文安)이다. 경종 2(1722)년에 태어나서 정조 18(1794)년에 죽었다.

🏷 재임기간

정조 7(1783)년 6월 2일[339] – 정조 8(1784)년 10월 8일[340] ※ 후임 서명선
정조 10(1786)년 2월 13일[341] – 정조 10(1786)년 7월 17일[342] ※ 후임 정존겸
정조 10(1786)년 7월 20일[343] – 정조 10(1786)년 10월 21일[344] ※ 후임 김치인

🏷 가문

아버지는 문상(文詳)이고 할아버지는 형운(亨運)이며 증조부는 응교·직제학 찬선(讚先)이고 고조부는 재중(載重)이다. 5대조는 좌의정 지화(至和)인데 지화의 사촌은 영의정 태화와 좌의정 치화이다. 6대조는 이조 참판 광경(廣敬)이고 7대조는 좌의정 창연(昌衍)이며 8대조는 대제학과 좌의정을 역임한 유길(惟吉)이다. 9대조는 강화 부사 복겸(福謙)이고 10대조는 대제학과 영의정을 역임한 광필(光弼)이다. 11대조는 이조 판서 난종(蘭宗)이고 12대조는 진주 목사 사(賜)이며 13대조는 결성 현감 구령(龜齡)이고 14대조는 판사복시사 해(諧)이다. 15대조는 예문관 응교 승원(承源)이고 16대조는 지형(之衡)이다. 17대조는 태자 첨사 숭(崇)이고 18대조는 주부 동정 춘로(椿老)이며 19대조는 첨사 필(弼)이고 20대조는 전옥 서령 자가(子家)이다. 이상의 상계는 정광필과 같다.

장인은 초배는 한산인 이하서(李夏瑞)이고 계배는 여흥인 민경대(閔璟大)이며 외할아버지는 한산인 목사 이사제(李思悌)이다.

아들은 치수(致綏)인데 군수를 역임했다.

---

339) 정존겸을 의정부 영의정으로, 이복원을 의정부 좌의정으로 제수하였다.
340) 영의정 정존겸, 좌의정 이복원을 면직시켰다.
341) 영돈녕부사 정존겸을 다시 의정부 영의정으로 제수하였다.
342) 영의정 정존겸을 파직하였다.
343) 정존겸을 다시 의정부 영의정으로 삼았다.
344) 영의정 정존겸이 면직되었다.

🟦 생애

영의정 광필·좌의정 유길·좌의정 창연의 후손이고 좌의정 지화의 현손이다. 세자의 관서유람과 관련하여 파직되었다가 복직되었고, 철저한 시파로 홍인한을 탄핵하여 세손인 정조를 보호했다.

이재(李縡)의 문인이다. 영조 26(1750)년 사마 양시에 모두 합격하여 진사와 생원이 되고 영조 27(1751)년 정시문과에 병과로 급제하여 관직에 들어왔다. 영조 28(1752)년 문신 제술에 입격하여 승륙(陞六)하고 문학에 제수되었다. 영조 29년에 정언에 임명되고 영조 30년에 횡성 현감으로 나갔다가 영조 31년 부교리에 임명되었다. 영조 32년 부수찬을 역임하고 영조 33(1757)년에는 부교리와 부응교를 역임하였는데 부응교로 임용되면서 통정대부로 가자되었다. 이어서 승지를 역임하고 영조 36년에는 이조 참의에 임명되었다. 영조 37(1671)년에 부제학에 이어 승지에 임명되었다. 승지로 있을 때 장헌세자(사도세자)가 영조 모르게 관서지방을 유람하게 된다. 순행하고 돌아오자 영조는 세자의 관서유람에 관여한 심벌·유한소·이수득을 파면시키면서 정존겸도 함께 파직시킨다.

영조 38년에 부제학으로 관직에 복귀한 뒤에 같은 해에 이조 참의·승지를 거쳐 영조 39년에 부제학에 이어 이조 참의에 제수되었다가 잠시 파직되었다. 바로 성균관 대사성과 이조 참의를 거쳐 홍문관 부제학으로 옮겼으나 패초를 어긴 이유로 파직되었다. 그러나 바로 경상도 관찰사로 관직에 복귀하게 된다. 영조 42(1766)년 부제학으로 조정에 돌아온 뒤에 동지의금부사를 거쳐 도승지에 임명되었다가 부제학·대사헌으로 옮겼다. 영조 43년에 대사헌·부제학·예문관 제학을 차례로 역임하고 영조 44년에 형조 참판·이조 참판·홍문관 제학·병조 참판을 차례로 역임했다. 이어서 이조 참판에 임명되었으나 또 한 번 파직되었다가 바로 뒤에 호조 참판과 이조 참판에 임명되었다. 영조 45년에 호조 참판·부제학·예문관 제학을 역임했다. 그리고 영조 46년에 병조 참판으로 있다가 영조 47년에 함경도 관찰사로 나갔다가 바로 돌아와서 이조 참판·예조 참판·이조 참판을 돌아가면서 역임하고 영조 48(1772)년 형조 판서로 승차했다. 바로 뒤에 이조 판서에 제수되었으나 당론을 주장하였다 하여 이조 판서에서 파직되고 회양부에 투비된 뒤에 북청으로 원찬되었다. 또한 아들을 영원히 서인으로 삼아 사류에 못 미치게 하는 형을 받고 위리안치 되었으나 얼마 지나지 않아 방면되었다. 영조 49년에 지돈녕부사를 거쳐 한성부 판윤에 임명되었다. 그리고 영조 51(1775)년에 홍인한을 탄핵하는 상소로 세손(뒤의 정조)을 보호했다.

정조가 즉위(1776)하자 예조 판서에 임명되었다가 좌의정으로 승차하고 이어서 우의정으로 옮겼다. 정조 1(1777)년에 다시 좌의정에 임명되었으나 정조 2년에 아버지의 병이 위독하여 사직하고 영돈녕부사로 물러났다. 정조 5년에는 판중추부사로 관직에 복귀하고 정조 6년에는 동지 겸 사은정사로 중국에 다녀와서 정조 7(1783)년에 영의정에 제수되었다. 정조 8년에는 영의정으로 세자사를 겸했으나 사직을 원하는 상소를 여러 번 올려 영의정에서 면직되고 영돈녕부사로 물러났다. 정조 10년 2월에 다시 영의정에 제수되었으나 사직 상소를 내고 부임하지 않아서 같은 해 7월에 영의정에서 파직되었다. 그러나 3일 뒤인 7월 20일 세 번째로 영의정에 임명되었으나 여러 차례의 사직상소를 올려서 같은 해 10월에 영의정에서 면직되고 영중추부사로 물러났다. 정조 13년에 판중추부사로 옮겼고 정조 14년에 영중추부사에 임명되었으나 정조 15(1791)년에 영중추부사로 치사하고 봉조하가 되어 기로소에 들어갔다. 정조 18년에 죽었고 죽은 해에 바로 시호가 내려졌다. 시호는 문안(文安)이다. 정존겸은 철저한 시파345)로 정조의 신임이 두터웠다.

<정조실록> 정조 18(1794)년 8월 6일 두 번째 기사에 "봉조하 정존겸의 졸기"가 있다.

---

345) 벽파에 대립되는 개념으로 사도세자의 죽음에 동정하는 입장을 가지고 있던 정파

봉조하 정존겸의 졸기

…… 존겸의 자는 대수(大受)이며 좌의정 유길(惟吉)의 8세손이다. 영종(英宗) 신해년에 문과에 급제하여 이조와 병조의 벼슬을 거쳐 영의정에 이르렀는데 벼슬을 그만두고 봉조하가 되었다. 말수와 웃음이 적었으며 삼가고 검약하는 점이 선비 같았으나 강직한 기풍이 적었다. 이때에 이르러 죽으니, 전교하기를,

"가장 먼저 이 대신을 정승으로 뽑았던 것은 을미년에 올린 상소가 호감이 갔기 때문이었다. 삼가고 두려워하는 한 마음은 옥을 잡고 있듯이 하고 가득한 물그릇을 받들듯이 하여 벼슬이 영의정까지 올랐어도 사람들이 비난함이 없었으니 이것이 어찌 남들보다 한 등급 높은 것이 아니겠는가. 몇해 동안 앓은 탓에 못 본 지 오래 되었는데 이번에 죽었다고 하니 애통함과 상심함을 어찌 금할 수 있겠는가. ……

참고문헌

〈다음백과사전〉, 〈영조실록〉, 〈정조실록〉, 〈동래정씨익혜공파세보〉

김 익(金熤)

본관은 연안이고 자는 광중(光仲)이며 호는 죽하(竹下) 또는 약현(藥峴)이고 시호는 문정(文貞)이다. 경종 3(1723)년에 태어나서 정조 14(1790)년에 죽었다.

🧊 재임기간

정조 13(1789)년 7월 11일[346] - 정조 13(1789)년 9월 27일[347] ※ 후임 이재협
정조 14(1790)년 1월 19일[348] - 정조 14(1790)년 3월 20일[349] ※ 후임 채제공

🧊 가문

아버지는 <시은일록(市隱日錄)>을 지은 판돈녕부사 상석(相奭)이고 할아버지는 호(澔)이며 증조부는 지평 홍석(弘錫)이고 고조부는 규(珪)이다. 5대조는 연흥부원군 김제남(金悌男)이다. 김제남은 선조의 비인 인목대비의 친정아버지이며 영창대군의 외할아버지이다. 인목대비의 폐비에 반대하고 영창대군을 옹립한다는 이이첨의 모함을 받아 아들 내(瑃)·규(珪)·선(瑄)과 함께 사약을 받고 죽었으며 인목대비가 폐비된 뒤에 부관참시 되었다가 인조반정으로 복위되고 영의정에 추증되었다. 6대조는 부사정을 역임하고 영의정에 추증된 오(祦)이고 7대조는 현령을 역임하고 좌천성에 증직된 안도(安道)이며 8대조는 영의정 전(銓)이다. 9대조는 지중추부사 우신(友臣)이고 10대조는 내자시윤 해(俊)이며 11대조는 형조 판서 자지(自知)이다. 12대조는 동지밀직제학 도(濤)이고 13대조는 밀직제학 광후(光厚)이며 14대조는 문하찬성사 우(祐)이다. 15대조는 판도전서 경성(景成)이고 16대조는 대장군 준린(俊麟)이며 17대조는 국자감 사문박사 섬한(暹漢)인데 섬한은 연안김씨의 시조이다.

장인은 파평인 부사 윤심재(尹心宰)이고 외할아버지는 풍천인 좌랑 임경(任敬)이다.

---

346) 김익을 의정부 영의정으로, 이조원을 이조 참의로 …
347) ▶ 전 영의정 김익과 전 판중추부사 서명선을 부처하였다.
348) 김익을 의정부 영의정에 임명하고, 채제공을 좌의정에 임명하였다.
349) 영의정 김익이 면직되었다.

아들은 영의정 재찬(載瓚)이고 증손은 우의정 유연(有淵)이다.

🎁 생애

영의정 전의 9세손이고 인목대비의 아버지인 연흥부원군 제남의 현손이며 영의정 재찬의 아버지이고 우의정 유연의 증조부다. 영조가 숙종의 계비인 인원왕후의 제삿날에 불공을 드리는 것을 반대하다가 유배되었다가 복귀했다.

영조 39(1763)년 정시문과에 병과로 급제하여 홍문관에 등용되어 부교리를 역임하고 사헌부 지평으로 전임되었다가 부수찬으로 옮겼다. 영조 40년 수찬으로 있을 때 왕이 숙종의 계비인 인원왕후의 제삿날을 맞아 매일같이 불공을 드리는 것을 반대하다가 왕의 노여움을 사서 갑산부로 유배되었다가 석방된 뒤 수찬·부수찬을 역임했다. 영조 44(1768)년 세자시강원으로 필선을 겸했고 부수찬에 올라 문학과 필선을 겸했으며 보덕·부교리·필선을 역임했다. 영조 45년 응교로 필선을 겸했으며 영조 45년 사근 찰방·보덕을 역임했다. 영조 50(1774)년 대사간에 임명되었고 영조 52(1776)년에는 대사성이 되었다.

정조 즉위(1776)년 대사성에서 동지의금부사로 전임되었다가 다시 대사성에 임명되었다. 정조 2(1778)년 이조 참판·대사헌·사은부사·성균관 대사성을 역임하였으며 정조 3년 황해도 관찰사에 임명되어 외직으로 나갔다. 정조 4(1780)년 동지경연사를 역임하고 예조 판서에 올라 동지정사가 되어 청나라에 다녀왔으며 대사헌·예조 판서·동지경연사·이조 판서·한성부 판윤·예조 판서를 차례로 역임하고 강화 유수로 나갔다. 정조 6(1782)년 병조 판서에 임명되었다가 우의정으로 승진했으나 정조 7년 3월 24일 사직상소를 내어 사직하고 영돈녕부사가 되어 원자보양관을 겸했다. 정조 8(1784)년 우의정에 제배되어 진주 겸 주청정사가 되어 청나라에 다녀왔다. 정조 10(1786)년 동지 겸 사은정사로 청나라에 다녀와서 다시 우의정에 임명되었으나 정조 11년 11월 2일 우의정에서 면직되어 한직인 판중추부사로 물러났다. 정조 13(1789)년 7월에 영의정으로 승진했으나 같은 해에 영의정에서 면직되었다. 정조 14(1790)년 1월 영의정에 임명되었다가 같은 해 3월 영의정에서 면직되고 판중추부사에 임명되었다가 그 해에 죽었다.

<정조실록> 정조 14(1790)년 7월 10일 기사에 '판중추부사 김익의 졸기'가 있다.

🧊 평가

판중추부사 김익의 졸기

김익의 자는 광중(光仲)이니 연흥 부원군(延興府院君) 김제남(金悌男)의 5대손이다. 영종 계미년에 문과에 합격하였고 이조와 병조의 벼슬을 거쳐 영의정에 이르렀다. 청렴하고 충후하며 가정에서 행실이 독실하여 그 형을 섬기기를 엄한 아비처럼 하여 벼슬이 높아진 후에도 오히려 몸소 형님의 방 아궁이에 불을 넣어 주었다. 정승으로 있을 때 세상일이 다난한 것을 보고 항상 자신을 삼가며 내세우지 않았으나 경연에 나아가 의견을 상주할 때에는 나라를 걱정하고 임금을 사랑하는 정성이 겉으로 나타났다. 이리하여 상이 그를 소중히 여기었고 선비들 또한 그를 장하게 여겨 이복원(李福源)과 함께 선비출신의 정승으로 불렀는데, 이때에 와서 죽은 것이다. 김익이 6월에 죽었는데 유사가 경축이 있을 때와 상치되었다 하여 감히 전례대로 서거의 단자를 올리지 못하였다.

전교하기를,

"지금 내각의 공무로 인하여 직제학 김재찬(金載瓚)의 집에 부의한 사실을 알았다. 그저 슬프고 애석하다고만 말할 수 없다. 근일에 직제학이 들어오지 않기에 그의 숙부의 일 때문이라고만 생각하였는데 어찌 대신이 영영 갈 줄이야 생각인들 하였겠는가. 이제는 그만이다. 다시 살릴 수 없기에 반나절 동안이나 말없이 실의에 빠져 있었다. 대신은 어진 재상이었다. 효성스럽고 우애가 있었으며 또 그와 같은 처신으로 임금을 섬겼다. 앞서 전관

(銓官)을 사임한 일은 옛사람이 추밀원(樞密院) 벼슬을 사임한 것과 진배없으나 대신에게 있어서는 소소한 행실에 불과하다."

참고문헌

〈영조실록〉, 〈정조실록〉, 〈다음백과사전〉, 〈연안김씨 병술대동보〉

이재협(李在協)

본관은 용인이고 자는 여고(汝皐)이다. 영조 7(1731)년에 태어나서 정조 14(1790)년에 죽었다.

🎁 재임기간

정조 13(1789)년 9월 27일[350] - 정조 13(1789)년 11월 17일[351] ※ 후임 김익

🎁 가문

아버지는 예조 판서와 좌참찬을 역임한 경호(景祜)이고 할아버지는 한성부 판윤과 공조 판서 판돈녕부사를 역임한 보혁(普赫)이다. 증조부는 증산(甑山) 현감 의진(宜振)이고 고조부는 건원릉 참봉 세응(世膺)이며 5대조는 파주 목사 정악(挺岳)이다. 6대조는 후연(後淵)이고 7대조는 대사간 사경(士慶)이며 8대조는 생원 계인(啓仁)이다. 9대조는 공조 정랑 신충(藎忠)이고 10대조는 즙(濈)이며 11대조는 사복시정 종형(宗衡)이다. 12대조는 선전관 적(績)이고 13대조는 행검(行儉)이며 14대조는 수강(守綱)이다. 15대조는 관찰사로 청백리에 녹선된 백지(伯持)이고 16대조는 개성 유후 사위(士渭)이고 17대조는 중인(中仁)이며 18대조는 판도전서 광시(光時)이다. 19대조는 태부 석(奭)이며 시조는 29대조는 태사 길권(吉卷)이다.

장인은 칠원인 강원도 관찰사 윤경용(尹敬龍)이고 외할아버지는 연일인 부사 정후일(鄭厚一)이다.

아들은 내현(來鉉)인데 문과에 합격한 뒤에 승문원 부정자를 역임했고 내현의 아들은 군수 원길(源吉)이다. 딸이 넷인데 1녀는 동래인 목사 정동교(鄭東敎)와 결혼했는데 정동교는 좌의정 정어순(鄭於淳)의 아들이다. 2녀는 경주인 목사 김사직(金思稙)과 결혼했는데 김사직은 판서 김효대(金孝大)의 아들이다. 3녀는 창녕인 익찬 성재순(成載淳)과 결혼했고 4녀는 파평인 군수 윤겸규(尹謙圭)와 결혼했다.

형제로는 아우 재령(在寧)·재양(在陽)이 있고 누나는 각각 창녕인 군수 조

---

350) 김종수를 의정부 우의정으로 삼고, 이재협을 영의정에 승진시키고, 채제공을 좌의정에 승진시켰다.
351) 영의정 이재협을 면직하였다.

윤광(曺允光)·양주인 판관 조태현(趙台鉉)과 결혼했고 누이들은 각각 파주인 참판 윤동만(尹東晩)·대구인 서유응(徐有應)과 결혼했다.

방계로는 고조부 세응(世應)의 손자가 좌의정 세백(世白)이고 세백의 아들이 양관 대제학과 영의정을 역임한 의현(宜顯)이다. 재협의 종형제인 재간(在簡)이 이조 판서·형조 판서·예조 판서·판의금부사를 역임했다. 재간이 왕실을 지탄하는 흉언을 해서 처형되었다. 이 일로 용인이씨들은 내리막길을 걸었다.

🎲 생애

> 좌의정 세백의 재종손이고 영의정 의현의 7촌 조카이다. 재협의 종형인 이조 판서 재간이 왕실을 규탄하는 흉언을 해서 재협이 처형된 뒤로 용인 이씨들은 몰락의 길을 걸었다.

음보로 통덕랑이 되었다가 영조 33(1757) 정시문과에 장원 급제하고 지평으로 등용되었다. 영조 38(1762)년 교리·수찬에 임명되어 관서 안핵어사로 파견되어 감찰한 뒤 영조 39년 호서 암행어사로 파견되어 감찰했다. 돌아와서 교리 겸 필선·필선 겸 문학·헌납·부수찬을 차례로 역임했다. 영조 40년 부교리·부수찬·교리·수찬을 역임했으며 영조 41(1765)년 부수찬·응교 등 청·현직을 두루 역임하고 같은 해에 대사간에 이어 승지에 임명됐다. 영조 42년 회양 부사를 거쳐 영조 44(1468)년 다시 승지를 역임하고 영조 47년 경기도 관찰사에 임명되었으나 숙부 이중호가 경기도 관찰사에서 체직된 지 몇 달이 안 됐다고 의리를 내세워 부임하지 않고 사직했다. 영조 48(1772)년 다시 승지에 임명되었다.

정조 즉위(1776)년 행 부사직을 거쳐 사헌부 대사헌에 임명된 뒤 정조 1(1777)년 예조 참판에 임명됐다. 정조 2년 한성부 좌윤에 제수되고 정조 5(1781)년 할아버지 이보혁의 공로로 인릉군에 봉해졌다. 인릉군에 봉해진 뒤 대사헌에 임명되었고 정조 6년 이조 참판과 대사헌을 역임하고 정조 7년 형조 판서로 승차하여 동지경연사를 겸했다. 이어서 예조 판서·대사헌·형조 판서로 전임되었다. 정조 8(1784)년 의정부 좌참찬과 대사헌을 역임하고 병조 판서에 임명되었으나 모화관 고개에서 사람들이 떠드는 것을 말리지 못했다는 이유로 병조 판서에서 파면되었다. 얼마 뒤에 경기도 관찰사에 임명되었으나 밀계를 잘못 꾸몄기 때문에 경기도 관찰사에서도 파면되었다. 정조 9년 판의금부사·공조 판서를 거쳐 정조 10년 판의금부사·예조 판서·판의금부사·한성부 판윤을 역임했다. 정조 11(1787)년 판의금부사와 예조 판서를 역임하고 우의정으로 승차하였다가 바로 좌의정이 되었으나 어떤 일로 좌의정에서 면직되었다가 곧 좌의정에 다시 임명되었다. 정조 12년 좌의정에서 파직되고 판중추부사가 되었다. 정조 13(1789)년 동지 겸 사은정사로 청나라에 다녀와서 다시 좌의정에 제수되었다가 얼마 되지 않아 영의정에 제수되었다. 그러나 얼마 되지 않아 영의정에서 면직되고 그 해에 59세로 죽었다.

〈정조실록〉 정조 13(1789)년 12월 27일 두 번째 기사에 '인릉군 이재협이 죽다'는 기록이 있다.

평가

인릉군 이재협이 죽다

…… 하교하기를,

"초계문신(抄啓文臣) 이내현(李來鉉)의 일로 인하여 비로소 대신이 세상을 떠났다는 것을 알았다. 이 대신의 품성과 자질을 나는 칭찬한 바이고, 그를 발탁해서 수상(首相)까지 지내게 하였으니 어찌 우연한 것이겠는가. 시기하여 남을 오해하는 마음이 흉중에 없는 것을 높이 샀던 것이다. 이제 갑자기 세상을 떠났으니, 애석한 심정을 무슨 말로 다하겠는가. 근래에 비록 강교(江郊)에서 서성거렸지만 그의 벼슬은 재상이다. 그런데도 해조에서 아직껏 한마디도 보고하지 않은 것은, 사체와 뒤 폐단에 크게 관계된다. 예조의 당상에게, 서용(敍用)하지 않는 법을 한시 바삐 적용하라. ……" 하였다.

참고문헌

〈다음백과사전〉, 〈영조실록〉, 〈정조실록〉, 〈용인이씨족보〉

채제공(蔡濟恭)

본관은 평강이고 자는 백규(伯規)이고 호는 번암(樊巖)·번옹(樊翁)이고 시호는 문숙(文肅)이다. 숙종 46(1720)년에 태어나서 정조 23(1799)년에 죽었다.

🔲 재임기간

정조 17(1793)년 5월 25일[352] - 정조 17(1793)년 6월 4일[353] ※ 후임 홍낙성

🔲 가문

아버지는 지중추부사 응일(應一)이고 할아버지는 성윤(成胤)이다. 성윤은 한성부 좌윤·공주진 병마첨절제사를 역임했다. 증조부 시상(時祥)은 현감을 역임했으며 고조부는 진후(振後)이다. 진후는 대제학을 지낸 유후(裕後)의 아우인데 이이의 문묘 배향 건의에 반대하는 상소를 올린 일로 성균관에서 퇴교를 당했고 과거에 응시하지 못하게 하는 처분을 받았다. 당진 군수와 황순 군수를 역임했다. 5대조는 진사 충연(忠衍)이고 6대조는 홍문관 응교 경선(慶先)이며 7대조는 사헌부 집의·내섬시정 난종(蘭宗)이다. 8대조는 용양위 호군 중경(仲卿)이고 9대조는 돈녕부 주부 침(沉)이다. 침은 양녕대군의 큰아들 순성군(順城君) 이개(李諲)의 사위로 월환진 병마수군절제사를 역임했다. 10대조 담(潭)은 영의정 황희의 손녀사위이며 사헌부 감찰과 삼도해운사(三道海運使)를 역임했다. 11대조는 어천 군수 효순(孝順)이고 12대조는 왕택(王澤)인데 왕택은 영호군(領護軍)을 역임한 고려말 충신으로 고려가 멸망하자 임파에 은거한 두문동 72현의 한 사람이다. 13대조 군기 소감 양생(陽生)인데 양생은 평강채씨 소감공파의 파조이다. 14대조는 정승으로 기록된 종린(宗璘)이며 15대조는 중서시랑평장사 모(謨)이다. 16대조는 문하시랑평장사 상호군 판이부사 화(華)이고 17대조는 평강채씨의 시조 태자태사 송년(松年)이다.

---

352) 채제공을 의정부 영의정에, 김종수를 의정부 좌의정에 제배하였다.
353) 의정부 영의정 채제공과 좌의정 김종수를 파직하였다.(좌의정 김종수가 영의정 비난하고 사직소를 내서 둘 다 파직되었다.)

장인은 초배가 동복인 직장 오필운(吳弼運)이고 계배는 안동인 진사 권상원 (權尙元)이며 외할아버지는 연안인 현감 이만성(李萬成)인데 연원부원군(延原府院君) 이광정(李光庭)의 5세손이다.

아들은 없어서 사촌 아우 현감 민공(敏恭)의 아들 홍원(弘遠)을 입양했는데 홍원은 승지 · 이조 참의를 역임했다.354)

🧊 생애

> 이황·정구·허목·이익으로 이어지는 학통을 적통으로 여겼고, 사도세자 폐위에 관한 비망기를 철회시켰다. 양명학·불교·도교·민간신앙을 이단으로 비판했고, 천주교에 대해 비문화적, 비윤리적, 비합리적이라며 비판했으나 서학을 다스리는 데는 교화를 우선시하여 채제공이 권력을 잡은 동안 천주교에 대한 박해가 확대되지 않았다. 자신이 사는 시기를 경장이 필요한 시기로 인식했으나 개혁보다는 운영의 개선을 강조했다. 황사영백서사건으로 관직이 추탈되었으나 영남만인소로 관직이 회복되었다.

"남인청류의 지도자인 오광운과 강박에게서 학문을 배우고 채팽윤과 이덕주에게서 시를 배웠다. 이황, 정구, 허목, 이익으로 이어지는 학통을 적통으로 여겼으며 정범조, 이형경, 신광수, 정재원, 안정복 등과 교유했다."(<다음백과사전> 요약)

영조 11(1735)년 향시에 급제하고 영조 19(1743)년 정시문과에 급제하여 승문원 권지부정자로 관직에 들어왔다. 영조 23(1747)년 익릉 별검을 거쳐 이듬해에 승문원에 들어갔다. 이때 가주서로 있었기 때문에 한림회권에 참여할 수 없었으나 영조의 특명으로 예문관 검열에 임명되었다. 영조 24(1748)년 기주관으로 한림소시에 응하라는 명을 듣고 한림소시에 응하여 합격하고 대교에 임명되었다. 영조 26(1450)년 지평에서 정언으로 전임됐다가 영조 27년 다시 지평에 임명되었으나 무덤이 있는 중인의 산을 빼앗으려다가 길에서 중인에게 맞은 일로 해서 삼척으로 유배되었다.

영조 28(1452)년 정언으로 관직에 복귀하고 부교리를 거쳐 영조 29년 교

---

354) 묘지석에는 공조 참판으로 나와 있다.

리로 호서 암행어사로 파견되어 균역법 시행을 조사하여 보고했다. 부수찬·수찬·부수찬을 역임하고 헌납으로 전임되었으나 헌납으로 있으면서 패초를 받지 않아서 파직되었다. 영조 30(1754)년에 부교리에 임명된 뒤에 교리·수찬으로 전임되었고 영조 31년에는 겸 필선·집의·교리·문사낭청·승지를 역임하였다. 영조 32년 우승지에 임명되었고 영조 33년 대사간·어제 편찬인·이천 부사를 역임했다. 영조 34(1758)년 승지에 이어 도승지로 승진했는데 이때 사도세자와의 사이가 극도로 악화된 영조는 사도세자 폐위에 관한 비망기를 내렸다. 이에 채제공은 극력으로 막아 폐세자 비망기를 철회시켰다. 이어서 한성부 우윤·도승지·동지의금부사에 임명되고 영조 35년 대사간·도승지를 거쳐 영조 36년 대사헌과 승지를 역임하고 경기도 관찰사에 제수되었다. 경기도 관찰사로 있을 때는 이익을 찾아가기도 했다. 영조 38(1762)년 어머니의 상을 당하여 관직에서 물러나 있었는데 이때에 사도세자가 폐위되고 죽임을 당하였다. 영조 40(1764)년 형조 참판·대사헌·공조 참판·개성 유수·예문관 제학·한성부 좌윤을 역임하고 영조 43년 대사간·예조 참판을 역임했다. 영조 44년에는 부사직·승지·사직·도승지·함경도 관찰사에 임명되었고 영조 45(1769)년에 다시 도승지에 임명되었다가 한성 판윤으로 승진했다. 영조 46년 병조 판서·호조 판서·예문 제학·동지정사를 역임하고 영조 48(1772)년 병조 판서에 임명되어 군마의 관리에 노력하고 호조 판서로 옮겨서는 국가 재정의 확충과 국제 교역에 필요한 은과 삼의 확보에 힘을 기울였다. 영조 49년 세손우빈객으로 홍문관 제학과 지경연사를 겸직한 뒤에 이조 판서에 임명되었다. 영조 50년 평안도 관찰사에 임명되었는데 영조 51년 서류통청(庶類通淸)은 국법의 문제가 아니므로 풍속에 맡겨야 한다는 상소를 올려 서얼출신에게 봉변을 당하였다. 영조 52년 호조 판서로 전임되었다.

정조 즉위(1776)년에 예조 판서에 제수되었으나 교정청 당상이기 때문에 예조 판서에서 체직되었고 이어서 형조 판서에 제수되었다. 형조 판서에서는 사도세자를 모해했던 당시의 영의정 김상로 등을 추국한 공으로 보국숭록대부로 가자되었다. 같은 해에 병조 판서·좌참찬·한성부 판윤·예조 판서를 차례로 역임하고 정조 1(1777)년에 다시 병조 판서로 규장각 제학을 겸했다. 그러나 여러 번 소명을 어겨서 병조 판서에서 체직되었다가 한성부 판윤에 복귀하고 예조 판서로 전임되었는데 이 해 가을에 홍계희 등이 호위군과 공모하여 정조를 살해하려는 사건이 발생하였다. 사건이 발생하자 궁성을 지키는 수궁대장을 겸직했다. 이어서 형조 판서로 전임된 뒤에 홍문관 제학을 겸했다. 정조 2년에는 사은 겸 진주정사로 청나라에 가게 되었는데 박제가·이덕무 등 서류로 학식이 있는 사람을 동반했다. 돌아와서 한성부 판윤과 판의금부사를 역임하였다. 정조 3년 한성부 판윤으로 지의금부사를 겸했고 강화부 유수로 나갔다가 돌아와서 판의금부사·형조 판서에 제수되었으나 당시의 권세가인 홍국영과의 마찰로 벼슬을 버리고 낙향하였다.

정조 4(1780)년 홍국영이 실각되자 예조 판서로 관직에 복귀하여 판의금부사·병조 판서·호조 판서·규장각 제학·판중추부사를 역임하고 정조 5년에는 한성부 판윤·판의금부사·지중추부사·예조 판서·병조 판서·지중추부사를 역임했다. 정조 6년 채제공을 탄핵하는 상소가 빗발쳤다. 처음으로 문제를 제기한 것은 1월 5일 영의정 서명선과 우의정 이휘지가 채제공의 일을 논하였으나 허락하지 않자 같은 날 대사헌 이갑이 차자를 올려 채제공을 멀리 유배시킬 것을 청하고 이어서 1월 7일에는 응교 박천행·교리 이종섭·부수찬 홍문영 등이 채제공을 섬에 유배시킬 것을 청하였다. 이에 채제공이 변명하는 상소를 올리고 승지 심유진이 채제공의 변명 상소문을 문제 삼아 상소하였다. 1월 7일에는 우의정 이휘지가 채제공이 올린 상소문의 어투를 문제 삼았으며 1월 8일에는 교리 김재찬이 다시 섬에 유배시킬 것을 상소하는 등 1월 30일까지 문제 삼았다. 결국 1월 30일 좌의정 홍낙성까지 채제공의 죄를 논했으나 정조가 탕평의 뜻을 밝히면서 채제공의 일은 마무리 되는 듯 했다. 사건이 조용해지자 한성부 판윤·판의금부사를 거쳐 정조 8년 공조 판서에 임명되었다. 그러나 채제공의 죄에 대해서는 계속 성토했으며 정조 10년 평안도 병마절도사에 임명되었을 때에도 채제공에 대한 성토는 계속되었다. 정조 11년 지중추부사에 이어 정조 12년 우의정으로 승진했다가 정조 13년 좌의정으로 승차했다. 대신들이 돈독한 유시를 받고 속속히 대궐에 들어왔으나 혼자만 들어오지 않아 재상의 직에서 파면되고 판중추부사에 임명되었다가 정조 14(1787)년 다시 좌의정에 제수되었다. 11월 14일 강화 경력을 내직으로 옮기자 채제공이 강화 유수의 인신 인계는 조정에서 관여할 일이 아니라고 건의하였다. 이에 정조는 "임금에게 아부하는 것도 예가 아니지만 아부하지 않는 것이 지나쳐 임금에게 예를 지키지 않는 것은 한탄할 일이라면서 이때처럼 기강이 해이해진 때 사람을 통솔하는 위치에 있는 자로서 말을 가리지 않은 실수를 하였으니 채제공을 파직하라" 명하였다. 그러나 파직된 뒤 10일 만에 다시 좌의정에 제수되었다. 정조 16(1792)년 윤영희가 수사의 명을 받지 않은 일로 사직 상소를 올리는 과정에서 "후한 대접과 은총을 저버린 자의 경계가 되게 하라."는 어명으로 관작이 삭탈되고 문외로 출송한 다음 풍천부에 유배되었다가 장단부에 이배되었다가 석방되고 직첩을 돌려받았다. 이어서 판중추부사로 관직에 복귀하였다가 정조 17년에 개성부 유수를 거쳐 5월 25일 영의정으로 승진했고 같은 날 김종수가 좌의정에 임명되었다. 그러나 바로 두 사람이 서로 책하게 되고 5월 30일에는 김종수가 채제공을 비난하는 상소를 올렸다. 이에 같은 해 6월 4일 채제공과 김종수를 파직시켰다. 3일 뒤에 채제공과 김종수가 나란히 판중추부사에 임명되었으며 동지 겸 사은정사로 청나라에 다녀와서 영중추부사에 임명되었다. 정조 19년 우의정에 제수되었다가 좌의정으로 옮겼고 정조 20년 좌의정에서 면직되었다. 그러나 바로 면직을 취소하고 다시 좌의정에 임명되었다. 정조 22년 좌의정에서 해면되고 판중추부사로 있다가 정조 23년에 죽었다. 죽은 해 2월 5일에 문숙(文肅)이라는 시호가 내려졌다.

죽은 뒤 순조 1(1801)년 황사영 백서사건355)으로 관작이 추탈되었다가 순

---

355) 순조 1년 신유박해 때 천주교 신자 황사영(창녕 사람으로 정약용의 형 정약전의 사위)이 중국 천주교회 북경 교구의 천주교 주교에게 혹독한 박해를 받은 조선 교회의 전말보고와 그 대책

조 23년 영남만인소로 관작이 회복되었다. 저서로 <번암집>이 전하고 <경종수정실록>·<영조실록>·<국조보감> 편찬에 참여하였다.

<정조실록> 정조 23(1799)년 1월 18일 첫 번째 기사에 '판중추부사 채제공의 졸기'가 있다.

🧊 평가

판중추부사 채제공의 졸기

…… 상이 친히 제문을 지어 사제(賜祭)하고 문숙(文肅)이란 시호를 내렸다. 채제공은 고 대제학 채유후(蔡裕後)의 방손(傍孫)이다. 영종(英宗) 계해년에 급제하여 특별히 발탁되어 내외직을 두루 역임하고 벼슬이 숭질(崇秩)에 이르렀다. 상이 즉위했을 때 채제공의 이름이 환옥(宦獄)에 나왔으나 상은 차치하고 묻지 않았다. 경자년 이후에는 정신(廷臣)이 삼대 역안(三大逆案)을 가지고 공격하여 온 나라가 일제히 그를 성토하였으나, 상이 즉위한 지 이미 오래인지라 더욱 탕평의 정사에 힘써 무신년에는 어필(御筆)로 친히 그에게 정승을 제수하고 인하여 윤음(綸音)을 내려 제신들을 밝게 하유함으로써 감히 다시는 다투지 않았다. 이로부터 은우(恩遇)가 날로 융숭하여졌고, 그 사이에 또 독상(獨相)도 수년을 지냈으니, 대체로 백년 이래 처음 있는 일이었다. 글을 짓는 데는 소(疏)·차(箚)에 뛰어났고, 일을 만나서는 권모술수 쓰기를 좋아하였다. 외모는 거칠게 보였으나 속마음은 실상 비밀스럽고 기만적이었다. 매양 연석(筵席)에 올라서는 웃고 말하고 누구를 헐뜯거나 찬양하는 데 있어 교묘하게 상의 뜻을 엿보았고, 물러가서는 상의 총권(寵眷)을 빙자하여 은밀히 자기의 사적인 일을 성취시키곤 하였다. 상은 매양 그를 능란하게 부리면서 위로하여 돌보아주고 누차 널리 포용해주었다. 그런데 사술(邪術)이 널리 퍼짐에 미쳐서는, 상이 사교도들의 마음을 고쳐 귀화시킬 책임을 일체 그에게 위임했으나, 그는 사교에 연연하여 흐리멍덩한 태도로 은근히 사당

을 흰 비단에 기입한 비밀문서로, 신유박해에 대한 귀중한 자료다.

(邪黨)을 비호하다가 끝내 하늘에 넘치는 큰 변이 있게 만들었으니, ≪춘추≫의 의리로 논한다면 먼저 치죄하는[先治] 율(律)을 면하기 어려울 것이다.

전교하기를,

"저녁부터 새벽까지 백성을 걱정하는 한 생각뿐이었는데, 이제 채제공이 별세했다는 비보를 들으니, 진실로 그 사람이 어찌 여기에 이르렀단 말인가. 내가 이 대신에 대해서는 실로 남은 알 수 없고 혼자만이 아는 깊은 계합이 있었다. 이 대신은 불세출의 인물이다. 그 품부 받은 인격이 우뚝하게 기력(氣力)이 있어, 무슨 일을 만나면 주저 없이 바로 담당하여 조금도 두려워하거나 굽히지 않았다. 그 기상을 시(詩)로 표현할 경우 시가 비장하고 강개하여, 사람들이 연조 비가(燕趙悲歌)의 유풍이 있다고 하였다. 그는 젊은 나이에 벼슬을 시작하여 이때부터 영고(寧考)께 인정을 받아 금전과 곡식을 총괄하고 세법(稅法)을 관장하였으며, 어서(御書)를 윤색(潤色)하고 내의원(內醫院)에 있으면서 선왕의 옥체에 정성을 다하였다. 그리고 매양 주대(奏對)할 적마다 선왕의 웃음이 새로웠는데, 그때는 그의 수염이 아직 희어지지는 않았었다. 내가 즉위한 이후로 참소가 여기저기서 빗발쳤으나 뛰어난 재능은 조금도 꺾이지 않았는데, 극히 위험한 가운데서 그를 발탁하여 재상 지위에 올려놓았었다. 이어 내각(內閣)에서 기사(耆社)로 들어갔고, 나이가 80이 되어서는 구장(鳩杖)을 하사하려고 했었다. 그 지위가 높고 직임이 나와 친근하였으며, 권위가 두텁고 은총이 성만하여 한 시대 사람들로 하여금 모두 입을 못 열고 기(氣)가 빠지게 하였으니, '저렇듯 신임을 독점했다.'고 이를 만한 사람으로서 옛날에도 들어보기 어려운 일이다. 더구나 50여 년 동안 조정에 벼슬하면서 굳게 간직한 지절은 더욱 탄복되는 바인데, 이제는 다 그만이구나.
……

참고문헌

〈다음백과사전〉, 〈영조실록〉, 〈정조실록〉, 〈평강채씨대동보〉

홍낙성(洪樂性)

본관은 풍산이고 자는 자안(子安)이며 호는 항재(恒齋)이고 시호는 효안(孝安)이다. 숙종 44(1718)년에 태어나서 정조 22(1798)년에 죽었다.

재임기간

정조 17(1793)년 6월 22일[356] − 정조 18(1794)년 4월 10일[357] ※ 후임 홍낙성
정조 18(1794)년 4월 17일[358] − 정조 19(1795)년 6월 28일[359] ※ 후임 홍낙성
정조 19(1795)년 8월 12일[360] − 정조 20(1796)년 10월 22일[361] ※ 후임 홍낙성
정조 20(1796)년 11월 19일[362] − 정조 21(1797)년 5월 22일[363] ※ 후임 이병모

가문

아버지 상한(象漢)은 예조 판서이고 할아버지 석보(錫輔)는 이조 참판·평안도 관찰사이며 증조부 중기(重箕)는 사복시 첨정이다. 중기는 두 아들을 두었는데 석보(錫輔)와 현보(鉉輔)다. 현보가 영의정 봉한을 낳았고 봉한이 혜경궁 홍씨를 낳았다. 고조부 만용(萬容)은 문과중시에서 장원급제하고 예조 판서·우참찬을 역임했다. 5대조는 주원(柱元)인데 주원은 선조와 인목대비 사이에서 태어난 정명공주(貞明公主)와 결혼한 영안위(永安尉)이다. 6대조 영(霙)은 예조 참판과 동지중추부사를 역임했고 7대조 이상(履祥)은 전시문과에 장원급제하고 대사헌을 역임했으며 8대조 수(脩)는 부사직이다. 9대조 우전(禹甸)

---

356) 홍낙성을 의정부 영의정으로, 김희를 의정부 우의정으로 삼았다.
357) 명하여 영의정 홍낙성을 부처하게 하고, 승낙 없이 문을 밀치고 들어온 여러 신하들과 합문 밖에서 물러가지 않는 대신들을 먼 곳으로 귀양 보내게 하였다.
358) ▶ "영의정 홍낙성"이란 기사가 이 뒤에 계속됨.("4월 16일 도성으로 들어오도록 명했다."는 기사도 있음.)
359) 좌의정 유언호, 영돈녕부사 김이소, 영중추부사 김희, 판중추부사 이병모를 파직하고, 영의정 홍낙성과 우의정 채제공의 정승직을 해면하였다.
360) ▶ "영의정 홍낙성을 의논드리기를 …"이라는 기사 있음.
361) 영의정 홍낙성과 좌의정 채제공을 면직시켰다.
362) 영의정 홍낙성과 좌의정 채제공의 사직을 허락한 전교를 취소하라고 명하고, 승지를 보내어 다시 명소를 전하게 하였다.
363) 영의정 홍낙성이 해임을 청하니, 이를 들어주다.

은 충무위 부사용이고 10대조 계종(繼宗)은 사포서 별제이며 11대조 숙(俶)은 우군사정이고 12대조 구(龜)는 우낭장이다. 13대조 연(演)은 보문각 대제학이고 14대조 유(侑)는 밀직사·대제학이며 15대조 간(侃)은 도첨의 사인 지제고다. 16대조 지경(之慶)은 풍산 홍씨의 시조로 문과에 장원급제한 뒤에 국자직학·지공거·추밀원부사를 역임했다.

장인은 청송인 목사 심계(沈銈)이고 외할아버지는 함종인 세자찬선 어유봉(魚有鳳)이다. 어유봉은 경종의 비인 선의왕후(宣懿王后)의 큰아버지로 경종의 국구 함원부원군 어유구(魚有龜)의 형이다. 따라서 어머니는 경종의 비인 선의왕후의 4촌 동생이다.

아들은 1남이 형조 판서 의모(義謨)이고 2남이 청송 부사 직모(稷謨)이며 3남이 우부승지 인모(仁謨)인데 인모는 동생 낙취(樂取)에게 입양되었다. 인모는 석주와 현주를 낳았는데 석주(奭周)는 우의정이고 현주(顯周)는 정조와 수빈 박씨 사이에서 태어난 선숙옹주(淑善翁主)와 결혼해서 영명위(永明尉)에 봉해졌으며 지돈녕부사를 역임했다.

형제로는 아우 낙명(樂命)은 이조 판서를 역임했고 낙취는 좌찬성에 증직되었다.

방계로는 할아버지의 동생인 종조부 현보(鉉輔)가 영의정 봉한의 아버지이고 인한(麟漢)의 아버지이다. 인한은 좌의정을 역임했고 세손인 정조에 반대했다가 정조가 즉위하자 여산에 유배되었고 뒤에 고금도에 위리안치되었다가 죽었다. 재종자매 혜경궁 홍씨가 영의정 봉한의 따님이다.

🎲 생애

> 영안위 주원의 현손으로 영의정 봉한의 당질이고 혜경궁 홍씨와 재종자매이다. 우의정 석주의 할아버지이고 영명위 현주의 할아버지이다. 반세손파에 의해 은언군과 은신군이 제주도로 유배될 때 봉한과 함께 저지하다 삭직되었으나 뒤에 관직에 복귀했다.

거유이자 낙론(洛論)의 주창자인 어유봉(魚有鳳)의 문인으로 영조 20(1744)년 정시문과에 급제했다. 같은 해에 한림소시가 있었는데 한림소시에 응하지 않아서 아버지 전라도 관찰사 상한이 파직되었다. 영조 22(1746)년 겸 설서·정언·사서·부수찬을 역임하고 영조 23년에는 교리·사서·교리·헌납·수찬·문학·부수찬·헌납을 역임했다. 영조 24년 겸사서·교리·헌납에 임명되었다. 영조 25(1749)년에는 지평을 거쳐 헌납으로 전임되었다가 영조 26년 부교리 겸 사서·장령에 임명되었다. 영조 27(1751)년 부교리·사간·교리·익선·사간·좌익선 등 청·현직을 고루 역임하고 영조 28(1752)년 도감 낭청에 이어 승지에 임명되었다. 영조 33년 대사성·이조 참의에 제수되었고 영조 36(1760)년 승지를 거쳐 강화 유수가 되었다. 영조 38년 동지춘추에 임명되고 영조 39(1763)년 경기도 관찰사에 이어 이조 참판·호조 참판에 제수되었다. 영조 40년 사헌부 대사헌·성균관 대사성을 차례로 역임하고 영조 42년 이조 참판·병조 참판에 이어 도승지에 임명되었다. 영조 43(1767)년 형조 판서로 승차하여 이조 판서로 전임되었다가 영조 44년 다시 형조 판서를 거쳐 영조 45(1769)년 의정부 우참찬에 임명되었다. 영조 47(1771)년 반세손파에 의해 사도세자의 아들 은신군과 은언군이 제주도로 유배되자 봉한과 함께 이를 저지하다가 삭직되었다. <영조실록>에 의하면 '간혹 초헌을 빌려주기도 하고 간혹 교자를 만들어 인(裀)과 진(禛)에게 주었기 때문'이라고 적혀있다. 삭직된 뒤에 전라도 관찰사로 관직에 복귀했다가 영조 51(1775)년 예조 판서를 거쳐 의정부 우참찬·형조 판서·병조 판서를 역임했다.

정조 즉위(1776)년 의정부 참찬·형조 판서·병조 판서에 차례로 임명되었으나 정조 1(1777)년 병조 판서에서 체직되고 파직되었다가 예조 판서로 복귀했다. 이때 가뭄이 심해서 기우제를 지냈는데 기우제를 잘못 지내서 예조 판서에서 체직되었다. 수어사를 거쳐 다시 예조 판서에 제수되었으나 강을 할 때 문신의 수가 적어서 다시 예조 판서에서 체직되었다. 한성부 판윤에 임명되었다가 공조 판서로 전임되었는데 패초를 어겨서 공조 판서에서 삭직하라는 명을 받았으나 삭직의 명이 바로 중지되어서 삭직되지는 않았다. 정조 2년 판의금부사와 의정부 우참찬을 역임하고 정조 3년 한성부 판 윤·판의금부사·의정부 좌참찬·판의금부사·병조 판서에 차례로 임명되었으나 병조 판서로 있을 때 병으로 체직을 허락받았다가 한성부 판윤에 제수되었다. 정조 4(1780)년 공조 판서·예조 판서·한성부 판윤·예조 판서에 임명되고 정조 5년에는 병조 판서·이조 판서·판의금부사를 차례로 역임했다. 정조 6(1782)년 좌의정으로 승차하였으나 같은 해에 좌의정에서 파직되고 영돈녕부사로 물러났다. 정조 7년 다시 좌의정에 제수되었으나 다시 면직되고 사은정사가 되어 북경에 다녀왔다. 정조 8년 세 번째로 좌의정에 제수되었으나 정조 10(1786)년 임금이 옥사를 심의할 때 사실과 달라서 좌의정에서 면직되고 다시 영돈녕부사에 임명되었다. 정조 16(1792)년 영중추부사에 제수되고 정조 17년 영의정으로 승진했으나 정조 18년 4월 18일 부처되었다. 그러나 이틀 뒤에 도성으로 불려들어와 다시 영의정에 제수되었다가 같은 해 6월 해임되었다. 정조 19년 8월 영의정에 임명되고 정조 20(1796)년 사직을 요청하여 영의정에서 면직되는 것을 허락받았으나 사직을 허락한 영을 거두라고 하교함으로써 영의정에서 면직되지 않았다. 정조 21년 80세가 되어 궤장을 하사받고 영의정에서 사직하는 것을 요청하여 허락받았고 영중추부사로 있다가 정조 22년 죽었다.

<정조실록> 정조 22(1798)년 12월 30일 두 번째 기사에 '영중추부사 홍낙성이 졸하자 애도를 표하고 제문을 친히 짓다'고 기록되어 있다.

🎁 평가

영중추부사 홍낙성이 졸하자 애도를 표하고 제문을 친히 짓다

…… 홍낙성의 자는 자안(子安)이고 영안위(永安尉) 홍주원(洪柱元)의 현손이다. 성품이 온화하여 남을 해치지 않았으며, 부유한 명문대가에서 성장하였으나 포의의 선비와 같이 검박하게 지냈다. 영종(英宗) 갑자년에 과거에 급제하여 지위가 육경에 이르렀고 이조와 병조 판서를 모두 역임하였으나 일찍이

비방이나 모함에 빠진 적이 없었다. 금상 임인년에 정승에 제수되었는데, 상이 일찍이 전교하기를, ‘세파를 두루 겪었으나 끝까지 명예를 지켰다.’고 하였다. 영의정에 제수되고 기로소(耆老所)에 들어갔으며, 사마시(司馬試)에 급제한 지 60년째 되는 해에 궤장(几杖)을 하사받았다. 향년 81세였고 자손이 모두 번성하였으니 오복(五福)이 모두 갖추어짐이 근세에 드문 바였으나, 재상으로서 칭할 만한 업적은 없었다. 전교하기를,

"병이 났다는 말을 이제 막 듣고는 쾌차하기를 바라고 있었는데 어찌 오늘 영원히 가버렸다는 부음을 들을 줄 생각이나 하였겠는가. 몹시 애통하고 슬퍼서 눈물을 금치 못하겠다. 부귀한 집에서 태어나 벼슬길에서 장성하였고 대부로서 늙었으니 공신이 되어 조정에 선 것이 55년간이었다. 장수를 누렸고 지위는 영의정에 올랐는바, 온갖 복이 온전히 갖추어져서 한 가지 일도 부족한 것이 없었다. 세파를 두루 다 겪었으나 초연하기가 원우(元祐) 때의 어진 사대부와 같았으며, 평생 동안 실천한 것은 삼가고 두려워한다는 ‘근외(謹畏)’ 두 자였을 뿐이다. 마음가짐은 화평하였고 사람을 접대함에는 독실하고 후하게 하였다. 복록을 누릴수록 더욱 겸손하였고 총애를 받을수록 걱정스러운 듯하니, 사람들은 한(漢)나라의 석분(石奮)이나 당(唐)나라의 분양(汾陽)도 그와 짝이 되지 못한다고 하였다. 그러나 지금 이미 죽었으니 애석해 한들 무슨 소용이 있겠는가. ……

참고문헌

〈다음백과사전〉, 〈영조실록〉, 〈정조실록〉, 〈풍산홍씨대동보〉

이병모(李秉模)

본관은 덕수이고 자는 이칙(彝則)이며 호는 정수재(靜修齋)이고 시호는 문익(文翼)이다. 영조 18(1742)년에 태어나서 순조 6(1806)년에 죽었다.

재임기간

정조 23(1799)년 10월 29일[364] – 정조 23(1799)년 11월 8일[365] ※ 후임 이병모
정조 24(1800)년 1월 1일[366] – 순조 즉위(1800)년 7월 4일[367] ※ 후임 심환지
순조 3(1803)년 3월 20일[368] – 순조 3(1803)년 7월 6일[369] ※ 후임 이병모
순조 5(1805)년 10월 15일[370] – 순조 5(1805)년 12월 6일[371] ※ 후임 서매수
순조 6(1806)년 2월 1일[372] – 순조 6(1806)년 9월 10일[373] ※ 후임 김재찬

가문

아버지는 연(演)이고 할아버지는 생원 악진(岳鎭)이며 증조부는 공조 참의 자(耔)이고 고조부는 대제학과 좌의정을 역임한 단하(端夏)이다. 5대조 식(植)은 예조 판서와 대제학을 역임했다. 6대조는 안기도 찰방(安奇道察訪) 안성(安性)이고 7대조는 생원 섭(涉)이며 8대조는 중추부 도사 원상(元祥)이다. 9대조는 대제학과 좌의정을 역임한 행(荇)이고 10대조는 사간 의무(宜茂)이며 11대조는 지온양군사 추(抽)다. 추 이상의 세계는 이기와 같다.

장인은 청송인 심관(沈鑵)이다. 심관은 인순왕후의 동생인 심의겸(沈義謙)의

---

364) 이병모를 특별히 임명하여 의정부 영의정으로 삼았다.
365) 영의정 이병모의 사직을 들어주다.(죽어도 명을 받지 못하겠다면서 양근에 물러났기 때문)
366) 판중추부사 이병모를 특별히 제수하여 의정부 영의정으로 삼았다.
367) 영의정 이병모에게 영부사를 맡기고 좌상과 우상을 각각 영상과 좌상으로 삼았다.(세자책봉 주청사로 나가 있을 때)
368) 복상하여 이병모를 의정부 영의정으로 삼았다.
369) 영의정 이병모의 해직을 허락하였다.
370) 복상하게 하여 영상에 이병모, 우상에 김재찬, 좌상에 이경일을 임명하다.
371) 사관이 "영의정 이병모가 머리에 진흙을 바르고 죄인으로 자처하면서 명을 기다린 채 감히 부주할 수 없다."고 한다고 아뢰니 …… "영의정 이병모에게 우선 삭직시키는 형법을 시행함으로써 대신으로서 편안함만을 취택하는 자의 경계가 되게 하라."
372) 특별히 영부사 이병모를 의정부 영의정에 임명하였다.
373) 영의정 이병모가 졸하였다.

증손이고 명종의 국구 청릉부원군 심강(沈鋼)의 고손이며 영의정 심연원(沈連源)의 5세손이다. 외할아버지는 의령인 부사정 남유상(南有尙)이다.

4남 1녀를 두었는데 1남은 예조 판서 노익(魯益)이고 2남은 노풍(魯豊)이며 3남은 노직(魯直)이고 4남은 노극(魯極)이다. 딸은 대구인 목사 서흥보(徐興輔)와 결혼했다.

형은 나주 목사 정모(正模)이고 아우는 연기 현감 신모(藎模)이며 누이는 임천인 찰방 조덕부(趙德敷)와 결혼했다.

🎲 생애

> 좌의정 행의 9세손으로 택당 식의 현손이며 좌의정 단하의 고손이다. 우의정으로 있을 때 <삼강행실도>와 <이륜행실도>를 편찬했다.

영조 49(1773)년 진사시에 합격하고 같은 해에 증광문과에 급제했다. 문과에 급제하자 급제한 이병모에게는 승륙(陞六)하라는 영조의 명에 따라 6품직으로 승진했다. 영조 51년 경기우도 암행어사로 파견되었다가 돌아와 수찬에 임명되고 영조 52(1776)년에는 관동 찰민암행어사로 파견되었다.

정조 즉위(1776)년 교리·부교리·부수찬·응교·도청·이조 좌랑·규장각 직각·종중 추구를 차례로 역임했다. 정조 1(1777)년 이조 정랑으로 있으면서 경기도 암행어사로 파견되었다가 돌아와서 승지에 제수되었다. 정조 2년에는 대사간·예조 참의·이조 참의·동지부사를 역임하고 정조 3년 우부승지·이조 참의·우부승지를 역임했다. 그러나 어떤 일로 운산군으로 유배되었으나 정조 4년 조정에 인재가 없어서 석방되어 행부사직으로 관직에 복귀했다. 정조 5년 찬집청 당상을 거쳐 행부사직으로 있을 때 어떤 일로 나문을 당하고 사판(仕版)에서 삭제되기도 했다. 방송되고 홍충도 심핵사·호서 심핵사·동부승지를 역임했다. 정조 6(1782)년 동래 부사로 외직에 나갔다가 대사간이 되어 돌아왔다가 바로 경상도 관찰사로 나갔다. 정조 7년 경상도 관찰사에 유임되었다. 정조 9년 경상도 관찰사로 있을 때 <돈

효록(敎孝錄)>을 간행했다. 같은 해에 성균관 대사성·승지·통진 부사·검교직각을 역임하고 정조 10년 성균관 대사성·이조 참판·규장각 직제학·이조 참판·승지·대사성·이조 참판·규장각 직제학·이조 참판·승지 등을 차례로 역임했다. 정조 11(1787)년에는 도승지에 오른 뒤에 이조 참판·규장각 직제학·성균관 대사성·이조 참판을 역임했다. 정조 12년 형조 판서로 승차한 뒤에 예조 판서·규장각 직제학·형조 판서를 차례로 역임하고 정조 13년 예조 판서로 전임된 뒤로 부제학·함경도 관찰사·예조 판서에 임명되었다. 정조 15(1791)년 호조 판서·형조 판서·예조 판서·호조 판서·병조 판서를 차례로 역임하여 굴곡 없는 관직 이동을 하고 있다. 정조 16년 대사헌·호조 판서를 거쳐 병조 판서에 제수되었으나 어떤 일로 병조 판서에서 파직되었다. 그 뒤에 대사헌·호조 판서를 거쳐 평안도 관찰사로 나갔다. 평안도 관찰사로 재직하면서 묘향산 수충사의 휴정(休靜)의 비문을 찬집했다. 정조 18(1794)년 우의정으로 승차하였으나 파직되고 다시 우의정에 제수되었으나 정조 19년 우의정에서 해면되고 판중추부사로 물러났다. 판중추부사로 진하정사가 되어 청나라에 다녀와서 정조 21(1797)년 다시 우의정에 제수되었다. 우의정으로 있으면서 <삼강행실도>·<이륜행실도>를 편찬하고 정조 22년 좌의정으로 승차했다. 정조 23년 좌의정에서 물러나 판중추부사로 있다가 10월에 영의정으로 승진했으나 같은 해에 영의정에서 사직하고 판중추부사에 임명되었다. 정조 24(1800)년 다시 영의정에 제수되어 세자책봉을 위한 주청사로 청나라에 다녀왔다.

순조 즉위(1800)년 7월 영의정에서 물러나 영중추부사로 순조의 책봉을 위한 주청정사가 되어 다시 청나라에 다녀와서 순조 3년 영의정에 임명되었다. 그러나 같은 해 7월 사직소를 올려 영의정에서 사직하고 영중추부사에 임명되었다. 순조 5년(1805) 네 번째로 영의정에 제수되었으나 같은 해 12월 머리에 진흙을 바르고 죄인임을 자처하며 사직시켜줄 것을 청하여 영의정에서 삭직되는 처벌을 받았다. 순조 6(1806)년 여섯 번째로 영의정에 올랐으나 그 해에 죽었다.

<순조실록> 순조 6(1806)년 9월 10일 세 번째 기사에 '영의정 이병모의 졸기'가 있다.

🎲 평가

영의정 이병모의 졸기

…… 이병모는 덕수(德水) 사람으로 고 명신(名臣) 이식(李植)의 후손이다. 침착하고 주밀하여 일을 잘 처리하는 재능이 있었고 문장(文章)은 화려하고도 풍부하였으며 재주와 슬기가 두루 통달하였다. 내·외직(內外職)을 역임하고 시험해서 중서(中書)에 여러 번 들어갔는데, 모두 연달(鍊達)하다고 일컬었다. 다만 경력이 많고 세상일에 노련하였기 때문에 시류에 따라 그때그때 임시 변통으로 일처리하기를 잘하였으며, 의논을 세워 자기주장을 드러내는 데에는 힘쓰지 않았으니, 식자(識者)들은 자못 기롱하였다.

참고문헌

〈다음백과사전〉, 〈영조실록〉, 〈정조실록〉, 〈순조실록〉, 〈증보 제 9간 덕수이씨세보〉

심환지(沈煥之)

본관은 청송이고 자는 휘원(輝元)이며 호는 만포(晚圃)이고 시호는 문충(文忠)이다. 영조 6(1730)년에 태어나서 순조 2(1802)년에 죽었다.

🗂 재임기간

순조 즉위(1800)년 7월 4일[374] – 순조 2(1802)년 10월 18일[375] ※ 후임 이시수

🗂 가문

아버지는 진(鎭)이고 할아버지는 홍문관 교리 태현(泰賢)이며 증조부는 속(遫)이고 고조부는 현감 약명(若溟)이다. 5대조는 진사 온(穩)이고 6대조는 광세(光世)이며 7대조는 엄(俺)이고 8대조는 인겸(仁謙)이다. 9대조는 명종의 국구인 청릉부원군 강(鋼)이고 10대조는 영의정 연원(連源)이며 11대조는 의정부 사인 순문(順門)이고 12대조는 내자시 판관 원(湲)이다. 13대조는 영의정 회(澮)이고 14대조는 영의정 온(溫)이고 15대조 문하 좌정승을 역임한 덕부(德符)이다. 덕부 이상의 세계는 심덕부와 같다.

장인은 안동인 부사 김이복(金履福)이고 외할아버지는 대사간 거창인 신무일(愼無逸)이다.

아들이 없어서 찬지(燦之)의 아들 능종(能種)을 입양했다.

🗂 생애

영의정 온, 영의정 회, 영의정 연원, 명종의 국구인 청릉부원군 강의 후손으로 노론의 벽파 지도자이다. 정조 독살설의 주인공으로 죽은 뒤에 정조의 치적을 파괴한 역적이고 순원왕후의 대혼을 방해했다는 죄목으로 관직이 삭탈되었다. 재임 중에는 금광 채굴을 중지시킬 것을 주장했고 탕평책을 강화하기 위한 장치인 장용영을 혁파했다.

---

374) 대왕대비가 심환지를 영의정으로, 이시수를 좌의정으로, 서용보를 우의정으로 삼다.
375) 영의정 심환지가 졸하였다.

영조 47(1771)년 정시문과에 병과로 급제하고 정언에 임명되었으며 영조 49년 죄를 지고 진도군에 충군되었다가 석방되었다.

정조 1(1777)년 교리에 임명되어 관직에 복귀해서 부수찬에 임명되었고 정조 3년 부교리에 임명되었으나 정조 4(1780)년 세도를 어지럽힌 효시라는 이유로 삭직되었다. 정조 8(1784)년 시강원 겸 문학을 역임하고 승진하여 세자시강원 필선에 임명되었다. 정조 11(1787)년 부교리에 임명된 뒤에 호서 암행어사로 파견되었으며 돌아와서 그 해에 성균관 대사성에 임명되었다. 정조 13년 대사간에 임명되고 정조 14(1790)년 대사성으로 전임되었으나 대사성에서 물러났다. 정조 15년 대사간·대사성을 역임하고 이조 참의에 임명되었으나 어떤 일로 파직되었다. 다시 이조 참의에 임명된 뒤에 승지·이조 참의를 역임했다. 정조 16(1792)년에는 형조 참판으로 승진한 뒤 승지·이조 참판에 차례로 임명되었다. 이 해에 평택 안핵어사 김희채(金熙采)의 탄핵을 받고 김갑도(金甲島)에 위리 안치되었다. 정조 17년 풀려나서 대사헌·이조 참판·대사성·이조 참판·대사성·이조 참판·도승지·대사성·이조 참판·승지·이조 참판·예문관 제학을 차례로 역임했다. 정조 18(1794)년 이조 참판에 임명되었다가 체차된 뒤 예문관 제학에서 파직되었고 다시 예문관 제학에 임명되었다가 능주 목사에 임명되어 외직으로 나갔다. 돌아와서 다시 예문관 제학에 임명되었다가 체직된 뒤 도승지·이조 참판·규장각 제학을 역임했다. 정조 19년 이조 참판에 임명되었다가 형조 판서로 승진해서 병조 판서로 전임되었다. 병조 판서로 있을 때 향축을 하면서 노부를 정돈하지 못한 죄로 추고되었다. 다시 병조 판서에 제수된 뒤에 대사헌·예조 판서·이조 판서를 역임하고 정조 20(1796)년 형조 판서·이조 판서를 역임했다. 정조 21년 우참찬·이조 판서를 역임했다. 정조 22년 우참찬·예조 판서를 역임하고 우의정으로 승진한 뒤로 노론 벽파의 영수가 되었으며 근본에 힘쓰고 말업을 억제할 것을 내세워 당시 성행하던 금광의 채굴을 금지시킬 것을 주장했다. 정조 23(1799)년 우의정에서 물러나 판중추부사가 되었으나 곧 좌의정에 임명되었다. 정조 24(1800)년 6월 28일 정조가 서거할 때 정순왕후와 함께 지켜보면서 어의가 머뭇거릴 때 약제를 먹이도록 강요하였으며 탕제를 먹은 정조가 승하함으로 정조의 독살설의 중심에 있다.

순조 즉위(1800)년 순조가 어린 나이로 왕위에 올라 정순왕후가 수렴청정을 하자 영의정으로 원상이 되어 정권을 장악하고 스스로 세도를 진정시킬 것을 자임했다. 그러나 실제로는 당적이 같으면 동지로 받들고 다르면 물리치는 딩동벌이에 주력하여 신유옥사를 일으켜 반대파들을 크게 살육했다. 순조 2(1802)년 영의정으로 죽었다. 죽은 뒤에 문충(文忠)이라는 시호가 내려졌고, 대왕대비가 승지를 보내 치제했다. 정순왕후가 죽은 뒤에 노론 시파였던 김조순이 집권하면서 정조의 치적을 파괴한 역적으로 판단되었다. 철종 2년 무고한 인명을 살해하고 순원왕후의 대혼(大婚)을 방해했다는 죄목으로 관작이 삭탈되었으나 고종 1년 관작이 회복되었다.

심환지는 주로 삼사의 직책을 두루 거치면서 준엄하고 격렬한 언론을 펴서 의리·공의를 강조하여 몇 차례 유배생활을 겪었으며 정조가 탕평책을 강화하기 위한 제도적 장치로 사용했던 장용영(壯勇營)을 혁파했고 김귀주와 절친했던 관계를 생각하여 김관주·정일환을 등용해 그들의 사적인 원한이 정국에 개제되게 했으며 또 권유(權裕)를 대사헌으로 삼아 정조를 지지하던 김조순에 대한 공격을 유도했다.(<다음백과사전>)

<순조실록> 순조 2(1802)년 10월 18일 두 번째 기사에 '영의정 심환지의 졸기'가 있다.

🎲 평가

영의정 심환지의 졸기

…… 심환지는 본관이 청송(靑松)으로 국구(國舅) 심강(沈鋼)의 후손이다. 젊어서 김귀주(金龜柱)와 더불어 매우 절친한 벗이 되어 홍국영(洪國榮)을 공격하는 논의를 극력 주장하다가 김귀주가 실패하자 심환지가 하급 관료에 침체해

있었다. 정묘(正廟) 중년에 비로소 발탁되어 정동준(鄭東浚)이 죄를 얻은 이후에 병조 판서에 발탁이 되고 드디어 재상이 되어 한쪽 편의 영수(領袖)가 되어 세도(世道)의 책임을 맡은 사람으로서 자임하였다. 만년에는 또 김종수(金鍾秀)와 조금 의견이 서로 어긋났는데 그를 따르는 자들이 대체로 심술이 험악하여 화(禍)를 즐겨하므로 심지어는 상문(相門)의 십읍(十邑)이라는 비난까지 있었다. 수렴청정(垂簾聽政)하는 초기에 특별히 원보(元輔)에 임명하여 국병(國柄)을 전적으로 위임하였으나, 본래 아둔하고 재능이 없어 공적이 보잘것없었고, 오직 당동벌이(黨同伐異)로써 일을 삼아서 김관주(金觀柱)·정일환(鄭日煥)의 무리를 이끌어 진출시켰을 뿐이었다. 경신년·신유년의 무렵에 참륙과 찬축의 여러 가지 큰 형정을 맡아 결정하지 않은 것이 없는데 끝내는 노신(老臣)의 충곤(忠悃)으로써 적신(賊臣) 권유(權裕)의 흉소(凶疏)를 장려한 죄로 관작이 추삭되었다. 다만 권위(權位)가 높았는데도 자못 검소하다고 일컬어졌다.

〈다음백과사전〉, 〈영조실록〉, 〈정조실록〉, 〈순조실록〉, 〈청송심씨대동세보〉

이시수(李時秀)

본관은 연안이고 자는 치가(稚可)이며 호는 급건(及健)이고 시호는 충정(忠正)이다. 영조 21(1745)년에 태어나서 순조 21(1821)년에 죽었다.

재임기간

순조 2(1802)년 10월 27일[376] – 순조 3(1803)년 1월 22일[377] ※ 후임 이병모

가문

아버지 복원(福源)은 대제학과 좌의정을 역임했고 할아버지는 호조 판서·공조 판서·병조 판서·좌참찬을 지낸 철보(喆輔)이다. 증조부는 호조 참판 정신(正臣)이고 고조부는 옥천 군수 봉조(鳳朝)다. 5대조는 성균관 진사 만상(萬相)이고 6대조는 대제학과 이조 판서를 역임한 명한(明漢)이며 7대조는 대제학과 좌의정을 역임한 정구(廷龜)다. 8대조는 삼등 현령 계(啓)이고 9대조는 동지중추부사 순장(順長)이며 10대조는 사헌부 장령 혼(渾)이다. 11대조는 판중추부사를 역임하고 연성부원군에 봉해진 석형(石亨)이고 12대조는 보의장군 회림(懷林)이며 13대조는 공조 전서 종무(宗茂)다. 종무 이상의 세계는 이시백과 같다.

장인은 해평윤씨이고 외할아버지는 초배는 파평인 홍주 목사 윤동원(尹東源)이고 계배는 순흥인 참봉 안수곤(安壽坤)이다.

아들이 없어 조카인 만수(晩秀)의 아들 광우(光愚)를 입양했으나 광우도 아들이 없어서 정우(鼎愚)의 아들 공익(公翼)을 입양했는데 형조 판서를 역임했다. 아우로는 만수(晩秀)가 있는데 대제학을 역임했고 형조 판서·호조 판서·공조 판서·이조 판서·병조 판서·예조 판서·내각 제학·판중추부

---

376) 김관주를 의정부 우의정으로 삼고, 이시수를 영의정에 승진 임명하고, 서용보를 좌의정에 승진 임명하였다.

377) 이시수가 상소하여 감히 무릅쓰고 나갈 수 없는 까닭을 진달하자 대왕대비가 …… 우선 사면하도록 하였다.

사를 역임했다.

방계로는 종조부 길보(吉輔)가 공조 판서이고 길보의 아들 성원(性源)이 좌의정을 역임했다.

🎲 생애

> 좌의정 월사 이정구의 후손으로 좌의정 이복원의 아들이고 좌의정 성원의 5촌 조카이다. 정순왕후가 재차 수렴청정을 하려 하자 끝까지 반대하여 삭출죄인이 되었다가 복귀했다. 구(仇)씨 성을 가진 사람을 구(具)씨로 통합했다.

영조 47(1771)년 진사시에 합격하고 영조 49(1773)년 증광문과에서 병과로 급제했다.

정조 즉위(1776)년 한림권점에 뽑혔고 정조 2년에 또 한림권점에 뽑혔다. 정조 4(1780)년에는 홍문록에 올랐을 뿐 아니라 도당록에도 뽑혔다. 부교리를 거쳐 이조 좌랑으로 있을 때 영남 암행어사로 파견되었으며 초계문신에도 뽑혔다. 교리를 역임하고 정조 5년 이조 좌랑·의정부 검상을 역임했다. 정조 6년 부사과로 초계문신 친시에서 수석을 했으며 같은 해에 초계문신 과시에서 잇따라 3차 수석한 일로 통정대부에 올라 성균관 대사성에 임명되었다. 정조 7(1783)년 부사직을 역임하고 춘천 부사로 나가서 영동 선유사를 겸했다. 돌아와서 승지에 임명되었다. 정조 8년 대사간으로 전임되었다가 승지를 거쳐 이조 참의를 차례로 역임했다. 정조 9년 원춘도 관찰사[378]에 임명되었다. 정조 10년에는 좌승지를 거쳐 이조 참의를 역임했고 정조 11(1787)년 대사성·이조 참의·찰리사·이조 참의를 차례로 역임했다. 정조 12년 대사성·한성부 우윤을 역임했고 정조 13년 부제학·대사성·대사간을 역임한 뒤 정조 14년 황해도 관찰사로 두 번째 도백으로 나갔다. 정조 15(1791)년 대사성을 역임하고 개성부 유수에 임명되었다. 정조 18년 아

---

378) 강원도 관찰사

우 만수와 함께 아버지인 좌의정 복원의 상을 마치고 돌아와 이조 참판에 제수되었으며 고 재상인 복원을 생각하는 뜻으로 특별히 도총부 도총관에 임명되었다. 이어서 한성부 판윤과 대사헌에 제수되었다. 정조 19(1795)년 공조 판서로 승차한 뒤 병조 판서와 호조 판서를 역임하고 지의금부사로 옮겼다. 정조 21년 예조 판서를 역임하고 정조 22년 병조 판서에 제수되었다. 이때 구(仇)씨 성을 가진 사람들을 구(具)씨로 통합하자는 계를 올려 통합시켰다. 병조 판서에서 물러나 원접사로 있다가 정조 23(1799)년 이조 판서에 임명되었다가 우의정으로 승차했다.

순조 즉위(1800)년 좌의정을 거쳐 순조 2년 2월 영의정에 올랐으나 순조 3년 1월 만윤 문제로 갈등을 초래한 이유로 영의정에서 사면되어 판중추부사로 전임되었다. 순조 4(1804)년 좌의정으로 임명되었으나 정순왕후가 재차 수렴첨정하려고 하자 대의를 위해 끝까지 반대하였다. 이로 인해 삭출죄인이 되었다가 판중추부사에 임명되었다. 순조 6년 영중추부사에 이어 다시 좌의정에 임명되었으나 순조 8(1808)년 병든 증상을 설명하고 좌의정에서 사직하는 것을 허락받고 한직인 영중추부사로 옮겨 조용히 지내다가 순조 21(1821)년 죽었다. 죽은 뒤에 순조의 묘정에 배향됐다.

<순조실록> 순조 21(1821)년 8월 20일 첫 번째 기사에 '영중추부사 이시수가 졸하자 은졸의 예전을 시행하게 하다'란 기사가 있다.

💎 평가

영중추부사 이시수가 졸하자 은졸의 예전을 시행하게 하다

…… 하교하기를,

"그의 마음이 정직하고 신의가 있기 때문에 선대왕께서 삼공(三公)의 예우로 포상하였고, 그의 정성어린 충군애국(忠君愛國)의 마음도 내가 20년 동안 감탄하였는데, 더구나 지난해 첫 번째 착안(着眼)한 일은 옛날 대신이 수립한 것에 부끄럽지 않으니 말할 것이 있겠는가? ……" 하였다.

이시수는 고 정승 이복원(李福原)의 아들이니, 재지(才智)와 이력(履歷)으로 정조조에서 이미 정승이 되었다. 이때 그가 정부의 정책을 잘 안다고 하여 추대를 받았는데, 그가 무슨 일이든 치밀하고 기민하게 하였으며 처세와 처신을 잘 하였다. 갑자년에 <정순 왕후(貞純王后)>가 다시 수렴청정(垂簾聽政)을 하려고 하자 이시수가 대의(大義)를 내세워 그 불가함을 극력 말하였는데, 그 기풍이 의연하여 옛 대신과 비교할 때 그 수립한 바가 조금도 부끄럽지 않았다. 그후 묘정(廟庭)에 배향되었다.

참고문헌

〈다음백과사전〉, 〈영조실록〉, 〈정조실록〉, 〈순조실록〉, 〈연안이씨소부감판사공파세보〉

서매수(徐邁修)

본관은 대구이고 자는 덕이(德而)이며 호는 당헌(戇軒)이고 시호는 익헌(翼憲)이다. 영조 7(1731)년에 태어나서 순조 18(1818)년에 죽었다.

📦 재임기간

순조 5(1805)년 12월 7일[379] – 순조 6(1806)년 1월 30일[380] ※ 후임 이병모

📦 가문

아버지는 증영의정 명원(命元)이고 할아버지는 홍문관 교리·이조 참의 종섭(宗燮)이며 증조부는 광흥창 주부 문택(文澤)이고 고조부는 상의원 직장 진리(晉履)이다. 5대조는 선조와 인빈 김씨 사이에서 태어난 정신옹주의 남편 달성위 경주(景霌)인데 오위도총부 도총관을 역임했다. 6대조는 판중추부사를 역임하고 영의정에 증직된 성(渻)이고 7대조는 학자로 영의정에 증직된 해(嶰)이다. 해 이상의 세계는 서당보와 같다.

장인은 창원 황씨이고 외할아버지는 초배는 진사 현정(顯鼎)이고 계배는 풍천인 사헌부 집의 임진하(任震夏)이다.

아들은 진사 유경(有憬)이고 유경이 진사 윤보(崙輔)를 낳았다

📦 생애

달성위 경주의 현손으로 영조의 제 1비 정성왕후 집안 출신이다. 음보로 관직에 처음 들어와 56세에 당진 현감으로 있으면서 과거에 합격하고 영의정까지 오른 인물이다. 시파와 벽파가 대립할 때 시파에 치우쳤다.

음보로 참봉이 되었으며 정조 3(1779)년 신녕 현감에 임명되었고 정조

---

379) 특지로 판부사 서매수를 의정부 영의정에 임명하고, 예조 판서 한용귀를 좌의정에 임명하고, 호조 판서 김달순을 우의정에 임명하였다.
380) 영의정 서매수가 다시 광주로 향하였다.

11(1787)년 당진 현감으로 있으면서 56세의 나이로 정시문과에 급제하고 홍문록에 뽑혔다. 정조 12년(1788)년 지평에 임명되었으며 정조 13년 홍문록에 뽑혔고 이어서 부수찬에 임명되었다. 정조 14년 승지·의주 부윤·방답진 첨사에 차례로 임명되었고 정조 17(1793)년 도승지에 임명되었다. 같은 해에 사옹원 부제조로 있었는데 어떤 일로 죄수가 되어 의금부에 갇혔으나 풀려나서 정조 18년 승지·대사간·도승지에 차례로 임명되었다. 정조 19년 대사간·동지경연사·대사간·황해도 관찰사를 차례로 역임했고 정조 21(1797)년 이조 참판·승지·대사간·이조 참판을 역임했다. 정조 22년 대사헌·지돈녕부사·한성부 판윤·공조 판서·동지경연사·좌참찬·개성부 유수·공조 판서를 역임했다. 정조 23년 형조 판서를 거쳐 우참찬으로 있으면서 동지정사가 되어 청나라에 다녀와서 좌참찬이 된 뒤에 예조 판서·한성부 판윤으로 전임되었고 정조 24(1800)년 대사헌이 되었다.

순조 즉위(1800)년 비변사 제조로 전임되었다가 이조 판서가 되었으며 순조 1(1801)년 우참찬·광주부 유수·이조 판서를 역임하고 순조 2년 우참찬으로 전임되었다가 이조 판서가 되었는데 이때 숭록대부로 승차하고 우참찬으로 전임되었다. 순조 3년 판의금부사·병조 판서·이조 판서를 역임하고 순조 4년 예조 판서와 우참찬을 역임하고 좌의정으로 승차했으며 순조 5(1805)년 영의정에 올랐다. 순조 6(1806)년 영의정에서 물러나 판중추부사가 되었으나 대사헌 재임 중에 비행을 저질렀다는 삼사의 탄핵을 받고 문외출송 되었다. 순조 13(1813)년 판중추부사로 관직에 복귀했으며 순조 18(1818)년에 죽었다. <대구서씨세보>를 편찬했다.

<순조실록> 순조 18(1818)년 11월 24일 첫 번째 기사에 '판중추부사 서매수의 졸기'가 있다.

🔹 평가

판중추부사 서매수의 졸기

…… 매수는 옛 명신(名臣) 서성(徐渻)의 후손이다. 56세의 늙은 나이에 조상의 덕으로 처음 벼슬하여 비록 학술과 재능은 없었으나 성품이 근실하고 성실한 것으로 대부분 장자(長者)로 일컫게 되었다. 그러다가 나이가 들어 시의(時議)에 비위를 맞추어 앞뒤로 전혀 딴사람인 것처럼 행동하였다. 그래서 여러 번 전선(銓選)을 관장하여 많은 비난을 받았다. 그가 의정(議政)에 임명되었을 때에는 사람들의 기대 밖이어서 온 세상 사람들이 모두 깜짝 놀랐다. 병인년(丙寅年)에 삼사(三司)가 논계(論啓)했을 때는 정신이 없고 귀가 먹었다는 이유로써 내쫓는 처벌에 그쳤다. 오랜 시일이 지난 뒤에 서용(敍用)되었다가 졸하였는데, 나이 88세였다.

참고문헌

〈정조실록〉, 〈순조실록〉, 〈다음백과사전〉, 〈대구서씨세보〉

김재찬(金載瓚)

본관은 연안이고 자는 국보(國寶)이며 호는 해석(海石)이고 시호는 문충(文忠)이다. 영조 22(1746)년에 태어나서 순조 27(1827)년에 죽었다.

🎮 재임기간

순조 12(1812)년 5월 1일[381] − 순조 16(1816)년 5월 10일[382] ※ 후임 서용보
순조 21(1821)년 11월 19일[383] − 순조 23(1823)년 2월 22일[384] ※ 후임 남공철

🎮 가문

아버지는 영의정 익(熤)이고 할아버지는 판돈녕부사 상석(相奭)이며 증조부는 호(湖)이고 고조부는 지평 홍석(弘錫)이다. 5대조는 규(珪)이고 6대조는 인목대비의 친정아버지인 연흥부원군 제남(悌男)이다. 제남 이상의 세계는 익과 같다.

장인은 초배가 남양인 서윤 홍계현(洪啓鉉)이고 계배는 연안인 통덕랑 이광술(李光述)이며 외할아버지는 파평인 부사 윤심재(尹心宰)이다.

아들은 좌부승지 영(鍈)이고 손자는 우의정 유연(有淵)이다.

🎮 생애

인목대비의 친정아버지인 연흥부원군 제남의 7세손으로 영의정 익의 아들이며 우의정 유연의 할아버지이다. 우의정으로 공정성 없는 과거의 폐단을 지적하고 시정을 요구했으며 영의정으로 있으면서 영남지방과 호남지방의 대동미를 줄이도록 건의하여 시행했다.

영조 50(1774)년 정시문과에 급제했다.

---

381) 판중추부사 한용귀를 좌의정에 제배하여 세자부로 삼고 좌의정 김재찬을 영의정에 제배하여 세자사로 삼고, …
382) 영의정 김재찬이 면직해 달라고 청하니, …… "영상의 직책 사임을 지금 우선 허락해주니, 경은 안심하고 집에 돌아가라."
383) 영부사 김재찬을 영의정으로 제수하라.
384) 영의정 김재찬의 해직을 허락하였다.

정조 3(1779)년 한림소시에 합격했고 정조 4년 검열이 되어 <이문원강의>를 편집했고 정조 4(1780)년 규장각 직각에 임명되어 초계문신에 뽑혔다. 정조 5(1781)년 교리・규장각 직각을 역임했고 정조 6년에는 교리・의정부 검상・규장각 직각을 역임했다. 정조 7(1783)년 부사과를 역임했고 정조 8년 수교찬집 당상에 임명되어 보덕을 겸했으며 정조 10(1786)년 이조 참의에 임명되었다. 정조 11년 성균관 대사성・원춘도 관찰사・검교 직각을 역임했고 정조 12년 사헌부 대사헌을 역임했으며 정조 13(1789)년 홍문관 제학・대사헌・규장각 직제학・도승지를 역임했다. 정조 18(1794)년 아버지 영의정 김익의 상을 마치고 직제학・이조 참판・지돈녕부사・대사헌・형조 판서를 역임하고 이조 판서에 임명되었다. 그러나 곧 체직되었다가 다시 이조 판서에 임명되었으나 다시 체직을 당했다가 홍문관 제학・예문관 제학・예조 판서・수어사・한성부 판윤을 역임했다. 정조 19(1795)년 병조 판서를 역임하고 평안도 관찰사에 임명되었으나 장계를 잘못 올린 일로 정조 20년 파직되었다. 얼마 뒤에 이조 판서에 임명되었으나 수령을 제대로 뽑아 임명하지 못한 일로 안악 군수로 좌천되었다. 정조 21년 대사헌・동지경연사・대사헌을 역임하고 이조 판서에 임명되었으나 제도의 포폄과 승강을 무기력하게 처리했다 하여 파면되었다. 다시 대사헌에 임명되어 홍문관 제학・예문관 제학・좌참찬・예문관 제학・대사헌을 역임했다. 정조 22(1798)년 이조 판서・홍문관 제학・강화부 유수・판의금부사・예조 판서・예문관 제학을 역임했고 정조 23년 이조 판서에 임명되었다가 병으로 해면되고 지돈녕부사에 올랐다. 얼마 뒤에 좌참찬에 임명되어 이조 판서로 전임되었다. 3개월 뒤에 좌참찬에 임명된 뒤 판한성 부윤과 이조 판서를 역임하고 수궁대장에 임명되었으나 종사관의 이름을 잘못 쓴 일로 파직되었다. 그 해에 진하 겸 사은정사로 청나라에 다녀와서 정조 24년 규장각 제학・판의금부사・병조 판서를 역임했다.

순조 즉위(1800)년 정조가 승하하자 빈전도감 제조로 <건릉표석음기>를 지었다. 그 뒤 병조 판서에서 홍문관 제학으로 전임되었다가 이조 판서・좌참찬을 역임하고 형조 판서에 임명되어 지실록사로 <정조실록> 편찬에 참여했다. 순조 1(1801)년 공조 판서·좌참찬·판의금부사를 역임하고 순조 2년 수원부 유수·우참찬·광주부 유수를 역임했으며 순조 4년 홍문관 제학으로 정순왕후의 애책문 제술관을 역임했다. 순조 5년 우의정에 임명되었으나 부임을 거절했기 때문에 황해도 재령군에 정배되었다. 순조 6(1806)년 석방되어서 판중추부사와 영중추부사를 역임하고 순조 7년 우의정에 제배되어 공정성 없는 과거의 폐단을 지적하고 시정을 요구했다. 순조 8년 좌의정에 임명되었으며 순조 12(1812)년 영의정에 임명되어 영남 지방의 대동미를 3분의 1로 줄이고 호남 지방의 대동미를 4분의 1로 줄이도록 건의하여 시행케 했다. 순조 16(1816)년 좌의정으로 강등되었으나 바로 뒤에 영의정에 제배되었다. 같은 해에 사직상소를 내어 면직을 허락받고 판중추부사가 되었으나 다음 해인 순조 17년 다시 좌의정에 임명되었으나 파직되어 문외출송의 처벌을 받았다. 판의금부사로 복귀하여 영주추부사로 옮겼다. 순조 21(1821)년 다시 영의정에 임명되었다가 순조 23년 영의정에서 물러나는 것을 허락받고 영중추부사로 있다가 순조 27(1827)년에 죽었다. 죽은 뒤에 순조의 묘정에 배향되었다. 저서로 <해석집>·<해석일기>가 있고 편서로 <이문원강의>가 있다.

<순조실록> 순조 27(1827)년 4월 23일 두 번째 기사에 '영중추부사 김재찬의 졸기'가 있다.

💎 평가

영중추부사 김재찬의 졸기

하교하기를,

"이 대신(大臣)은 선왕조 때부터 인정을 깊이 받았고, 내가 계승한 뒤로는 가장 오랫동안 위임하여 공로가 가장 많이 드러나서 지금까지 우뚝하게 국가의 시귀(蓍龜)와 퇴속(頹俗)의 지주(砥柱)가 되었다. 그런데 뜻밖에 한번 병들어 마침내 세상을 떠나 하늘이 어진 이를 남겨 두지 않았으니, 내 장차 누구를 의지한단 말인가? 안색을 바로하고 조정에 나온 거동과 어려움에 처하여 충절(忠節)을 다하는 모습을 이 세상에서 다시는 볼 수 없게 되었으니, 애통함이 극도에 이르러 어디에 비유해야 할 지 모르겠다."

참고문헌

〈영조실록〉, 〈정조실록〉, 〈순조실록〉, 〈다음백과사전〉, 〈연안김씨 병술대동보〉

서용보(徐龍輔)

본관은 대구이고 자는 여중(汝中)이며 호는 심재(心齋)이고 호는 익헌(翼獻)이다. 영조 33(1757)년에 태어나서 순조 24(1824)년에 죽었다.

🎖 재임기간

순조 19(1819)년 1월 25일[385] − 순조 20(1820)년 6월 15일[386] ※ 후임 한용구

🎖 가문

아버지는 호조 참판과 황해도 관찰사를 역임한 유영(有寧)이고 할아버지는 신수(信修)이며 증조부는 명백(命伯)이다. 고조부는 영조의 비인 정성왕후(貞聖王后)의 친정아버지인 달성부원군 종제(宗悌)이다. 종제는 신천 군수를 역임했다. 5대조는 사평 문도(文道)이고 6대조는 사재감 첨정 형리(亨履)이며 7대조는 달성위 경주의 형인 종친부 첨정 경유(景霱)이고 8대조는 판중추부사 성(渻)이다. 9대조는 해(嶰)이고 10대조는 고(固)이며 11대조는 팽소(彭召)이고 12대조는 대제학 서거정의 형인 거광(巨廣)이다. 거광 이상의 세계는 서당보와 같다.

장인은 번남인 대사간 박지원(朴志源)이고 외할아버지는 진천인 현감 송의순(宋宜孫)이다.

아들이 없어서 백천 군수 응보의 아들인 대순(戴淳)를 양자로 삼았다. 대순은 예조 판서와 병조 판서를 역임했다. 대순이 상익(相翊)을 낳았는데 상익은 이조 참판을 역임했으며 상익이 광범(光範)을 낳았는데 광범은 법부대신과 학부대신을 역임했다. 딸은 청주인 한명교(韓命敎)와 결혼했다.

---

385) 판부사 서용보를 의정부 영의정에 임명하고, 판부사 김사목을 좌의정에 임명하라.
386) 영의정 서용보가 여러 번 상소하여 병을 진달하고 영상의 직책을 해임해 달라고 하니, ……
    의정의 임무를 체차해 달라는 청을 특별히 따라 주니, 경은 요양에 전념하여 빨리 회복하도
    록 하라.

> 영조의 국구인 달성부원군 종제의 고손이다. 정조와 정순왕후의 신임이 두터워 측근으로 활약했다. 경신년의 상소 때문에 향리로 돌아가서 13년 살다가 영의정에 제수되어 돌아왔다.

　영조 50(1774)년 열여덟 나이에 증광생원시에 합격하고 같은 해에 증광시 병과로 급제하였다. <영조실록>에 "서용보가 나이 열여덟에 소과, 대과를 연달아 급제하여 사람들이 장하게 여겼다."는 기록이 있다.

　정조 즉위(1776)년에 한림소시에 합격하였고 정조 1(1777)년 검열에 임명되었으며 정조 3년 규장각 대교에 임명됐다. 정조 5(1781)년 초계문신에 올랐으며 한학 교수·부사과·순막 암행어사를 역임하고 정조 6년에는 이조정랑에 임명되었으며 정조 7년 규장각 직각·의정부 검상을 역임했다. 정조 8(1784)년 승지가 되었으며 정조 9년 부사직·이조 참의·대사성·이조 참의를 역임하였으며 김덕령의 유사를 편집하라는 명을 받고 유사를 편집했다. 정조 15(1791)년 이조 참의를 역임하고 부총관으로 있을 때 품계를 올리고 불렀으나 어지가 작질도 환수하고 고성진 첨사로 좌천되었다. 정조 16년 동지 겸 사은부사로 청나라에 다녀온 뒤에 대사헌에 임명되었으며 정조 17년 경기도 관찰사에 임명되고 정조 18(1794)년 규장각 직제학에 임명되었다. 정조 19년 총융사·부사직·대사헌·이조 참의·정례이정소 당상이 되었다. 정조 20년 선산대장이 되었으나 어떤 일로 용천부로 찬배되었다. 그러나 같은 해에 이조 참판으로 복귀하여 정리 당상을 겸했으나 이조 참판에서 체직되고 정리 당상의 직만 유지했다. 정조 21(1797)년 다시 이조 참판에 임명되었으며 개성부 유수를 거쳐 형조 참판에 제수되었다. 정조 22년 대사헌·이조 참판·부제학·이조 참판에 차례로 역임되었다. 정조 23년 이조 참판에서 체직되어 직제학이 되었으나 다시 이조 참판에 임명된 뒤 좌유선을 거쳐 예조 판서로 승차해서 좌유선을 겸했고 선혜청 제조도 겸했다. 같은 해에 이조 판서로 전임되고 정조 24(1800)년 좌부빈객·대사헌·우참찬·이조 판서·예조 판서·검교직제학을 역임하고 우의정에 임명되었다.

순조 즉위(1800)년 우의정으로 있다가 순조 1(1801)년 우의정에서 사직하고 향리로 내려갔으나 대왕대비 정순왕후가 불러서 조정으로 돌아왔다. 이 뒤에도 여러 차례 향리로 내려가려 했으나 순조와 정순왕후의 만류로 뜻을 이루지 못했다. 순조 3년 좌의정에 제수되었고 순조 4년 좌의정에서 물러나 판중추부사가 되었다. 순조 5(1805)년 사은정사로 청나라에 다녀왔고 순조 6년 좌의정·우의정을 역임하고 순조 7년 판중추부사에 제수되었으나 상소 때문에 향리로 내려가서 순조 19년까지 향리에서 살았다. 순조 19(1819)년 영의정이 되어서 다시 조정으로 돌아왔으나 순조 20년 해임상소를 내어 영의정에서 사직했다. 순조 21년 판중추부사가 되었고 순조 24(1824)년 영중추부사로 죽었다.

<순조실록> 순조 24(1824)년 8월 21일 첫 번째 기사에 '영중추부사 서용보의 졸기'가 있다.

🌱 평가

영중추부사 서용보의 졸기

…… 전교하기를, "…… 이 대신은 옛날부터 치우칠 정도로 선조(先朝)의 예우(禮遇)를 받다가 과궁(寡躬) 때에 복상(卜相)되었다. 즉위한 처음에 세자빈객(世子賓客)이 되었고 관례일(冠禮日)에 내가 의지한 바였으니, 권대(眷待)함이 또 어떠하였겠는가? 더군다나 그는 침착하고 중후하며 연달 노성(鍊達老成)함이 조정에 비할 사람이 드물었는데, …… 그 아들은 복제(服制) 마치기를 기다려서 조용(調用)하고, 장례 전에 시호(諡號)를 의논하라." 하였다.

서용보는 달성 부원군(達城府院君) 서종제(徐宗悌)의 증손인데, 침후(沈厚)한 기도(器度)가 있고 언소(言笑)가 적었으며 거지(擧止)가 장중하였다. 18세에 과거에 급제하여 세상에서 이미 보상(輔相)으로 기대하였는데, 정묘(正廟)의 지우(知遇)를 받았으며, 근밀(近密)에 출입하여 시종 예우를 받았다. 대상(大喪) 초에 자교

(慈敎)로서 상직(相職)에 특배(特拜)되었는데 당시 상황이 위태롭고 민심이 어수선하였는데, 구복(颺卜)을 일찍 함이 근세에 비할 바가 드물어서 여망(輿望)이 훌륭하게 여겼다. 마침내는 경신년의 한 상소 때문에 조정이 위태롭자 시골 집으로 물러가 산 것이 14년이었는데, 다시 원보(元輔)로 기용되었으나 오래지 않아서 병으로 면직하여 건명(建明)한 바가 없었으니, 대개 재주가 모자라고 뜻이 쇠퇴한 때문이었다.

참고문헌

〈영조실록〉, 〈정조실록〉, 〈순조실록〉, 〈다음백과사전〉, 〈대구서씨세보〉

한용구(韓用龜)

본관은 청주이고 처음 이름은 용구(用九)였다. 자는 계형(季亨)이고 호는 만오(晩悟)이며 시호는 익정(翼貞)이다. 영조 23(1747)년에 태어나서 순조 28(1826)년에 죽었다.

재임기간

순조 21(1821)년 4월 24일[387] – 순조 21(1821)년 10월 26일[388] ※ 후임 김재찬

가문

아버지는 동지중추부사 준유(俊裕)이고 할아버지는 예조 참판 현모(顯謨)이다. 증조부는 진사 사범(師範)이고 고조부는 한성부 우윤 배의(配義)다. 5대조 성우(聖佑)는 이조 참판이고 6대조 수원(壽遠)은 상주 목사이며 7대조 덕급(德及)은 동지돈령부사이고 8대조 응인(應寅)은 우의정이다. 9대조는 충좌위 부사직 경남(敬男)이고 10대조는 충좌위 부호군 유(侑)이며 11대조는 이조 참판 건(健)이고 12대조는 판돈령부사 치인(致仁)이다. 13대조 확(確)은 좌의정인데 덕종의 국구로 소혜왕후의 친정아버지이다. 14대조 영정(永矴)은 순창 군사인데 3남 2녀를 두었다. 1남은 좌의정이자 덕종의 국구인 확이고 2남은 전(碩)이며 3남은 시(碬)이다. 1녀는 명나라 태종의 비이고 2녀는 명나라 선종의 공신부인이다. 15대조는 신호위 녹사 영(寧)이고 16대조는 첨의부 찬성사 방신(方信)이며 17대조는 도첨의 우정승 악(渥)이고 18대조는 보문각 제학 사기(謝奇)다. 19대조는 첨의중찬 강(康)이고 20대조는 좌복야 광윤(光胤)이며 21대조는 검교신호위 상장군 희유(希愈)이고 22대조는 상서성 좌복야 혁(奕)이다. 23대조는 별장 상휴(尙休)고 24대조는 용호군 교위 영(穎)이다. 25대조 난(蘭)은 청주한씨의 시조인데 고려개국공신이며 문하태위를 역임했다.

---

387) 한용귀를 의정부 영의정으로, 임한호를 우의정으로 삼았다.
388) 영의정 한용귀가 네 번째 상소하여 병세를 아뢰고 영상의 직책을 체차해 달라고 하니, ······ "부득이 소청을 윤허한다."

장인은 초배는 전의인 동지돈녕부사 이명중(李明中)이고 계배는 충주인 이
희눌(李希訥)이며 3배는 파평인 윤심정(尹心靖)이다. 외할아버지는 여흥인 장령
민익수(閔翼洙)다.

아들이 없어서 형 용화(用和)의 아들 경리(景履)를 입양했는데 경리는 광주
판관을 역임했다. 형제로는 형 용화는 충청도 관찰사이고 용정(用鼎)은 증이
조 참판이다. 방계로는 할아버지 현모의 아우인 종조부 익모(翼謨)가 영의정
이다.

🎲 생애

> 덕종의 국구 확의 후손이고 우의정 응인의 후손이며 영의정 익모의 종손이다. 상소문에 왕을 능
> 멸하는 내용이 있다 하여 유배되었다가 복귀했다. 평안도 관찰사로 재직할 때 평양 대화재로
> 175가구가 불에 탄 사건을 당했고, 우의정으로 있을 때에는 김달순을 사사한 사건에 관련되어
> 삭직되기도 했다.

영조 48(1772)년 성균관에 재학할 때 황감제[389]에서 장원급제하고 영조
49(1773)년 증광문과에 병과로 급제하였다. 영조 52(1776)년 주서로 등용되
어 예조 좌랑으로 전임되었다.

정조 3(1779)년 전경문신의 전강[390]에서 수석하고 난모(煖帽)를 하사받았으
며 정조 6(1782)년 정언으로 있을 때 삼사가 합세하여 좌의정 홍낙성의 일
을 논하고 홍낙성을 파직하여 중도에 부처할 것을 아뢰다가 파직되었다. 정
조 9년 지제교에 선발되었으며 정조 11년 도당록에서 조진택, 정동관과 함
께 최고인 6점을 받았다. 정조 12년(1788)년 응교로 있을 때 삼사가 합세하
여 유언호·김치인·송재경의 처벌을 청하였다. 정조 13(1789)년 부사과로
문희묘에서 대축을 하고 가자되었다. 정조 18(1794)년 거상 중에 있으면서 상
소했다. 정조 19년 상을 마치고 대사간으로 관직에 복귀하여 이조 참의·

---

389) 매년 제주에서 진상한 감귤을 나누어주면서 보던 시험
390) 전강문신이란 3품 이하의 문신들을 대상으로 어전에서 경서를 고강(考講)하게 한 시험을 말
한다.

대사간·이조 참의에 차례로 임명되었다. 정조 20(1796)년 장릉 헌관 이유경이 향을 받을 때를 맞추어 오지 않은 일로 이조 참의에서 파직되었다가 바로 동부승지를 거쳐 이조 참의에 제수되었는데 한용구가 올린 상소문에 왕을 모독하는 내용이 있다 하여 파직되고 삭주로 귀양 갔다. 그러나 곧바로 죄를 용서받고 다시 이조 참의에 제수되었다가 형조 참판으로 승진했다. 정조 21년 형조 참판에서 파직되었으나 정조 22년 개성부 유수로 복귀하여 대사간을 거쳐 평안도 관찰사로 나갔다. 정조 23(1799)년 평양에 대화재가 발생하여 민가 175호가 불에 타는 참화를 겪었다. 진하 겸 사은부사가 되어 청나라에 다녀오고 정조 24(1800)년 이조 참판을 역임하고 공조 판서로 승진한 뒤에 형조 판서로 전임하였다.

순조 즉위(1800)년 의정부 우참찬·예조 판서를 역임하고 순조 1(1801)년 이조 판서·대사헌·수원부 유수를 거쳐 순조 2년 전라도 관찰사로 나갔다. 순조 4(1804)년 약방 제조에 임명되었으나 어떤 일로 경기도 연해 지방에 부처하라는 명에 따라 부평부에 유배되었다. 유배에서 풀려나 예조 판서에 임명되어 판의금부사를 겸하였고 순조 5년 의정부 좌의정으로 승진했다. 순조 6년 김달순의 사사 사건[391]에 관련되어 삭직되었으나 순조 9(1809)년 판중추부사에 임명되어 진하 겸 사은정사로 청나라에 다녀왔다. 순조 11(1811)년 김사목의 뒤를 이어 약방 도제조를 겸하고 있었는데 임금이 선화문에 나갔을 때 날씨가 예년에 없이 추웠고 마침 왕이 60의 보령에 탕재를 쓰고 있으므로 대내로 들어가 조섭하라고 권하였다. 이 일로 삭탈관직하고 문외출송하라는 명을 받았으나 바로 명을 환수하였으므로 다시 판중추부사에 임명되었다. 순조 12년 좌의정 겸 세자부가 되어서 사직소를 계속 올렸으나 국사가 어렵고 그 뒤를 이을 사람이 없다는 이유로 끝내 허락되지 않았다. 순조 17(1817)년까지 좌의정에 머물다가 순조 17년에 좌의정에

391) 안동김씨는 시파였는데 유독 김달순만 정순왕후와 같은 벽파였다. 우의정 김달순이 사도세자에 관한 이야기를 순조에게 간하다가 사사된 사건이다. 이 사건으로 김조순을 중심으로 한 안동김씨의 세도가 확립되었다.

서 물러나 판중추부사가 되었다. 순조 18년 사신으로 심양에 다녀왔으며 순조 21(1821)년 영의정에 제수되었으나 그 해에 병으로 영의정에서 물러나 영중추부사로 있다가 순조 28(1829)년에 죽었다.

<순조실록> 순조 28(1828)년 4월 16일자 첫 번째 기사에 '영부사 한용귀가 죽다'는 기사가 있다.

🎁 평가

영부사 한용귀가 죽다

…… 하교(下教)하기를,

"지금 서거한 단자를 보았다. 노성(老成)한 사람이 잇달아 세상을 떠났으니 슬픔을 금할 수 없었는데, 하물며 오늘날에 있어서 그와 같이 자상하고 온화한 모습을 쉽게 볼 수 없는 때이겠는가? ……"

참고문헌

〈다음백과사전〉, 〈영조실록〉, 〈정조실록〉, 〈순조실록〉, 〈청주한씨제6교대동족보〉

남공철(南公轍)

본관은 의령이고 자는 원평(元平)이며 호는 사영(思潁)·금릉(金陵)이고 시호는 문헌(文獻)이다. 영조 36(1760)년에 태어나서 헌종 6(1840)년에 죽었다.

🎲 재임기간

순조 23(1823)년 2월 23일392) – 순조 24(1824)년 12월 1일393) ※ 후임 남공철
순조 27(1827)년 4월 2일394) – 순조 29(1829)년 6월 14일395) ※ 후임 남공철
순조 30(1830)년 9월 7일396) – 순조 31(1831)년 5월 16일397) ※ 후임 남공철
순조 32(1832)년 7월 29일398) – 순조 33(1833)년 5월 16일399) ※ 후임 이상황

🎲 가문

아버지는 형조 판서와 대제학을 역임한 유용(有容)이고 할아버지는 동지돈령부사 한기(漢記)이며 증조부는 경상도 관찰사 정중(正重)이다. 고조부는 문과 중시에 장원하고 이조 판서·형조 판서·대제학·좌참찬을 역임한 용익(龍翼)이다. 5대조는 인천 부사 득붕(得朋)이고 6대조는 의빈도사 진(鎭)이며 7대조는 무주 현감 복시(復始)이고 8대조는 맹하(孟河)이다. 9대조는 통례원 좌통례 경춘(慶春)이고 10대조는 형조 판서 효의(孝義)이며 11대조는 부호군 회(恢)이다. 12대조는 사헌부 감찰 준(俊)이고 12대조는 예문관 직제학 간(簡)이며 13대조는 병조 의랑을 역임하고 영의정에 증직된 경문(景文)이다. 15대조는 영의정 재(在)이고 16대조는 고려 밀직부사·조선 전라도 관찰사 을번(乙蕃)이며 17대조는 지영광군사 천로(天老)이다. 18대조는 풍저창 부사 익저(益㫼)이

---

392) 특별히 교지를 내려 판부사 남공철을 의정부 영의정에 제수하였다.
393) 영의정 남공철이 세 번째 상소하여 병을 진달하고 체직을 비니 비답을 내려 허락하였다.
394) 판부사 남공철을 영의정으로, 이상황을 좌의정으로 거듭 간택한다.
395) 영의정 남공철이 상서하여 해직을 청하니, …… 의정의 직임을 이제 우선 허부한다.
396) 특지로 영중추부사 남공철을 의정부 영의정 겸 세손사로, 판중추부사 이상황을 좌의정 겸 세손부로 임명하고, …
397) 영의정 남공필이 세 번째 상소하여 병을 진달하고 해면을 청하니 비답을 내리고 허락하였다.
398) 영부사 남공필을 의정부 의정에 제배하였다.
399) 영의정 남공철이 사직 상소를 올리니 허락하다.

고 19대조는 추밀원직 부사 군보(君甫)다.

　장인은 청주인 충청도 관찰사 한용화(韓用和)이고 처할아버지는 동지중추부사를 역임한 한후유(韓後裕)이며 처백부가 영의정 한용구(韓用龜)이다. 외할아버지는 초배가 기계인 예조 판서 유명홍(兪命弘)이고 계배는 완산인 최당(崔溏)이며 친외할아버지는 안동인 통덕랑 김석태(金錫泰)이다.

🎁 생애

> 영의정 재의 후손이고 영의정 한용구의 조카사위이다. 당대 최고의 문장가로 시와 글씨에 뛰어나 많은 금석문과 비갈을 남겼다. 전사자인 동활자를 만들었다.

　정조 8(1784)년 음보로 세마가 되었고 산청 현감·임실 현감을 지냈다. 정조 16(1792)년 책문에서 수석을 차지한 남공철을 전시직부 하라는 명에 따라 식년문과에 응시하여 급제했다. 급제한 뒤에 규장각 직각에 임명되어 <규장전운(奎章全韻)>을 편찬하고 초계문신에 올라 부사과·헌납을 역임했다. 정조 18년 합문을 밀치고 들어온 죄로 파직되었다가 대사성에 임명되었다. 정조 19(1795)년 추자도에 유배하라는 명을 내렸다가 바로 용서하고 승지에 임명되었다. 정조 20년 대사성·규장각 직각을 역임하고 정조 21년 비변사 부제조에 임명되었다가 파면되었다. 곧 대사성에 임명되었고 이어서 규장각 직각·대사성으로 전임되었다. 정조 22(1798)년 대사성·예방승지·대사성을 역임했고 정조 23년 예조 참판·강원도 관찰사를 역임했으며 정조 24년 부제학에 임명되었다.

　순조 즉위(1800)년 대사성·부제학·직제학·부제학을 역임하고 정조 1(1801)년 부제학·도승지·대사성·도승지에 올라 가의대부로 가자된 뒤에 다시 대사성에 임명되었다. 순조 2년 부제학을 역임하고 경상도 관찰사가 되어 두 번째로 도백에 올랐고 순조 4년 대사성·부제학을 역임하고 승지에 임명되었다. 순조 7년 공조 판서로 승진해서 정헌대부로 가자되었으며 예조 판서로 전임되었다가 판의금부사로 전임되어 사은사 겸 동지정사로 청나라에 다녀왔다. 순조 8년 판의금부사에서 이조 판서로 전임되었다가 다시 판의금부사·이조 판서·한성부 판윤·이조 판서·예문관 제학으로 옮겼다. 순조 9(1809)년 대제학·판의금부사·이조 판서 겸 대제학·공조 판서를 역임하고 순조 10년 판의금부사·병조 판서·규장각 제학을 역임하고 병조 판서에 임명되었으나 체직을 당하고 개성부 유수로 나갔다. 순조 11년 세손강서원 유선·이조 판서·예문관 제학·이조 판서를 역임했고 순조 12(1812)년 판의금부사·홍문관 제학을 역임했다. 그 뒤 이조 판서에 임명되었다가 좌참찬으로 전임된 뒤에 병조 판서·판의금부사·호조 판서·홍문관 제학을 역임했다. 순조 13년 판의금부사·이조 판서·규장각 제학·홍문관 제학·예조 판서·예문관 제학·이조 판서를 차례로 역임했다. 순조 14(1814)년 좌참찬·판의금부사·예문관 제학·선혜청 제조를 역임했으며 순조 15년 홍문관 제학·판의금부사·병조 판서·판의금부사를 역임했다. 순조 16년 보국으로 가자되었고 순조 17(1817)년 병조 판서를 역임하고 이조 판서에 임명되어 양관 대제학(홍문관 대제학 겸 예문관 대제학)을 겸했으나 병으로 이조 판서에서 사직했다. 얼마 뒤에 다시 이조 판서에 임명되었으나 체직을 원하는 상소를 올려서 이조 판서에서 체직하고 예조 판서에 임명되었다가 우의정으로 승진했다. 순조 21년 좌의정에 임명되었으나 순조 22년 체직상소를 올려 허락받고 순조 23(1823)년 판중추부사에 제수되었다가 영의정으로 승진했다. 순조 24년 사직을 원하는 상소를 내어 영의정에서 사직하고 판중추부사에 임명되었다. 순조 27(1827)년 다시 영의정에 임명되었으나 순조 29년 상소를 올려 영의정에서 물러나 판중추부사에 임명되었고 순조 30(1830)년 영중추부사로 전임되었다가 다시 영의정에 제수되어 세손사를 겸했다. 순조 31년 사직을 원하는 상소를 올려 영의정에서 사직했으나 순조 32년 네 번째로 영의정에 제수되었다. 순조 33(1833)년 사직을 허락받고 봉조하가 되었다가 헌종 6(1840)년 죽었다. 죽은 뒤에 순조의 묘정에 배향되었다. 저서로 <고려명신전>·<금릉집>·<귀은당집(歸恩堂集)>·<영옹속고(穎翁續藁)>·<영은문집>·<영옹제속고>가 있다. 당시 제일의 문장가로 시와 글씨에 뛰어나 많은 금석문과 비갈을 썼다. 순조 때 청조체(淸朝體)의 근대적 활자로 자수가 약 8만자인 전사자(全史字)라는 동활자를 만들었다.(<다음백과사전>) <헌종실록> 헌종 6(1840)년 12월 30일 첫 번째 기사에 '대광보국숭록대부 의정부영의정 치사 봉조하 남공철의 졸기'가 있다.

📦 평가

대광 보국 숭록 대부 의정부 영의정 치사 봉조하 남공철의 졸기

하교하기를,

이 대신(大臣)은 단정하고 성실하며 화락하고 부드러운 모습과 온화하고 순수하며 청렴하고 근신한 절조가 있는데다가 학술이 깊고 순수하며 문장이 바르고 우아하다. 능히 그 집의 아름다움을 이어받아 일찍이 정조(正祖)의 사랑을 받았고, 순조(純祖)께서 즉위하신 처음부터 나에 이르기까지 3대에 걸쳐 보도(輔導)하는 책무를 맡아 그 공로가 컸으니, 묘당(廟堂)에서 도운 노고뿐이 아니다. 더구나 치사(致仕)한 뒤로 나이가 높고 덕이 밝아서 우뚝하기가 마치 영광(靈光)이 있는 듯 하였는데, 이제는 끝났다.……

남공철의 자(字)는 원평(元平)인데, 키가 크고 아름다운 모습이었다. 문장을 잘하였는데 흔히 구양수(歐陽修)를 표준삼았으며, 기가 약하여 힘이 모자랐으나 그 풍신(風神)이 화창한 부분은 가끔 닮았다. 문형(文衡)을 맡아 여러 번 공거(貢擧)를 맡았으나 뇌물이 행해지지 않았다. 정승이 되어서는 전후 10여 년 동안에 당시의 젊은이들에 관계되는 일을 넉넉히 앉아서 진정시켰고, 진퇴하고 주대(奏對)하는 데에 본받을 만한 것이 있으므로, 조정의 진신(縉紳)이 다 칭찬하였다. 졸한 때의 나이가 81세이고, 시호는 문헌(文獻)이다.

참고문헌

〈정조실록〉, 〈순종실록〉, 〈헌종실록〉, 〈다음백과사전〉, 〈의령남씨족보〉

이상황(李相璜)

본관은 전주이고 자는 주옥(周玉)이며 호는 동어(桐漁)·현포(玄圃)이고 시호는 문익(文翼)이다. 영조 39(1763)년에 태어나서 헌종 7(1841)년에 죽었다.

🏵 재임기간

순조 33(1833)년 5월 16일[400] – 순조 34(1834)년 2월 4일[401] ※ 후임 심상규
헌종 3(1837)년 10월 25일[402] – 헌종 4(1838)년 3월 23일[403] ※ 후임 조인영

🏵 가문

아버지는 승지 득일(得一)이고 할아버지는 시서(時敍)[404]이며 증조부는 현감 도익(道翼)이고 고조부는 사어 태수(泰壽)이다. 5대조는 목사 원구(元龜)이고 6대조는 부제학 지항(之恒)이며 7대조는 대사헌 목(楘)이고 8대조는 봉사 신성(愼誠)이다. 9대조는 현감 언사(彦師)이고 10대조는 별좌 호(浩)이며 11대조는 장제부정(長堤副正) 원손(源孫)이고 12대조는 고림군(高林君) 훈(薰)이다. 13대조는 병조 판서 서원군(瑞原君) 친이고 14대조는 효령대군(孝寧大君) 보(補)이며 15대조는 태종(太宗) 방원(芳遠)이다.

장인은 여산인 승지 송민재(宋民載)이고 외할아버지는 문화인 현감 유성모(柳聖模)이다.

아들은, 1남은 부사 민영(敏榮)인데 민영의 친아버지는 상종(相踪)이다. 2남은 정우(政宇)이고 3남은 계영(啓榮)이며 4남은 필영이고 5남은 치우(致宇)이다. 딸은 한 명인데 고령인 신승경(申承慶)과 결혼했다.

형제는 형이 상정(相鼎)과 상형(相衡)이고 누이는 양주인 조명현(趙命鉉)·풍양

---

400) 좌의정 이상황을 승진시켜 영의정으로 제배하고 우의정 심상규를 승진시켜 좌의정으로 제배하였으며 …
401) 영의정 이상황이 세 번째 상소하여 체차해줄 것을 청하니, …… 의정의 면직을 우선 부응하겠다.
402) 영부사 이상황과 지사 이지연을 정승으로 삼다.
403) 영의정 이상황이 재차 소장을 올려 상직을 사양하니, 이를 허락하였다.
404) 생부는 도필인데 도익의 아들로 입양되었다.

인 조운익(趙雲翊)과 결혼했다.

🎁 생애

효령대군의 14세손이다. 홍경래의 난 이후에 마비된 장중위를 폐지시키고 별친위를 설치했다. 재용을 절약함이 백성을 사랑하는 근본임을 강조했고, 수령은 백성을 다스리는 근본이므로 그 선택을 신중히 할 것을 상주했다.

　정조 10(1786)년 사마 진사시에 합격하고 같은 해에 정시문과에 병과로 급제했다. 같은 해에 한림권점에서 박시수·김조순과 함께 5점을 받고 예문관 검열에 등용되었으며 강제문신에 뽑혔다. 정조 13(1789)년 정언이 되고 검열을 역임했고 정조 16(1792)년 지평·승정원 서학교수를 역임했다. 같은 해에 영남 암행어사로 파견되어 역전(驛田)의 세금과 시노비(寺奴婢)의 신공을 줄일 것을 청했다. 정조 18년 부수찬·별검 춘추·부교리를 역임하고 평안도 안핵어사로 파견되었다가 돌아와서 수찬·집의를 역임했다. 정조 19년 승지·대사간을 역임하고 정조 20(1796)년 영춘 현감으로 전임되었고 정조 21년 대사간으로 전임되었다.

　순조 1(1801)년에 대사간에 임명되었고 순조 3(1803)년에는 대사성에 임명되었으며, 순조 4년 평양부 위유사로 파견되었다가 다시 대사간에 임명되었으며, 이어서 대사성으로 전임되었다. 같은 해에 황해도 관찰사에 임명되었으나 순조 5년 파직되었다. 순조 8(1808)년 동지의금부사에 임명되고 순조 9년 대사성을 거쳐 개성부 유수에 임명되었다. 순조 10년 전라도 관찰사에 임명되어 두 번째 도백이 되었고 순조 12년 예조 참판을 거쳐 한성부 판윤으로 승차한 뒤에 형조 판서·한성부 판윤·형조 판서·한성부 판윤·대사헌을 차례로 역임했다. 순조 13년 다시 한성부 판윤에 임명된 뒤에 사은정사로 청나라에 다녀와서 호조 판서로 전임되었고 홍문관 제학·예문관 제학을 역임했다. 순종 15(1815)년에 평안도 관찰사로 나가 홍경래의 난 이후에 마비되었던 장중위(壯中衛)를 폐지시키고 별친위(別親衛)를 설치했다. 순조

17년 병조 판서로 임명되어 좌빈객을 겸하다가 호조 판서로 전임되었다. 순조 18년 홍문관 제학과 예문관 제학을 겸했으며 순조 20(1820)년 이조 판서에 임명되었으나 곧 체직되었다. 이어서 우부빈객과 예문관 제학을 역임하고 지중추부사에 임명되었다. 순조 21년 의정부 우참찬에 이어 판의금부사를 역임하고 순조 22년 좌참찬·예조 판서·판의금부사·좌참찬·판의금부사를 차례로 역임하고 순조 23년 예조 판서로 전임되었다. 순조 24년 판의금부사·병조 판서·좌참찬·호조 판서를 역임하고 좌의정으로 승진했다. 순조 26년 좌의정에서 사직하는 것을 허락받고 판중추부사에 임명되었으나 순조 27년 다시 좌의정에 임명되었다. 순조 28년 재용절약이 백성을 사랑하는 근본임을 강조했다. 순조 30년 좌의정에서 체임되고 판중추부사에 임명되었으나 다시 좌의정에 임명되어 주청정사로 청나라에 다녀왔다. 순조 31년 서울과 지방의 무뢰배가 궁방과 아문을 빙자해 쌀과 소금 등의 매매를 침탈하는 것을 금하도록 상주했다. 순조 32년 판중추부사에 임명된 뒤에 순조 33년 다시 좌의정에 임명되었다가 영의정으로 승진했다. 영의정으로 있으면서 수령은 백성을 다스리는 근본이므로 선택을 신중히 할 것을 청했다. 순조 34년 영의정에서 물러나 영중추부사가 되었다.

헌종 1(1835)년 실록 총재관에 임명되어 <순조실록> 편찬을 주재했고 헌종 3(1837)년 다시 영의정에 임명되었으나 헌종 4년 영의정에서 사직하고 영중추부사로 있다가 헌종 7년에 죽었다. 죽은 뒤에 헌종 묘정에 배향됐다. 저서로 <동어집>·<해영일기>·<수능지장>·<이상황소차>·<전가>가 있다.

<헌종실록> 헌종 7(1841)년 12월 26일 두 번째 기사에 '대광보국 숭록대부 영중추부사 이상황의 졸기'가 있다.

🎲 평가

대광보국숭록대부 영중추부사 이상황의 졸기

…… 하교(下敎)하기를,

"영부사가 또 서거하였다. 한 해 동안에 원로(元老)·기구(耆舊)가 차례로 죽으니 못 견디게 놀랍고 허전하다. 더구나 이 대신(大臣)은 단정하고 중후한 자태와 명백하고 적절한 식견이 세 조정에 미쳤고, 여든의 늙은 나이에 이르러 우뚝이 사보(師保)하는 시귀(蓍龜)가 되어 내가 공경하고 믿었고, 조정에서 의지하여 존중하는 자이겠는가? 매우 슬퍼하여 마지않는다. ……" 하였다.

이상황은 일찍이 급제하여 중서(中書)에 가장 오래 있었는데, 성품이 침착하고 간명(簡明)하고 상밀(詳密)해서 조목조목 써서 아뢰어 설명하는 것이 명백하고 적절하여 읽을 만하였다. 집안이 본디 가난하였으나 중년과 만년 이후로 자못 불려서 거의 재산가(財産家)와 같아졌다. 시호(諡號)는 문익(文翼)이다. 그 뒤 신해년에 임금의 묘정(廟庭)에 배향(配享)되었다.

참고문헌

〈다음백과사전〉, 〈정조실록〉, 〈순조실록〉, 〈헌종실록〉, 〈전주이씨효령대군정효공파세보〉

심상규(沈象奎)

본관은 청송이고 처음 이름은 상여(象輿)이며 자는 가권(可權)·치교(穉敎)이고 호는 두실(斗室)·이하(彛下)이며 시호는 문숙(文肅)이다. 정조의 지우(知遇)를 받은 뒤에 상규라는 이름과 치교라는 자를 하사받았다. 영조 42(1766)년에 태어나서 헌종 4(1838)년에 죽었다.

재임기간

순조 34(1834)년 7월 9일[405] - 헌종 1(1835)년 6월 10일[406] ※ 후임 이상황

가문

아버지는 규장각 직제학 염조(念祖)이고 할아버지는 진사 공헌(公獻)이다. 증조부는 이조 판서 성희(聖希)이고 고조부는 능주 목사 봉휘(鳳輝)이다. 5대조는 한주(漢柱)이고 6대조는 황해도 관찰사·대사간 유(攸)이며 7대조는 응교·사헌부 집의 동구(東龜)이고 8대조는 형조 판서·공조 판서·예조 판서를 역임한 집(諿)이다. 9대조는 한성 부윤·광주 목사를 역임하고 이조 판서에 증직된 우정(友正)이고 10대조는 선공감 첨정 자(磁)이다. 11대조는 영의정 연원(連源)의 아우이며 승문원 판교인 달원(達源)이고 12대조는 사인 순문(順門)이며 13대는 내자시 판관 원(湲)이다. 14대조는 영의정 회(澮)이고 15대조는 영의정 온(溫)이며 16대조는 문하좌정승 덕부(德符)이다. 덕부 이상의 세계는 심덕부와 같다.

장인은 연안인 판서 이면응(李冕膺)이고 외할아버지는 초배는 안동인 이조 판서 권도(權噵)이고 계배는 남양인 홍계초(洪啓初)이다.

아들은 정우(正遇)와 정로(正魯)가 있는데 둘 다 일찍 죽어서 희순(熙淳)을 정우의 양자로 입적시켰는데 이조 참의와 성균관 대사성을 역임했다.

아우는 셋인데 응규(應奎)는 서흥 부사이고 승규(承奎)는 평강 현감이며 위규(衛奎)는 제용 주부이다.

---

405) 박종훈을 우의정으로 삼았으며, 심상규를 올려서 영의정 겸 세손사로 삼았으며, …
406) 영의정 심상규가 상소하여 의정의 직임을 사양하니, 허락하였다.

🎲 생애

영의정 온, 영의정 회의 후손이다. 병조 판서로 홍경래의 난을 수습했고, 공시규제정책을 시행하고 정무지침서인 <만기요람>을 편찬했다. 시에 능하고 서간을 잘 했으며 당대 최고의 장서가였다.

정조 13(1789)년 춘당대 문과에서 병과로 급제하고 강제문신에 뽑혔다. 정조 14년 검교대교에 임명되었으나 정조 16(1792)년 패관소설을 보다가 공초를 받았다. 정조 20(1796)년 부교리에 임명되었으나 문체가 순정하지 못하다 하여 웅천 현감으로 좌천되었다. 정조 22년 규장각 직각에 임명되었고 정조 23(1799)년 검교 직각에 임명되었으나 어떤 일로 의금부에 갇혀서 공초를 받았다. 그러나 바로 검교 직각으로 복직되었다.

순조 즉위(1800)년 승지·이조 참의를 역임하고 순조 1년 신유사옥 때 채지영의 무고로 이조 참의에서 파직되고 홍원현에 찬배되었다가 남원부에 이배되었다. 곧 풀려나서 순조 2년 다시 이조 참의에 임명된 뒤 승지에 임명되었으나 사직했다. 순조 3년 이조 참의·대사간을 역임하고 순조 4년 안동김씨의 세도정권이 들어서자 <정조실록> 편수 당상관으로 참여했다. 그 뒤에 검교직각·예조 참의·비변사 제조·승지·이조 참판·검교직각을 역임하고 순조 5(1805)년 전라도 관찰사에 임명되었다. 순조 6년 이조 참판을 역임하고 순조 8년 부제학·이조 참판을 역임했으며 순조 9년 예문관 제학·도승지·예조 판서에 차례로 임명되었다. 순조 10(1810)년 형조 판서·공조 판서·형조 판서·호조 판서를 차례로 역임하고 승정대부로 가자된 뒤 통신사로 일본에 다녀왔다. 이어서 규장각 제학을 역임하고 홍문관 대제학과 예문관 대제학에 임명되었다. 순조 11년 홍문관·예문관의 양관 대제학에서 사직하고 이조 판서에 제수되었다. 그 뒤 이조 판서에서 파직되었다가 병조 판서에 임명되어 홍경래의 난을 수습했다. 순조 12년 판의금부사로 세자좌빈객을 겸했으며 호조 판서에 임명되어 동지정사로 연경에 다녀왔다. 순조 13년에는 판돈녕부사·한성부 판윤·판의금부사·이조 판서에 차례로 임명되었으나 이조 판서에서 파직되었다가 병조 판서에 제수되었다. 순조 14년에는 판의금부사로 세자우빈객을 겸했다. 순조 16(1816)년 광주부 유수를 역임하고 순조 18년 이조 판서에 임명되었으나 이조 판서에서 파직되었다. 그러나 곧 이조 판서에 임명되어 규장각 제학을 겸했다. 순조 19년 병조 판서로 전임되었다가 평안도 관찰사로 전임되었다. 순조 21년 다시 홍문관 대제학과 예문관 대제학을 겸하고 원접사에 임명되었다. 순조 22년 예조 판서를 역임하고 호조 판서로 옮겨 세자우빈객을 겸했고 순조 23년 공조 판서로 전임되어 세자좌빈객을 겸했다. 순조 25(1825)년 한성부 판윤·병조 판서·이조 판서를 역임하고 우의정으로 승진해서 서정절목을 올렸다. 순조 27년 세자가 대리로 청정할 때 임존상의 탄핵을 받아 이천부에 부처되었다가 석방되어 용서받고 조봉진(曺鳳振)과 함께 고향으로 보내졌다. 순조 29년 전리방귀한 조봉진과 심상규를 석방했으나 풍양조씨 세도정치 기간 동안 관직에서 물러나 있었다. 순조 32년 판중추부사로 관직에 복귀한 뒤에 순조 33년 우의정에 제배되어 공시규제정책을 시행하고 좌의정으로 승진했으나 어떤 일로 배천군에 중도 부처되었다. 순조 34년 영의정에 제수되어 순조의 명으로 정무지침서인 <만기요람>을 편찬했고 영의정으로 원상을 겸했다.

헌종 1(1835)년 영의정에서 사직하는 것을 허락받고 판중추부사가 되었다. 현종 3년 영중추부사에 임명되었으나 그 해에 다시 판중추부사에 임명되었고 순조 4년에 죽었다. 저서로 <건증지장속편>과 <두실존고>가 있으며 글씨로는 <경춘전기>가 남아있다.

<헌종실록> 헌종 4(1838)년 6월 20일 첫 번째 기사에 '판중추부사 심상규의 졸기'가 있다.

🍯 평가

판중추부사 심상규의 졸기

…… 하교(下敎)하기를, "이 대신(大臣)은 네 조정(朝廷)을 섬긴 기구(耆舊)이다. 청아(淸雅)하고 개제(愷悌)한 자태로 단정하고 굳은 지조(志操)가 있었으며 나라

를 빛낸 문장(文章)이요 가문을 정도(正道)로 잡아간 사람이다. 동조(同朝)에 추허(推許)받았을 뿐만 아니라, 정묘조(正廟朝)께서 재위(在位)하셨을 때에는 더욱 대우가 매우 융숭하여 복심(腹心)으로 의탁하였었다. 우리 순조 대왕(純祖大王)께서도 선대(先代)의 뜻을 우러러 본받아 영의정(領議政)에 발탁하기에 이르렀으며, 나 소자(小子)에 미쳐서는 의탁하여 믿는 돈독함이 시귀(蓍龜)와 같을 뿐만이 아니었는데, 더욱이 원상(院相)의 노고까지 있는 것이겠는가? 병환(病患)의 통보를 받은 지 얼마 안 되어 장서(長逝)의 부음이 갑자기 이르니, 일단(一段)의 나라를 위한 그 고심(苦心)을 어디에서 다시 볼 수 있겠는가? 나의 이 애도(哀悼)하고 확연(廓然)한 심정을 비유할 데가 없다.

…… 심상규는 성품이 사치하고 화려한 것을 좋아하였으므로, 판서(判書) 서유구(徐有榘)가 그 묘지(墓誌)에 이르기를, '공(公)은 성품이 오만(傲慢)하여 모든 사물에 있어 둘 째 가는 것을 부끄럽게 여겼다.' 하니, 당시의 사람들이 깊이 아는 말이라고 하였다. 시(詩)에 능하고 서간(書簡)을 잘하였으며, 장서(藏書)가 많아서 세상에서 그에게 견줄 만한 사람이 없었다. 음성이 그 몸보다 커서 전상(殿上)에 일을 아뢸 때마다 뭇수레가 굴러가는 듯한 굉음(轟音)이 울렸다.

▐ 참고문헌

〈다음백과사전〉, 〈정조실록〉, 〈순조실록〉, 〈헌종실록〉, 〈청송심씨대동세보〉

조인영(趙寅永)

본관은 풍양이고 자는 희경(羲卿)이며 호는 운석(雲石)이고 시호는 문충(文忠)이다. 정조 6(1782)년에 태어나서 철종 1(1850)년에 죽었다.

🔲 재임기간

헌종 7(1841)년 5월 17일[407] − 헌종 7(1841)년 9월 4일[408] ※ 후임 조인영
헌종 8(1842)년 1월 7일[409] − 헌종 8(1842)년 9월 12일[410] ※ 후임 조인영
헌종 10(1844)년 8월 10일[411] − 헌종 10(1844)년 9월 22일[412] ※ 후임 권돈인
철종 1(1850)년 10월 6일[413] − 철종 1(1850)년 12월 6일[414] ※ 후임 권돈인

🔲 가문

아버지는 이조 판서와 판돈령부사를 역임한 진관(鎭寬)이고 할아버지는 이조 판서 엄(曮)인데 우리나라에 고구마를 들여왔다. 증조부는 판돈녕부사 상경(尙絅)이고 고조부는 돈녕부 도정 도보(道輔)이며 5대조는 신천 군수 중운(仲紜)이고 6대조는 한성부 좌윤 흡(潝)이다. 7대조는 홍문관 교리 수익(守翼)이고 8대조는 이조 정랑 정기(廷機)이며 9대조는 홍문관 전한 종경(宗敬)이고 10대조는 진사 팽(彭)이다. 11대조는 이조 참판 익정(益貞)이고 12대조는 용진 현령 온지(溫之)이며 13대조는 공조 좌랑 안평(安平)이고 14대조는 회양 부사 신(愼)이다. 15대조는 보문각 대제학 염휘(炎暉)이고 16대조는 형부 낭중 계령(季鴒)이며 17대조는 감찰원 장령 정(晶)이다. 18대조는 예빈랑 진규(振圭)이고 19대조는 태자 첨사 온순(溫珣)이며 20대조는 천화사 전적 지린(之藺)이다. 이후 6대조는 실전되었고 시조는 문하시중 맹(孟)이다.

---

407) ▶ 4월 22일 복상하라고 명하다.
408) 영의정 조인영이 상소하여 상직을 사퇴하니, 윤허하였다.
409) 조인영을 영의정으로 복배하고, 김난순을 의정부 우참찬으로 삼았다.
410) 영의정 조인영이 상소하여 상직을 사직하니, 이를 윤허하였다.
411) 전 영의정 조인영·전 좌의정 권돈인을 다시 상직에 제배하라.
412) 영의정 조인영이 상소하여 상직을 사퇴하니, 윤허하였다.
413) 영부사 조인영과 판부사 권돈인을 다시 상신에 제배하라 명하였다.
414) 영의정 조인영이 졸하였다.

장인은 안동인 군수 김세순(金世淳)이고 외할아버지는 남양인 부사 홍익빈
(洪益彬)이다. 홍익빈은 영의정 홍치중(洪致中)의 증손이다.

아들이 없어서 형 만영(萬永)의 아들 병조 판서 병기(秉夔)를 입양했는데 병
기도 아들이 없어서 현령 병석(秉錫)의 아들 영하(寧夏)를 입양했다. 영하는 병
조 판서·공조 판서·예조 판서·이조 판서·한성부 판윤·독판군국사무
를 역임했고 갑신정변 때에 참화를 입었다.

형은 만영(萬永)과 원영(原永)인데 만영은 영돈녕부사를 역임했다. 만영의 딸
이 순조의 세자인 효명세자(孝明世子)와 결혼함으로 만영은 순조의 세자인 효
명세자의 장인이 되었다. 그런데 효명세자가 익종으로 추존되자 효명세자
빈은 신정왕후(神貞王后)가 되어 헌종의 모후가 되었고 만영은 국구가 되었다.
원영(原永)은 나주 목사를 역임했고 진의(鎭宜)에 입양되었다. 누이가 넷인데
각각 완산인 포장 이복연(李復淵)·안동인 서윤 김병문(金炳文)·해평인 부정 윤
경열(尹慶烈)·용인인 이재문(李在文)과 결혼했다.

💎 **생애**

> 고구마를 들여온 이조 판서 엄의 손자이고 풍원부원군 만영의 동생이다. 신정왕후의 친정 작은아
> 버지로 권돈인, 김도희를 내세워 안동김씨의 세도를 꺾고 풍양조씨의 세도를 확립했다. 기해사옥
> 을 통해 천주교를 탄압하고 사학을 배척하는 <척사윤음>을 찬진했다.

순조 18(1818)년 제술에서 수석해서 직부전시 하였으며 순조 19(1819)년
식년문과에 장원하여 응교가 되었다. 그해 형 만영의 딸이 세자빈(뒤의 신정
왕후)이 되면서 홍문록과 도당록에 뽑히었다. 순조 22년 함경도 암행어사에
이어 부교리에 임명되었다. 순조 23년에는 순조와 순원왕후의 장녀인 명온
공주(明溫公主)가 안동인 동녕위(東寧尉) 김현근(金賢根)과 결혼할 때에 가례도청으
로 통정대부에 가자되었다. 순조 25년에 대사성에 오르고 이어서 경상도
관찰사에 임명되었다. 순조 27(1827)년에 이조 참의·부제학·규장각 직제
학·대사성을 차례로 역임하고 순조 29년에 전라도 관찰사로 나갔다. 같은

해에 세자좌유선이 되었다. 순조 30년에 동지돈녕부사·홍문관 제학·관상
감 제조에 임명되었고 순조 31년에는 이조 참판과 예조 참판을 차례로 역
임하고 순조 32년 공조 판서로 승진했다. 같은 해에 한성부 판윤·세자좌
부빈객·의정부 우참찬에 임명되고 순조 33년에는 예문관 제학·세자우부
빈객을 역임하고 순조 34년에 공조 판서에 제수되었다.

1834년 헌종이 8세의 나이로 왕위에 오르자 헌종 1(1835)년 순원왕후 김
씨에 의해 이조 판서에 제수되고 규장각 제학과 수원 유수를 역임하였다.
헌종 2년 예조 판서와 대제학을 역임한 뒤에 헌종 3(1837)년에는 특지로 호
조 판서에 임명되었다. 헌종 4년에 대제학에 제수되고 헌종 5년에 이조 판
서로 있으면서 기해사옥415)을 통해 천주교를 탄압하고 우의정으로 승진해
서 사학을 배척한다는 <척사윤음>을 찬진하였다. 헌종 7년 5월에 영의정
에 올랐으나 그 해 9월 사직상소를 올려 영의정에서 사직하고 판중추부사
로 물러나 있었다. 헌종 8년에 다시 영의정에 임명되었고 다시 상소하여 같
은 해에 영의정에서 사직하고 영중추부사로 있었으나 헌종 10년 8월 다시
영의정에 임명되었다. 헌종 10년 9월에 영의정을 사직하고 헌종 11년에 영
부사에 임명되었다. 이렇게 수차례에 걸쳐 "독상과 수상으로 있으면서 정
국을 주도했으며 물러나 있을 때에도 자파의 이익을 대변하는 권돈인(權敦
仁)·김도희(金道喜) 등을 내세워 막후에서 실력을 행사하였으며 안동김씨 세
도를 누르고 풍양조씨 세도를 확립시켰다."(<다음백과사전>)

철종 1(1850)년 10월에 다시 영의정에 제수되었으나 같은 해 12월 6일에
죽었다. 죽은 뒤 이틀 뒤인 12월 8일에 문충(文忠)이라는 시호가 내려졌고 헌
종의 묘정에 배향되었다.

---

415) 헌종 5(1839)년에 일어난 천주교 박해사건으로 프랑스 신부, 모방, 샤스탕, 앵베를 비롯하여
70여 명의 천주교 신자가 처형된 사건으로 이 사건을 계기로 헌종은 사학을 배척한다는 <척
사윤음>을 내리고 다섯 집을 묶어서 서로 감시하게 하고 한 집에서 천주교 신자가 나오면
다섯 집을 처벌한다는 오가작통법을 내세워 천주교를 탄압하였다. 이 사건은 단순한 천주교
박해에서 벗어나 시파인 안동김씨와 벽파인 풍양조씨의 싸움으로 풍양조씨의 세도를 굳히게
된다.

"그는 국내 정치 문제에 있어서는 이이와 송준길을 모범으로 제시했으며 1816년 성절사의 일행으로 청나라에 갔을 때 청나라의 금석학 대가인 유연정(劉燕庭)에게 우리나라 금석학 자료를 주어 연구하게 했고, 귀국한 뒤에도 김정희가 발견한 북한산의 진흥왕순수비의 탁본과 <해동금석존고> 등을 보내주어 유연정이 <해동금석원>을 편찬하는 데 크게 기여했다. 문장, 글씨, 그림에 모두 능했으며 1847년에는 <국조보감>의 찬술에 기여했다. 저서로 <운석유고>가 있다."(<다음백과사전>)

<철종실록> 철종 1(1850)년 12월 6일 첫 번째 기사에 '영의정 조인영의 졸기'가 있다.

🧊 **평가**

영의정 조인영의 졸기

…… 하교(下敎)하기를,

"정량(貞亮)한 용자(容姿)와 신밀(愼密)한 규모(規模)로써 일에 임해서는 조심하며 두려워하고 집에 있어서는 검소하고 절약하였으며 나라를 걱정하고 집안일을 잊음이 종시토록 간절하였으니, 내가 보고 듣는 바로는 이와 같은 대신이 있지 않았다. 더구나 문학의 유창(流暢)함과 재유(才猷)의 숙달(熟達)됨은 오늘날 찾아보려 해도 어디서 구해 오겠는가? 근래에 신절(愼節)이 걱정되지 않은 바는 아니었으나, 갑자기 이렇게까지 될 줄은 헤아리지도 못하였다. 오직 과매(寡昧)한 나는 성취할 길이 없어졌고 백성과 나라 일을 생각해 보면 실로 망연할 따름이다. ……" 하였다.

조인영은 풍은 부원군(豐恩府院君) 조만영(趙萬永)의 아우이니, 집안은 효우(孝友)로 전해 왔고 몸소 검약을 실천하여 언행(言行)과 조리(操履)가 가히 5척의 어린 임금을 부탁하고 큰 일을 맡길 만하였다. 순조의 지우(知遇)를 받아 헌종을 보도(輔導)하느라 8년을 궁중에서 지냈는데, 전일(專一)한 충심(忠心)은 임금을 받들고 백성을 보살핌을 자기의 소임으로 삼았고, 나라를 걱정하고 집안을 잊음을 살림살이로 여겼다. 일을 헤아리고 이치를 보는 데에는 조금도 어긋남이 없었고, 모든 일을 설계하여 펼치고 시행함에 있어 조야(朝野)가 믿고 중히 여겼음이 마치 시귀(蓍龜)와 같았다. 문학과 사장(詞章)에 있어서도 세상의 종장(宗匠)이 되었는데, 육경(六經)에 근저(根柢)를 두고 백가(百家)를 섭렵(涉獵)하여 문단의 맹주(盟主)로 지냄이 10여 년이나 되었고, 관각(館閣)에 있으면서 제고(制誥)로 지은 글은 거의가 사람들의 입에 회자(膾炙)되었었다.

참고문헌

〈다음백과사전〉, 〈순조실록〉, 〈헌종실록〉, 〈철종실록〉, 〈풍양조씨세보〉

권돈인(權敦仁)

본관은 안동이고 자는 경희(景羲)이며 호는 이재(彝齋)·과지초당노인(瓜地草堂老人)·우랑(又閬)·우염(又髥)·번상촌장(樊上村庄)이고 시호는 문헌(文獻)이다. 정조 7(1783)년에 태어나서 철종 10(1859)년에 죽었다.

재임기간

헌종 11(1845)년 3월 26일[416] – 헌종 11(1845)년 6월 2일[417] ※ 후임 권돈인
헌종 11(1845)년 11월 15일[418] – 헌종 12(1846)년 8월 18일[419] ※ 후임 권돈인
헌종 13(1847)년 11월 22일[420] – 헌종 14(1848)년 7월 4일[421] ※ 후임 정원용
철종 2(1851)년 4월 15일[422] – 철종 2(1851)년 6월 19일[423] ※ 후임 김흥근

가문

아버지는 청풍 군수를 역임한 중집(中緝)이고 할아버지는 진양 목사를 역임한 제응(濟應)이며 증조부는 첨지중추부사 양성(養性)이고 고조부는 선산 부사 욱(煜)이고 5대조는 좌의정 상하(尙夏)이다. 6대조는 격(格)인데 강릉 도호부사를 역임하고 영의정에 증직되었다. 격의 큰딸은 세종과 혜빈 양씨의 소생인 한남군(漢南君) 이어에게 출가하였고 작은딸은 문종의 후궁인 소용 권씨이다. 7대조는 선산 부사 성원(聖源)이고 8대조는 찰방 주(霌)이며 9대조는 현(鉉)이고 10대조는 사헌부 감찰 만형(曼衡)이다. 11대조는 좌참찬 함(瑊)이고 12대조는 중추부지사 극화(克和)이며 13대조는 우사간 지제교 삼(參)이고 14대조는 공조 판서 여(輿)이다. 15대조는 증도첨의 진(眅)이고 16대조는 상호군 승길(承吉)이며 17대조는 중랑장 합경(合經)이고 18대조는 시저(時著)이다. 19대조

---

416) ▶ "영의정 권돈인이 아뢰기를, …"이라는 기사 있음.
417) 영의정 권돈인이 상소하여 상직을 사퇴하니, 윤허하였다.
418) 판부사 권돈인에게 다시 상직을 제배하라고 명하였다.
419) 영의정 권돈인이 상소하여 상직을 사퇴하니, 윤허하였다.
420) 권돈인을 영의정으로 다시 제배하였다.
421) 해면하여 주기를 청하니 비답을 내려 윤허하였다.
422) ▶ "영의정 권돈인이 아뢰기를"이라는 기사 있음.
423) 권돈인에게 원보의 직임을 우선 면부한다.

는 협중(協中)이고 20대조는 화평(化平)이며 21대조는 인가(仁可)이고 22대조는 융(融)이며 23대조는 호장 이여(利興)이고 24대조는 배융교위 염(廉)이다. 25대 조는 호장 동정 선개(先蓋)이고 26대조는 호장 정조 자팽(子彭)이며 27대조는 별장 균한(均漢)이다. 28대조는 호장 정조 책(冊)이고 29대조는 중낭 인행(仁幸) 이며 30대조는 안동권씨의 시조 태사 행(幸)이다.

장인은 송수연(宋守淵)이고 외할아버지는 김재균(金載均)이다.

아들은 이조 참의 용수(用綏)인데 용수가 홍문관 교리 보선(寶善)과 기선(起善) 을 낳았다.

🧊 생애

좌의정 상하의 현손이다. 경의군 이행을 진종으로 추존하고 위패를 종묘에서 영녕전으로 옮길 때 헌종을 먼저 묘사에 모시자고 주장한 일로 탄핵을 받고 유배되었다가 그 곳에서 죽었다. 조인영 의 뜻에 따라 안동김씨 세도를 꺾고 풍양조씨 세도를 확립하는 데에 일조했다. 기해사옥을 통해 천주교를 박해해서 김대건 신부를 처형했고 시화에 능하고 추사 김정희와 친해서 김정희의 세한 도와 같은 이름의 세한도를 그렸다.

순조 13(1813)년 증광문과에 급제했다. 순조 19(1819)년 동지정사 홍희신 (洪羲臣)의 서장관으로 청나라에 다녀왔다. 순조 22(1822)년 전라우도 암행어 사로 파견되었다가 돌아와서 부교리에 임명되었고 순조 23년 통정대부로 가자되었으며 순조 25(1825)년 성균관 대사성에 임명되었다. 순조 27년에 이조 참의에 임명된 뒤 가선대부로 가자되었고 우승지를 역임하고 순조 28(1828)년 성균관 대사성에 임명되었다. 순조 29년 좌승지에 임명되었다가 영변 부사가 되어 외직으로 나갔고 순조 31(1831)년 이조 참판에 임명되었 다. 순조 32년 형조 참판으로 전임되었다가 함경도 관찰사에 임명되었으며 순조 34년 가의대부로 가자된 뒤에 부제학·승지에 임명되었다.

헌종 1(1835)년 형조 판서에 임명되어 대호군을 겸했고 같은 해에 진하사 겸 사은 정사가 되어 청나라에 다녀왔으며 헌종 2(1836)년 한성부 판윤에 임명되었다. 헌종 3년 병조 판서에 임명되었고 헌종 4년 경상도 관찰사가 되었다. 헌종 5(1819)년 한성부 판윤·이조 판서를 역임했고 헌종 6년 이조 판서에서 형조 판서로 전임되었다가 헌종 7(1841)년 다시 이조 판서로 전임되었다. 헌종 8년 수원 유수에 임명되었다가 헌종 9(1843)년 우의정으로 승진되었고 헌종 9년에 좌의정으로 승진하였으며 헌종 11(1845)년 영의정으로 승진했다. 그러나 같은 해 6월 2일 사직상소를 내어 영의정에서 사직하고 판중추부사가 되었다. 그러나 같은 해 11월 15일 상직을 재배하라는 임금의 명에 따라 영의정으로 복관되었다. 헌종 12년 8월 18일 영의정에서 사직하겠다는 상소를 올려 사직하였으나 헌종 13년 11월 22일 영의정에 제배되었다. 헌종 14년 7월 4일 다시 사직하겠다는 상소를 내고 사직하였다가 헌종 15년 원상에 임명되었다.

철종 즉위(1849)년 원상으로 판중추부사에 임명되어 철종 1(1850)년 상직에 제배하라는 명을 받고 우의정에 제배되었으나 우의정에서 사직하겠다는 상소를 올리자 철종 2년 다시 영의정에 임명했다. 같은 해 철종의 증조인 경의군(敬義君) 이행(李緈)을 진종(眞宗)424)으로 추존하고 그 위패를 종묘의 본전에서 영녕전으로 옮길 때 먼저 헌종을 묘사에 모시자고 주장했다. 이 일로 철종 2년 6월 18일 장령 유태동이 영상을 내치라고 상소한 것을 시작으로 옥당과 삼사 등에서 벌할 것을 상소하자 순흥으로 유배되었다가 연산현으로 이배되었으며 헌종 10년 그곳에서 죽었다. 서화에 능하여 일생을 친밀히 지냈던 김정희로부터 뜻과 생각이 뛰어나다는 평을 들었다. 유작인 <세한도>425)가 국립중앙박물관에 소장되어 있으며 뒤에 신원되어 관작이 회복되었다.

<철종실록> 철종 10년 4월 18일 기사에 '전판부사 권돈인의 졸기'가 있다.

---

424) 영조의 맏아들로 영조와 효순왕후 사이에서 태어났다. 왕세자로 책봉되었으나 10세에 죽어 이복동생 사도세자가 왕세자로 책봉되었다. 정조가 그의 양자가 되어 즉위함에 따라 진종으로 추존되었다.
425) 추사 김정희와 절친이었던 권돈인이 추사의 <세한도>를 보고 감탄하여 똑같은 이름으로 그린 그림이다. 국립박물관에 소장되어 있다.

📦 평가

전판부사 권돈인의 졸기

전판부사 권돈인을 탕척시켜 서용하라고 명하였는데 이에 앞서 갑인일에 예산의 부처된 곳에서 졸서하였다. 권돈인은 문정공(文正公) 권상하의 5세손으로 대대로 호향(湖鄉)에 살면서 우뚝하게 스스로 수립한 것이었던 탓으로 출발부터 큰 길이 툭 트였었다. 그리하여 관각을 두루 거치고 누차 중서에 들어가 오랜 세월을 지냈으며 문학과 재유(才猷)도 쉽게 얻을 수 없는 사람이었다. 신해년(철종 2년) 조의 때 이의를 제기한 것은 실로 자신의 견해로 연유된 것이기는 하지만, 이로부터 조야의 의논이 지금까지 놀라고 의심스럽게 여기고 있다.

참고문헌

〈순조실록〉, 〈헌종실록〉, 〈철종실록〉, 〈다음백과사전〉, 〈안동권씨세보〉

정원용(鄭元容)

본관은 동래이고 자는 선지(善之)이며 호는 경산(經山)이고 시호는 문충(文忠)이다. 정조 7(1783)년에 태어나서 고종 10(1873)년에 죽었다.

🎲 재임기간

헌종 14(1848)년 7월 4일[426]－헌종 14(1848)년 10월 25일[427] ※ 후임 정원용
철종 즉위(1849)년 8월 5일[428]－철종 1(1850)년 10월 6일[429] ※ 후임 조인영
철종 10(1859)년 1월 12일[430]－철종 11(1860)년 1월 24일[431] ※ 후미 조인영
철종 12(1861)년 5월 30일[432]－철종 12(1861)년 10월 20일[433] ※ 후임 김좌근
철종 13(1862)년 10월 19일[434]－철종 14(1863)년 9월 8일[435] ※ 후임 김좌근
고종 5(1868)년 윤 4월 11일[436]－고종 5(1868)년 윤 4월 21일[437] ※ 후임 김병학

🎲 가문

아버지는 돈령부 도정 동만(東晚)이고 할아버지는 사간원 대사간 계순(啓淳)이다. 증조부는 석증(錫曾)이고 고조부는 생원 임선(任先)이다. 5대조는 지돈령부사 재악(載岳)이고 6대조는 영의정 태화(太和)이며 7대조는 형조 판서 광성(廣成)이다. 광성은 영의정 태화와 좌의정 치화(致和)의 아버지이다. 8대조는 좌의정 창연(昌衍)이고 9대조는 대제학과 좌의정을 역임한 유길(惟吉)이다. 유길은 좌의정 김상헌(金尙憲)의 외할아버지이다. 10대조는 강화 도호부사 복겸(福謙)이고 11대조는 대제학과 영의정을 역임한 광필(光弼)이다. 12대조는 이조

---

426) 판부사 정원용·김도희에게 영상과 좌상을 제배하라.
427) 영의정 좌의정에게 파직하는 율을 시행하라.
428) 판부사 정원용을 다시 상직에 제배하라고 명하였다.
429) 영의정 정원용이 상소하여 사직하니,…
430) 영부사 정원용을 다시 상직에 제배하라고 명하였다.
431) 영부사 조인영과 김도희에게 영상과 좌상을 제배하라.
432) 영부사 정원용을 상직에 다시 제배하라.
433) 영의정 정원용이 상소하여 중서의 직임과 약원의 직함을 사직하니, 비답을 내려 면부하였다.
434) 영부사 정원용에게 다시 상직을 제수하였다.
435) 영의정 정원용이 상소하여 사직하니, 비답을 내려 면부하였다.
436) 영의정에 정원용을, 좌의정에 이유원을 임명하였다.
437) 영의정 정원용이 상소를 올려 체직시켜줄 것을 청하니, 비답을 내려 그의 뜻에 따라 체차해주었다.

판서 난종(蘭宗)이고 13대조는 진주 목사 사(賜)이며 14대조는 결성 현감 구령(龜齡)이고 15대조는 판사복시사 해(諧)이다. 16대조는 예문관 응교 승원(承源)이고 17대조는 지형(之衡)이며 18대조는 태자첨사 숭(崇)이고 19대조는 주부 동정 춘로(椿老)이며 20대조는 첨사 필(弼)이다. 이 뒤의 상계는 정광필과 같다.

장인은 강릉인 예조 판서 김계락(金啓洛)이고 외할아버지는 용인인 이조 판서 이숭우(李崇祐)이다.

아들은 1남이 이조 판서와 우찬성을 역임한 기세(基世)이고 2남이 목사 기년(基年)이며 3남은 서흥 도호부사 기명(基命)이다. 손자는 세기의 아들 범조(範朝)가 우의정·좌의정·통리기아아문당상을 역임했다.

🧊 생애

> 영의정 광필, 좌의정 유길, 좌의정 창연, 영의정 태화의 후손이고 좌의정 범조의 할아버지이다. 삼남에서 농민항쟁이 일어나자 삼정이정청의 총재관으로 수습책을 강구했다. 농민항쟁의 원인을 수령과 이서들의 잘못에서 비롯된 것으로 판단하고 삼정체제 유지를 주장하고 파한귀결에 반대했다. 고종의 즉위에 기여했다.

순조 2(1802)년 정시문과에 급제하여 가주서로 등용되었다.

순조 6(1806)년 가주서로 있었고 순조 7(1807)년 한림도당을 실시하였는데 조봉진(曺鳳振)과 함께 5점 받았다. 같은 해에 춘당대에서 한림소시가 있었는데 박주수·조봉진·이헌기와 함께 뽑히었다. 순조 10(1810)년에 부교리를 역임하고 순조 13년에는 규장각 직각에 임명되었다. 순조 14(1814)년에는 부응교로 통정대부에 가자되었고 순조 19(1819)년에 이조 참의·성균관 대사성·이조 참의·대사간·이조 참의·좌부승지를 역임하였다. 좌부승지로 있을 때에는 호서지방에 재해가 심해서 호서 위유사에 제수되어 민심을 수습했고 왕세자 가례 때에는 예방승지로 있었다. 순조 21(1821)년에 영변 부사로 있었는데 평안도 지방에 수재에 이은 돌림병이 심해지자 관서 위유사에 제수되어 민심을 수습했다. 순조 27(1827)년에 전라도 관찰사에 제수되었으나 수차례 사양하여 체직되었다. 그 뒤 대사간을 거쳐 강원도 관찰사로 나갔다. 순조 28년에는 이조 참판으로 예문관 제학과 좌부빈객을 역임했다. 순조 29년에는 규장각 직제학과 대사간을 역임하고 순조 30(1830)년에는 회령 부사로 나갔다가 대사헌에 임명되었다. 순조 31년에는 규장각 제학을 거쳐 형조 판서에 임명되어 형조 판서로 좌부빈객과 홍문관 제학의 직을 맡았다. 같은 해에 동지 겸 사은정사로 청나라에 다녀왔다. 순조 32년 청나라에서 돌아와 공조 판서에 제수되었다가 형조 판서로 자리를 옮겼으나 곧 파직되었다. 순조 33(1833)년에는 대사헌·수원부 유수·평안도 관찰사를 차례로 역임했다.

헌종 1(1835)년에 대사헌에 임명되고 헌종 2(1835)년에 병조 판서를 거쳐 다시 대사헌에 제수되었다. 헌종 4년에는 예조 판서와 이조 판서를 역임하고 헌종 5년에는 예조 판서를 역임했다. 헌종 6(1840)년에 함경도 관찰사로 나갔다가 헌종 7년에 우의정에 올랐으나 곧 파직되었다. 그러나 바로 뒤에 우의정에 제배되었다. 헌종 8년에 좌의정으로 승차하였고 헌종 10(1844)년에 좌의정에서 물러나 영중추부사에 임명되었고 헌종 14년에 판중추부사로 있다가 영의정으로 제수되었다. 그러나 곧 파직되고 판중추부사로 물러났다.

철종 즉위(1849)년에 봉영대신 판중추부사에서 영의정으로 제배되었고 철종 1(1850)년 영의정에서 물러나 좌의정이 되었으나 사직소를 내고 사직하였다. 철종 2년에 다시 영중추부사에 임명되었다. 철종 10년에 다시 영의정이 되었고 철종 11년 1월 영의정에서 체직되었다가 철종 12년 5월 다시 영의정에 제수되었다. 철종 12(1862)년 10월 또 영의정에서 사직하고 영중추부사가 되었다. 철종 13(1862)년 영중추부사로 있을 때에 삼남을 중심으로 전국적인 임술 농민항쟁이 일어나자 삼정이정청 총재관이 되어 수습책을 강구했다. 이때 정원용은 농민항쟁의 원인이 수령과 이서들의 잘못에서 비롯된 것으로 파악하고 삼정체제 유지를 주장하였으며 환곡을 철폐하고 결세로 바꾸는 파한귀결에 반대했다. 그 해 10월 다시 영의정에 제수되어 삼정이 정책의 시행을 중지시키고 옛 제도로 되돌렸다. 철종 14년에 다시 사직을 허락받고 영중추부사로 물러났다.

같은 해에 철종이 죽자 원상이 되어 고종이 즉위할 때까지 정사를 보았으며 고종의 즉위에 기여했다. 이듬해에 실록청 총재관이 되어 <철종실록> 편찬에 참여하고 고종 2(1865)년 비변사가 폐지되고 의정부의 기능이 강화된 뒤에 의정부 도상이 되었다.

고종 5(1868)년 윤 4월 11일 86세의 나이로 다시 영의정에 제수되었으나 열흘 뒤인 윤 4월 21일 사직을 원하는 상소를 내어 허락받고 영의정에서 물러났다. 고종 9(1872)년 90세를 기념하기 위해 자손을 등용하도록 하였고 고종 10년에 91세로 죽었다. 고종 11년에 문충(文忠)이라는 시호가 내려졌다. 저서로 <경산집>·<황각장주>·<북정록>·<문헌촬요> 등이 있다.

고종 10(1873)년 1월 3일 두 번째 기사에 '영부사 정원용이 졸하다'는 기록이 있다.

🎋 평가

영부사 정원용이 졸하다

…… 전교하기를,

"영부사는 기유년(1849)에 철종(哲宗)을 봉영(奉迎)한 대신(大臣)이다. 품행이 바르고 어질며 몸가짐이 검약한데다가 문학과 재주가 있어서 조정에서 벼슬한 지 70여 년이 되었다. 나이와 벼슬이 높았으며 복록을 후하게 누렸으므로 온 나라 사람들이 우러러 칭송하였다. 일전에 연수(宴需)를 보내주어 나의 뜻을 보인 것은 성대한 일을 장식하여 주기 위한 것이었다. 그런데 병에 걸렸다는 보고를 듣자마자 갑자기 세상을 떠났다는 단자(單子)가 올라오니, 몹시 상심한 내 마음을 어찌 다 표현할 수 있겠는가? ……

참고문헌

〈다음백과사전〉, 〈순조실록〉, 〈헌종실록〉, 〈철종실록〉, 〈동래정씨익혜공파세보〉

김흥근(金興根)

본관은 신안동이고 자는 기경(起卿)이며 호는 유관(游觀)이고 시호는 충문(忠文)이다. 정조 20(1796)년에 태어나서 고종 7(1870)년에 죽었다.

📦 재임기간

철종 3(1852)년 1월 20일[438] − 철종 3(1852)년 3월 17일[439] ※ 후임 김좌근

📦 가문

아버지는 이조 참판 명순(明淳)이고 할아버지는 이경(履慶)이며[440] 증조부는 증좌찬성 달행(達行)이고 고조부는 우부승지를 역임하고 좌찬성에 증직된 제겸(濟謙)이다. 5대조는 영의정 창집(昌集)이고 6대조는 영의정 수항(壽恒)이며 7대조는 동지중추부사 광찬(光燦)이고 8대조는 좌의정 상헌(尚憲)이다. 상헌 이상의 세계는 수흥과 같다.

장인은 청송인 생원 심능직(沈能直)이고 외할아버지는 평산인 판관 신광온(申光蘊)이다.

아들은 좌의정과 총리군국사무를 역임한 병덕(炳德)이고 딸은 남양인 홍문관 정자 홍원종(洪原種)이다.

형은 좌의정 홍근(弘根)과 공조 판서 응근(應根)이고 아우는 여산 부사 이근(儞根)이다.

---

438) ▶ "영의정 김흥근이 진소하여 사직하였으나 …"라는 기사 있음.
439) 영의정 김흥근이 진소하여 사직하니, 비답을 내려 허락하였다.
440) 친할아버지는 광주 목사 이기(履基)이다.

🎲 생애

좌의정 상헌의 후손으로 영의정 수항의 7세손이고 영의정 창집의 현손이며 좌의정 병덕의 아버지이고 좌의정 흥근의 아우이다. 안동김씨 세도를 믿고 방자한 행동을 하다가 귀양 갔으나 안동김씨 세도가 확립되면서 풀려나 관직에 복귀했다. 흥근의 별장을 흥선대원군이 탐냈으나 주지 않자 흥선대원군이 고종을 데리고 별장에서 잤다. 임금이 묵은 집은 개인이 쓸 수 없다는 법규에 따라 별장을 흥선대원군에게 바쳐서 이름을 석파정이라 고치고 대원군의 별장으로 삼았다.

순조 25(1825)년 알성문과에서 병과로 급제하고 순조 26(1826)년 검열·대교에 임명되었다. 순조 30(1830)년 보덕을 겸했으며 순조 34(1834)년 이조 참의·검교 대교에 임명되었다.

헌종 1(1835)년 전라도 관찰사에 임명되었고 헌종 3(1837)년 체임되었다가 동지부사가 되어 청나라에 다녀왔으며 헌종 5(1839)년 이조 참판·직제학을 역임했다. 헌종 6년 홍문관 부제학을 역임했고 헌종 7년 평안도 관찰사에 임명되어 외직으로 나갔다가 돌아와 형조 판서에 임명되었다. 헌종 8(1842)년 대사헌·한성부 판윤·공조 판서를 역임했고 헌종 9년 형조 판서·호조 판서·형조 판서·예조 판서를 역임했으며 헌종 10(1844)년 병조 판서·규장각 제학·형조 판서·한성부 판윤을 역임했다. 헌종 11년 호조 판서·이조 판서를 역임했고 헌종 12(1846)년 이조 판서·좌참찬을 역임했으며 헌종 14(1848)년 예조 판서를 역임하고 경상도 관찰사에 임명되었다. 그러나 안동김씨의 권세를 믿고 방자한 행동을 했다 하여 삭직하는 율을 시행하라는 명을 받고 벼슬에서 물러났으며 박효목과 이승보가 귀양 보내기를 청하여 전라남도 광양현으로 귀양을 갔다.

철종 즉위(1849)년 헌종이 죽고 안동 김씨의 세도가 확립되자 유배에서 풀려나 한성부 판윤에 임명되었다. 철종 1(1850)년 행지중추부사가 되었으며 철종 2년 이조 판서를 역임하고 좌의정으로 승진해서 <헌종실록> 편찬 총재관으로 활동했다. 철종 3(1852)년 1월 영의정에 올랐으나 같은 해 3월 사직을 원하는 상소를 올려 영의정에서 물러나 판중추부사가 되었다가 영중추부사로 전임되었다. 철종 14(1862)년 이정청 총재관에 임명되었다.

고종 즉위(1863)년 판중추부사에 임명되었고 고종 1(1864)년 <철종실록>을 편찬할 때 지실록사로 활동하였다. 영돈녕부사로 자리를 옮겼다가 고종 2년 영돈녕부사로 치사하고 봉조하가 되었으며 고종 7(1870)년에 죽었다.

<고종실록> 고종 7(1870)년 8월 17일 첫 번째 기사에 '봉조하 김흥근이 졸하다'는 기사가 있다.

🎁 평가

봉조하 김흥근이 졸하다

전교하기를,

"이 대신은 단정하고 밝은 자질과 세밀한 재간을 가지고 네 조정을 내리 섬겼으며, 과인이 즉위한 뒤에는 벼슬에서 물러나 한가하게 지냈지만 정력은 여전히 왕성하였는데, 이제 부고 단자를 받고 보니 슬픈 마음을 비길 데가 없다."

참고문헌

〈순조실록〉, 〈헌종실록〉, 〈철종실록〉, 〈고종실록〉, 〈다음백과사전〉, 〈안동김씨세보〉, 〈안동김씨세계급추암이하종계록〉

김좌근(金左根)

본관은 안동이고 자는 경은(景隱)이며 호는 하옥(荷屋)이고 시호는 충익(忠翼)이다. 정조 21(1797)년에 태어나서 고종 6(1869)년에 죽었다.

재임기간

철종 4(1853)년 2월 25일[441] — 철종 6(1855)년 11월 26일[442] ※ 후임 김좌근
철종 9(1858)년 4월 1일[443] — 철종 10(1859)년 1월 12일[444] ※ 후임 정원용
철종 12(1861)년 11월 1일[445] — 철종 13(1862)년 4월 19일[446] ※ 후임 정원용
철종 14(1863)년 9월 8일[447] — 고종 1(1864)년 4월 18일[448] ※ 후임 조두순

가문

아버지는 이조 판서와 돈녕부 영사를 역임한 조순(祖淳)이다. 조순은 순조의 비인 순원왕후의 친정아버지인 영안부원군(永安府院君)이다. 할아버지는 서흥 부사 이중(履中)이고 증조부는 좌찬성에 증직된 달행(達行)이며 고조부 제겸(濟謙)은 우부승지를 역임하고 좌찬성에 증직되었으며 5대조가 영의정 창집(昌集)이고 6대조가 영의정 수항(壽恒)이다. 수항 이상의 세계는 수항과 같다.

장인은 해평인 증이조 판서 윤치승(尹致升)이고 외할아버지는 청송인 정랑 심건지(沈健之)이다.

아들이 없어서 영근(泳根)의 아들 병기(炳冀)를 양자로 들였는데 병기(炳冀)는 이조·호조·공조·예조 판서를 역임하고 좌찬성에 올랐다.

형이 둘인데 유근(逌根)은 종숙 용순(龍淳)에게 입양되었고 원근(元根)은 이조 참판이다. 누이들은 다섯인데 순조의 비인 순원왕후가 누이이며 효명세자

---

441) 우의정 김좌근을 영의정으로, 서기순을 판의금부사로 삼았다.
442) 영의정 김좌근이 세 번째 상소하여 사직하니, 면부하였다.
443) 김좌근을 영의정으로, 조두순을 좌의정으로 승차시켜 제수하였다.
444) 영의정 김좌근이 다시 소장을 올려 사직하니, 비답을 내리고 허부하였다.
445) 판부사 김좌근을 상직에 다시 제수하라고 명하였다.
446) 영의정 김좌근이 다시 상소하여 사직하니, 비답을 내려 면부하였다.
447) "판부사 김좌근과 조두순을 다시 상직에 제수하라." 명하였다.
448) 영의정 김좌근이 상소하여 중서의 직임을 사직하니, 윤허한다는 비답을 내렸다.

(孝明世子)가 생질이다. 다른 누이들은 각각 의령인 판관 남구순(南久淳)·한산인 이조 판서 이겸재(李謙在)·연안인 승지 이긍우(李肯愚)·완산인 좌의정 이헌구(李憲球)의 아들인 군수 이병익(李秉益)과 결혼했다.

🧊 생애

> 좌의정 상헌의 후손으로 영의정 수항의 후손이고 영의정 창집의 현손이며 순조의 국구 영은부원군 조순의 아들이다. 순원왕후의 오빠로 안동김씨 세도의 중심인물로 활약했다.

순조 25(1825)년 영돈녕부사 김조순(金祖淳)의 회갑일에 본제에 선온(宣醞)[449] 하고, 그의 아들 김좌근을 육품의 직에 조용하라는 명에 따라 음보로 등용되어 부수(副率)를 지내고 순조 34(1834)년 상의원 첨정에 임명되었다.

헌종 4(1838)년 직부전시(直赴殿試)하게 하라는 명에 따라 판관으로 정시문과에 급제하여 부교리를 역임하고 규장각 직각에 임명되었다. 헌종 5년 성균관 대사성·이조 참의에 임명되었고 헌종 7(1841)년 이조 참판을 지내고 공조 판서로 승진하여 병조 판서로 전임되었으며 헌종 8년 이조 판서·한성부 판윤·공조 판서·대사헌을 역임했다. 헌종 9년 병조 판서에 이어 지돈녕부사에 임명되었고 헌종 10(1844)년에는 다시 병조 판서에 임명되었다. 헌종 11년에는 공조 판서에 임명되었으며 헌종 12(1846)년 병조 판서에 임명되었고 헌종 14(1848)년 수원 유수에 임명되었다.

철종 즉위(1849)년 한성부 판윤·우참찬·선혜청 당상·규장각 직제학을 역임했고 철종 1(1850)년 총융사·금위대장·좌참찬·예조 판서·형조 판서를 역임했으며 철종 2년 훈련대장으로 군권을 장악하고 공조 판서를 역임했다. 철종 3년 호조 판서·판돈녕부사를 역임하고 우의정으로 승진했으며 철종 4(1853)년 영의정에 올라 안동김씨 세도정치의 중추적 인물로 10여년에 걸쳐 영의정을 네 번이나 역임했다. 그 과정을 상세히 정리하면 철종 6년 영의정에서 사직했다가 철종 9(1858)년 다시 영의정에 제배되었고 철종

---

449) 임금이 신하에게 술을 내리는 일

10년 영의정에서 사임하고 판중추부사가 되었다가 철종 12(1861)년 다시 영의정이 되었다. 철종 13년 임술민란[450]을 수습하기 위해 설치된 삼정이정청의 총재관을 겸했다가 사직소를 올려 영의정에서 사직하고 판중추부사에 임명되었다. 철종 14(1863)년 네 번째로 영의정에 제수되었다.

고종 1(1864)년 홍선대원군이 실권을 장악하자 영의정에서 사직하고 판중추부사로 실록청 총재관이 되어 <철종실록> 편찬에 참여했다. 고종 2년 영돈녕부사에 임명되었고 고종 3(1866)년 상호도감 제조에 임명되어 궤장을 하사받고 기로소에 들어갔다. 고종 5년 영삼군부사에 임명되었고 고종 6(1869)년 죽었다.

<고종실록> 고종 6년(1869) 4월 25일 세 번째 기사에 '영돈녕부사 김좌근이 졸하다'는 기사가 있다.

🔖 평가

영돈녕부사 김좌근이 졸하다

전교하기를,

"이 대신(大臣)은 바로 내가 봉영(奉迎)한 영상이다. 바른 몸가짐과 공평한 지조에 대해서는 과인이 의지하였고 조야(朝野)가 우러러 복종하였으니, 그의 처지가 특별하였기 때문만은 아니었다. 불행히도 병 때문에 오랫동안 만나보지 못하였는데, 이번에 부고를 받고 놀라움을 어찌할 수가 없다. 지난날의 일들을 생각하니 더욱 슬프기 그지없다."

참고문헌

<순조실록>, <헌종실록>, <철종실록>, <고종실록>, <다음백과사전>, <안동김씨세계급추암이하종계록>, <안동김씨세보>

---

450) 1862년 진주 바로 위쪽에 있는 단성에서 시작하여 경상도・전라도・충청도 지역을 중심으로 70여개 고을에서 일어났던 민란으로 삼정의 문란에서 비롯되었다.

조두순(趙斗淳)

본관은 양주이고 자는 원칠(元七)이며 호는 심암(心菴)이고 시호는 문헌(文獻)이다. 정조 20(1796)년에 태어나서 고종 7(1870)년에 죽었다.

🧊 재임기간

고종 1(1864)년 6월 15일[451] – 고종 2(1865)년 5월 16일[452] ※ 후임 조두순
고종 2(1865)년 5월 17일[453] – 고종 3(1866)년 4월 13일[454] ※ 후임 이경재

🧊 가문

아버지는 목사 진익(鎭翼)이고 할아버지는 현감 종철(宗喆)이다. 증조부는 부사 영극(榮克)이고 고조부는 도정 정빈(鼎彬)이다. 5대조는 신임사화 때 죽은 노론의 4대신인 좌의정 태채(泰采)이고 6대조는 군수 희석(禧錫)이며 7대조는 형조 판서 계원(啓遠)이고 8대조는 호조 판서 존성(存性)이다. 9대조는 람(擥)이고 10대조는 연손(連孫)이며 11대조는 무강(無疆)이다. 무강은 성종과 숙용 심씨 사이에서 태어난 숙혜옹주(淑惠翁主)와 결혼한 한천위(漢川尉)이다. 12대조는 참봉 광세(光世)이고 13대조는 중휘(仲輝)이며 14대조는 강원도 관찰사 근(瑾)이고 15대조는 대제학·형조 판서·병조 판서·영중추부사를 역임한 말생(末生)이다. 16대조는 보승 별장 인필(仁弼)이고 18대조는 양주조씨의 시조인 판중추원사 잠(岑)이다.

장인은 신하(申厦)이고 외할아버지는 박종악(朴宗岳)이다.

형제로는 동생이 태순(台淳)과 규순(奎淳)이다.

---

451) 영의정에 조두순을, 좌의정에 이유원을, 우의정에 임백경을 임명하였다.
452) 영의정 조두순이 재차 상소하여 사직하니, 그의 뜻에 따라 체차해주었다.
453) 판돈녕부사 조두순을 다시 재상의 직책에 제수하라. 영의정에 조두순을 제수하였다.
454) 영의정 조두순이 세 번째 상소하여 사직하니, 마지못해 따르겠다는 비답을 내렸다.

🎁 생애

한천위 무강의 후손으로 좌의정 태채의 현손이다. 고종이 즉위할 때 고종 추대에 적극적이어서 조대비로 하여금 전교를 내리도록 했다. 조대비와 흥선대원군의 전적인 신임을 받아 삼군부를 부활시키고 경복궁 재건에 힘썼으며 실추된 왕권 강화에 힘썼다. 삼남 지방에 농민항쟁이 일어나자 삼정이정청의 총재관으로 농민항쟁의 원인을 환곡제도의 폐단으로 보고 파한귀결을 실시할 것을 주장하여 관철시켰다.

순조 26(1826)년 황감제시[455]에서 장원하여 직부전시하고 이어서 실시된 증광문과에 급제하였다. 순조 27년 규장각 대교를 거쳐 순조 30년에는 부교리로 사서를 겸했다. 순조 31년에는 응교에 임명되고 순조 32년에는 의정부 검상을 역임했으며 순조 34년에는 대사성에 제수되었다.

헌종 1(1835)년에 동지부사로 청나라를 다녀왔다. 헌종 2년 이조 참의를 거쳐 검교 대교에 임명되었고 헌종 3년에는 홍문관 부제학과 예조 참판을 역임하고 헌종 4년 이조 참판을 거쳐 황해도 관찰사로 나아갔다. 헌종 7(1841)년에 부제학과 이조 참판에 제수되었고 헌종 11년에는 대사헌·공조 판서·예문관 제학·한성부 판윤·형조 판서를 역임했다. 헌종 13년 호조 판서를 역임하고 헌종 14년 평안도 관찰사로 나갔다가 광주부 유수에 임명되었다.

철종 즉위(1849)년 예문관 대제학으로 지실록사(실록청도당상)를 겸하면서 <헌종실록> 편찬을 주도하였으며 철종 1(1850)년에는 판의금부사와 병조 판서를 역임했다. 이 해에 철종의 아버지인 전계대원군의 신도비문을 지었다. 철종 2년에 이조 판서·대제학·규장각 제학·이조 판서·판의금부사를 역임하였고 외교문서집인 <동문휘고>를 편찬했다. 철종 3년는 예조 판서에 임명되었다가 호조 판서로 전임되고 철종 4(1853)년에 판의금부사를 거쳐 지중추부사에 임영되었다. 지중추부사로 있을 때에 "지중추부사 조두순을 상신에 제배하라."는 명에 따라 우의정으로 승차하였다. 철종 6년에는

---

455) 매년 제주도에서 진상한 밀감을 왕이 성균관 유생에게 하사하며 거행하는 과거시험.

사직을 원하는 상소로 우의정에서 사직하고 판중추부사로 물러나 있다가 철종 8년에 다시 우의정에 제수되었다. 철종 9(1858)년에 좌의정으로 승진 하였으나 사직을 요구하여 좌의정에서 사직하고 판중추부사로 물러났다. 철종 11년에 다시 우의정에 제수되었으나 몇 차례의 사직 요구로 우의정에 서 물러나 판중추부사로 있다가 곧바로 좌의정에 제수되었다. 철종 12년 다시 사직을 청하여 사직하고 판중추부사로 물러나 있었으나 다시 좌의정 으로 제수되었다. 좌의정으로 있던 철종 13(1862)년에 삼남지방을 중심으로 전국 각지에서 농민항쟁이 계속되자 정원용·김흥근·김좌근과 함께 삼정 이정청의 총재관이 되어 개혁 방안을 수립했다. 당시 관료들은 농민항쟁의 원인을 삼정의 문란으로 파악하였는데 조두순은 그 가운데 환곡제도의 폐 단이 가장 심하다고 판단하여 파환귀결456)을 실시할 것을 적극 주장하여 삼정이정청에서 오랜 논의 끝에 받아들였다457). 그 뒤에 좌의정에서 사직 하고 판중추부사로 있었으나 철종 14(1863)년에 다시 좌의정에 임명되었다. 1863년 철종이 죽자 고종의 추대에 적극적이어서 조대비로 하여 즉위전교 를 내리게 하는 등 고종이 즉위하는 데에 중요한 역할을 했다.

고종이 즉위(1863)할 때 좌의정에 있었는데 고종 1(1864)년에 <철종실록> 편찬의 총재관이 되어 간행했다. 이어서 영의정으로 승진하여 조대비와 흥 선대원군으로부터 전적인 신임을 받으며 국정에 참여했다. 고종 2년 5월 16일 사직소를 내어 영의정에서 사직했으나 하루 뒤인 5월 17일 다시 영의 정에 제수되었다. 영의정으로 있으면서 삼군부를 부활시켰고 경복궁을 재 건시켰고 <대전회통> 편찬을 지휘하여 세도정치 기간 중에 실추되었던 왕 권의 강화에 힘썼다. 천주교에 대해서는 강경하게 박해했다. 고종 3년에 영 의정에서 물러나서 판중추부사를 제수 받았으나 벼슬에서 물러나 기로소에 들어갔다. 고종 6(1869)년에 봉조하가 되었으며 고종 7년에 죽었다. 저서로

---

456) 파환귀결이란 환곡을 없애고 그 이자로 충당하던 국가의 재정 수요를 대신 토지에 옮겨 1결 당 2냥씩 받는 제도이다.

457) 파환귀결은 채택이 되었으나 환곡을 통해 이익을 보던 계층들의 반발로 실시가 지연되었으며 1863년 철종이 죽어 일부 지역에서만 실시하였다.

<심암집>이 있다.

　<고종실록> 고종 7(1870)년 10월 8일 첫 번째 기사에 '봉조하 조두순이 졸하다'는 기사가 있다.

📦 평가

봉조하 조두순이 졸하다

　전교하기를,

　"이 대신이 치사(致仕)하고 간 지 몇 년이 되었는데, 이와 같은 문학 재간을 가지고 네 조정을 거쳐 오늘에 이르렀으니, 고(故) 봉조하 김홍근(金興根)과 도(道)와 덕(德)이 같고 나이와 관작도 같았다. 지금 잠깐 사이에 차례로 세상을 떠나니 내가 비통하기 그지없다. ……

참고문헌

〈다음백과사전〉, 〈순조실록〉, 〈헌종실록〉, 〈철종실록〉, 〈고종실록〉

이경재(李景在)

본관은 한산이고 자는 계행(季行)이며 호는 송서(松西)·소은(紹隱)이고 시호는 문간(文簡)이다. 정조 24(1800)년에 태어나서 고종 10(1873)년에 죽었다.

🔹 재임기간

고종 3(1866)년 4월 13일458) – 고종 3(1866)년 4월 29일459) ※ 후임 김병학

🔹 가문

아버지는 직산 현감 희선(羲先)이고 할아버지는 장성 부사 학영(學永)이며 증조부는 호조 판서 태중(台重)이고 고조부는 익릉 참봉 병철(秉哲)이다. 5대조는 평창 군수 행(涬)이고 6대조는 이조 참판·한성부 좌윤 정기(廷夔)이며 7대조는 대구 부사 제(穧)이고 8대조는 병조 좌랑 경류(慶流)이다. 9대조는 예조 판서 겸 지의금부사 오위도총부 도총관 증(增)이고 10대조는 종묘 서령 지숙(之菽)이며 11대조는 동지중추부사 겸 오위도총관 질(秩)이고 12대조는 봉화 현감 장윤(長潤)이다. 13대조는 성균관 대사성 우(堣)이고 14대조는 대제학과 영중추원사를 역임한 계전(季甸)460)이다. 계전은 사육신의 한 사람인 개(塏)의 아버지인 계주의 아우이다. 15대조는 지중추원사 종선(種善)이고 16대조는 문하시중 우문관 대제학 색(穡)이며 17대조는 <죽부인전>의 작가인 곡(穀)이다. 곡은 우문관 대제학과 도첨의 찬성사를 역임했다. 18대조는 정읍 감무(井邑監務) 자성(自成)이고 19대조는 추증 판도 전서 창세(昌世)이며 20대조는 비서랑 효진(孝進)이고 21대조는 정조 호랑 인간(仁幹)이다. 22대조는 권지 호장(權知戶長) 윤경(允卿)인데 한산이씨의 시조이다.

장인은 여흥인 군수 민치병(閔致秉)이고 외할아버지는 번남인 참봉 박홍수

---

458) 영의정에 이경재를 제수하였다.
459) 영의정 이경재가 상소를 올려 상직에서 사면시켜줄 것을 청하니, …… "이와 같이 몹시 간절히 사임을 청하는데 계속 벼슬에 나오도록 재촉하는 것은 도리어 흠이 될 것 같다. 영의정 직책의 사임을 지금 우선 애써 들어주려 하니…"
460) 문열공파

(朴綏壽)고 외증조부는 금성위(錦城尉)461) 박명원(朴明源)이다.

아들은 1남은 교리 승구(承九)이고 2남은 승오(承五)인데 형 창재(昌在)에게 입양했다. 딸은 1녀는 안동인 우의정 김병덕(金炳德)과 결혼했는데 김병덕은 영의정 김흥근(金興根)의 아들이다. 2녀는 양주인 참판 조병협(趙秉協)과 결혼했고 3녀는 안동인 진사 김병건(金炳健)과 결혼했는데 김병건은 판서 김보근(金輔根)의 아들이다.

형은 창재(昌在)인데 형조 판서·예조 판서·한성부 판윤·이조 판서·공조 판서·판의금부사를 역임했다. 큰누나는 영돈녕부사 김조근(金祖根)과 결혼했고 둘째누나는 남양인 현령 홍종무(洪鍾茂)와 결혼했으며 여동생은 창원인 황학연(黃學淵)과 결혼했다.

💎 생애

<죽부인전>의 작가인 우문관 대제학 곡의 후손이고 문하시중 색의 후손이며 금성위 박명원의 외손이고 영의정 김흥근의 아들인 우의정 김병덕의 장인이며 영돈녕부사 김모근의 처남이다.

순조 20(1820)년 성균관 감제에서 장원하고 직부전시의 명을 받았다. 순조 22년 식년문과에서 병과로 급제하였다. 순조 26(1826)년 한림소시에 합격하였고 순조 27년 예모관 겸 설서·규장각 직각에 임명되었고 순조 28년 응교에 임명된 뒤에 통정대부로 가자되었다. 순조 31(1831)년 성균관 대사성에 임명되고 순조 33년 검교직각에 임명되었으며 순조 34년 이조 참의에 임명되었다.

헌종 1(1835)년 대사간을 거쳐 이조 참의로 전임되었으며 헌종 2년 원임 직각에 임명되었다. 헌종 4년 대사간에 제수되었다가 헌종 5(1839)년 이조 참판으로 옮겼다. 헌종 6년 부제학·이조 참판을 역임하고 헌종 8(1842)년 경상도 관찰사에 임명되었으며 같은 해에 충청좌도 암행어사로 파견되었

---

461) 영조와 영빈 이씨 사이에서 태어난 화평옹주(和平翁主)의 남편

다. 헌종 11년 승지에 임명되었고 헌종 13년 대사헌을 거쳐 공조 판서로 승차하였다가 다시 대사간과 대사헌으로 전임되었다. 헌종 15(1849)년 형조 판서에 임명되었다.

철종 즉위(1849)년 대사헌으로 있었는데 어떤 일로 파직의 형전이 내려졌으나 같은 해에 형조 판서로 관직에 돌아와서 반송사의 일을 보았다. 철종 1(1850)년 형조 판서로 사은정사에 임명되어 청나라에 다녀왔다. 철종 2년 한성부 판윤에 임명되고 철종 3년 예조 판서를 역임하였으며 철종 4년 대사헌·병조 판서·평안도 관찰사에 차례로 임명되었다. 철종 6년 병조 판서에 임명되고 철종 7년 한성부 판윤으로 전임되었다가 철종 8(1857)년 판의금부사에 임명되었다. 철종 9년 의정부 좌참찬·호조 판서·판의금부사를 차례로 역임하고 철종 10(1859)년 판의금부사·호조 판서·판의금부사에 임명되었다. 철종 12년에 형조 판서·상호군·원접사를 역임하고 철종 13(1863)년 형조 판서·상호군·선혜청 당상·판의금부사·규장각 제학을 차례로 역임했다.

고종 1(1864)년 우의정에 승진하였으나 같은 해에 판돈녕부사로 물러나 있다가 홍문관 제학·판돈녕부사를 역임했다. 고종 2년 부묘도감 도제조를 역임하고 고종 3년 가례 정사를 역임하고 같은 해 4월 13일에 영의정에 제수되었다. 그러나 며칠 뒤인 4월 29일 영의정에서 물러나 영돈녕부사와 판돈녕부사로 있다가 고종 10(1873)년 1월 24일 죽었다. 죽은 해 12월 17일 문간(文簡)이란 시호가 내려졌다.

<고종실록> 고종 10(1873)년 1월 24일 두 번째 기사에 '봉조하 이경재가 졸하다'는 기사가 있다.

🎖 평가

봉조하 이경재가 졸하다

……

전교하기를,

"이 대신은 전후로 중서(中書)의 자리를 더할 나위 없는 높은 벼슬로 여기고 그만두었다. 벼슬에서 물러난 뒤 병이 심하여 이제껏 임명장을 내리지 못하였는데 방금 세상을 떠났다는 단자를 보았으니, 슬픔을 어찌 금할 수 있겠는가? 화락한 자세와 깨끗한 지조에 대해서는 내가 아주 잘 알고 있는 바인데 이제는 그만이 되어 버렸다.

  ......

참고문헌

〈다음백과사전〉,〈순조실록〉,〈헌종실록〉,〈철종실록〉,〈고종실록〉,〈한산이씨한평군파세보〉

김병학(金炳學)

본관은 안동이고 자는 경교(景敎)이며 호는 영초(潁樵)이고 시호는 문헌(文獻)이다. 순조 21(1821)년에 태어나서 고종 16(1879)년에 죽었다.

📦 재임기간

고종 4(1867)년 5월 18일[462] – 고종 5(1868)년 윤 4월 11일[463] ※ 후임 정원용
고종 5(1868)년 윤 4월 23일[464] – 고종 9(1872)년 10월 1일[465] ※ 후임 홍순목

📦 가문

친아버지는 이조 판서 수근(洙根)인데 큰아버지인 준근(浚根)에게 입양되어 준근의 대를 이었다. 할아버지는 거창 부사 인순(麟淳)이고 증조부는 이직(履直)이다.[466] 고조부는 증이조 판서 원행(元行)이고 5대조는 숭겸(崇謙)이다.[467] 6대조는 예조 판서 겸 대제학 창협(昌協)이고 7대조는 영의정 수항이며 8대조는 동지중추부사 광찬이고 9대조는 좌의정 상헌이다. 상헌 이상의 세계는 김수홍과 같다.

장인은 초배가 파평인 군수 윤희대(尹希大)이고 계배도 파평인 윤집(尹鏶)이며 3배는 성주인 이교상(李敎尙)이다. 외할아버지는 친가로는 초배는 양주인 목사 조진민(趙鎭敏)이고 계배는 전주인 유송(柳誦)이며 3배는 거창인 신극흠(愼克欽)이다. 양가로는 풍양인 감사 조진택(趙鎭宅)이다.

아들은 없어서 병유(炳儒)의 아들 승규(昇圭)를 입양했는데 규장각직학사를 역임했고 딸은 양주인 이조 참의 조신희(趙臣熙)와 결혼했다.

아우는 영의정 병국이고 누이들은 양주인 조병석(趙秉奭)·우봉인 이호병(李

---

462) 영의정에 김병학을, 좌의정에 유후조를 삼았다.
463) 영의정 김병학이 상소하여 사직하니, 비답을 내려 그의 뜻에 따라 체차해 주었다.
464) 영의정에 김병학을 제수하였다.
465) 부모의 상을 당하다. 홍순목은 10월 12일 영의정으로
466) 인순의 친아버지는 이장(履長)인데 이직에게 입양되었다.
467) 원행의 친아버지는 승지를 역임하고 신임사화 때 아버지 창집과 함께 사형을 당한 제겸(濟謙)인데 당숙인 숭겸이 19세에 요절하자 숭겸에게 입양되었다.

鏑秉)과 결혼했다. 작은아버지는 철종의 국구인 영은부원군(永恩府院君) 문근(汶根)이다.

🎲 생애

좌의정 상헌의 후손으로 영의정 수항의 7세손이고 영의정 병국의 형이며 철종의 국구인 영은부원군 문근의 조카다. 안동김씨의 세도가 끝났으나 고종 즉위에 은밀히 노력한 공로와 사돈을 맺기로 한 흥선대원군과의 친분으로 관직에 남아 영의정을 역임했다. 조두순·이유원과 함께 <대전회통>을 편찬했고 병인양요 때는 천주교 탄압을 적극 주장했으며 조일수호조약에 극력 반대했다.

철종 4(1853)년 현감으로 있으면서 정시문과에 급제하여 장령·사간을 역임하고 철종 5년 대사성에 임명되었다. 철종 8(1857)년 한성부 우윤·이조참판·대사헌·호군을 역임했고 철종 9(1858)년 예조 판서에 올랐다가 수원부 유수가 되고 대제학·한성부 판윤·대사헌·이조 판서·판의금부사·이조 판서를 역임했다. 철종 10(1859)년에는 형조 판서를 역임했으며 철종 11년에는 병조 판서에 임명되었다. 철종 13(1862)년 공조 판서·한성부 판윤·병조 판서를 역임했고 철종 14(1863)년 선혜청 당상에 임명되는 등 철종 때에는 안동김씨의 세도정권에서 중요 관직을 역임했다.

고종 즉위(1863)년 지중추부사로 국장도감 제조를 역임했고 고종 1(1864)년 권강관이 되었다. 고종이 즉위한 이후 흥선대원군이 집권하여 안동김씨의 세도정치가 끝났으나 고종 즉위에 은밀히 노력한 공로와 딸을 며느리로 줄 것을 약속한 흥선대원군과의 평소 친분으로 이조 판서에 기용되었고 예조 판서로 전임되었다. 고종 2년 공조 판서·좌찬성을 역임하고 영의정이 조두순인 의정부에서 좌의정에 임명되어 실록청 총재관으로 <철종실록>을 편찬했고 교식찬집 총재관으로 조두순(趙斗淳)·이유원(李裕元) 등과 함께 <대전회통>을 편찬했다. 고종 3(1866)년 병인양요 때에는 천주교를 탄압할 것을 극력 주장했으며 고종 4년 좌의정에서 물러날 것을 요청하여 좌의정에서 체차되어 판중추부사에 임명되었다가 다시 좌의정에 임명되었다. 고종 4(1867)년 5월 18일 영의정으로 승진했으나 고종 5년 4월 11일 사직상소로 영의정에서 물러나 판중추부사에 임명되었다. 그러나 12일 뒤인 4월 23일 영의정에 제배되었다. 고종 9(1872)년 10월 부모상을 당하여 시묘했다. 고종 12(1875)년 시묘를 마치고 영돈녕부사가 되어서 조일수호조약 체결에 극력 반대했다. 고종 16(1879)년에 죽었다.

<고종실록> 고종 16년(1879)년 8월 15일 '영돈녕부사 김병학이 졸하다'는 기사가 있다. 졸기는 없고 전교만 있다.

참고문헌

〈철종실록〉, 〈고종실록〉, 〈다음백과사전〉, 〈안동김씨세보〉, 〈안동김씨세계급추암이하종계록〉

홍순목(洪淳穆)

본관은 남양(당홍계)이고 자는 희세(熙世)이며 호는 분계(汾溪)이고 시호는 문익(文翼)이다. 순조 16(1816)년에 태어나서 고종 21(1884)년에 죽었다.

📋 재임기간

고종 9(1872)년 10월 12일[468] — 고종 10(1873)년 4월 29일[469] ※ 후임 이유원
고종 19(1882)년 3월 3일[470] — 고종 19(1882)년 10월 22일[471] ※ 후임 홍순목
고종 19(1882)년 10월 24일[472] — 고종 19(1882)년 11월 19일[473] ※ 후임 홍순목
고종 19(1982)년 11월 22일[474] — 고종 20(1883)년 6월 19일[475] ※ 후임 김병국

📋 가문

아버지 종원(鍾遠)은 승지·부호군이고 할아버지는 현규(顯圭)이다. 증조부는 참의 원섭(元燮)이고 고조부는 상윤(相胤)이다. 5대조 익빈(益彬)은 부사이고 6대조 제유(濟猷)는 참봉이며 7대조 치중(致中)은 영의정이고 8대조 득우(得禹)는 강원도 관찰사다. 9대조 중보(重普)는 우의정이고 10대조 명구(命耈)는 평안도 관찰사이다. 명구는 영의정 명하(命夏)의 형이다. 11대조 서익(瑞翼)은 병조참의이고 12대조 성민(聖民)은 대제학·호조 판서이며 13대조 춘경(春卿)은 황해도 관찰사다. 14대조 계정(係貞)은 예문관 대교이고 15대조 윤덕(潤德)은 봉상시 부정이다. 16대조 경손(敬孫)은 동지성균관사·첨지중추부사이고 17대

---

468) 우의정 홍순목을 의정부 영의정으로, 병조 판서 강로를 좌의정으로, 평양 감사 한계원을 우의정으로 승배하였다.
469) 영의정 홍순목이 두 번째 상소를 올려 재상직의 사직을 청하니, 그의 뜻에 따라 체차해 주었다.
470) 영중추부사 홍순목을 제배하여 의정부 영의정으로, 한계원을 영중추부사로 삼았다.
471) 영의정 홍순목에게 파직의 형전을 시행하라.(계속해서 사직 상소를 올렸기 때문)
472) 전 영의정 홍순목을 서용하여 다시 재상의 직임에 제배하라.
473) 영의정 홍순목이 상소하여 재상의 직임을 사직하니, 비답을 내려 그의 뜻에 따라 체차해 주었다.
474) 영부사 홍순목을 제배하여 의정부 영의정으로 삼았다.
475) 영의정 홍순목이 상소하여 의정과 총리 두 직함을 사직하니, 재상의 직임을 그의 뜻에 따라 체차한다는 비답을 내렸다.(후임을 임명하지 않고 영의정 김홍근의 아들인 좌의정 김병덕이 직무를 대행하게 하다.)

조 지(智)는 사재감 직장이고 18대조 상부(尙溥)는 전법 좌랑이다. 19대조는 징(徵)이고 20대조는 주(澍)이며 21대조는 삼사사 융(戎)이고 22대조 규(奎)는 첨의중찬이다. 규는 고려 충혜왕의 모후인 명덕태후의 아버지다. 23대조는 진(縉)이고 24대조는 사윤(斯胤)이며 25대조는 원중(源中)이고 26대조는 지유(至柔)다. 27대조는 관(灌)이고 28대조는 덕승(德升)이며 29대조는 호(灝)이고 30대조는 동주(東周)다. 31대조 은열(殷悅)은 처음 이름은 유(儒)인데 남양홍씨 당홍계의 시조이며 고려 개국공신이다.

2남 영식(英植)은 우의정을 역임했는데 갑신정변의 주역으로 처형되었고 1남 만식(萬植)은 순목의 형인 순경(淳敬)에게 입양되었는데 이조 참판을 역임하고 춘천 관찰사·의정부 찬정에 임명되었으나 나가지 않았다. 3남은 정식(正植)인데 정식의 또 다른 이름은 정표(正杓)이다. 을사조약이 체결되자 음독자살했다.

🎁 생애

영의정 치중의 후손이고 갑신정변의 주역인 우의정 영식의 아버지이다. 흥선대원군의 최측근으로 쇄국정책을 지지했고 신미양요 때에는 결사항전을 주장했으며 최익현이 대원군을 탄핵하자 최익현의 처벌을 주장했다. 재정난의 타개를 위해 당오전을 주조케 했다. 아들 영식이 김옥균·박영효와 함께 갑신정변을 일으켜 실패하자 아들 만식과 함께 음독자살했다.

헌종 10(1844)년 증광별시문과에 급제하여 수찬을 지내고 헌종 12(1846)년 강제문신에 초계되었다.

철종 즉위(1849)년 부사과에 임명되고 철종 2(1851)년 위유사에 임명되었으며 철종 5(1854)년 이조 참의·성균관 대사성을 역임했다. 철종 7(1856)년 다시 이조 참의에 제수되었고 철종 11(1860)년 예방승지를 거쳐 철종 13년 이조 참판·좌승지에 임명되었으며 철종 14(1863)년 대사헌에 임명되었다.

1863년 고종이 즉위하고 흥선대원군이 집권하자 흥선대원군의 최측근으로 활동했다. 고종 1(1864)년 황해도 관찰사에 제수되어 외직으로 나갔다가 고종 3년 이조 판서에 제수된 뒤에 예문관 제학과 홍문관 제학을 역임했다. 같은 해에 한성부 판윤으로 전임되었다가 규장각 제학으로 전임되고 다시 이조 판서에 임명되었다. 고종 4년 예조 판서에 제수되었고 고종 6(1869)년 우의정으로 승차한 뒤에 대원군의 쇄국정책을 지지했다. 고종 8(1871)년 신미양요가 일어나자 결사항전을 주장했고, 같은 해 "대원군이 호포제(戶布制)를 실시하려 하자 양반에게까지 군포를 내도록 하면 상민층이 양반을 멸시하는 폐단이 생긴다면서 호포제에 반대했다."(<다음백과사전>) 고종 9년 영의정으로 승차했으나 고종 10(1873)년 상소하여 영의정에서 물러나 영돈녕부사가 되었다. 그때 최익현이 대원군을 탄핵하고 고종의 친정을 요구하는 상소를 올리자 대신·삼사와 함께 최익현을 엄벌에 처할 것을 주장하여 영돈녕부사에서 파직되고 제주목에 위리안치 되었다.(<다음백과사전>) 그러나 얼마 되지 않아 영돈녕부사로 복귀했고 고종 12(1875)년 판중추부사가 되었다. 고종 13(1876)년 일본이 함포외교로 통상을 강요하자 이에 응하지 말 것을 주장했고 고종 16(1879)년 영돈녕부사로 있을 때 일본이 원산에 이어 제물포의 개항을 요구하자 반대하고 사직서를 제출하였다. 고종 19(1882)년 두 번째로 영의정이 되었는데 "6월 임오군란이 일어나 민비의 행방이 묘연하자 총호사로 장례를 담당하고 군란의 사유와 왕비의 죽음을 청나라와 일본에 통고하게 했다. 일본 공사 하나부사(花房義質)가 군대를 이끌고 제물포를 통해 서울로 돌아오자 조선측 대표로 회담했고, 청군에 의해 대원군이 납치되고 민씨 정권이 다시 들어서면서 충주로 도망갔던 민비가 서울로 돌아올 때 왕비 봉영(奉迎)의 책임을 맡았다." 같은 해 10월 22일 파직되었으나 이틀 뒤인 10월 24일 다시 영의정에 제수되었다. 그러나 11월 19일 사직소를 내어 영의정에서 사직했으나 3일 뒤인 11월 22일 네 번째 영의정에 제수되었다. 이해 12월 관제 개혁으로 통리기무아문이 신설되자 총리통리내무아문 사무를 맡았다가 상소하여 체직을 허락받고 영중추부사가 되었다. 고종 20(1883)년 재정난의 타개를 위해 당오전을 주조하게 했으며 5월 총리대신을 겸했다가 6월 상소로 영의정에서 사직하는 것을 허락받고 영중추부사에 임명되었다. 고종 21(1884)년 아들 영식이 김옥균·박영효 등과 함께 갑신정변을 일으켰다가 실패하고 청군에 살해되자 관작이 삭탈되고 문외출송한 뒤에 음독 자결했다. 저서로 <기당고(祁堂稿)>가 전한다. 고종 31(1894)년 관작이 회복되었고 순종 2(1909)년 문익(文翼)이란 시호가 내려졌다. 졸기는 없다.

참고문헌

〈다음백과사전〉, 〈헌종실록〉, 〈철종실록〉, 〈고종실록〉, 〈남양홍씨남양대군파세보〉

이유원(李裕元)

본관은 경주이고 자는 경춘(景春)이며 호는 귤산(橘山)·묵농(默農)이고 시호는 충문(忠文)이다. 순조 14(1814)년에 태어나서 고종 25(1888)년에 죽었다.

재임기간

고종 10(1873)년 11월 13일[476] – 고종 11(1874)년 12월 4일[477] ※ 후임 이유원
고종 11(1874)년 12월 5일[478] – 고종 11(1874)년 12월 11일[479] ※ 후임 이유원
고종 11(1874)년 12월 12일[480] – 고종 11(1874)년 12월 27일[481] ※ 후임 이유원
고종 12(1875)년 2월 15일[482] – 고종 12(1875)년 4월 22일[483] ※ 후임 이최응

가문

아버지는 공조 판서·이조 판서를 역임한 계조(啓朝)이고 할아버지는 공조 판서·예조 판서·형조 판서·좌참찬·우참찬·한성부 판윤·이조 판서를 역임한 석규(錫奎)이다. 증조부는 경관(敬寬)이고 고조부는 종주(宗周)이다. 5대조는 부정 정좌(鼎佐)이고 6대조는 형조 참판 세필(世弼)이며 7대조는 이조 참판 시술(時術)이다. 8대조는 예빈시정 정남(鼎男)이고 9대조는 영의정 항복(恒福)이다. 10대조는 우참찬 몽량(夢亮)이고 11대조는 진사 예신(禮臣)이며 12대조는 안동 판관 성무(成茂)이다. 13대조는 돈녕부 첨정 숭수(崇壽)이고 14대조는 전라도 관찰사·공조 참판 연손(延孫)이며 15대조는 전농 판관 승(昇)이다. 16대조는 고려 지인주사 원보(元普)이고 17대조는 상서 과(薖)이며 18대조는 검교정승 세기(世基)이다. 세기 이상의 세계는 이광좌와 같다.

장인은 동래인 판서 정헌용(鄭憲容)이고 외할아버지는 번남인 예의 박종신

---

476) 영부사 이유원을 영의정에 다시 임용한다.
477) 여러 번 불러도 돌아오지 않는 이유원을 파면시키다.
478) 전 영의정 이유원을 등용하여 다시 재상직에 제배하라.
479) 영의정 이유원을 천안군에 중도 부처하라.(임명의 영을 받지 않아서 유배시킴)
480) 거주 제한 풀고 임명
481) 영의정 이유원을 파면시키기로 하다.
482) 이유원을 영의정으로 삼았다.
483) 영의정 이유원이 상소하여 재상직의 사임을 청하니, 허락한다고 비답을 내렸다.

(朴宗臣)이다.

아들이 없어서 유승(裕承)의 아들 석영(石榮)을 입양시켰는데[484] 석영이 규준(圭駿)과 규서(圭瑞)를 낳았다. 규서는 이회영(李會榮)을 밀고하여 잡히게 하였다.

🎲 생애

> 이항복의 9세손으로 흥선대원군과 반목했다. 임오군란으로 민비의 생사를 알 수 없을 때 국장을 치르려 하자 반대했고, 일본의 하나부사가 인천항과 원산항의 개항을 요구하자 원산항만 개항하게 했다. 고종 20년 전권대신으로 하나부사와 임오군란으로 인한 피해 변상과 공관의 경비병 주둔권 부여를 핵심으로 하는 제물포조약을 체결하고 조인했다.

헌종 7(1841)년 제술부에 1등을 하고 직부전시하여 전시문과에 급제했다. 검열로 관직에 올랐으며 같은 해에 한림소시에 합격하였다. 헌종 8년 대교에 임명되고 헌종 11(1845)년 사은 겸 동지사의 서장관이 되어 청나라에 다녀와서 헌종 12년 집의에 제수되었다.

철종 1(1850)년 의주 부윤·이조 참의를 거쳐 전라도 관찰사에 임명되어 외직으로 나갔다. 철종 2년 성균관 대사성에 임명되고 철종 4(1853)년에는 예방승지로 전임되었으며 철종 6년에는 이조 참판에 임명되었다가 철종 9(1858)년 대사헌에 임명되었다. 철종 10년 형조 판서로 승진하여 철종 11년 의정부 우참찬·한성부 판윤·형조 판서·예조 판서를 차례로 역임하고 철종 12(1861)년 형조 판서·공조 판서를 역임하고 황해도 관찰사에 임명되어 두 번째로 도백이 되고 철종 13년 함경도 관찰사로 임명되어 세 번째로 도백이 되었다.

고종 1(1864)년 황해도 관찰사에서 좌의정으로 승차하였으나 고종 2년 수원 유수로 좌천되었다. 고종 5(1863)년 판중추부사가 되고 고종 7년 판의금부사가 되었다. 고종 10(1873)년 영중추부사가 되었고 대원군이 실각하고 고종이 친정을 실시하자 영의정에 임명되었다. 고종 11년 일본에서 정한론

---

484) <경주이씨세보>에는 수영(壽榮)이 아들로 기록되어 있다.

이 일어나자 우의정 박규수와 함께 "300년간 유지되었던 한일관계를 서계의 위격으로 국교를 단절할 수 없다고 국왕에게 상언하고, 도해역관을 쓰시마 섬 또는 일본 수도에 파견하여 외교교섭을 조사하도록 하여 대원군 때의 대일정책을 바꾸었다."(<다음백과사전>) 고종 11년 사직소를 계속 올리고 불러도 돌아오지 않아 12월 27일 파면되었다. 그러나 하루 뒤인 12월 5일 다시 영의정에 임명되었지만 6일 뒤인 12월 11일 천안군에 부처하라는 명을 받았다. 하루 뒤인 12월 12일 거주 제한이 풀리고 영의정에 제수되었으나 계속해서 사직을 요청하여 12월 27일 파면되었다. 고종 12(1875)년 1월 1일 책방도감 도제조에 임명되었으며 2월에는 영의정에 제수되었다. 이때 일본의 외교관 모리야마(森山茂)가 조선에 도착하였는데 서계에 '대일본', '황상'이란 용어가 있었으나 이를 수리하게 했다. 이어서 왕세자(뒤의 순종)의 책봉을 위해 진주 겸 주청사가 되어 청나라에 다녀왔다. 같은 해 4월에 사직소를 올려 영의정에서 사직했다.

고종 17(1880)년 치사하고 봉조하가 되었으나 양사에서 죄줄 것을 청해 중화부로 정배되었다가 고종 18년 윤 7월 거제부로 이배되고 이 해 12월 방송되었다. 고종 19년 임오군란이 일어나서 민비의 생사가 불확실할 때 민비의 국장을 치르려 하자 이에 극력 반대했다. 고종 19(1879)년 "일본의 공사 하나부사(花房義質)가 인천항과 원산항의 개항을 요구하자 원산항만 개항하게 했다. 그해 7월 이홍장에게 병기 제조와 군사 훈련 등에 대한 자문과 지원을 밀서로 요청하여 텐진(天津)에서 군사 훈련과 병기 제조법을 배우도록 해주겠다는 약속을 받았다. 이 해에 이홍장으로부터 조선이 위기를 타개하기 위해서는 미국을 비롯한 서양제국들과 통상조약을 체결하고, 서양 세력을 유입하여 일본과 러시아를 경계해야 한다는 권유 편지를 받았으나, 미국과의 수교 권유를 거부했다."(<다음백과사전>) 같은 해 11월 추상존호금보전문서사관에 임명되었으나 며칠 뒤에 사직소를 올려 사직하고 고종 20(1882)년 7월 전권대신이 되어 일본의 하나부사와 임오군란으로 인한 피해 보상과 공사관 경비병의 주둔을 허락하는 제물포조약을 체결했다. 고종 22

년 1월 10일 12촌 아우인 전 참판 유승(裕承)의 둘째 아들 석영(石榮)을 입양하기 위해 고종에게 예법에 어긋나는지 물어보고 승낙을 받아 입양했다. 고종 24년 11월 옥책문제술관에 임명되었으며 고종 25년 9월 죽었다.

글씨를 잘 썼으며 특히 예서에 뛰어났다. 저서로 <가오고략>·<귤산문고>·<임하필기> 등이 있다.

<고종실록> 고종 25(1888)년 9월 6일 세 번째 기사에 <봉조하 이유원이 졸하다>가 있다.

☑ 평가

봉조하 이유원이 졸하다

…… 전교하기를,

"이 대신은 정밀하고 민첩한 자질과 강직한 지조를 지녔으니, 지난날 의지하면서 일을 맡기고 공을 도모하여 이루어지기를 바란 것이 과연 어떠했는가? 나이는 비록 많았지만 기력이 여전히 왕성하였기에 물러가 쉬고 싶다는 뜻을 이루도록 허락은 했지만 도움을 바라는 마음은 더욱 간절하였다. 나라를 위하여 어려운 일을 담당하고 곧바로 나가서 의혹스럽고 위험한 때에도 꺼리지 않고서 일이 닥치면 일처리를 메아리가 응답하듯이 하였으니, 쉽고 어려운 일을 구별하는 것을 보지 못하였다. 그가 갈고 닦은 재주와 계책을 갖고서 온 마음을 다해서 보답했으므로, 나는 '의주견권(倚注繾綣)' 네 글자로써 표창하였다. 그러나 이제는 끝났다. 언제 다시 그의 모습을 보겠는가? 말을 하자니 감회가 이는데 슬픈 생각을 무슨 말로 표현하겠는가?
……

참고문헌

〈다음백과사전〉, 〈헌종실록〉, 〈철종실록〉, 〈고종실록〉, 〈경주이씨세보〉

이최응(李最應)

자는 양백(良伯)이고 호는 산향(山響)이며 시호는 효헌(孝憲)이었으나 충익(忠翼)으로 고치고 다시 문충(文忠)으로 바뀌었다. 순조 15(1815)년에 태어나서 고종 19(1882)년에 죽었다.

🏛 재임기간

고종 12(1875)년 11월 20일[485] – 고종 15(1878)년 1월 16일[486] ※ 후임 이최응
고종 15(1878)년 4월 26일[487] – 고종 17(1880)년 2월 11일[488] ※ 후임 이최응
고종 17(1880)년 2월 13일[489] – 고종 18(1881)년 윤 7월 25일[490] ※ 후임 이최응
고종 18(1881)년 11월 15일[491] – 고종 19(1882)년 1월 13일[492] ※ 후임 서당보

🏛 가문

양아버지는 남연군 구(球)이고 양할아버지는 은신군 진(禛)이다. 양증조부는 사도세자(장조)이고 고조부는 영조이다. 친아버지는 진사 병원(秉源)이고 친할아버지는 진익(鎭翼)이며 친증조부는 낙천군 온(縕)이고 고조부는 영조이다.

장인은 초배는 안동인 진사 권희인(權義仁)이고 계배는 연일인 현감 정명원(鄭明源)이며 3배는 안동인 김만근(金晩根)이다. 외할아버지는 여흥인 선공감역 민경혁이다.

아들은 예조 판서를 역임한 완영군(完永君) 재긍(載兢)인데 재긍이 내부대신으로 을사조약에 찬성한 친일파 을사오적인 백작 지용(址鎔)을 낳았다. 지용의 처음 이름은 은용(垠鎔)이다. 증손은 해충(海忠)·해문·효문이다. 양아들은

---

485) 좌의정 이최응을 영의정으로 올려 제배하다.
486) 영의정 이최응이 상소를 올려 재상 벼슬을 사직하니 …… 영의정 직책에 대해서는 지금 우선 사임을 허락한다.
487) 행 판부사 흥인군 이최응을 의정부 영의정으로 삼았다.
488) 영의정 이최응이 상소하여 재상직을 사직하자 비답을 내려 윤허한다고 하였다.
489) 판중추부사 이최응을 의정부 영의정으로 삼았다.
490) 영의정 이최응이 재차 상소하여 체차시켜줄 것을 청하니, 비답을 내려 그의 뜻에 따라 체차 해주었다.
491) 이최응을 제배하여 의정부 영의정으로 삼았다.
492) 영의정 이최응의 사직을 허락한다.

광평대군의 16세손 희하(熙夏)이다.

형은 흥녕군 창응(昌應)과 흥완군 정응(晸應)이고 아우는 흥선대원군 하응(昰應)이다.

📦 생애

> 영조의 고손으로 남연군 구의 아들이며 흥선대원군 하응의 형이고 을사오적 지용의 할아버지이다. 민씨 정권에서 아우 흥선대원군과 반목했고 부패가 심하고 인색했다. 집안에 뇌물로 받은 고기와 생선이 썩는 냄새가 이웃까지 진동했다 한다. 임오군란 때 담장을 뛰어넘어 도망가다 나뭇가지에 불알이 꿰어 죽었다는 일화가 전한다.

순조 29(1829)년 흥인부정이 되고 순조 30(1830)년 명선대부로 승차하여 흥인도정으로 진봉되었다. 같은 해에 흥녕군으로 진봉된 뒤에 돈녕부 도정에 임명되었다. 순조 30(1830)년 흥인도정 이최응이 대전관으로 임명되었고 순조 34(1834)년 흥인군으로 수릉관에 임명되었다.

헌종 7(1841)년 흥인군만 가자되어 형 흥완군 정응보다 지위가 높아지자 상소하여 흥완군도 가자하게 하였다. 헌종 8년 동지 겸 사은정사가 되어 북경에 다녀왔다.

고종 즉위(1863)년 종척집사에 임명되었고 빈정도감 당상에 임명되었으며 고종 2년 판의금부사·호위대장을 역임했다. 고종 3년 다시 판의금부사에 임명되었고 고종 9(1872)년 사복시 제조와 판종정경에 임명되었다. 고종 10년 대원군이 물러나고 민씨 정권이 들어서자 호위대장에 임명되었다가 고종 11년 좌의정이 되었다. 고종 12(1875)년 1월 세자부를 겸했다. 이때 일본에서 사신이 왔는데 예전과 격식이 다른 일본의 서계493)를 보고 말썽이 생길까 두려워 받아들이려 했다. 좌의정으로 있으면서 조세를 바치지 못하는 감사와 수령을 처벌하게 하고 같은 해에 영의정에 제수되었고 고종 13년

---

493) 전에는 대마도를 경유하여 왔는데 대마도를 경유하지 않고 일본 외무성에서 보냈고, 칭호를 사용했으며, 연향의식의 절차를 전날과 다르게 했다. 이에 조정에서는 받아들이는 문제로 논의를 했다.

11월 상호도감 제조를 겸하다가 고종 15년 1월 사직소를 올려 영의정에서 사직했다. 그러나 3개월 뒤인 4월에 다시 영의정에 제수되어 풍덕과 인천 등의 대동미를 돈으로 대납할 것을 상주했다. 이 해에 상호도감 도제조에 임명되어 영의정으로 상호도감 도제조를 겸하다가 고종 17년 2월 11일 사직소를 올려 재상직에서 사임했으나 이틀 뒤인 2월 13일 다시 영의정에 제수되었다. 고종 17(1880)년 영의정으로 부산이 개항한 뒤에 수령들이 뇌물을 받고 몰래 미곡을 파는 행위를 엄벌해야 한다고 상주했다. 이 해에 영의정에서 사직하고 판중추부사로 물러나 있었으나 같은 해에 다시 영의정이 되었다. 고종 18년 1월 참척(494)을 당하였고 같은 해 2월 영의정으로 총리통리기무아문사(통리기아문사의 총리대신)를 겸했다. 이 해 윤 7월에 사직소를 올려 영의정에서 사직하고 영중추부사로 물러나 있었으나 같은 해 11월 다시 영의정에 임명되었다. 고종 19(1882)년 1월 영의정에서 사직하고 영돈녕부사로 물러나 있다가 6월 광주부 유수를 거쳐 영돈녕부사가 되었다. 고종 19년 임오군란 때 난민들에 의해 살해되었다(495). 죽은 뒤인 7월 4일 시호를 효헌(孝憲)으로 정했으나 8월 27일 충익(忠翼)으로 고쳤으며 고종 42년 시호를 다시 문충(文忠)으로 고쳤다.

<고종실록> 고종 19(1882)년 6월 10일 여섯 번째 기사에 '영돈녕부사 이최응이 졸하다'는 기록이 있다.

🔹 평가

영돈녕부사 이최응이 졸하다

…… 난군(亂軍)에 의하여 살해된 것이다. 전교하기를,

"이 대신(大臣)의 서거단자(逝去單子)가 갑자기 이르니, 이것이 무슨 일인가?

---

494) 자식이 부모보다 먼저 죽는 일
495) <고종실록>에는 난민에 의해 살해된 것으로 기록되어 있으나 야사에는 난민이 집안으로 들어오자 급히 담장을 뛰어넘다가 나뭇가지에 불알이 찔려 죽은 것으로 되어 있다.

평소 바르고 단정한 몸가짐과 인후(仁厚)한 성품을 지닌 데다 그 처지가 자별(自別)한 데야 더 말할 것이 있는가? 놀라움과 슬픔이 더할 나위 없으니 무슨 말로 다 말할 수 있겠는가? ……

참고문헌

〈다음백과사전〉, 〈순조실록〉, 〈헌종실록〉, 〈고종실록〉

서당보(徐堂甫)

본관은 대구이고 자는 계긍(季肯)이며 호는 다사(茶史)이고 시호는 문간(文簡)이다.[496] 순조 6(1806)년에 태어나서 고종 20(1883)년에 죽었다.

🔲 재임기간

고종 19(1882)년 1월 13일[497] – 고종 19(1882)년 3월 2일[498] ※ 후임 홍순목

🔲 가문

아버지는 유돈(有敦)이고 할아버지는 광주 목사 무수(懋修)인데 영의정 지수(志修)의 아우이다. 증조부는 좌의정 명균(命均)이고 고조부는 영의정 종태(宗泰)이다. 5대조는 병조 참의 문상(文尚)이고 6대조는 남원 부사 정리(貞履)이며 7대조는 달성위 겸 오위도총부 도총관 경주(景霌)이다. 경주는 선조와 인빈 김씨 사이에 태어난 정신옹주와 결혼하여 달성위가 되었고 관상감 제조를 역임했다. 8대조는 병조 판서·형조 판서·판중추부사를 역임한 성(渻)인데 영의정에 증직되었고 9대조 해(嶰)도 영의정에 증직되었다. 10대조는 예조 참의 고(固)이고 11대조는 사헌부 장령 겸 승문원 참교 팽소(彭召)이며 12대조는 언양 현감 거광(居廣)[499]이다. 13대조는 안주 목사 미성(彌性)이고 14대조는 고려 호조 전서 의(義)이며 15대조는 고려 판전객시사 익진(益進)이다. 이상 5대는 실전되었고 21대조는 대구서씨의 시조인 고려 군기소윤 한(閈)이다.

장인은 동래인 부제학 정동관(鄭東觀)이고 외할아버지는 파평인 정랑 윤광부(尹光孚)이다.

아들은 성균관 대사성과 궁내부 특진관을 역임한 공순(公淳)[500]이다. 공순

---

496) <대구서씨세보>에는 참판으로 기록되어 있다. 그러나 조상이 모두 같은 것으로 보아 영의정 서당보로 판단했다.
497) 좌의정 서당보를 영의정으로 승배하고, 우의정 송근수를 좌의정으로 승배하라고 명하였다.
498) 영의정 서당보가 상소하여 재상의 직임을 사직할 것을 청하니, … 정승 벼슬을 지금 우선 사임하도록 윤허한다.
499) 서거광은 대제학 서거정의 형이다.

이 상집(相集)을 낳았는데 상집은 홍문관 수찬과 공무아문 참의를 역임했다. 공순의 사위는 외교활동으로 독립운동을 한 경주인 의정부 참찬 이상설(李相卨)이다. 이상설은 제 2회 만국평화회의에 고종의 특사로 파견되었으나 외교권이 없는 나라라는 이유로 참석하지 못하고 망명지에서 죽었다.

🔷 생애

> 달성위 경주의 7세손이고 영의정 종태의 고손이며 좌의정 명균의 증손이고 영의정 지수의 종손자이며 독립운동가 이상설의 처할아버지이다.

순조 27(1827)년 사마 생원시에 합격하고 헌종 10(1844)년 증광문과에서 별과로 급제했다.

철종 즉위(1894)년 교리에 임명되었고 철종 2(1851)년 충청좌도 암행어사로 파견되었으며 같은 해에 경상좌도 경시관을 역임했다. 철종 3년 부응교에 임명되고 철종 7(1856)년 동래 부사가 되고 철종 12(1861)년 이조 참의를 역임했다.

고종 1(1864)년 좌부승지·예방승지·대사간을 역임하고 고종 3년 사은 부사로 청나라에 다녀와서 대사헌에 올랐다. 고종 4(1867)년 이조 참판에 임명되고 고종 5년에는 대사간에 임명되었다가 대사헌으로 전임되었다. 고종 10(1873)년 공조 판서·형조 판서·대사헌·함경도 관찰사를 차례로 역임했으며 고종 13(1876)년 대사헌·병조 판서·우참찬·예조 판서에 차례로 임명되었고 고종 14년 시강원 좌빈객·우빈객을 역임하고 같은 해에 대사헌에 임명되었다. 고종 16(1879)년 판의금부사에 임명된 뒤에 고종 17년 형조 판서·홍문관 제학·이조 판서·판의금부사·홍문관 제학으로 차례로 전임되었다. 고종 18(1881)년 예문관 제학·홍문관 제학·판의금부사·홍문관 제학·판의금부사·상호군을 차례로 역임하고 우의정으로 승차했다. 고종

---

500) <다음백과사전>에는 현보(玄輔)에게 입양한 것으로 나와 있는데 국조방목에는 생부가 현보이고 아버지가 당보인 것으로 나와 있다.

19년 좌의정을 거쳐 영의정에 올랐으나 그 해에 영의정에서 물러나 판중추부사·영중추부사·영돈녕부사를 역임하고 기로소에 들어갔으며 고종 20년 죽었다.

<고종실록> 고종 20(1883)년 6월 20일 두 번째 기사에 '영돈녕부사 서당보가 졸하다'는 기사가 있다.

🔹 평가

영돈녕부사 서당보가 졸하다

…… 전교하기를, "이 대신은 태도가 단정하고 지조가 고결한데다가 문장과 학식이 깊어서 온 나라의 기대가 두터웠다. 그런데 몇 해째 건강이 좋지 못하여 한가롭게 잘 조리하면 회복되리라 생각하였는데, 갑자기 부고(訃告) 단자가 날아드니 슬픈 마음은 끝이 없다.……".

참고문헌

〈순조실록〉, 〈헌종실록〉, 〈철종실록〉, 〈고종실록〉, 〈다음백과사전〉, 〈대구서씨세보〉

김병국(金炳國)

본관은 신안동이고 자는 경용(景用)이며 호는 영어(穎漁)이고 시호는 충문(忠文)이다. 순조 25(1825)년에 태어나서 광무 9(1905)년에 죽었다.

재임기간

고종 21(1884)년 5월 22일[501] – 고종 21(1884)년 10월 2일[502] ※ 후임 심순택

가문

아버지는 이조 판서·병조 판서·형조 판서·한성부 판윤을 역임한 수근(洙根)인데 영은부원군 문근(汶根)의 형이다. 할아버지는 거창 부사 인순(麟淳)이고 증조부는 이직(履直)[503]이며 고조부는 공조 참의를 역임하고 이조 판서에 증직된 원행(元行)이다. 원행은 숭겸(崇謙)에게 입양되어 종조부인 창협(昌協)의 손자가 되었다. 5대조는 제겸(濟謙)인데 예조 참의와 승지를 지냈으나 아버지 창집이 신임사화로 화를 입을 때 사형을 당하였고 좌찬성에 추증되었다. 6대조는 영의정을 지내고 신임사화로 죽임을 당한 창집(昌集)이고 7대조는 영의정 수항(壽恒)이며 8대조는 동지중추부사 광찬(光燦)이다. 광찬의 친아버지는 부사 상관(尙寬)인데 좌의정 상헌(尙憲)에게 입양되어 상헌이 9대조가 된다. 10대조는 대효(大孝)이고[504] 11대조는 신천 군수 생해(生海)이며 12대조는 평양 서윤 번(璠)이다. 13대조는 찰방 영수(永銖)이고 14대조는 한성부 판관 계권(係權)이며 15대조는 비안 현감 삼근(三近)이다. 16대조는 봉예랑 혁(革)이고 17대조는 전농령 득우(得雨)이며 18대조는 판예빈시사 근중(斤重)이다. 19대조는 주부 동정 자(資)이고 20대조는 전농정 희(熙)이며 21대조는 호장정의 남수(南秀)이다. 22대조는 호장 여기(呂基)이고 23대조는 공수부정 습돈(習敦)인데 신안

---

501) 영돈녕부사 김병국을 의정부 영의정으로 임명한 다음 군국사무를 총괄적으로 처리하라고 명하였다.
502) 영의정 김병국이 상소하여 사직하니, 비답을 내려 그의 뜻에 따라 체차해주었다.
503) 인순의 친아버지는 이장(履長)인데 이직에게 입양되었다.
504) 상헌의 친아버지는 극효인데 상헌이 대효에게 입양되어 대효가 10대조가 된다.

동의 1세조이다. 습돈 이상의 세계는 실전되었고 고창(안동) 군수 김선평(金宣坪)이 신안동김씨의 시조이다.

장인은 초배가 한산인 목사 이최재(李㝡在)이고 계배는 풍천인 임백원(任百源)이며 삼배는 파평인 군수 윤수연(尹守淵)이다. 외할아버지는 초배가 양주인 판관 조진민(趙鎭敏)이고 계배는 전주인 유송(柳誦)이며 3배는 거창인 신극흠(愼克欽)이다.

아들이 없어서 병문(炳聞)의 아들 정균(貞均)을 입양했는데 이조 참판을 역임했다.

형은 영의정 병학(炳學)이고 누이들은 하나는 양주인 조병석(趙秉奭)과 결혼했고, 하나는 우봉인 이호병(李鎬秉)과 결혼했다. 숙부는 철종의 장인인 영은부원군 문근(汶根)이다. 문근은 영돈녕부사·금위대장·총융사·훈련대장 등 군 요직을 역임하고 안동김씨 세도의 중심인물이 된다.

🎲 생애

좌의정 상헌의 후손으로 영의정 수항의 7세손이고 영의정 창집의 6세손이며 영의정 병학의 동생이며 영은부원군 문근의 조카이다. 안동김씨의 세도가 무너졌으나 흥선대원군과의 관계로 관직에 남아 영의정에 올랐다. 병자수호조약 때는 중도적 입장이었고, 미국과의 수교를 찬성했으며 임오군란 뒤에 제물포조약을 체결했다. 임오군란으로 민비의 생사를 알 수 없을 때 국장을 치르려 하자 예론을 들어 반대했다.

철종 1(1850)년 증광문과에 급제하고 철종 2(1851)년 대교·정자·교리에 임명되어 철종 3년 어진도사감동각신을 겸했다. 철종 4(1853)년 대사성에 특진되어 이조 참의·부제학·규장각 직제학으로 전임되었다. 철종 5(1854)년 호조 참판을 역임하고 강화부 유수에 임명되었다. 철종 8(1857)년 선혜청 당상을 역임하고 예조 판서로 승진하여 우참찬·병조 판서를 역임하였다. 철종 9(1858)년 규장각 제학·호조 판서·어영청 대장·공조 판서를 역임하였으며 철종 10년 판돈녕부사·공조 판서·이조 판서·예조 판서를 역임했다. 철종 11(1860)년 이조 판서·훈련대장을 역임하고 철종 14(1863)년 공조 판서에 임명되었다.

　고종 즉위(1863)년 경복궁을 중건할 때 지중추부사로 영건도감 제조(빈전 도감 제조)를 역임했고 고종 1(1864)년 규장각 제학을 역임했다. 흥선대원군 이 집권함으로 안동김씨의 세도는 무너졌으나 김병국은 이전부터 흥선대원 군과의 관계로 이조 판서에 기용되어 고종 2(1865)년 판중추부사·예조 판 서를 역임했다. 이어서 고종 3(1866)년 호조 판서·판중추부사를 역임했다. 고종 4년 정리사·판삼군부사·호조 판서에 임명되어 고종 5년 상호도감 제조를 겸했으며 고종 11(1874)년 호조 판서에서 물러났다가 예조 판서에 임명되어 우의정으로 승진했다. 고종 13(1876)년 병자수호조약을 체결할 때 사태를 보아가면서 정책을 세워야 한다는 중도적 입장을 취했다. 고종 15 (1878)년 판중추부사·좌의정을 역임했고 고종 16년 산림봉신대신을 역임했 으며 고종 17(1880)년 판중추부사로 있으면서 황푼셴(黃遵憲)의 <조선책략> 에서 주장한 연미국론(聯美國論)이 유원지도(柔遠之道)에 어긋나지 않는다면서 미 국과의 수교에 찬성했다. 고종 18년 좌의정에 제배되었고 고종 19(1882)년 6월 9일 임오군란이 일어나고 왕비인 명성왕후의 생사여부가 불확실한 상 황에서 대원군 측이 민비의 장례식을 주장했을 때 예론을 들어 반대하고 좌의정에서 사직하는 것에 대해 윤허를 받아 사직했다. 임오군란 뒤에 출동 한 청나라 군대의 마도(馬道)와 교섭하는 한편 일본측과도 교섭하여 제물포 조약을 체결했다. 영삼군부사·통리내무아문사무·통리군국사무·호위대장· 영돈녕부사를 역임하고 좌의정에 제배되었다. 고종 21(1884)년 영돈녕부사 에 임명되었다가 같은 해 5월 22일 영의정에 임명되어 세자사를 겸하면서 군국사무를 총괄하였다. 같은 해 10월 영의정에서 물러나 영돈녕부사로 있 다가 고종 22(1885)년 벼슬에서 물러났고 고종 23(1886)년 봉조하가 되었으 며 고종 42(1905)년 죽었다. 저서로 <예릉지문악장>이 <예릉지장>에 수록 되어 있다.

　<고종실록> 고종 42(1905)년 1월 18일 세 번째 기사에 '봉조하 김병국이 졸하다'는 기사가 있다.

🎲 평가

봉조하 김병국이 졸하다

조령(詔令)을 내리기를,

"이 대신은 풍채가 늠름하고 도량이 심원하였으며 지조를 굳게 지키고 대체(大體)를 견지하였다. 조정에서 벼슬을 지낼 때에는 나라의 기둥 노릇을 하면서 기밀에 관한 정사에 참여하여 계책들을 아뢰었고 충성된 말로 짐의 마음을 깨우쳐 어지간히 태평스러운 시대의 정사를 거의 이룩하였다.

참고문헌

〈철종실록〉, 〈고종실록〉, 〈다음백과사전〉, 〈안동김씨세보〉, 〈안동김씨세계급추암이하종계록〉

심순택(沈舜澤)

본관은 청송이고 자는 치화(穉華)이며 시호는 문충(文忠)이다. 순조 24(1824)년에 태어나서 고종 44(1906)년에 죽었다.

📦 재임기간

고종 21(1884)년 10월 21일505) — 고종 22년 11월 2일506) ※ 후임 심순택
고종 22(1885)년 11월 9일507) — 고종 23(1886)년 8월 6일508) ※ 후임 심순택
고종 23(1886)년 11월 22일509) — 고종 25(1888)년 4월 5일510) ※ 후임 심순택
고종 25(1888)년 4월 7일511) — 고종 25(1888)년 8월 16일512) ※ 후임 심순택
고종 25(1888)년 9월 30일 513) — 고종 26(1889)년 10월 11일514) ※ 후임 심순택
고종 26(1889)년 10월 12일515) — 고종 26(1889)년 10월 15일516) ※ 후임 심순택
고종 26(1889)년 10월 17일517) — 고종 29(1892)년 1월 18일518) ※ 후임 심순택
고종 29(1892)년 4월 26일519) — 고종 29(1892)년 윤 6월 17일520) ※ 후임 심순택
고종 29(1892)년 7월 21일521) — 고종 29(1892)년 12월 5일522) ※ 후임 심순택
고종 30(1893)년 2월 2일523) — 고종 31(1894)년 3월 14일524) ※ 후임 심순택
고종 31(1894)년 4월 30일525) — 고종 31(1894)년 6월 18일526) ※ 후임 김병시

---

505) 심순택을 의정부 영의정으로, 김홍집을 좌의정으로, 김병시를 우의정으로 삼았다.
506) 영의정 심순택이 상소하여 재상의 직임을 사직하니, …… 그의 뜻에 따라 체직해주었다.
507) 심순택을 의정부 영의정으로 삼았다.
508) 영의정 심순택이 상소하여 재상의 직임을 사직하겠다고 청하니, …… 체차한다고 비답을 내렸다.
509) 심순택을 의정부 영의정에 제배하였다.
510) 영의정 심순택이 상소하여 재상 직에서 사직할 것을 청하니, …… 그의 뜻에 따라 체차하였다.
511) 심순택을 영의정으로 삼았다.
512) 영의정 심순택이 세 번째 상소를 올려 재상 직에서 사임할 것을 청하니, …… 체차해주었다.
513) 심순택을 의정부 영의정으로, 김홍집을 좌의정으로, 김병시를 판중추부사로 삼았다.
514) 명에 응하지 않은 영의정 심순택에게 파직의 처벌을 시행하도록 하라.
515) 전 영의정 심순택을 서용하여 다시 재상 직에 제배하라.
516) 영의정 심순택을 천안군에 중도부처 하도록 하라.
517) 며칠 전 영의정 심순택을 중도부처 하도록 하라는 명을 도로 철회한다고 명하였다.
518) 영의정 심순택이 재차 상소하여 재상의 직임을 사직하니, …… 체차해주었다.
519) 판중추부사 심순택을 제배하여 의정부 영의정으로 삼았다.
520) 영의정 심순택이 재차 상소하여 면직을 청하니, …… 면직해주었다.
521) 제배하여 심순택을 의정부 영의정으로, …
522) 영의정 심순택이 재차 상소하여 사직하니, …… 체차한다는 비답을 내렸다.
523) 심순택을 의정부 영의정으로, 조병세를 좌의정으로 삼았다.
524) 영의정 심순택이 상소하여 재상의 직임을 사직하니, …… 체차해주었다.

고종 34(1897)년 8월 1일527)−고종 34(1897)년 12월 10일528) ※ 후임 김병시529)
고종 35(1898)년 9월 23일530)−고종 35(1898)년 10월 11일531) ※ 후임 윤용선532)
고종 38(1901)년 8월 25일533)−고종 38(1901)년 9월 12일534) ※ 후임 윤용선535)
고종 39(1902)년 5월 24일536)−고종 39(1902)년 6월 2일537) ※ 후임 윤용선

🎲 가문

아버지는 생원·증영의정 의린(宜麟)이고 할아버지는 이조 판서와 예조 판서를 역임한 능악(能岳)이다. 증조부는 영의정 유척기의 손녀사위로 예조 판서를 역임한 풍지(豊之)이고 고조부는 영천 군수 구(銶)이다. 5대조는 택현(宅賢)인데 이조 판서·예조 판서·판돈녕부사를 역임했고 6대조는 속(涑)이고 7대조는 현감 약명(若溟)이며 8대조는 진사 온(穩)이고 9대조는 광세(光世)이다. 10대조는 엄(俺)이고 11대조는 인겸(仁謙)이며 12대조는 청릉부원군 강(鋼)이고 13대조는 영의정 연원(連源)이다. 14대조는 의정부 사인 순문(順門)이고 15대조는 내자시 판관 원(湲)이다. 16대조는 영의정 회(澮)이고 17대조는 영의정 온(溫)이며 18대조는 문하좌정승 덕부(德符)다. 덕부 이상의 세계는 심덕부와 같다.

---

525) 판중추부사 심순택을 다시 제배하여 의정부 영의정으로, 판중추부사 정범조를 우의정으로 삼았다.
526) 영의정 심순택이 상소하여 재상의 직임을 사직하니, …… 체차해주었다.
527) 특진관 심순택을 의정부 의정에 임용하고 칙임관 1등에 서임하였다.
528) 의정부 의정 심순택이 사직을 청하는 상소를 올리니, 비답하기를, …… "의정과 제조의 벼슬을 사임하는 것을 경의 뜻에 따라 특별히 윤허한다.
529) 고종 34년 12월 21일 조병식 서리, 35년 3월 3일 박정양 서리, 35년 7월 21일 서정순 서리
530) 특진관 심순택을 의정부 의정에 임용하고 칙임관 1등에 서임하였다.
531) 의정부 의정 심순택이 올린 상소의 대략에, …… "사직한 의정과 태의원의 직임에 대해서는 지금 우선 마지못해 따라주겠다."
532) 고종 35년 10월 12일 박정양 서리
533) 영돈녕원사 심순택을 의정부 의정에, 궁내부 특진관 윤용선을 영돈녕원사에 임용하고 모두 칙임관 1등에 서임하였다.
534) 의정부 의정 심순택이 상소하여 의정 직임을 사직시켜줄 것을 청하니, …… 체차시켜주었다.
535) 고종 38년 9월 13일 김성근 서리
536) 영돈녕원사 심순택을 의정부 의정에, 정1품 윤용선을 영돈녕원사에 임용하고 모두 칙임관 1등에 서임하였다.
537) 의정부 의정 심순택이 상소하여 직책을 사직하니, …… 체차해주었다.

장인은 한산인 군수 이진재(李晋在)이고 외할아버지는 의령인 현감 남준행(南駿行)이다.

아들이 없어서 아우인 이조 판서 이택(履澤)의 아들인 상진(相璡)을 입양했는데 상진은 대사성을 역임했다. 형 훈택(勛澤)은 평양 서윤을 역임했고 아우 이택(履澤)은 이조 판서와 판돈녕부사를 역임했다.

생애

> 문하좌정승 덕부·영의정 온·영의정 회·영의정 연원·청릉부원군 강의 후손이다. 기계군물함선 당상으로 청나라에 신식무기 제조와 군사 훈련을 요구했고, 아관파천으로 친일개화정권이 무너지자 보수적인 친러정부 참여에 주도적인 역할을 했다. 영의정과 의정부 의정에 역사상 가장 많은 15번이나 임명되었다.

철종 1(1850)년 증광문과에 급제하고 철종 3(1852)년 한림소시에 장원으로 합격했으며 철종 12(1861)년 부제학·이조 참의를 역임하고 철종 13년 예방 승지에 임명되었다.

고종 4(1867)년 이조 참판에 제수되었고 고종 11(1874)년 충청도 관찰사에 임명되었다. 고종 13년 형조 판서에 임명된 뒤 고종 15(1877)년 예조 판서에 전임되어 동지사은정사로 청나라에 다녀왔다. 고종 17(1880)년 이조 판서와 한성부 판윤을 역임하고 통리기무아문 당상에 임명되었고 또 통리기무아문의 경리통리기무아문사에 임명되었다. 기계군물함선 당상에 있으면서 청나라에 신식무기 제조와 군사훈련을 의뢰하고 일본 군사시설의 시찰을 장려했다. 고종 18년 다시 예조 판서에 임명되었다가 고종 19(1882)년 판의금부사·좌참찬·판의금부사로 전임되었다. 이 해에 임오군란이 일어나자 군란에 책임을 지고 도봉소 당상에서 파면되었다. 고종 20년 예문관 제학·예조 판서·홍문관 제학을 역임하고 고종 21년 시강원 우부빈객·판돈녕부사를 거쳐 8월 우의정으로 승진하여 우의정으로 총리군국 사무에 임명되었다가 10월 20일 좌의정으로 전임되었다. 하루 뒤인 10월 21일 갑신정변이 실패한 뒤 새롭게 구성된 민씨 정권에서 영의정에 임명되었다. 고종 22년 영의정으로 내무부 판독사를 겸임하다가 11월 영의정에서 물러나 영돈녕부사에 임명되었다가 7일 뒤인 11월 9일 다시 영의정에 제수되어 가상존호도감 도제조를 겸했다. 고종 23년 8월 영의정에서 체차되고 판돈녕부사에 임명되었으나 3개월 뒤인 11월에 다시 영의정에 제배되는 등 이후에도 여러 차례 영의정에 오르고 체차되는 일이 반복되었다. 정리하면 고종 25년 4월 5일 사직소를 내어 영의정에서 체차되고 판중추부사에 임명되었다가 2일 뒤인 4월 7일 영의정에 제수되어 총리대신을 겸했다. 그러나 사직소를 내어 8월 16일 영의정에서 체차되고 판중추부사에 임명되었다가 9월 30일 영의정에 제배되었다. 그러나 권면하는 임금의 명에 응하지 않아 고종 26(1889)년 10월 11일 영의정에서 파직되었다가 하루 뒤인 10월 12일 영의정에 제배되었으나 또 응하지 않아 3일 뒤인 10월 15일 천안군으로 유배 처분을 받았다. 이틀 뒤인 10월 17일 부처의 명이 거두어지고 다시 영의정에 임명되어 고종 28년 8월 병조 판서를 겸하다가 그 해 9월 겸직에서 사직시켜 달라는 소를 올려 겸직에서 체차되어 영의정의 직만 유지했다. 고종 29년 1월 사직소를 올려 영의정에서 사직하고 판중추부사로 물러났다. 같은 해 4월 영의정에 제수되었다가 윤 6월에 체차되고 같은 해 7월 영의정에 임명된 뒤 12월 5일 영의정에서 체차되고 다시 판중추부사에 임명되었다. 고종 30년 2월 2일 영의정에 제배되고 고종 31(1894)년 갑오농민전쟁 발발을 계기로 조선침략의 명분을 찾기 위해 조선 주재 공사 오토리 게이스케(大鳥圭介)가 강압적으로 내정개혁을 요구하자 3월 사직소를 내어 영의정에서 체차되고 다시 판중추부사에 임명되었다. 그 해 4월 30일 영의정에 제배되었다가 6월 18일 영의정에서 물러나 영중추원사에 임명되었다. 고종 33(1896)년 아관파천으로 친일 개화정권이 무너지자 보수적인 친러 정부에 참여하여 주도적인 역할을 했다. 고종 34(1897)년 태의원 도제조에 임명되었고 대한제국이 수립되자 8월 1일 의정부 의정538)에 임명되었다가 12월 사직소를 내어 사직하고 고종 35년 9월 23일 의정부 의정에 임명되었다가 10월 사직소를 올려 체차되었다. 고종 38(1901)년 공훈 1등 태극훈장을 받고 영돈녕원사에 임명되었다가 8월에 의정부 의정에 임명되었으나 9월에 사직소를 내어 사직하고 궁내부특진관을 거쳐 영돈녕원사에 임명되었다. 고종 39년 5월 24일 의정부 의정에 임명되고 6월 2일 의정부 의정에서 사직하고 영돈녕원사에 임명되었다. 7월에 궤장을 하사받고 그 해 11월 26일에는 중추원 의장에 임명되었다. 중추원의장으로 있으면서 한일협상조약을 맺은 신하를 처벌하라고 상소했다. 고종 42(1905)년 영돈녕사사에 임명된 뒤 이화대훈장을 받았다. 그리고 기사(耆社)에 들어 창녕공에 봉해졌으며 공작으로 봉해졌고 고종 43년에 죽었다.

〈고종실록〉 고종 43(1906)년 2월 25일 첫 번째 기사에 '청녕공 심순택이 졸하다'는 기사가 있다.

🎁 평가

청녕공 심순택이 졸하다

…… 조령(詔令)을 내리기를, "이 대신은 풍채와 위풍(威風)이 순수하고 단아하며 성품과 도량이 온화하고 은혜로우며 일에 임해서는 치밀하게 잘 처리하고 차분하고 부지런하였다. 벼슬이 정승에 오른 지 10여 년 동안 충성과 지성을 다하여 짐(朕)을 도와 정사를 다스려 보익(補益)한 것이 실로 많았다. 나라의 명을 유신(維新)할 때에는 보필한 공로가 많았으며, 늙어서 시골집에 물러났을 때에도 오히려 원로로 의지하였다. 나이가 많았으나 정력과 식견이 쇠하지 않았거늘 부고가 갑자기 날아들 줄이야 어찌 생각이나 하였겠는가? 짐의 마음이 너무나 아파 가눌 수가 없다. …… 하였다.

참고문헌

〈다음백과사전〉, 〈철종실록〉, 〈고종실록〉, 〈청송심씨대동세보〉

538) 영의정에 해당하는 직위임

김병시(金炳始)

본관은 신안동이고 자는 성초(聲初)이며 호는 용암(蓉庵)이고 시호는 충문(忠文)이다. 순조 32(1832)년에 태어나서 광무 2(1898)년에 죽었다.

재임기간

고종 31(1894)년 6월 20일[539]－고종 31(1894)년 6월 25일[540] ※ 후임 김홍집
고종 33(1896)년 2월 11일[541]－고종 33(1896)년 4월 22일[542] ※ 후임 윤용선
고종 33(1896)년 9월 24일[543]－고종 34(1897)년 1월 10일[544] ※ 후임 김병시
고종 34(1897)년 2월 19일[545]－고종 34(1897)년 4월 19일[546] ※ 후임 심순택
고종 35(1898)년 7월 21일[547]－고종 35(1898)년 8월 12일[548] ※ 후임 심순택

가문

아버지는 공조 판서와 형조 판서를 역임하고 영의정에 증직된 응근(應根)이고 할아버지는 이조 참판을 역임하고 영의정에 증직된 명순(明淳)[549]이다. 증조부는 이경(履慶)[550]이고 고조부는 좌찬성 달행(達行)이다. 5대조는 승지 제겸(濟謙)이고 6대조는 영의정 창집(昌集)이며 7대조는 영의정 수항(壽恒)이다. 수항 이상의 세계는 김수흥과 같다.

장인은 이조 판서를 역임하고 남릉군(南綾君)에 봉해진 남양인 홍종서(洪鍾序)

---

539) 영돈녕부사 김병시를 의정부 영의정으로 삼았다.
540) 김병시를 영돈녕부사로, 이호준을 판중추부사로 …
541) 특진관 김병시를 대각 총리대신에…
542) 내각 총리대신 김병시를 궁내부 특진관에, 탁지부대신 윤용선을 내각 총리대신에…
543) 궁내부 특진관 김병시를 의정부 의정에 …
544) 의정부 의정 김병시가 상소하여 사직하니, …… 체차해주었다.
545) 궁내부 특진관 김병시를 의정부 의정에 임용하고 칙임관 1등에 서임하였다.
546) 의정부 의정 김병시가 세 번째 상소를 올려 체직해주기를 청하니, …… 정1품 김병시를 궁내부 특진관에 임용하고 칙임관 1등에 서임하였다.
547) 특진관 김병시를 의정부 의정에, 특진관 김영수를 의정부 참정에 …
548) 의정부 의정 김병시가 올린 상소의 대략은, …… 정1품 김병시를 궁내부 특진관에 임용하고 칙임관 1등에 서임하였다.
549) 이조 참판 명순은 흥근(興根), 응근(應根), 홍근(弘根) 등 세 아들을 두었는데 응근의 아들이 영의정 병시이고 좌근의 아들이 영의정 병기이다.
550) 명순의 친아버지는 이기(履基)인데 이경에게 입양되었다.

이고 외할아버지는 용인인 첨추밀원사 이재순(李在純)이다.

1남 용규(容圭)는 궁내부 특진관을 역임했고 2남 택규(宅圭)는 장흥 군수이고 3남 복규(宓圭)는 참봉을 역임했다.

아우 병이(炳怡)는 군수이고 병치(炳治)는 현감이다. 누이는 달성인 교리 서상윤(徐相允)과 결혼했다.

큰아버지 홍근(弘根)이 좌의정을 역임했고 작은아버지 홍근(興根)이 영의정이며 이근(彛根)은 여산 부사이다. 작은아버지 영의정 홍근의 아들 병덕(炳德)은 좌의정이다.

🟦 생애

> 좌의정 상헌·영의정 수항·영의정 창집의 후손으로 좌의정 홍근과 영의정 홍근의 조카이며 좌의정 병덕의 4촌이다. 갑신정변이 일어나자 청나라의 군대를 끌어들여 개화파를 몰아내고 수구파 중심의 내각에 참여했으나 이탈리아·영국·러시아 등과 수호조약을 체결했다. 갑오농민전쟁이 발발하자 청나라 군대를 끌어들였으며 아관파천으로 친러 내각이 이루어지자 내각 총리대신으로 의정부 의정에 임명되었다. 단발령에 반대했고 긴축재정을 주장하고 당오전을 비롯한 악화의 남조 금지를 주장했다.

철종 5(1854)년 사마 진사시에 합격하고 철종 6년 북원망배례 때 참반유무시사(參班儒武試射)로 뽑혔다. 같은 해에 정시문과에 을과로 급제했으며 한림소시에도 합격했다. 훈국금위 종사관(訓局禁衛從事官)·선전관·성균관 전적·정언·병조 정랑을 역임하고 철종 11(1860)년 교리를 역임했다. 철종 13(1862)년 성균관 대사성·홍문관 부제학을 역임했으며 철종 14(1863)년 이조 참의에 임명되었다.

고종 2(1865)년 병조 참의를 역임하고 고종 3(1866)년 검교부제학에 임명되었고 고종 6(1869)년 예조 참판·의금부사·예방승지를 역임했으며 고종 7년 공충도 관찰사551)에 임명되었다. 고종 11(1874)년 도승지를 역임했고 고종 12(1875)년 부제학으로 전임되었다가 다시 행도승지가 되고 규장각 직

---

551) 충청도

제학·이조 참판을 역임하고 같은 해에 형조 판서로 승진한 뒤에 예조 판서를 거쳐 우참찬에 임명되어 고종 13년 시강원 좌부빈객을 겸했으며 병조 판서로 전임되어 도총관을 겸했다. 고종 14(1877)년 대호군·우포도대장·선혜청 당상·도통사·세자좌부빈객을 역임했다. 고종 15년에는 어영대장·이조 판서·우변포도대장을 역임했으며 고종 16(1879)년 홍문관 제학·호조 판서·규장각 제학을 역임했다. 고종 17년 홍문관 제학으로 사서관을 겸했고 이어서 판의금부사·예조 판서를 역임했으며 고종 18(1881)년 이조 판서·공조 판서·호조 판서·관상감 제조를 역임했다. 고종 19(1882)년에는 시강원 좌부빈객·예문관 제학·호조 판서·빈전도감 제조·지삼군부사·호조 판서에 임명되었으나 임오군란으로 호조 판서에서 물러났다. 그러나 대원군이 중국의 톈진으로 납치된 뒤에 다시 복귀하여 규장각 직제학·상호군·변리통리내무아문사·독판군국사무를 역임해 행정과 군의 중요 직책을 역임했다. 고종 20년 진주사가 되어 청나라에 다녀왔고 선혜청 제조·예조 판서·좌변포도대장·군국사무독판·예조 판서·판돈녕부사·판의금부사·이조 판서를 역임했다. 고종 21(1882)년 세자좌빈객으로 있을 때 김옥균 등이 갑신정변을 일으켰는데 이들에 대항하기 위해 청나라를 끌어들여 개화파를 몰아내고 수구파 중심의 내각에 참여했다. 독판교섭통상사무에 임명되고 전권대신이 되어 이탈리아·영국·러시아 등과 수호통상조약을 체결했으며 이어서 통리군국아문의 우의정·통리내무부사에 임명되었다가 판중추부사로 물러났으나 다시 우의정에 임명되어 긴축재정을 실시할 것과 당오전(當五錢)을 비롯한 악화의 남조 금지 등을 주장했다. 고종 22년 우의정에서 물러나 판중추부사에 임명되었다가 고종 23(1886)년 좌의정·내부부총리·판중추부사·좌의정·판중추부사를 역임했고 고종 25(1888)년 좌의정·판중추부사를 역임했다. 고종 27년 총호사·수원부 유수·판중추부사를 역임했고 고종 29(1892)년 호위대장을 역임했다. 고종 31(1894)년 1월 11일 갑오농민전쟁이 고부에서 발발하고 전국적으로 확산될 기미를 보이자 정부에서 청나라 군대를 끌어들였다. 이에 "타국의 군대를 빌려서 우리 백성을 살해한다는 것이 어찌 있을 수 있는가"하고 비난했다. 이어 6월 20일 영의정에 올랐으나 6월 21일 청일전쟁이 일어나 일본군의 왕궁 점령으로 김홍집 내각이 구성되면서 4일만에 물러나 6월 25일 영돈녕부사·판중추부사를 역임하고 새로 조직된 군국기무처에서 시강원사·중추원 의장을 역임했다. 고종 32(1895)년 을미사변이 일어나고 단발령이 내려졌을 때 궁내부 특진관으로 단발령에 반대했다. 고종 33(1896)년 2월 11일 아관파천으로 친일정권이 무너지고 친러파 내각이 이루어지자 내각 총리대신에 임명되었고 의정부 의정에 임명되었다가 같은 해 4월 궁내부 특진관으로 전임되었다. 그 해 9월 의정부 의정에 제수되었다가 고종 34년 1월 사직소를 올려 의정직에서 물러나 궁내부 특진관에 임명되었다. 그러나 한 달 뒤인 2월에 다시 의정부 의정에 임명되고 두 달 뒤인 4월에 세 번의 상소를 올려 의정부 의정에서 물러나 궁내부 특진관에 임명되었다. 고종 35(1898)년 다시 의정부 의정에 임명되었다가 궁내부 특진관으로 전임되었고 같은 해에 궁내부 특진관으로 죽었다. 저서로 <용암집>이 있다.

　<고종실록> 고종 35년(1898)년 9월 16일 기사에 '궁내부 특진관 김병시가 졸하다'는 기사가 있다. 졸기는 없고 조령만 있다.

참고문헌

〈철종실록〉, 〈고종실록〉, 〈다음백과사전〉, 〈안동김씨세보〉, 〈안동김씨세계급추암이하종계록〉

김홍집(金弘集)[552]

본관은 경주이고 처음 이름은 굉집(宏集)이었으나 뒤에 홍집으로 바꾸었다. 자는 경능(敬能)이고 호는 도원(道園)·이정학재(以政學齋)이며 시호는 충헌(忠獻)이다. 헌종 9(1842)년에 태어나서 고종 33(1896)년에 죽었다.

🎲 재임기간

고종 31(1894)년 6월 25일[553]－고종 31(1894)년 7월 15일[554] ※ 후임 김홍집
고종 32(1895)년 4월 1일[555]－고종 32(1895)년 5월 5일[556] ※ 후임 박정양[557]
고종 32(1895)년 7월 5일[558]－고종 33(1896)년 2월 11일[559] ※ 후임 김병시

🎲 가문

아버지는 한성부 좌윤과 대사헌을 역임한 영작(永爵)이고 할아버지는 충주목사 겸 충주진영 병마첨절제사 사직(思稙)이며 증조부는 형조 판서 효대(孝大)이고 고조부는 형조 참의 후연(後衍)이다. 5대조는 주신(柱臣)인데 영돈령부사를 역임했고 숙종의 장인인 경은부원군(慶恩府院君)이다. 6대조는 생원으로 영의정에 추증된 일진(一振)이고 7대조는 공조·형조·예조 판서를 역임한 남중(南重)이며 8대조는 첨지중추부사 수렴(守廉)이다. 9대조는 좌의정 명원(命元)이고 10대조는 사헌부 대사헌 만균(萬鈞)이며 11대조는 사헌부 지평 인령(引齡)이고 12대조는 봉상시정 치운(致運)이다. 13대조는 이조 판서 종순(從舜)이고 14대조는 이조 판서와 양관 대제학을 역임한 계성(季誠)이며 15대조는 좌찬성 균(稇)이다. 균은 경주김씨 계림군파의 파조이다.

---

552) 뒤에 의정부 의정으로 바뀜
553) 판중추부사 김홍집을 제배하여 의정부 의정으로 삼았다.
554) 김홍집을 의정부 총리대신으로, 김수현을 좌찬성으로, …
555) 정1품 김홍집을 내각 총리대신에, 종1품 김윤식을 외부대신에, …
556) 내각 총리대신 김홍집이 상소하여 사직하니, …… 체차해주었다.
557) 4월 27일부터 내부대신 박영효가 서리하다.
558) 중추원의장 김홍집을 내각 총리대신에, 종1품 박정양을 내부대신에 임용하고 모두 칙임관 1등에 서임하였다.
559) 내각 총리대신 김홍집, 외부대신 김윤식, …… 모두 본관을 면직하고, …(같은 날 전 농상공부 대신 정병하와 함께 백성에 살해되었다.

장인은 남양인 군수 홍재선(洪在善)이고 외할아버지는 창녕인 익찬 성재순 (成載淳)인데 성혼의 후손이다.

아들은 경희(敬熙)560)이고 사위는 대한민국 초대부통령 경주인 이시영(李始榮)과 파평인 윤기병(尹箕炳)이다. 경희가 아들이 없어서 춘희(春熙)의 아들 교영 (敎英)을 계자로 맞았는데 교영은 국회사무처 처장을 역임했고 정극(正克)을 낳았는데 정극은 외무부 대사를 역임했다.

형제로는 형이 요절한 항집(恒集)이고 아우로는 육군 참령 증집(增集)과 동지중추부사 중집(仲集)이 있다. 일가는 종조할아버지 사목(思穆)이 좌의정을 지냈다.

🎲 생애

좌의정 명원의 후손으로 숙종의 국구 경은부원군 주신의 현손이며 좌의정 사목의 종손이고 초대 부통령 이시영의 장인이다. 정파적으로는 소론에 해당한다. 갑신정변의 주역으로 갑신정변이 실패하자 일본으로 망명했다가 돌아왔다. 한성조약을 체결했고 과거제도를 폐지하고 단발령을 내리고 신식화폐 제도와 도량형 제도를 도입하는 등 갑오개혁을 주도했다. 을미사변 때 군중들에 의해 살해되었다.

고종 4(1867)년 사마 진사시에 합격하고 직부전시의 명에 따라 고종 5 (1868)년 경과정시에 응시하여 급제하고 승정원 사변가주서에 임명되었다. 고종 10(1873)년 권지승문원 부정자로 승문 박사를 겸했다. 이 해에 한림소시에 합격했으며 고종 11(1874)년 검열에 임명되었고 고종 12(1875)년 부사과·홍양 현감에 임명되고 고종 13(1876)년 사과에 임명되었다. 고종 15년 지문초도서사관에 임명되었고 고종 17년(1880)년 이조 참의로 윤웅렬(尹雄烈)·이용숙(李容肅)·지석영(池錫永) 등과 함께 수신사로 일본을 방문했다. 일본을 방문했을 때 황준헌(黃遵憲)의 <사의조선책략>과 정관응의 <이언>을 가지고 돌아와 개화정책을 적극 추진하게 한 공으로 예조 참판에 승진하여

---

560) <경주김씨족보>에는 빈란인 "00"으로 나와 있다.

겸직으로 통리기무아문당상561)에 임명되었다. 고종 18(1881)년 경리통리기아문사까지 겸했으나 의정척사운동이 격화되면서 전국 유생들로부터 집중적인 비난을 받자 예조 참판의 직만 유지한 채 경리사에서 파직되었다가 관직에서 물러나고 부평부에 투비되고 김포군에 찬배되었다가 석방되어서 통리기아아문의 통상사 당상으로 복직했다. 고종 19년 조미조약 전권부관·이조 참판·독일과 교섭 전권대신으로 활약하는 등 외교의 책임자로 활동했다. 이어서 행호군(중국과 : 부관)·공조 참판을 역임하고 경기도 관찰사 겸 협판통리아문사무를 역임하고 고종 20(1883)년 규장각 직제학에 임명되었다. 고종 21(1884)년 지춘추관사에 임명되어 독판으로 승차해서 예조판서·한성부 판윤·위임대신 독판교섭통상사무·판중추부사를 역임하고 우의정으로 승진했다. 얼마 뒤에 좌의정으로 승진하고 10월 18일 갑신정변을 일으켜 조영하 등 6인562)을 죽이고 전권을 장악했다. 22일에는 김옥균을 처단하라는 차자를 올렸고 3일천하가 끝나자 일본으로 망명했다. 같은 해 일본에서 돌아와 11월 21일 다시 좌의정에 임명되었고 같은 날 좌의정으로 특파전권대신을 겸하면서 11월 24일 한성조약을 체결했다. 같은 해 11월 27일 좌의정에서 물러나 판중추부사에 제수되었다. 고종 22(1885)년 12월 군국기무처가 해체될 때까지 총리대신으로 갑오개혁을 주도해 과거 제도를 폐지하고, 신식화폐 제도를 채택했으며 도량형 제도를 채택했다. 고종 24(1884)년 좌의정에 임명되어 총리대신을 겸했다. 고종 25년 사직상소로 좌의정에서 사직하고 도제조 겸 판중추부사로 있다가 9월 30일 다시 좌의정에 임명되었다. 그러나 사직상소로 11월 29일 좌의정에서 체차되어 판중추부사에 임명되었다. 고종 26(1889)년 수원부 유수로 좌천되었다가 다시 판중추부사에 임명되어 금보전문서사관과 옥책문제술관을 겸했다. 고종 31(1894)년 갑오농민전쟁과 청일전쟁이 일어나자 이를 수습하기 위해 총리교

---

561) 개화정책을 적극 추진하기 위해 설치한 기구로 고종 17(188)년에 설치하고 초대 당상에 김홍집이 임명되었다.
562) 6인은 이조연·윤태준·한규직·민태호·민영목·유재현이다.

섭통상 사무에 임명되고 6월 25일 영의정에 임명되었다. 7월 군국기무처가 신설되자 영의정 겸 군국기무처 총재관에 임명되어 내정개혁을 추진했다. 이 해의 관직 이동을 보면 총리내무부사(외무총리검찰)에서 6월 25일 영의정이 되고 7월 15일 관제 개편으로 영의정이 총리대신으로 바뀌자 의정부 총리대신이 되었다. 고종 32(1895)년 박영효·박정양의 연립내각이 성립되자 관직에서 배제되었으나 박영효의 역모사건으로 박영효가 일본으로 망명하자 4월 1일 친일파·친러파와 함께 내각을 구성하고 내각 총리대신에 임명되었으나 5월 사직상소로 총리대신에서 물러나 중추원의장에 임명되었다. 같은 해 7월에 내각 총리대신에 임명되는 등 관직을 옮기면서 제3차 갑오개혁을 주도했다. 명성황후가 일본 정치낭인들에 의해 살해되는 을미사변과 단발령으로 전국적으로 의병이 봉기했다. 친러내각이 들어서자 고종 33(1896)년 2월 11일 광화문 밖에서 농상공부대신 정병하와 함께 군중들에 의해 살해되었다.

죽은 뒤인 고종 34(1897)년 1월 27일 '졸한 김홍집에게 형벌을 올바로 적용토록 하라.'는 명이 있었고 순종 즉위(1907)년 죄명을 씻겨주라는 순종의 명이 있었고, 순종 3(1910)년 시호를 내리라는 명에 따라 같은 해 6월 충헌(忠獻)이라는 시호가 내려졌고563) 대제학으로 추증되었다. 저서로 <이정학재일록>과 <수신사일기>가 있고 유고로는 <김총리유고>가 있다.

<고종실록> 고종 33(1896)년 2월 11일 기사에 '전 대각 총리대신 김홍집, 전 농상공부대신 정병하 백성들에게 살해됨'이라는 기사가 있다.

> **참고문헌**

〈고종실록〉, 〈순종실록〉, 〈다음백과사전〉, 〈경주김씨세보〉

---

563) 같은 날 홍영식은 충민(忠愍), 김옥균은 충달(忠達), 어윤중은 충숙(忠肅)이란 시호가 내려졌다.

박정양(朴定陽)

본관은 번남이고 자는 치중(致中)이며 호는 죽천(竹泉)이고 시호는 문익(文翼)이다. 헌종 7(1841)년에 태어나서 고종 42(1905)년에 죽었다.

🎲 재임기간

고종 32(1895)년 5월 8일[564] - 고종 32(1895)년 7월 5일[565] ※ 후임 김홍집

🎲 가문

아버지는 제근(齊近)인데 판관·강서 현령·재령 군수·호조 정랑·상주 목사를 역임하고 이조 참판에 증직되었다. 할아버지는 운수(雲壽)인데 순흥 부사를 역임했고 증조부는 서흥 부사와 연안 부사를 역임한 종여(宗興)이다. 고조부는 성리학자 윤원(胤源)인데 선공 감역에 제수되었으나 사퇴했고 다음에 서연관에 임명되었으나 또 사퇴했다. 5대조는 공주 판관 사석(師錫)이고 6대조는 필리(弼履)이며 7대조는 황주 목사 태원(泰遠)이고 8대조는 좌부승지 세성(世城濾)이며 9대조는 동지중추부사 환(煥)이다. 10대조는 예빈시 참봉 동민(東民)이고 11대조는 사재시 감정 응천(應川)이며 12대조는 승문원 참교 소(紹)이다. 13대조는 사섬시 첨정 겸 승문원 교감 조년(兆年)이고 14대조는 첨지중추부사 임종(林宗)이며 15대조는 중군 부사직 병문(秉文)이다. 16대조는 예조 참판 채(蔡)이고 17대조는 좌의정·수문전 대제학 은(訔)이며 18대조는 고려 판전교시사·우문관 직제학 상충(尙衷)이다. 19대조는 밀직부사 상호군 수(秀)이고 20대조는 동정 윤무(允茂)이며 21대조는 번남박씨의 시조인 호장 응주(應珠)이다.

장인은 초배는 양주인 군수 조병위(趙秉緯)이고 계배는 인동인 장영식(張永植)이며 외할아버지는 한산인 이응재(李應在)이다.

---

564) 학부대신 박정양을 내각 총리대신에 임용하고 칙임관 1등에 서임하였다.
565) 중추원의장 김홍집을 내각 총리대신에, 종1품 박정양을 내부대신에 임용하고 모두 칙임관 1등에 서임하였으며…

아들은 1남이 동부승지 승길(勝吉)이고 2남은 승철(勝喆)이며 3남은 승희(勝熹)인데 승희는 일본 메이지대학 영문과를 졸업하고 김기진·김복진·이서구와 함께 토월회를 조직한 극작가이다.

🎲 생애

> 좌의정 은의 후손으로 정조의 후궁인 수빈 박씨의 친척 일족이다. 김홍집 내각이 붕괴되자 총리대신에 임명되어 을미개혁을 주도했다. 정치적으로는 온건 중립파로 진보적 개혁사상을 가진 이상재 등을 지원했다.

고종 3(1866)년 별시문과에서 병과로 급제했고 고종 5(1868)년 한림권점에 뽑혔고 한림소시에 뽑혔다. 고종 6년 부교리에 임명되었고 고종 9(1872)년 응교에 임명되었다. 고종 10년 별겸 춘추를 역임하고 우부승지에 임명되어 고종 11(1874)년 경상좌도 암행어사로 파견되었다. 고종 13(1876)년 우승지에 임명되었고 고종 16(1879)년 보덕·병조 참판에 임명되었으나 고종 17년 삭주부로 정배되었다가 풀려났다. 고종 18(1881)년 동래부 암행어사로 파견되었다가 돌아와서 좌승지·경리통리기무아문에 임명되어 신사유람단의 일원으로 일본 문물을 시찰하고 귀국해서 이용사 당상 경리사에 임명되었고 고종 19(1882)년 대사성·이조 참판·좌승지·이조 참판을 역임했다. 고종 20년 군국사무협판을 역임하고 기기국총판에 임명되어 동지사 겸 사은부사로 청나라에 다녀와서 대사헌·감공사·이조 참판에 임명되었다. 고종 24(1887)년 도승지·협판내무부사를 역임하고 미국 주재 전권대신(미국 주재 전권공사)에 임명되었으나 위안스카이(원세개)의 압력으로 출발을 연기했다. 그러나 그해 말 청나라의 방해를 무릅쓰고 미국에 가서 미국 대통령 클리블랜드에게 신임장을 제청했다. 고종 26년 청나라의 압력으로 귀국해 홍문관 부제학에 임명되었고 고종 28(1891)년 형조 판서·호조 판서를 역임했다. 고종 29년 추상존호도감 제조·판의금부사·호조 판서·전환국관리·판의금부사를 역임했다. 고종 30년 호조 판서·판의금부사를 역임하고 고종

31(1894)년 호조 판서·교정청 당상·한성부 판윤을 역임했다. 갑오개혁으로 군국기무처가 신설되자 회의원이 되고 내무독판에 임명되었으며 2차 김홍집 내각에서 학무아문대신(學務衙門大臣)·일본보빙대사·학무대신에 임명되었다. 고종 32년 김홍집 총리대신 아래서 학부대신에 임명되었으나 같은 해 김홍집 내각이 붕괴되자 5월 2일 내각 총리대신이 되어 을미개혁을 주도했다. 그 해 3차 김홍집 내각이 성립되자 7월 5일 내각 총리대신에서 물러나 김홍집 내각에서 내부대신이 되어 울릉도에 도감을 두었다. 왕후 민씨를 서인으로 강등할 때 회의에 참가하지 않았으며 중추원 의장이 되었다. 고종 33(1896)년 아관파천으로 김홍집이 살해되자 내부대신으로 있으면서 총리대신 서리·궁내부대신 서리를 역임하고 내각을 의정부로 개편하자 참정대신이 되었다. 고종 34년 의정부 찬정·내부대신·의정부 찬정·탁부대신·의정부 찬정 겸 탁부대신·중추원 의장을 역임하고 고종 35(1898)년 의정부 찬정으로 의정부 의정 서리에 임명되어 독립협회가 주최하는 만민공동회에 참석해서 시정의 개혁을 약속했다. 그러나 수구파의 반대로 좌절되었고 의정부 찬정·내부대신·궁내부 특진관·의정부 찬정·의정부 의정 서리·의정부 참정에 임명되었다. 황국협회의 폭력으로 독립협회를 탄압한 사건이 일어나 내각이 경질되자 다시 내부대신이 되었다가 의정부 참정·궁내부 특진관·학부대신·궁내부 특진관을 역임했다. 고종 36년 양지아문 총재관을 역임했고 고종 37(1900)년 궁내부 특진관을 역임했으며 고종 38년 2등으로 서훈되어 태극장을 받았고 미국 주재 특명전권공사가 되어 미국으로 나갔다. 고종 41(1904)년 궁내부 특진관·학부대신을 역임하고 탁지부대신에 임명되어 홍문관 학사를 역임했으며 궁내부 특진관·탁부대신 겸 장례원경·판돈녕원사를 역임했다. 고종 42년 중추원 의장·홍문관 학사·장례원경·예식원 장례경·궁내부 특진관·홍문관 학사·궁내부 특진관·표충원 총재를 역임하고 태극훈장을 받았으며 한일협상조약을 맺은 대신을 처벌하라고 상소했다. 조선 말기의 불편부당한 온건 중립파로 진보적 개화 사상을 가진 이상재 등 개혁파 인사들을 지원했다. 고종 42(1905)년 11월에

죽은 것으로 기록되어 있으나 실록에는 나타나지 않고 순종 1(1908)년 문익 (文翼)이란 시호가 내려진 것이 기록되어 있다.

저서로 <죽천고>·<해상일기초>·<동서계>가 있고 기행문으로 <일본 내무성 시찰기>·<일본 농무상성 시찰기>·<이속습유>가 있으며 공저로 <일본문견사건>이 있다.

참고문헌

〈고종실록〉, 〈다음백과사전〉, 〈번남박씨세보〉

윤용선(尹容善)

본관은 해평이고 자는 경규(景圭)이며 호는 자유재(自有齋)이고 시호는 문충(文忠)이다. 순조 29(1829)년에 태어나서 고종 41(1904)년에 죽었다.

📦 재임기간

고종 33(1896)년 4월 22일[566] – 고종 33(1896)년 9월 24일[567] ※ 후임 김병시
고종 35(1898)년 10월 21일[568] – 고종 35(1898)년 10월 27일[569] ※ 후임 조병세
고종 36(1899)년 6월 27일[570] – 고종 37(1900)년 1월 2일[571] ※ 후임 윤용선
고종 37(1900)년 1월 29일[572] – 고종 37(1900)년 8월 9일[573] ※ 후임 윤용선[574]
고종 37(1900)년 8월 10일[575] – 고종 37(1900)년 8월 24일[576] ※ 후임 윤용선
고종 37(1900)년 9월 1일[577] – 고종 38(1901)년 4월 7일[578] ※ 후임 윤용선[579]
고종 38(1901)년 6월 15일[580] – 고종 38(1901)년 8월 24일[581] ※ 후임 심순택
고종 38(1901)년 9월 23일[582] – 고종 39(1902)년 5월 24일[583] ※ 후임 심순택
고종 39(1902)년 6월 7일[584] – 고종 39(1902)년 12월 14일[585] ※ 후임 이근명
고종 40(1903)년 5월 25일[586] – 고종 40(1903)년 7월 12일[587] ※ 후임 이근명

---

566) 대각 총리대신 김병시를 궁내부 특진관에, 탁지부대신 윤용선을 내각 총리대신에 …
567) 궁내부 특진관 김병시를 의정부 의정에, …… 정2품 윤용선을 의정부 찬정에 …
568) 정1품 윤용선을 의정부 의정에 제수하고 …
569) 의정 윤용선이 재차 상소하여 사직하니, …… 체차해주었다.
570) 특진관 윤용선을 의정부 의정에 임용하고 칙임관 1등에 서임하였다.
571) 의정 윤용선이 상소하여 체직해주기를 청하니, …… 체차해준다는 비답을 내리다.
572) 특진관 윤용선을 의정부 의정에 임용하고 칙임관 1등에 서임하였다.
573) 의정 윤용선에게 서용하지 않는 법을 시행하라.
574) 조병식 서리 거쳐
575) 전 의정 윤용선을 서용하여 다시 전 직임을 제수하라.
576) 의정부 의정 윤용선이 사직 상소를 거듭 올리자 비답을 내려 그의 뜻에 따라 체차해주었다.
577) 궁내부 특진관 윤용선을 의정부 의정에 임용하고 칙임관 1등에 서임하였다.
578) 의정부 의정 윤용선이 상소하여 본직과 겸임한 모든 직임을 해임시켜줄 것을 청하니, …… 허락…
579) 이건하 서리 거쳐
580) 특진관 윤용선을 의정부 의정에 임용하고 칙임관 1등에 서임하였다.
581) 의정 윤용선이 상소하여 재상 직을 사임시켜줄 것을 청하니, …… 체차해주었다.
582) 영돈녕원사 윤용선을 의정부 의정에, …
583) 상소하여 직임을 사직하려 하니, …… 체차시켜주었다. 영돈녕원사 심순택을 의정부 의정에, 정1품 영돈녕원사에 …
584) 영돈녕원사 윤용선을 의정부 의정에 …
585) 의정 윤용선을 우선 본관에서 면직시켜라(도성 밖으로 나감)

🗄 가문

아버지는 치희(致義)인데 처음 이름은 치수(致秀)이고 형조 판서·예조 판서·한성부 판윤·공조 판서를 역임했다. 친할아버지는 호조 참판·병조 참판·이조 참판·한성부 좌윤을 역임한 명렬(命列)인데 아버지 치희가 경렬(敬列)에게 입양해서 경렬의 대를 이었다. 증조부는 백동(百東)이고 고조부는 득녕(得寧)이다. 5대조는 금천 현감 상명(商明)이고 6대조는 사헌부 감찰 세휴(世休)이며 7대조는 이조 정랑 지제교 겸 시강원 문학 구(坵)이고 8대조는 해숭위 신지(新之)이다. 신지는 선조와 인빈 김씨 사이에서 태어난 정혜옹주와 결혼하고 오위도총부 도총관을 역임했다. 9대조는 영의정 방(肪)이고 10대조는 영의정 두수(斗壽)이며 11대조는 삼척 부사 변(忭)이고 12대조는 부사용 희림(希琳)이다. 희림 이상의 세계는 윤두수와 같다.

장인은 안동인 김연근(金淵根)이고 외할아버지는 풍양인 목사 조진선(趙鎭宣)이다.

아들이 없어서 위선(爲善)의 아들 철구(徹求)를 양자로 삼았다. 철구는 진사로 영돈녕부사에 증직되었다. 철구는 덕영(德榮)과 택영(澤榮)을 낳았다. 택영은 아들 둘과 딸 하나를 낳았는데 1남 홍섭(弘燮)은 독립운동을 했고, 2남 의섭(毅燮)은 친일파이다. 딸은 순종의 계비인 순정효황후(純貞孝皇后)이다. 따라서 택영은 순종의 국구인 해풍부원군(海豊府院君)이다. 철구의 1남 덕영은 친일파로 궁내부 특진관·경기도 관찰사·시종원경·중추원 부의장을 역임했다. 안중근 의사가 이토 히로부미를 저격하자 이완용과 함께 추도회를 열었고 자작의 작위를 받았다. 고종 독살설의 중심에 있다.[588] 형은 검열 정선(定善)이다.

---

586) 특진관 윤용선을 의정부 의정에 임용하고 칙임관 1등에 서임하였다.
587) 의정부 의정 윤용선이 재차 상소하여 사임을 청하니, …… 체차시켜주었다.
588) 이 글에서 참고한 <해평윤씨세보>는 철종 2(1851)년 간행되었기 때문에 이 뒤의 세계는 자세히 밝히지 못했다.

🔷 생애

영의정 두수·영의정 방·해숭위 신지의 후손이며 순종의 국구 해풍부원군 택영의 할아버지이고 순종의 계비인 순종효황후의 증조부이다. 고종의 독다사건 이후 독립협회가 부패 무능한 관리의 척결을 외치며 대정부 투쟁을 벌일 때 심순택·이재순·민영기·신기선·이민우 등과 함께 탄핵의 대상이 되었다.

고종 22(1885)년 생원으로 전시직부하여 증광별시 문과에 병과로 급제했다. 홍문관 교리·헌납·낭청이 되었고 고종 26(1889)년 이조 참의에 임명되었다가 성균관 대사성으로 전임되었다. 고종 29(1892)년 이조 참판으로 전임되었다. 고종 30년 예문관 제학·이조 참판·예문관 제학·형조 판서 겸 홍문관 제학·예문관 제학을 역임했다. 고종 31(1894)년 형조 판서·예문관 제학·좌참찬·세자우부빈객·경연청 학사에 임명되었다. 고종 33(1896)년 아관파천 직후에 설립된 친러 정부에 보수 세력의 일원으로 참여하여 탁지부 대신에 임명되었다가 4월 22일 내각 총리대신에 임명되었다. 같은 해 9월 24일 관제를 개정하여 내각을 폐지하고 의정부로 환원되자 내각 총리대신에서 의정부 찬정에 임명되었고 바로 뒤에 김병시(金炳始)가 사임하자 의정 서리를 겸하면서 탁지부대신 임시서리도 겸했다. 같은 해에 의정 서리에서 해임되었다가 고종 34년 다시 의정 서리에 임명된 뒤에 3월 신법과 구법을 절충한 법전을 편찬할 교전소가 설치될 때 부총재 대원으로 재직하면서 홍문관 시강을 겸했다. 이 해 10월 12일 대한제국이 성립되고 고종이 황제에 오른 이후 대한제국의 국제를 제정하기 위해 종전의 교전소를 법규교정소로 개편할 때 총재직을 역임했다. 고종 35(1898)년에는 장례원경을 겸하는 한편 태의원경을 겸하다가 의정부 좌참찬으로 전임되었다. 이 해에 고종 황제와 황태자에게 독이 든 커피를 진상한 이른바 독다사건이 일어났다. 이를 계기로 독립협회가 부패 무능한 관리의 척결을 외치며 대정부 투쟁을 격화시켜 나갔는데 당시 고위 관리인 심순택·이재순·심상훈·민영기·신기선·이민우 등과 탄핵 대상이 되어 의정부 참정에서 물러났다. 그 뒤에 궁내부 특진관을 역임하고 규장각 학사에 임명된 뒤에 시강원 일강관을 겸했다. 의정부 참정으로 임명된 뒤에는 규장각 학사와 장례원경을 겸했다. 이 해 12월 21일 의정부 의정에 임명된 뒤에는 봉상시 도제조를 겸하는 한편 태의원 도제조도 겸했으나 사직소를 올려 10월 27일 의정부 의정의 직에서 체임하는 것을 허락받았다. 같은 해에 궁내부 특진관에 임명되었다가 고종 36년 의정부 의정에 임명되었으나 고종 37년 1월 사직소를 올려 의정의 직에서 사임했다. 그러나 고종 37년 1월 다시 의정부 의정에 임명되었고 고종 37년 8월 9일 의정부 의정에서 해임됐으나 바로 다음날인 8월 10일 의정부 의정에 임명되었다. 그러나 20여일 뒤인 8월 24일 사직소를 올려 의정부 의정에서 물러났으나 며칠 뒤인 9월 1일에 다시 의정부 의정에 임명되었고 고종 38(1901)년 4월 사직소를 올려 의정부 의정에서 물러나서 궁내부 특진관으로 있다가 6월 15일 의정부 의정에 임명되었고 8월 24일 의정부 의정에서 물러나 궁내부 특진관을 역임하고 9월 23일 다시 의정부 의정에 제수되었다. 고종 39년 5월 4일 의정의 직에서 물러나 영돈녕원사로 있다가 보수내각으로 환원될 때 의정부 의정에 제수되어 대광보국숭록대부로 가자되었다. 같은 해에 궤장을 하사받고 본관에서 면직된 뒤 궁내부 특진관에 임명되었다가 고종 40(1903)년 다시 의정부 의정에 임명되었다. 그러나 상소하여 의정부 의정의 직에서 체차되고 궁내부 특진관으로 있다가 고종 41년에 죽었다.

<고종실록> 고종 41(1904)년 12월 21일 세 번째 기사에 '궁내부 특진관 윤용선이 졸하다'는 기사가 있다.

🎖 평가

궁내부 특진관 윤용선이 졸하다

…… 조령(詔令)을 내리기를,

"이 대신(大臣)은 크나큰 도량과 진중한 천품을 지니고 넓은 견문과 높은 식견을 겸비하였다. 간고한 때에 조정의 벼슬에 나서서 황실에 마음을 쓰며 나라의 계책을 도왔는데 늙도록 거의 10년간 게으른 적이 없었다.

요즘은 벼슬을 벗어 놓고 거의 한가롭게 몸조리를 하며 지냈지만 아직은 정정한 나이인데 갑자기 뜻밖의 병환으로 세상을 떠났다는 소식을 들었다. 슬픈 마음을 어디에 비길 수 있겠는가? ……

참고문헌

〈다음백과사전〉, 〈고종실록〉, 〈해평윤씨세보〉

조병세(趙秉世)

본관은 양주이고 자는 치현(穉顯)이며 호는 산재(山齋)이고 시호는 충정(忠正)이다. 순조 27(1827)년에 태어나서 고종 42(1905)년에 죽었다.

재임기간

고종 35(1898)년 11월 5일589) - 고종 35(1898)년 12월 6일590) ※ 후임 윤용선591)

가문

아버지는 홍천 현감 유순(有淳)이고 할아버지는 진사 진영(鎭永)이다. 증조부는 참의 명철(命喆)이고 고조부는 군수 영석(榮晳)이다. 5대조는 대제학·지중추부사를 역임한 관빈(觀彬)이고 6대조는 좌의정 태채(泰采)이며 7대조는 군수 희석(禧錫)이고 8대조는 형조 판서 계원(啓遠)이다. 계원은 인조의 비인 장렬왕후의 아버지인 한원부원군 창원(昌遠)의 아우다. 9대조는 호조 판서 존성(存性)이고 10대조는 람(擥)이며 11대조는 연손(連孫)이고 12대조는 무강(無彊)이다. 무강은 성종과 숙용 심씨 사이에서 태어난 숙혜옹주(淑惠翁主)와 결혼하여 한천위(漢川尉)에 봉해졌다. 13대조는 참봉 광세(光世)이고 14대조는 중휘(仲輝)이며 15대조는 강원도 관찰사 근(瑾)이고 16대조는 대제학·형조판서·병조판서를 역임한 말생(末生)이다. 17대조는 서운관정 의(誼)이고 18대조는 보승 별장 인필(引弼)이며 19대조는 양주조씨의 시조인 판중추원사 잠(岑)이다.

장인은 광산 김씨이고 외할아버지는 대구인 봉사 서직수(徐稷修)이다.

아들은 진사 태희(台熙)인데 태희가 경기도 관찰사 중목(重穆)을 낳았다. 사위는 한산인 이용직(李容稙)인데 이완용 내각에서 자작의 작위를 받았으나 김윤식과 함께 독립운동청원서를 발표하여 작위가 박탈되었다.

---

589) 궁내부 특진관 조병세를 의정부 의정에, 의정부 찬정 조병식을 의정부 참정에, …
590) 의정부 의정 조병세가 거듭 상소를 올려 본직과 겸직을 면직시켜줄 것을 청하니, 허락(재임기간 중에 병으로 김규홍을 서리로 삼다.)
591) 김규홍 서리 거쳐 신기선 서리 거쳐

🎁 생애

> 한천위 무강의 후손으로 좌의정 태채의 7세손이다. 을사조약(한성조약)이 체결되자 을사조약을 맺은 5인의 역신을 처벌하고 조약을 파기할 것을 주장하다 약을 먹고 자살했다.

철종 3(1852)년 진사시에 합격하고 음직으로 건능 참봉으로 임명되었고 철종 10(1859)년 증광문과에서 병과로 급제하고 철종 12(1861)년 헌납에 임용되었다.

고종 1(1864)년에 부교리에 임명되었고 실록청 도청낭관으로 <철종실록> 편찬에 참여하였다. 고종 11(1874)년 함경도 암행어사를 거쳐 고종 12년 이조 참의에 제수되었다. 고종 14(1877)년에는 승지와 대사성에 임명되었으며 고종 15년에 동지 겸 사은부사592)로 청나라에 다녀왔다. 고종 17(1880)년 대사헌에 임명되었고 고종 20(1883)년에는 의주 부윤에 임명되었다가 이조 참판으로 전임되었다. 고종 22(1885)년에는 승지를 거쳐 지주 부사로 정해졌으나 체직되었다가 대사헌에 제수되었다. 고종 24년에는 승지와 도승지를 거쳐 공조 판서로 승진되어 동지정사로 청나라에 다녀온 뒤에 대사헌에 임명되었다. 고종 25(1888)년에 예조 판서와 이조 판서를 거쳐 다음 해인 고종 26년에 의정부 우참찬·한성부 판윤·대사헌·예조 판서를 거쳐 우의정으로 승진했다. 고종 27년에 사직 상소로 우의정에서 물러나서 판중추부사로 있다가 고종 29년에 다시 우의정에 제수되었다. 그러나 일곱 번의 정사와 사직 상소로 우의정에서 체직하는 것을 허락받고 판중추부사로 물러났다. 고종 30(1893)년 좌의정에 임명되었으나 고종 31년 사직상소로 좌의정에서 사직하고 판중추부사로 전임되었다. 판중추부사로 있는 동안 시강원부와 중추원 좌의장·궁내부 특진관·총호사를 겸했다. 고종 34년 궁내부 특진관·태의원 도제조·궁내부 특진관을 역임하였다.

고종 35(1898)년 11월 직제 개편에 따라 의정부 영의정이 의정부 의정으

---

592) 정사는 심순택이다.

로 바뀌자 의정부 의정에 임명되어 태의원 도제조를 겸했다. 그러나 한 달 뒤에 사직소를 올려 의정부 의정에서 물러나 궁내부 특진관에 임명되었다. 고종 39년에는 궤장과 어제시를 하사받았다, 이어서 다시 중추원 의장이 되고 태극훈장을 수여받았다. 고종 40년에 봉상시 도제조를 거쳐 궁내부 특진관에 임명되었다. 고종 41년에는 임금을 만나서 김윤식과 이승오를 역적으로 처벌하라고 요구하였다. 태의원 도제조에 임명되었다. 고종 42(1905 을사)년 한일협상조약(을사조약)이 체결되자 79세의 노구를 이끌고 상경하여 을사조약을 맺은 대신을 처벌하라고 주청하려 하였으나 일본군의 방해로 대궐 밖으로 쫓겨나 고종과의 면담이 이루어지지 않았고 뜻을 이루지 못하였다. 같은 해 11월 26일에는 심상훈·민영환·이근명 등과 함께 백관을 거느리고 궁중에 들어와서 을사오적을 처형할 것과 총량한 사람을 뽑아 외부대신을 맡길 것과 각국 공사와 협의하여 조약을 파기할 것을 요구하는 상소를 올리는 한편 하야시 일본 공사와 5개국 공사에게 각각 글을 보내어 조약의 부당성을 알리고 독립과 영토 보존을 위한 원조를 요청하였다. 그러나 공사들의 반응도 없었고 고종도 물러가라고 명하였다. 고종의 명령으로 궁에서 나와 대한문 앞에서 거적을 깔고 을사조약 파기를 주장하였다. 그러나 일본 헌병에 강제로 연행되어 뜻을 이루지 못했다. 이후 민영환이 평리원에 연금되었다가 풀려나서 자결하고 조병세는 가평으로 강제 추방되었다. 그러나 돌아와 표훈원에서 다시 상소하였다. 또다시 일본군이 가마에 태워 추방하자 고종 42(1905)년 12월 1일 음독자살하였다. 조병세가 자살하자 충정이라는 시호를 내려졌고, 12월 2일 대훈위에 추증되어 서훈되고 금척대수장을 수여받았다. 12월 2일에는 조병세가 남긴 상소문을 사위인 이용직이 고종에게 올렸으며 12월 3일 조병세와 민영환에게 치제하였다. 이어서 12월 20일 송병선이 한일협상조약 맺은 대신을 처벌하라고 상소하였다.

졸기는 없고 고종 42(1905)년 12월 1일 세 번째 기사에 '조병세가 자살하였는데 충정공이라는 시호를 내려 주었다.'란 기록이 있다. 1962년 건국훈장 대통령장이 추서되었다.

조병세가 자살하였는데 충정공이라는 시호를 내려 주다

특진관(特進官) 조병세(趙秉世)가 새로운 한일 조약(韓日條約)에 분개해서 약을 먹고 죽었다. 조령(詔令)을 내리기를,

"이 대신의 돈후한 천품과 굳은 지조를 두루 중앙과 지방에 시험하니 명성과 업적이 무수히 드러났으며 조정에 벼슬하여서는 모두 그 위풍을 우러러보았다. 그리하여 짐은 큰집을 버텨주는 기둥과 대들보처럼 의지했었고 이 어려운 때에 직면하여서는 더욱 마음을 의탁했었는데 갑자기 이처럼 부고가 이르렀다. 굳은 충성심을 가지고 나라를 위해 목숨을 바친 충정은 후세에 빛날 것이지만 짐의 슬픈 심정을 어찌 다 말할 수 있겠는가?

…… 겸장례(兼掌禮)를 보내 호상(護喪)하게 하고, 장사(匠事)는 영선사(營繕司)에서 거행하게 하라. 예식원(禮式院)에서 정문(旌門)을 세우고 시호를 주는 은전을 시행하게 하되, 시장(諡狀)을 기다릴 것 없이 정문을 세우기 전에 시호를 의논하도록 하라. 성복(成服)하는 날 정경(正卿)을 파견하여 치제(致祭)하게 하되 제문(祭文)은 마땅히 친히 지어서 내려 보낼 것이며, 모든 관리들은 나아가라." 하였다.

또 조령을 내리기를,

"졸한 특진관 조병세의 상에 각종 비단 10필(疋), 무명과 베 각각 5동(同), 돈 1,000환(圜), 쌀 30석(石), 전칠(全漆) 1두(斗)를 특별히 수송하라." 하였다.

또 조령을 내리기를,

"졸한 조 특진관의 상에 비서 승(祕書丞)을 보내 자식들을 구휼하고 오게 하라." 하였다.

이어 충정(忠正)이라는 시호를 내렸다.

이용직이 조병세가 남긴 상소문을 올리다

종1품 이용직(李容稙)이 올린 상소의 대략에,

"신의 장인인 원임 의정(原任議政) 신 조병세(趙秉世)가 오적을 처단하고 새 조약을 파기하는 일에 대해 유서로 남긴 상소문의 초본이 있어 의리상 차마 없애버릴 수 없어 이에 감히 봉해 올립니다. 삼가 바라건대 황상께서는 이 글을 두고 잘 살펴 결연히 소청을 준허하여, 종묘사직과 백성들을 보전할 계책을 완수하시어 죽은 사람이 유감이 없게 하소서."

하니, 비답하기를,

"조 특진관(趙特進官)이 남긴 상소를 보고 더욱 마음이 슬퍼진다. 어찌 마음속에 새겨두지 않겠는가?"

하였다. 그가 남긴 상소에 이르기를,

"신이 늘그막에 죽지 못하여 국가의 위망(危亡)이 목전에 임박한 것을 목격하고, 병든 몸을 끌고 도성에 들어와 주사(奏辭)와 차자(箚子)를 올려 여러 번 번거롭게 해드리면서 그칠 줄을 모른 것은 혹시 일말이나마 나라를 구원할 수 있으리라 기대했기 때문입니다. 사변이 끝없다는 것을 헤아리지 못하고 마침내 외국 군대에게 구속을 당하기까지 하여 나라에 거듭 치욕을 입히고서도 이렇듯 모욕을 참고 구차히 연명한 것은 행여 폐하께서 마음을 돌리시리라 기대했기 때문입니다. 그런데 다시 이처럼 수치를 무릅쓰고 백관들의 연명 상소 반열에 서명하였으니, 신은 진실로 논의하는 자들이 죄과를 한층 더 씌우리라는 것을 압니다.

현재 나라가 망하는 것이 당장 눈앞에 임박하였는데도 폐하께서는 단지 4, 5명의 역신(逆臣)들과 문의해서 일을 주선하니 비록 망하지 않으려고 한들 그럴 수 있겠습니까? 신이 이미 폐하 앞에서 한 번 죽음을 결단하지 못하고 심지어 저들의 위협을 받아 잡혀감으로써 나라를 욕되게 하고 자신을 욕되게 하여 스스로 크나큰 죄를 자초했으니, 이것이 어찌 죽을 날이 장차 임박하여 하늘이 그 넋을 빼앗아서 그런 것이 아니겠습니까? 그렇다면 신은 비단 폐하의 죄인일 뿐 아니라 절개를 지키고 죽은 신 민영환(閔泳煥)의 죄인이기도 합니다. 신이 무슨 낯으로 다시 천지 사이에 서겠습니까? 신은 죄가

중하고 성의가 얕아, 살아서는 폐하의 뜻을 감동시켜 역신들을 제거하지 못하고 강제 조약을 파기하지 못한 만큼 죽음으로 나라에 보답하지 않을 수 없기 때문에 감히 폐하와 영결합니다.

신이 죽은 뒤에 진실로 분발하고 결단을 내려, 박제순(朴齊純)·이지용(李址鎔)·이근택(李根澤)·이완용(李完用)·권중현(權重顯) 오적을 대역부도(大逆不道)의 죄로 논하고 코를 베서 처단함으로써 천지와 신인(神人)에게 사례해야 할 것입니다. 그리고 곧 각국의 공관과 교섭해서 허위 조약을 회수해 없앰으로써 국운(國運)을 회복한다면 신이 죽은 날이 태어난 날과 같을 것입니다. 만일 신의 말이 망녕된 것이라고 생각된다면 신의 몸을 가지고 젓을 담가 역적들에게 나눠주소서.

신은 정신이 어지러워 하고자 하는 말을 다하지 못합니다. 아픈 마음이 하늘에 닿아 죽어도 눈을 감지 못할 것입니다. 폐하가 계신 곳을 바라보니 눈물이 샘처럼 솟구쳐 흐를 뿐입니다. 오직 성명께서 가엾게 여기고 용서하여 죽는 사람의 말을 채용해 주신다면 종묘사직의 매우 다행한 일이고 천하의 매우 다행한 일일 것입니다. 신은 피눈물이 흐르고 목이 메는 것을 금치 못하며 삼가 자결한다는 것을 아룁니다." 하였다.

참고문헌

〈다음백과사전〉, 〈철종실록〉, 〈고종실록〉, 〈조병세 묘비 : 김충현 지음〉, 〈양조조씨세보〉

이근명(李根命)

본관은 전의이고 자는 순구(舜九)이다. 헌종 6(1840)년에 태어나서 순종 9(1916)년에 죽었다.

재임기간

고종 40(1903)년 1월 22일593) - 고종 40(1903)년 5월 15일594) ※ 후임 윤용선
고종 40(1903)년 9월 12일595) - 고종 41(1904)년 1월 22일596) ※ 후임 이근명
고종 41(1904)년 1월 25일597) - 고종 41(1904)년 3월 17일598) ※ 후임 이근명599)
고종 41(1904)년 11월 5일600) - 고종 42(1905)년 1월 7일601) ※ 후임 민영규602)

가문

친아버지는 흥민(興敏)인데 예조 판서·공조 판서·이조 판서를 역임했고 양아버지는 흥민의 형 공조 판서 시민(時敏)이다. 할아버지 익회(翊會)는 대사헌과 한성부 판윤을 역임했다. 시민의 생부는 낙배(樂培)인데 이조 참의 득배(得培)에게 입양되었다. 따라서 근명의 증조부는 득배로 이어진다. 득배 또한 생부가 덕부(德孚)이지만 정언과 부안 현감을 역임한 김창흡의 사위 덕재(德載)에게 입양되어 덕재가 고조부가 된다. 5대조는 지돈녕부사 징하(徵夏)이고 6대조는 황해도 관찰사 만웅(萬雄)이며 7대조는 좌승지·동지중추부사를 역임한 행건(行健)이고 8대조는 신계 현령 중기(重其)이다. 9대조는 승문원 부정자 기준(耆俊)이고 10대조는 강계 부사와 함경북도 병마절도사를 역임한 제신(濟

---

593) 정1품 이근명을 의정부 의정에 임용하고 칙임관 1등에 서임하였다.
594) 의정 이근명이 상소하여 재상 직을 사임시켜줄 것을 청한데 대해, …… 체차해주었다.
595) 영돈녕원사 이근명을 의정부 의정에 임용하고 칙임관 1등에 서임하였다.
596) 의정부 의정 이근명이 거듭 상소하여 직책을 사직하니, …… 체차해주었다.
597) 궁내부 특진관 이근명을 의정부 의정에 …
598) 의정부 의정 이근명이 상소하여 직책을 사직시켜줄 것을 청하니, …… 체차해주었다.
599) 박제순 서리 거쳐
600) 특진관 이근명을 의정부 의정에 임용하고 칙임관 1등에 서임하였다.
601) 의정부 의정 이근명이 올린 상소에 …… 사임하고 궁내부 특진관으로…
602) 조병식 서리 거쳐 이완용 서리 거쳐

田)인데 영의정 상진(尙震)의 손녀사위이기도 하다. 11대조는 황주 목사·병마절도사를 역임한 문성(文誠)이고 12대조는 흡곡 현령 인손(仁孫)이며603) 13대조는 사재감 부정 윤순(允純)이고604) 14대조는 병조 참의 예장(禮長)이다. 15대조는 한성부 부윤 사관(士寬)이고 16대조는 강원도 관찰사 정간(貞幹)이며 17대조는 개성윤·공주 목사 구직(丘直)이고 18대조는 전법 좌랑 득영(得榮)이며 19대조는 지밀직사사 선부전서 자화(子華)이다. 20대조는 문하평장사 천(仟)이고 21대조는 보승별장 순(順)이며 22대조는 형부시랑 윤관(允寬)이다. 23대조는 천우위 대장군 문경(文景)이고 24대조는 병부상서 수영(秀英)이며 25대조는 정용위 대장군 강(康)이고 26대조는 전의이씨 시조 태사 도(棹)이다.

장인은 해평인 윤우석(尹禹錫)이고 친외할아버지는 파평인 윤도일(尹度一)이며 양외할아버지는 청풍인 현령 김세연(金世淵)이다.

아들은 비서원승 의로(義魯)이다.

🧊 생애

한일조약이 체결되자 체결자를 처벌하라고 상소했으나 뒤에 친일파로 변신해 이화대수장을 받고 한일합병이 이루어지자 자작의 칭호를 받은 친일파이다.

철종 10(1859)년 진사가 되었으며 고종 7(1870)년 생원으로 직부전시의 명을 받고 고종 8년 정시문과에서 병과로 급제하고 같은 해에 한림록과 한림소시에 연달아 뽑혔다. 고종 9년 겸열로 등용되어 고종 11(1874)년 통정대부에 가자되었다. 고종 17(1880)년 성균관 대사성에 임명되고 고종 23(1886)년 이조 참판에 임명되었으며 고종 25(1888)년 대사성에 제수되었다. 고종 27년에는 좌승지·대사헌을 역임하고 고종 29(1892)년에는 예방승지·대사헌을 역임하고 고종 30년 이조 참판으로 전임되었다. 고종 31(1894)년 대사헌

---

603) 친아버지는 양주 목사 공달(公達)이다.
604) 친할아버지는 장례원 판결사·강화 도호부사 시보(時珤)이다.

을 역임하고 고종 32년 궁내부 특진관에 임명된 뒤에 춘천부 관찰사[605]로 나갔다가 고종 33년 평안남도 관찰사로 전임되었다. 고종 34(1897)년 영선 사장에 임명되었다가 고종 35년 궁내부 특진관·영희전 대조·비서원경·의정부 찬정 겸 태의원경·경효전 제조·내부대신에 차례로 임명되었다. 고종 36년 궁내부 특진관·중추원 의관·시종원경·장례원경·궁내부 특진관·예의사·홍문관 학사에 임명되었다. 고종 37(1900)년에 궁내부 특진관·시종원경·궁내부 특진관을 차례로 역임하고 고종 38년에는 태의원경·궁내부 특진관을 역임하고 고종 39년 경기도 관찰사에 임명되었다. 고종 40(1903)년 홍문관 학사를 역임하고 1월 대광보국숭록대부로 가자되어 의정부 의정[606]에 제수되었다. 그러나 같은 해 5월 사직소를 올려 의정에서 사직하고 태의원 도제조를 거쳐 영돈녕원사[607]에 임명되었다가 이 해 9월 다시 의정부 의정에 임명되어 태의원 도제조를 겸했다. 고종 41년 1월 22일 의정부 의정에서 물러나 궁내부 특진관으로 있다가 3일 뒤인 1월 25일 의정부 의정에 임명되었다. 그러나 다시 사직을 원하는 상소를 내어 3월 의정에서 사직하고 다시 궁내부 특진관으로 물러나 있었으나 같은 해 11월에 다시 의정부 의정에 임명되었다. 고종 42(1905)년 1월 의정직에서 물러나 궁내부 특진관으로 있을 때에 한일조약이 체결되자 체결자를 처벌하라는 상소를 수차례 올렸다. 이로 인해 문외출송되었다가 고종 43년 영돈녕원사로 관직에 복귀하여 태의원 도제조를 겸했다. 고종 44년 이화대수장(훈장)을 받았으며 규장각 지후관에 임명되었다가 봉상시 도제조가 되었다.

순종 즉위(1907)년 궁내부 특진관으로 전임되었고 순종 3(1910)년 한일합방이 이루어지자 자작의 칭호가 내려졌다. 순종 8(1915)년 회혼식에 일금 200원을 하사받았으며 순종 9(1916)년에 죽었다. <순종실록> 순종 9(1916)년 6월 21일자 첫 번째 기사에 '자작 이근명의 상에 200원을 하사하고 덕

---

605) 강원도관찰사
606) 영의정, 좌의정, 우의정이란 직제를 없애고 의정부 의정으로 직제 개편되었기 때문에 영의정에 해당한다.
607) 영돈녕부사에 해당하는 직책

수궁에서도 100원을 하사하다'는 기사가 있으며 장례식은 6월 27일에 있었는데 사무관 박주빈을 참여시켰고 덕수궁에서는 사무관 이항구를 참석시켰다는 기사가 있다.

🎲 평가

사무관 박주빈을 이근명의 상에 보내어 조의를 전달하고 돈을 하사하다

사무관(事務官) 박주빈(朴冑彬)을 자작(子爵) 이근명(李根命)의 상(喪)에 보내어 조의를 전달하게 하고 이어서 돈 200원을 특별히 하사하였다. 덕수궁(德壽宮)에서도 돈 100원을 하사하였다.

박주빈과 이항구를 보내어 이근명의 장의에 참석하게 하다

자작(子爵) 이근명(李根命)의 장의(葬儀)에 사무관(事務官) 박주빈(朴冑彬)을, 덕수궁(德壽宮)에서는 사무관(事務官) 이항구(李恒九)를 보내어 예식에 참석하게 하였다.

참고문헌

〈철종실록〉, 〈고종실록〉, 〈순종실록〉, 〈전의이씨청강공파보〉

민영규(閔泳奎)

본관은 여흥이고 자는 경오(景五)이다. 헌종 12(1846)년에 태어나서 1922년에 죽었다.

재임기간

고종 43(1906)년 5월 28일[608] - 고종 43(1906)년 6월 12일[609] ※ 후임 조병호

가문

아버지는 공조 참판 경호(璟鎬)이고 할아버지는 치대(致大)이며 증조부는 첨지중추부사 단현(端顯)이고 고조부는 백술(百述)이다. 5대조는 익위사 익위 낙수(樂洙)이고 6대조는 인현왕후(仁顯王后)의 아버지인 여양부원군(驪陽府院君) 유중(維重)이며 7대조는 강원도 관찰사 겸 병마수군절도사 순찰사 광훈(光勳)이다. 8대조는 경주 부윤 겸 경주진 병마절도사 기(機)이고 9대조는 창신 교위(彰信校尉) 여준(汝俊)이며 10대조는 문천 군수(文川郡守) 사용(思容)이다. 13대조는 의정부 좌참찬 제인(帝仁)이고 12대조는 성균관 전적 귀손(龜孫)이며 13대조는 봉상시 첨정 지제교 수(粹)이고 14대조는 사헌부 집의 충원(冲源)이다. 15대조는 형조 참판 심언(審言)이고 16대조는 전농 소윤 지생(智生)이며 17대조는 대제학 유(愉)이다. 18대조는 판밀직시사 · 진현관 대제학 적(頔)이다. 적 이상의 세계는 민제와 같다.

장인은 청송인 도정 심원영(沈遠榮)이고 외할아버지는 해주인 진사 치기(致琦)이다.

아들은 시강원 첨사 봉식(鳳植)인데 봉식은 아들이 없어서 군수 정식(貞植)의 아들을 입양했다. 딸은 연안이 참봉 김종원(金鍾元)과 결혼했다. 정식의 아들이 병삼(丙三)인데 친일파로 영규의 자작을 습승했다.

---

608) 정1품 민영규를 의정부 의정대신에 제배하였다.
609) 의정부 의정대신 민영규가 재차 상소하여 사직하니, …… 체차해주었다.

🎲 생애

인현왕후의 아버지 여양부원군 유중의 7세손이다. 친일파로 이화대수장을 수여받고 한일합방이 이루어지자 자작의 지위와 함께 사금 5만 원을 받았다.

고종 12(1875)년 '유학 민영규를 직부전시하게 하라'는 고종의 명에 따라 별시문과에 응시하여 병과로 급제했다. 주서·설서를 거쳐 고종 13년 병조 정랑에 임명되었으며 고종 14년 홍문관 수찬을 역임하고 고종 15년 부교리에 임명되었다. 고종 16년 동부승지에 임명되었고 고종 18(1881)년 이조 참의에 임명되었으며 고종 19년에는 형조 참판·예조 참판을 역임하고 고종 22(1885)년 경주 부윤을 역임했다. 고종 23(1886)년 강화부 유수에 임명되었고 고종 24년 협판내무 부사에 임명되었다. 고종 25(1888)년 형조 판서로 승진하여 부사·이조 판서·경기도 관찰사를 역임하고 고종 30년 수원부 유수로 나갔다. 고종 31년 병조 판서에 임명되었으나 갑오경장으로 김홍집 내각이 조직되자 병조 판서에서 면직되었다. 고종 32년 종1품으로 승진하여 궁내부 특진관을 역임하고 고종 33년 빈전 제조에 임명되었으며 고종 34년 장례원경으로 홍문관 학사를 겸하다가 태의원경·궁내부 대신으로 전임되었다. 고종 35년 태의원경·궁내부 특진관·태의원경을 역임하고 궁내부 특진관에 임명되었으나 해임을 요청하여 허락받고 물러났다. 같은 해에 궁내부 특진관에 임명된 뒤 시종원경·홍문관 학사·궁내부 특진관·장례원경·궁내부 특진관·양지아문 총재관을 역임했다. 고종 39(1902)년 판돈 녕원사를 역임하고 궁내부 특진관에 임명되었으며 고종 41(1904)년 시종원경·궁내부 특진관·태의원경·궁내부 특진관·판돈녕원사에 임명되었다. 고종 42(1905)년 판돈녕사사가 되어 훈2등 팔과정과 훈2등 태극장을 받았다. 그 해에 중추원 참의에 임명되었고 고종 43(1906)년 5월 대광보국숭록대부에 가자되어 의정부 의정대신에 임명되어 각사의 도제조를 겸했으나 이 해 6월에 사직소를 올려 체차를 허락받고 물러났다. 같은 해에 궁내부 특진관에 임명되어 태극장을 수여받고 태의원 도제조를 겸했으며 고종 44(1907)년 영돈녕원사에 임명되었다.

　순종 즉위(1907)년 궁내부 특진관에 임명되어 이화대수장을 수여받았고 규장각 지후관에 임명되었다. 순종 3(1910)년 한일합방으로 나라가 일본의 식민지로 바뀌면서 자작의 지위와 사금 5만원을 받았다. 순종 9(1916)년에는 200원을 하사받았고 순종 12년 재국상자 서사관에 임명되었으며 순종 14년 부모도감 제조에 임명되었다. 순종 16(1923)년 죽었다.

　<순종실록> 순종 16(1923)년 11월 22일 첫 번째 기사에 '자작 민영규의 상에 장수금을 하사하다'는 기록이 있다.

📦 평가
　자작 민영규의 상에 장수금을 하사하다

　특별히 자작(子爵) 민영규(閔泳奎)의 상(喪)에 장수금(葬需金)으로 일금 500원을 하사하였다.

참고문헌

〈고종실록〉, 〈순종실록〉, 〈다음백과사전〉, 〈여흥민씨족보〉

조병호(趙秉鎬)

본관은 임천이고 자는 덕경(德卿)이며 시호는 문헌(文獻)이다. 헌종 13(1847)년에 태어나서 순종 3(1910)년에 죽었다.

📦 재임기간

고종 43(1906)년 6월 18일[610] – 고종 43(1906)년 7월 5일[611] ※ 후임 조병호
고종 43(1906)년 12월 22일[612] – 고종 44(1907)년 2월 4일[613] ※ 후임 이완용[614]

📦 가문

아버지는 공조 참판·동지돈녕부사 기진(基晉)이고 할아버지는 통덕랑 학준(學準)이며 증조부는 통덕랑 덕형(德洞)이고 고조부는 명규(明奎)이다. 명규는 부사·상주진관병마동첨절제사를 역임했다. 5대조는 정만(正萬)인데 지돈녕부사·한성부 판윤·공조 판서·형조 판서·지중추부사를 역임했다. 6대조 경망(景望)은 합천 군수·병마진관병마절제도위를 역임했다. 7대조 석형(錫馨)은 세마·부수를 역임했고 8대조 희일(希逸)은 예조 참판과 형조 참판을 역임했다. 9대조는 동부승지 원(瑗)이고 10대조는 응관(應寬)[615]이며 11대조는 승문원 참교·내섬시정 익(翊)이고 12대조는 성균관 사성 원경(元卿)이다. 13대조는 예랑 요(瑤)이고 14대조는 생원 숭진(崇珍)이며 15대조는 영춘감무 광(廣)이고 16대조는 목사 연성(連城)이며 17대조부터 21대조는 실전되었고 22대조는 수문화시중평장사 천혁(天赫)인데 임천조씨의 시조이다.

장인은 풍산인 이조 판서 홍우길(洪祐吉)이고 외할아버지는 연안인 김상연(金祥淵)이다.

---

610) 정1품 조병호를 의정부 의정대신에 임용하였다.
611) 의정부 의정대신 조병호가 재차 상소하여 사직하니, …… 체차해주었다.
612) 특진관 조병호를 의정부 의정대신에 임용하였다.
613) 의정대신 조병호가 사직상소를 올린데 대하여 …… 뜻에 따라주고 궁내부 특진관으로 …(의정부를 내각으로 고칠 것을 명하다)
614) 의정부를 내각으로 고치다
615) 원의 친아버지는 병조 정랑 응공(應恭)이다.

아들은 1남은 교리·비서승 한복(漢復)이고 2남은 희릉 참봉 한석(漢石)이며 3남은 찬서·비서승 한벽(漢壁)이다. 딸은 청주인 한형석(韓衡錫)과 결혼했다.

형은 청양 현감 성호(性鎬)와 판돈녕부사·홍문관 학사 경호(慶鎬)이고 아우는 정호(政鎬)이다. 서제로 주사 도사 영호(泳鎬)와 주사 긍호(兢鎬)와 검서 홍호(興鎬)와 행호(幸鎬)가 있다. 경호는 흥선대원군 이하응(李昰應)의 맏사위인데 형조 판서·우참찬·한성부 판윤·예조 판서·판돈녕원사를 역임하고 한일합방 이후 남작의 지위와 은사금이 내려졌으나 모두 거절했다. 경호의 아들은 한국(漢國)인데 참판을 역임했다. 정호가 작위를 거절하자 아들 한국에게 습작의 형식으로 주려 했으나 한국도 거절했다.

🎁 생애

임오군란이 일어나자 일본 공사 하나부사 일행을 장악원으로 피신시켜 보호하고 청나라 군대가 입성하자 우장청의 영접관이 되었다. 갑신정변 이후에 독판통상사무에 임명되어 일본에 망명중인 김옥균과 박영효의 소환을 요구했다. 광무개혁 때에는 핵심적인 역할을 했다.

고종 3(1866)년 정시문과에서 병과로 급제하고 한림권점에 뽑힌 뒤에 홍문관 관원으로 법규교정소 의정관을 역임했다. 고종 4년 한림소시에 선발되었고 고종 5(1869)년 홍문록에 오르고 동지 겸 사은사의 서장관으로 청나라에 다녀왔다. 고종 7(1871)년 홍문관 응교로 승진하고 고종 9년 종친부정과 동부승지에 임명되었다. 고종 14년에는 우승지에 임명되고 고종 16년에는 대사성에 임명되었다. 고종 17(1880)년 이조 참의를 역임하고 고종 18(1881)년 도총부 부총관에 임명되어 수신사로 일본에 다녀왔다. 일본에 가서 개항 조약의 무관세를 시정하여 새 통상장정을 체결하고 해관세칙을 협정하기 위해 일본에 건너가 이노우에 하나부사 등과 회담했으나 일본측의 불응으로 성과 없이 귀국했다. 고종 19(1882)년 도승지로 있을 때 임오군란이 일어나자 일본공사 하나부사 일행을 장악원으로 피신시켜 보호하고 청군이 입성하자 우장청(吳長慶)의 영접관이 되었다. 또한 민비의 국상 발표에 반대하였다. 그 뒤 이조 참판을 역임하고 충주 목사로 내려갔는데 중궁전을 맞이할 때 배종하지 않고 어공도 진상하지 않아서 원지에 정배되었다.

고종 20년 안동 부사로 나갔는데 동래부에 민란이 일어나자 동래부 안핵어사를 겸하면서 민란을 수습했다. 이어서 성주에 민란이 발생하자 성주목 암행어사가 되어 민란을 수습했다.

고종 21년 갑오정변이 일어나자 교섭통상사무독판을 맡아서 김옥균·박영효의 소환을 일본 정부에 요구하는 등 사대당 정책 수행에 노력하였다. 강화부 유수로 나갔다가 고종 22(1885)년 공조 판서에 오른 뒤에 예조 판서·한성부 판윤·형조 판서를 역임하고 다음 해에 다시 예조 판서에 임명되었다. 고종 26(1889)년에는 우참찬·한성부 판윤·협판내무부사·의정부 좌참찬에 임명되었고 고종 27년에는 약원 제조·우참찬·예조 판서·추상존호도감 제조·예조 판서에 임명되었다. 고종 29년에 잠시 물러있다 다시 예조 판서에 임명되었다가 우참찬으로 전임되었다. 고종 30년에 다시 예조 판서에 임명되었다가 충청도 관찰사로 옮겼다. 고종 31(1894)년 경상도 관찰사로 있을 때 동학의 무리 유효순 등 4명을 효경하고 고종 32년 장례원 경에 임명되어 돌아왔다. 고종 33년에는 궁내부 특진관으로 있다가 장례원 경으로 전직하고 빈전도감 제조를 겸하였다. 고종 34년에는 의정부 참찬·태의원경·탁지부대신·학부대신·탁지부대신을 역임하고 고종 36년에는 궁내부 특진관·장례원경·궁내부 특진관·장례원경·궁내부 특진관을 차례로 역임하였다. 고종 41(1904)년 내부대신·어공원경에 임명되었다가 고종 42년 황해도 관찰사에 제수되었으나 부임하기도 전에 탁지부대신에 임명되고 이어서 홍문관 학사·의정부 참정대신 겸 태의원 도제조에 임명되었으나 체직을 원하는 상소를 올려 체직되었다. 바로 궁내부 특진관에 임명되었다가 고종 43년 6월 의정부 의정대신(영의정, 좌의정, 우의정을 통합하여 의정부 대신으로 직제 개편)으로 승진했다. 그러나 이 해 7월 사직소를 올려 의정에서 체직되어 궁내부 특진관에 임명되었다. 같은 해 12월에 다시 의정에 임명되었으나 고종 44년 2월 사직소를 내어 의정에서 물러났다. 이 해에 1등에 서훈되어 태극장을 받고 궁내부 특진관·봉상시 제조·규장각 지후관에 임명되었으며 대훈에 서훈되어 이화대수장을 받았다. 순종 3(1910)년에 죽었다. 4월 14일 문헌(文獻)이란 시호가 내려졌다.

<순종실록> 순종 3(1910)년 4월 13일 첫 번째 기사에 '규장각 지후관 조병호가 졸하였다'는 기록이 있다.

■ 평가

규장각 지후관 조병호가 졸하다

…… 조령(詔令)을 내리기를,

"이 대신은 단정하고 성실하며 화락하고 부드러운 몸가짐과 평이하고 조심하는 지조로 지방관과 중앙의 관리를 두루 지내며 오래 전에 현저한 공적을 나타냈다. 등용된 지 얼마 안 되어 결연히 시골로 돌아갔는데 노숙하고 우애(憂愛)하는 정성은 벼슬을 떠나서도 차이가 없었다. 짐(朕)의 신임이 컸었는데 이제 갑자기 세상을 떠났다는 부고(訃告)를 받고 보니 비통하기 그지없다. ……" 하였다.

참고문헌

〈다음백과사전〉, 〈고종실록〉, 〈순종실록〉, 〈임천조씨대동세보〉

이완용(李完用)

본관은 우봉이고 자는 경덕(敬德)이며 호는 일당(一堂)이다. 한일합방 뒤에 백작이 되고 이어서 후작이 되었다. 철종 9(1858)년에 태어나서 순종 19(1926)년에 죽었다.

🎲 재임기간

고종 44(1907)년 6월 14일[616] – 순종 3(1910)년 8월 22일[617]

🎲 가문

이완용의 가문은 대대로 노론계에 속해 있었다. 그러나 7대조부터 벼슬이 없어 집안이 매우 열악했다. 열한 살 때 17대조에서 갈라진 호준의 양자로 들어갔다. 양자는 당내에서 하는 것이 관례이지만 이완용은 33촌 아저씨뻘 되는 호준의 양자로 들어갔다. 이 글에서는 양부모와 친부모만 소개하는 것으로 일관했다. 그러나 이완용이 매국노라는 관점과 일반적인 양자의 법규에서 어긋나 친가와 양가가 17대조 전객판서 득구(得丘) 이후에 갈라졌기 때문에 친가와 양가의 가계가 완전히 다르다. 따라서 이 글에서는 친가와 양가의 가계를 모두 밝히도록 한다.

친가

친아버지는 선공 감역 석준(奭俊)인데 다른 이름은 호석(鎬奭)이다. 할아버지는 규(圭)이고 증조부는 광엽(光燁)이며 고조부는 장(樟)이다. 5대조는 제화(濟華)이고 6대조는 척(滌)이며 7대조는 후응(後膺)이고 8대조는 상의첨정 우(寓)이다. 9대조는 동추 겸 오위장 의원(義元)이고 10대조는 밀양 부사 한(僩)이며 11대조는 참봉 세명(世銘)이다. 12대조는 사헌부 장령 집(緝)이고 13대조는 호조 참판 근계(根繼)이며 14대조는 병조 판서 순(淳)이다. 15대조는 방년(芳年)이고

---

616) 정2품 이완용을 내각 총리대신에 임용하였다.
617) 한일합방으로 내각 총리대신에서 물러남.

16대조는 교(喬)이며 17대조는 전객 판서 득구(得丘)이다. 18대조는 판군자감사 희담(希聃)이고 19대조는 참지정사 시(蒔)이며 20대조는 강릉 부사 연종(延宗)이다. 21대조는 문하평장사 의(儀)이고 22대조는 문하시중 공정(公靖)인데 우봉이씨의 시조이다.

장인은 양주인 증 규장각 대제학 조병익(趙秉翼)인데 조병익은 이조 판서 조재순(趙在淳)의 아들이다. 외할아버지는 초배는 풍산인 통덕랑 홍퇴영(洪退榮)인데 영의정 홍봉한(洪鳳漢)의 손자이고 계배는 영산인 신석우(辛錫祐)이다.

형은 종묘령(宗廟令) 면용(冕用)이고 누이들은 각각 전의인 이현세(李顯世)·청풍인 김동섬(金東暹)·해주인 오득영(吳得泳)과 결혼했다. 면용의 1남은 학구(鶴九)이고 2남은 인구(麟九)인데 학구는 병수(丙壽)와 병성(丙星)을 낳았고 인구는 병훈(丙勳)을 낳았다.

양가

양아버지는 이조 판서·병조 판서·판중추부사 호준(鎬俊)이고 할아버지는 정산 현감 식(埴)이며 증조부는 생원 광유(光裕)이다. 고조부는 명릉 참봉 뇌(耒)이고 5대조는 통덕랑 명빈(命彬)이며 6대조는 세마 구(絿)이다. 7대조는 형조 판서 만성(晩成)이고 8대조는 흡(翕)이며 9대조는 유경(有敬)이다. 10대조는 협(恊)이고 11대조는 참봉 영준(英俊)이며 12대조는 통덕랑 묵(默)이다. 13대조는 생원 승녕(承寧)이고 14대조는 사헌부 감찰 기(圻)이며 15대조는 황해도 도관찰출척사 겸 병마수군절도사 길배(吉培)이다. 16대조는 판종부시사 주(周)이고 17대조는 전객판서 득구(得丘)이다. 득구는 완용의 친가로 17대조이기 때문에 득구 이상의 세계는 친가와 같다.

양가로 외할아버지가 두 명인데 여흥인 직장 민용현(閔龍顯)이고 계배는 풍천인 임(任)씨이다. 민용현은 인현왕후의 아버지인 여양부원군 민유중(閔維重)의 고손자이다. 민용현은 아들이 둘인데 1남은 판의금부사 민치서(閔致序)이고 2남은 강원도 관찰사 민치상(閔致庠)이다.

아들은 1남이 승지 승구(升九)이고 2남은 이왕직 장관 항구(恒九)이다. 딸은 홍운표(洪運杓)와 결혼했다.

손자로는 승구가 아들이 없어서 항구의 아들 병길(丙吉)을 입양했는데 병길이 대한사격연맹 사무국장 윤형(允衡)과 달형(鐽衡)·두형(斗衡)을 낳았다. 윤형은 영무(韺茂)·준무(埈茂)·승무(昇茂)를 낳았고 윤형의 딸은 미국인 헬렌과 결혼했다.

항구는 병길(丙吉)·병주(丙周)·병철(丙喆)·병희(丙喜)를 낳았다. 병길은 형 승구에게 입양되었고 <우봉이씨세보>에는 이름만 기록되어 있고 이 이후의 세계는 기록되지 않았다.

이복 서형으로 민족 반역자 윤용(允用)이 있다.[618] 윤용은 형조 판서·좌우포장·경무사 육군부장(陸軍副將)·군부대신·농상대신·경상도 관찰사를 역임했으며 이화장을 받았다. 흥선대원군(興宣大院君) 이하응(李昰應)의 서녀와 결혼했다. 누이들은 각각 조대비의 조카인 풍양인 조성하(趙成夏)·연안인 김준연(金準淵)·청주인 한관수(韓觀洙)·양주인 조영희(趙英熙)와 결혼했다.

🎁 생애

영락한 선비 집안에 태어났으나 33촌 아저씨뻘 되는 부자집으로 입양되어 총리대신에 오른 인물이다. 처음에는 수구파였으나 시류에 따라 친미파로 변신하고 친러파로 변신하였다가 친일파로 변신하였다. 이토 히로부미와 을사늑약을 체결하여 외교권을 박탈시킨 을사오적이고, 이토 히로부미와 한일조약(정미칠조약)을 체결하여 내정권을 박탈시킨 정미칠적이며, 데라우치 마사타케와 한일합병조약을 체결하여 나라를 일본에 바친 만고의 역적이다.

열한 살 때 33촌뻘 아저씨 되는 호준에게 입양되어 집안에 독선생과 서예의 대가들을 불러 학문과 글씨를 배우고 열세 살 때 양주인 이조 판서 조재순(趙在淳)의 아들인 조병익의 딸과 결혼했다.

고종 19(1882)년 스물다섯 살 나이로 증광별시문과에서 병과로 급제하고

---

618) 완용의 양아버지인 호준의 서자이다. 호준의 친아들이었으나 서자였기 때문에 호준은 완용을 양자로 삼았다.

고종 23(1886)년 규장각 대교·홍문관 수찬·의정부 검상·해방영군사마 등을 역임했다. 홍문관 수찬으로 있을 때 민종식·이준용과 함께 갑신정변을 일으킨 신기선 등을 처벌하라고 여섯 차례 상소했다. 이 해 8월에 귀족의 자제를 뽑아 산수, 언어, 정치, 물리 등을 가르치는 육영공원이 설립되자 육영공원에 입학하여 신학문을 배웠다. 고종 24년 응교·시강원 겸 사서를 지내고 주미특파전권공사 박정양을 따라서 참찬관으로 미국에 갔다가 풍토병에 걸려서 다음해 5월에 귀국했다. 돌아와서 승정원 동부승지·이조 참의·외무 참의에 임명되었다. 고종 25(1888)년 전보국 회판·이조 참의·교섭통상사무 참의를 차례로 역임하고 다시 주차미국 참찬관으로 갔다가 전권공사 박정양이 조선의 종주권을 내건 청나라의 외교정책에 반대하다가 원세계의 압력을 받아 귀국하자 박정양의 후임으로 대리공사로 승진했다. 고종 27년 귀국함으로 구미파로 알려졌다. 돌아와서 참의내무부사에 임명되었으며 고종 28년 성균관 대사성·예모관·행좌승지·협판내무부사를 역임하고 고종 29(1892)년 이조 참판·육영공원 관리공사에 임명됐다. 고종 31(1894)년 생모가 죽어서 시묘했다. 이때는 동학농민전쟁이 일어나고 청일전쟁이 벌어졌으며 김홍집의 친일내각이 성립되고 민씨 정권이 무너질 때인데 이러한 변혁기에 관직에서 물러나 있었다. 같은 해에 주일 전권공사에 임명되었으나 상중이라는 핑계를 대고 사양했다가 김홍집 내각의 외무협판에 임명되었다. 이때 미국·러시아·유럽의 강대국과 연결되는 정치집단인 정동파의 일원이 되었다. 고종 32(1895)년 김홍집 내각이 물러나고 박정양 내각이 성립되자 학부대신으로 승진해서 성균관을 개편해서 역사와 지리를 가르치게 하고 소학교령을 공포하여 초등교육을 강화하는 한편 한성사범학교를 설립하게 했다. 민비시해사건(을미사변)이 발생하고 3차 김홍집 내각이 성립되자 학부대신에서 물러나 미국 공사관 서기관 알렌의 주선으로 미국 공사관에 피신해서 중추원 의관으로 기용되었다. 고종 33(1896)년 이범진(李範晉)·안경수 등과 함께 고종을 러시아 공관으로 파천시키고 친러 박정양 내각이 출법하자 그 공로로 박정양 내각에서 외부대신에 임명된 뒤에 탁지부대신 임시 서리와 학부대신 임시 서리를 겸했다. 이 해에 외교관료 중심의 정동구락부 회원이 되어 온건 개화파들이 주축이 되어 있는 독립협회에 정동구락부 회원으로 가입하여 창립총회 위원장이 되어 독립문 정초식을 주도했다. 고종 34(1897)년 찬정 외부대신으로 교전소 부총재대원을 겸했으며 이어서 학부대신에 임명되었다. 이 해에 고종이 러시아 공사관에서 돌아와 대한제국이 수립되자 친러파로 몰려 평안남도 관찰사·중추원 1등 의관·비서원경을 역임했다. 고종 35(1898)년 전라북도 관찰사에 임명된 뒤 전라북도 위유사를 겸했으며 고종 36년 전주 완산비문 서사관을 겸하는 등 외직으로 전전하다가 고종 38(1901)년 궁내부 특진관에 제수되었으나 양아버지가 죽어 사직하고 시묘했다. 고종 41(1904)년 2월 러일전쟁이 발발하고 일본이 승리했다. 이 해 11월 궁내부 특진관·사서관에 임명되었고 친러파에서 친일파로 또 한 번 변신한다. 고종 42년 학부대신에 임명되어 일본특파대사 이토(伊藤博文)가 조약 체결을 제의하자 일본군의 무력시위 아래 어전회의를 열어 고종을 협박하여 조약(을사늑약)을 체결하게 함으로써 박제순·이지용·이근택·권중현과 함께 을사오적이 되었다. 조약이 체결되자 조병세가 상소를 남기고 자살했고 이용직이 고종에게 상소를 올렸다. 을사늑약이 체결된 뒤에 그 공로로 의정부대신 임시 서리와 외부대신 임시 서리, 그리고 학부대신을 겸하면서 한일통상조약이 체결되었으니 해외에 있는 우리나라 공사를 모두 즉시 소환하라 요구하여 윤허를 받고 외교관을 철수시켰으며 육군부장 민영철의 면직을 요청하여 윤허 받았다. 고종 43년 협상을 체결한 공으로 훈 2등인 태극장에 서훈되었다. 고종 44(1907)년 의정부 참정대신으로 농상공부대신 서리·광산사무국 총재를 겸했다. 이 해 6월에 내각의 관제가 공포되자 내각 총리대신으로 매국노 내각의 수반이 되어 궁내부대신 서리를 겸했다. 이 해에 고종이 일본의 만행을 세계에 알리기 위해 이준 등을 헤이그 만국평화회의에 특사로 파견했다. 이 특사 파견을 계기로 초대통감 이토의 사주를 받아 7월 20일 강제로 고종을 퇴위시켰다. 그리고 서울에 남아있는 나머지 성벽을 헐 것을 주청하여 윤허 받았다.

순종 즉위(1907)년 이토 히로부미와 내정권을 일본에 넘기는 한일협약(정미칠조약)을 체결하여 한국의 내정권 마저 일본에 넘겨주었다. 내정권을 박탈당하게 함으로써 정미칠적이 되었다. 이어서 연호를 일본식으로 고칠 것을 제안하여 윤허 받고 융희로 고쳤으며 8월에는 군대를 해산하는 등 친일 활동을 계속했다. 이 공로로 일본 정부로부터 욱일동화장을 받았고 또 황태자 즉위식에서 수고한 공으로 훈1등에 태극장에 서훈되었고 대훈을 올려 이화장에 서훈되었다. 이 해에 태자소사를 겸하였으며 순종 1(1908)년 학부대신 서리 겸 군부대신 임시서리를 역임했다. 순종 2년 소네 아라스케와를 상대로 한국은행 완립 각서를 작성하고 정부 대표로 대련에 있는 이토오 태사를 위문했다, 이 해에 황후로부터 태자소사 이완용의 처 정경부인 조씨가 훈장 서봉장을 수여 받았다. 순종 2(1909)년 12월 22일 천주교에서 벨기에 황제 레오폴트 2세의 추도식에 참석하고 오던 중에 평양 사람 이재명에 의해 칼에 찔려 중상을 입고 대한의원에서 치료를 받았다. 이 일로 이재명은 교수형으로 처형되었다. 순종 3(1910)년 이완용의 몸조리를 위해 박제순을 총리대신 임시서리로 삼았고 이완용은 위로금 2,000환을 받았다. 또 이완용을 치료한 기쿠치쓰네 사부로 외 4명에 훈장을 수여했으며 이완용의 처는 황후로부터 훈장을 수여받았다. 이 해 8월 22일 데라우치 마사타케와 한일합병조약을 체결하여 나라를 일본에 넘겨주었다. 그 공으로 이완용은 금척대수장을 받았다.

같은 해 10월 7일 백작 칭호를 받았으며 잔무처리수당 60여원과 퇴직금 1,458원 33전을 받았고 세밑에 상으로 666원을 받았다. 일제 강점기인 순종 4(1911)년 조선총독부 중추원 고문에 임명되었으며 그 뒤에도 조선귀족원 회원·농사장려회 회장·조선물산공진협찬회 명예회원·일본제국군인후원회 조선지부 평의원·조선귀족회 부회장 등을 지냈다. '일선융화'를 내세워 한국 황족과 일본 황족간의 혼인을 권장하는 이른바 동화 정책에도 앞장섰다.

순종 8(1915)년 이완용의 딸 결혼에 일금 200원, 덕수궁에서 100원을 하사받았고 순종 9(1916)년 이완용의 처 육순에 200원 덕수궁에서 100원을 하사받았다. 순종 10(1917)년 이완용의 처 회갑에 300원, 덕수궁에서 200원을 하사받았고 순종 11(1918)년 아들 결혼식에 100원을 하사받았다. 같은 해에 이완용의 회갑에 300원 하사받았다. 순종 12(1919)년 3.1운동 때는 독립투쟁을 비난하며 3차에 걸쳐 경고문을 발표했다. 순종 13(1920)년 후작이 되었고 농림주식회사 고문·교육조사위원·총독부 산업조사위원·조선미술전람회 심사원·조선사편찬위원회 고문·조선농업교육연구회 고문·선민노몽연구협회 고문 등의 명예직을 겸하면서 친일 행적을 드러내다가 순종 19(1926)년에 죽었다.

〈순종실록〉 순종 19(1926)년 양력 2월 12일 첫 번째 기사에 '이완용의 상에 제 자료와 물품을 하사하다'는 기사가 있다.

🎁 평가

이완용의 상에 제자료와 물품을 하사하다

…… 후작(侯爵) 이완용(李完用)의 상(喪)에 쓰라고 제자료(祭粢料)로 일금 1,500원(圓)과 관재요금(棺材料金) 200원을 내려주었다. 이어 장의(葬儀)를 행할 때 본직(本職) 차관(次官) 시노다 지사쿠[篠田治策]를 참석하게 하였다. 또한 사등롱(紗燈籠) 20쌍(雙)과 화환(花環) 1대(對)를 내려주었다.

▶ 참고문헌

〈다음백과사전〉, 〈고종실록〉, 〈순종실록〉, 〈우봉이씨세보〉

[역대 영의정 임기]

배극렴	태조 1(1392)년 7월 28일 - 태조 1(1392)년 11월 24일	※ 후임 조준
조 준	태조 1(1392)년 12월 13일 - 정종 1(1399)년 12월 1일	※ 후임 심덕부
심덕부	정종 1(1399)년 12월 1일 - 정종 2(1400)년 3월 3일	※ 후임 성석린
성석린	정종 2(1400)년 3월 15일 - 정종 2(1400)년 8월 21일	※ 후임 민제
민 제	정종 2(1400)년 9월 8일 - 정종 2(1400)년 11월 13일	※ 후임 이거이
이거이	정종 2(1400)년 11월 13일 - 태종 1(1401)년 3월 29일	※ 후임 김사형
김사형	태종 1(1401)년 윤 3월 1일 - 태종 1(1401)년 7월 13일	※ 후임 이서
이 서	태종 1(1401)년 7월 13일 - 태종 2(1402)년 4월 18일	※ 후임 이거이
이거이	태종 2(1402)년 4월 18일 - 태종 2(1402)년 11월 17일	※ 후임 성석린
성석린	태종 2(1402)년 10월 4일 - 태종 3(1403)년 4월 4일	※ 후임 조준
조 준	태종 3(1403)년 7월 16일 - 태종 4(1404)년 6월 6일	※ 후임 조준
조 준	태종 5(1405)년 1월 15일 - 태종 5(1409)년 6월 27일	※ 후임 성석린
성석린	태종 5(1405)년 7월 3일 - 태종 6(1406)년 12월 8일	※ 후임 이서
권중화	태종 6(1406)년 8월 19일 - 태종 6(1406)년 8월 21일 검교영의정	
이 서	태종 6(1406)년 12월 8일 - 태종 6(1406)년 12월 8일	※ 후임 성석린
성석린	태종 7(1407)년 1월 19일 - 태종 7(1407)년 7월 4일	※ 후임 이화
이 화	태종 7(1407)년 7월 4일 - 태종 8(1408)년 1월 3일	※ 후임 하륜
하 륜	태종 8(1408)년 2월 11일 - 태종 9(1409)년 8월 10일	※ 후임 이서
이 서	태종 9(1409)년 8월 10일 - 태종 9(1409)년 10월 11일	※ 후임 하륜
하 륜	태종 9(1409)년 10월 11일 - 태종 11(1411)년 4월 20일	※ 후임 하륜
하 륜	태종 11(1411)년 8월 2일 - 태종 12(1412)년 8월 21일	※ 후임 성석린
성석린	태종 12(1412)년 8월 21일 - 태종 14(1414)년 4월 17일	※ 후임 하륜
하 륜	태종 14(1414)년 4월 17일 - 태종 15(1415)년 5월 17일	※ 후임 성석린
성석린	태종 15(1415)년 10월 28일 - 태종 16(1416)년 5월 25일	※ 후임 남재
남 재	태종 16(1416)년 5월 25일 - 태종 16(1416)년 11월 2일	※ 후임 유정현
유정현	태종 16(1416)년 11월 2일 - 태종 18(1418)년 6월 5일	※ 후임 한상경
한상경	태종 18(1418)년 6월 5일 - 세종 즉위(1418)년 8월 15일	※ 후임 이지
이 지	세종 즉위(1418)년 8월 15일 - 세종 즉위(1418)년 8월 15일	※ 후임 한상경
한상경	세종 즉위(1418)년 8월 15일 - 세종 즉위(1418)년 9월 3일	※ 후임 심온
심 온	세종 즉위(1418)년 9월 3일 - 세종 즉위(1418)년 12월 7일	※ 후임 유정현
유정현	세종 즉위(1418)년 12월 7일 - 세종 6(1424)년 9월 7일	※ 후임 이직
이 직	세종 6(1424)년 9월 7일 - 세종 7(1432)년 12월 16일	※ 후임 이직

이 직	세종 8(1426)년 1월 15일-세종 8(1426)년 5월 13일	※ 후임 황희
황 희	세종 13(1431)년 9월 3일-기록이 없음	※ 후임 황희
황 희	세종 14(1432)년 9월 7일-세종 31(1449)년 10월 5일	※ 후임 하연
하 연	세종 31(1449)년 10월 5일-문종 1(1451)년 7월 13일	※ 후임 황보인
황보인	문종 1(1451)년 10월 27일-단종 1(1453)년 10월 11일	※ 후임 수양대군 이유
이 유	단종 1(1453)년 10월 11일-세조 1(1455)년 윤 6월 11일	※ 후임 정인지
정인지	세조 1(1455)년 윤 6월 11일-세조 2(1456)년 5월 18일	※ 후임 정인지
정인지	세조 2(1456)년 5월 18일-세조 4(1458)년 2월 13일	※ 후임 정창손
정창손	세조 4(1458)년 12월 7일-세조 4(1458)년 12월 18일	※ 후임 강맹경
강맹경	세조 5(1459)년 11월 6일-세조 5(1459)년 11월 11일	※ 후임 신숙주
신숙주	세조 5(1459)년 11월 11일-세조 5(1459)년 11월 15일	※ 후임 강맹경
강맹경	세조 5(1459)년 11월 15일-세조 7(1461)년 4월 17일	※ 후임 정창손
정창손	세조 7(1461)년 4월 29일-세조 8(1462)년 5월 10일	※ 후임 신숙주
신숙주	세조 8(1462)년 5월 20일-세조 12(1466)년 1월 15일	※ 후임 신숙주
신숙주	세조 12(1466)년 1월 15일-세조 12(1466)년 4월 18일	※ 후임 구치관
구치관	세조 12(1466)년 4월 18일-세조 12(1466)년 10월 19일	※ 후임 한명회
한명회	세조 12(1466)년 10월 19일-세조 13(1467)년 4월 6일	※ 후임 황수신
황수신	세조 13(1467)년 4월 6일-세조 13(1467)년 5월 20일	※ 후임 심회
심 회	세조 13(1467)년 5월 20일-세조 13(1467)년 9월 20일	※ 후임 최항
최 항	세조 13(1467)년 9월 20일-세조 13(1467)년 12월 12일	※ 후임 조석문
조석문	세조 13(1467)년 12월 12일-세조 14(1468)년 7월 17일	※ 후임 구성군 이준
이 준	세조 14(1468)년 7월 17일-세조 14(1468)년 12월 20일	※ 후임 박원형
박원형	예종 즉위(1468)년 12월 20일-예종 1(1469)년 1월 22일	※ 후임 한명회
한명회	예종 1(1469)년 1월 23일-예종 1(1469)년 8월 22일	※ 후임 홍윤성
홍윤성	예종 1(1469)년 8월 22일-성종 1(1470)년 4월 6일	※ 후임 윤자운
윤자운	성종 1(1470)년 4월 6일-성종 2(1471)년 10월 23일	※ 후임 신숙주
신숙주	성종 2(1471)년 10월 23일-성종 6(1475)년 6월 21일	※ 후임 정창손
정창손	성종 6(1475)년 7월 1일-성종 16(1485)년 3월 27일	※ 후임 윤필상
윤필상	성종 16(1485)년 3월 28일-성종 24(1493)년 11월 6일	※ 후임 이극배
이극배	성종 24(1493)년 11월 6일-연산군 1(1495)년 3월 20일	※ 후임 노사신
노사신	연산군 1(1495)년 3월 20일-연산군 1(1495)년 9월 16일	※ 후임 신승선
신승선	연산군 1(1495)년 10월 4일-연산군 3(1497)년 3월 29일	※ 후임 한치형
한치형	연산군 6(1500)년 4월 11일-연산군 8(1502)년 10월 3일	※ 후임 성준
성 준	연산군 9(1503)년 1월 4일-연산군 10(1504)년 윤 4월 5일	※ 후임 유순
유 순	연산군 10(1504)년 윤 4월 26일-중종 4(1509)년 윤 9월 27일	※ 후임 박원종

박원종	중종 4(1509)년 윤 9월 27일-중종 5(1510)년 3월 6일	※ 후임 김수동
김수동	중종 5(1510)년 3월 6일-중종 7(1512)년 7월 7일	※ 후임 유순정
유순정	중종 7(1512)년 10월 7일-중종 7(1512)년 12월 20일	※ 후임 성희안
성희안	중종 8(1513)년 4월 2일-중종 8(1513)년 7월 27일	※ 후임 송일
송 일	중종 8(1513)년 10월 27일-중종 9(1514)년 7월 27일	※ 후임 유순
유 순	중종 9(1514)년 10월 1일-중종 11(1516)년 4월 6일	※ 후임 정광필
정광필	중종 11(1516)년 4월 9일-중종 14(1519)년 12월 17일	※ 후임 김전
김 전	중종 15(1520)년 2월 14일-중종 18(1523)년 2월 13일	※ 후임 남곤
남 곤	중종 18(1523)년 4월 18일-중종 22(1527)년 3월 10일	※ 후임 정광필
정광필	중종 22(1527)년 10월 21일-중종 28(1533)년 5월 28일	※ 후임 장순손
장순손	중종 28(1533)년 5월 28일-중종 29(1534)년 9월 11일	※ 후임 한효원
한효원	중종 29(1534)년 11월 20일-중종 29(1534)년 12월 29일	※ 후임 김근사
김근사	중종 30(1535)년 3월 26일-중종 32(1537)년 10월 29일	※ 후임 윤은보
윤은보	중종 32(1537)년 11월 2일-중종 39(1544)년 7월 5일	※ 후임 홍언필
홍언필	인종 1(1545)년 1월 13일-인종 1(1545)년 윤 1월 2일	※ 후임 윤인경
윤인경	인종 1(1545)년 윤 1월 6일-명종 3(1548)년 5월 17일	※ 후임 홍언필
홍언필	명종 3(1548)년 5월 17일-명종 4(1549)년 1월 8일	※ 후임 이기
이 기	명종 4(1549)년 5월 21일-명종 6(1551)년 8월 19일	※ 후임 심연원
심연원	명종 6(1551)년 8월 23일-명종 13(1558)년 5월 18일	※ 후임 상진
상 진	명종 13(1558)년 5월 29일-명종 18(1563)년 1월 17일	※ 후임 윤원형
윤원형	명종 18(1563)년 1월 17일-명종 20(1565)년 8월 15일	※ 후임 이준경
이준경	명종 20(1565)년 8월 15일-선조 4(1571)년 5월 28일	※ 후임 권철
권 철	선조 4(1571)년 5월 1일-선조 6(1573)년 2월 1일	※ 후임 권철
권 철	선조 6(1573)년 5월 1일-선조 6(1573)년 9월 1일	※ 후임 이탁
이 탁	선조 6(1573)년 9월 1일-선조 7(1574)년 4월 1일	※ 후임 홍섬
홍 섬	선조 7(1574)년 4월 11일-선조 7(1574)년 8월 10일	※ 후임 노수신
노수신	선조 7(1574)년 10월 1일-선조 8(1575)년 5월 1일	※ 후임 권철
권 철	선조 8(1575)년 5월 1일-선조 8(1575)년 7월 1일	※ 후임 홍섬
홍 섬	선조 8(1575)년 7월 1일-선조 9(1576)년 8월 1일	※ 후임 권철
권 철	선조 9(1576)년 8월 1일-선조 11(1578)년 8월 1일	※ 후임 홍섬
홍 섬	선조 11(1578)년 11월 1일-선조 12(1679)년 2월 1일	※ 후임 박순
박 순	선조 12(1579)년 2월 1일-선조 18(1585)년 1월 1일	※ 후임 노수신
노수신	선조 18(1585)년 5월 1일-선조 21(1588)년 4월 1일	※ 후임 노수신
노수신	선조 21(1588)년 5월 1일-선조 21(1588)년 6월 1일	※ 후임 유전
유 전	선조 22(1589)년 2월 1일-선조 22(1589)년 10월 1일	※ 후임 이산해

이산해	선조 23(1590)년 4월 1일―선조 25(1592)년 5월 2일	※ 후임 유성룡
유성룡	선조 25(1592)년 5월 1일―선조 25(1592)년 5월 1일	※ 후임 최흥원
최흥원	선조 25(1592)년 5월 1일―선조 26(1593)년 11월 1일	※ 후임 유성룡
이양원	1592년 07월 1일 "전 영의정 이양원의 졸기"	
유성룡	선조 26(1593)년 11월 1일―선조 31(1598)년 9월 1일	※ 후임 이원익
이원익	선조 31(1598)년 10월 8일―선조 32(1599)년 5월 26일	※ 후임 윤두수
윤두수	선조 32(1599)년 7월 1일―선조 32(1599)년 9월 19일	※ 후임 이원익
이원익	선조 32(1599)년 9월 22일―선조 33(1600)년 1월 1일	※ 후임 이산해
이산해	선조 33(1600)년 1월 1일―선조 34(1601)년 4월 1일	※ 후임 이항복
이항복	선조 34(1601)년 5월 1일―선조 35(1602)년 윤 2월 1일	※ 후임 이덕형
이덕형	선조 35(1602)년 윤 2월 1일―선조 36(1603)년 9월 1일	※ 후임 이덕형
이덕형	선조 36(1603)년 12월 1일―선조 37(1604)년 3월 1일	※ 후임 이항복
이항복	선조 37(1604)년 4월 1일―선조 37(1604)년 윤 9월 1일	※ 후임 윤승훈
윤승훈	선조 37(1604)년 윤 9월 1일―선조 37(1604)년 11월 1일	※ 후임 유영경
유영경	선조 37(1604)년 12월 1일―광해군 즉위(1608)년 2월 14일	※ 후임 이원익
이원익	광해군 즉위(1608)년 2월 14일―광해군 1(1609)년 8월 13일	※ 후임 이덕형
이덕형	광해군 1(1609)년 9월 6일―광해군 3(1611)년 8월 24일	※ 후임 이원익
이원익	광해군 3(1611)년 8월 24일―광해군 4(1612)년 6월 12일	※ 후임 이덕형
이덕형	광해군 4(1612)년 8월 10일―광해군 5(1613)년 9월 20일	※ 후임 기자헌
기자헌	광해군 6(1614)년 1월 19일 ―광해군 10(1618)년 1월 18일	※ 후임 정인홍
정인홍	광해군 10(1618)년 1월 18일―광해군 11(1619)년 3월 13일	※ 후임 박승종
박승종	광해군 11(1619)년 3월 13일―	※ 후임 박승종
박승종	광해군 12(1620)년 7월 11일―광해군 15(1623)년 3월 13일	※ 후임 이원익
이원익	인조 1(1623)년 3월 16일―인조 3(1629)년 2월 21일	※ 후임 이원익
이원익	인조 3(1625)년 8월 7일―인조 4(1626)년 12월 9일	※ 후임 윤방
윤 방	인조 5(1627)년 1월 18일―인조 5(1627)년 5월 11일	※ 후임 신흠
신 흠	인조 5(1627)년 9월 4일―인조 6(1628)년 6월 29일	※ 후임 오윤겸
오윤겸	인조 6(1628)년 11월 21일―인조 9(1631)년 8월 27일	※ 후임 윤방
윤 방	인조 9(1631)년 9월 15일―인조 14(1636)년 6월 13일	※ 후임 김류
김 류	인조 14(1636)년 7월 14일―인조 15(1637)년 8월 4일	※ 후임 이홍주
이홍주	인조 15(1637)년 9월 3일―인조 16(1638)년 6월 11일	※ 후임 최명길
최명길	인조 16(1638)년 9월 16일―인조 18(1640)년 1월 15일	※ 후임 홍서봉
홍서봉	인조 18(1640)년 1월 15일―인조 19(1641)년 8월 11일	※ 후임 이성구
이성구	인조 19(1641)년 10월 10일―인조 20(1642)년 7월 24일	※ 후임 최명길
최명길	인조 20(1642)년 8월 3일―인조 20(1642)년 11월 17일	※ 후임 신경진

신경진	인조 21(1643)년 3월 6일-인조 21(1643)년 3월 11일	※ 후임 심열
심 열	인조 21(1643)년 5월 6일-인조 22(1644)년 3월 12일	※ 후임 홍서봉
홍서봉	인조 22(1644)년 3월 12일-인조 22(1644)년 4월 5일	※ 후임 김류
김 류	인조 22(1644)년 4월 5일-인조 22(1644)년 12월 7일	※ 후임 홍서봉
홍서봉	인조 22(1644)년 12월 28일-인조 23(1645)년 2월 3일	※ 후임 김류
김 류	인조 23(1645)년 2월 3일-인조 24(1646)년 3월 4일	※ 후임 김자점
김자점	인조 24(1646)년 5월 3일-효종 즉위(1649)년 6월 22일	※ 후임 이경석
이경석	효종 즉위(1649)년 8월 4일-효종 1(1650)년 3월 11일	※ 후임 이경여
이경여	효종 1(1650)년 3월 11일-효종 1(1650)년 12월 30일	※ 후임 김육
김 육	효종 2(1651)년 1월 11일-효종 2(1651)년 12월 7일	※ 후임 정태화
정태화	효종 2(1651)년 12월 7일-효종 5(1654)년 6월 20일	※ 후임 김육
김 육	효종 5(1654)년 6월 20일-효종 5(1654)년 7월 24일	※ 후임 이시백
이시백	효종 5(1654)년 9월 6일-효종 6(1655)년 6월 18일	※ 후임 김육
김 육	효종 6(1655)년 7월 14일-효종 6(1655)년 7월 24일	※ 후임 이시백
이시백	효종 6(1655)년 8월 25일-효종 7(1656)년 윤 6월 11일	※ 후임 정태화
정태화	효종 7(1656)년 6월 11일-효종 9(1658)년 6월 16일	※ 후임 심지원
심지원	효종 9(1658)년 7월 8일-효종 10(1659)년 3월 25일	※ 후임 정태화
정태화	효종 10(1659)년 3월 25일-현종 2(1661)년 윤 7월 22일	※ 후임 정태화
정태화	현종 2(1661)년 12월 13일-현종 8(1667)년 3월 10일	※ 후임 홍명하
홍명하	현종 8(1667)년 윤 4월 27일-현종 8(1667)년 12월 27일	※ 후임 정태화
정태화	현종 9(1668)년 1월 2일-현종 11(1670)년 11월 17일	※ 후임 허적
허 적	현종 12(1671)년 5월 13일-현종 13(1672)년 4월 30일	※ 후임 정태화
정태화	현종 13(1672)년 5월 6일-현종 14(1673)년 4월 12일	※ 후임 허적
허 적	현종 14(1673)년 7월 26일-현종 15(1674)년 3월 20일	※ 후임 김수흥
김수흥	현종 15(1674)년 4월 26일-현종 15(1674)년 7월 16	※ 후임 허적
허 적	현종 15(1674)년 7월 26일-숙종 5(1679)년 7월 11일	※ 후임 허적
허 적	숙종 5(1679)년 10월 6일-숙종 6(1680)년 4월 2일	※ 후임 김수항
김수항	숙종 6(1680)년 4월 3일-숙종 11(1685)년 7월 4일	※ 후임 김수항
김수항	숙종 11(1685)년 8월 11일-숙종 13(1687)년 7월 24일	※ 후임 남구만
남구만	숙종 13(1687)년 7월 25일-숙종 14(1688)년 7월 14일	※ 후임 김수흥
김수흥	숙종 14(1688)년 7월 14일-숙종 15(1689)년 2월 2일	※ 후임 여성제
여성제	숙종 15(1689)년 2월 2일-숙종 15(1689)년 2월 9일	※ 후임 권대운
권대운	숙종 15(1689)년 2월 10일-숙종 20(1694)년 4월 1일	※ 후임 남구만
남구만	숙종 20(1694)년 4월 1일-숙종 21(1695)년 7월 2일	※ 후임 남구만
남구만	숙종 21(1695)년 10월 2일-숙종 22(1696)년 6월 25일	※ 후임 유상운

유상운	숙종 22(1696)년 8월 11일−숙종 24(1698)년 1월 23일	※ 후임 유상운
유상운	숙종 24(1698)년 3월 13일−숙종 25(1699)년 3월 16일	※ 후임 유상운
유상운	숙종 25(1699)년 6월 27일−숙종 25(1699)년 10월 17일	※ 후임 서문중
서문중	숙종 26(1700)년 1월 16일−숙종 26(1700)년 3월 22일	※ 후임 서문중
서문중	숙종 26(1700)년 5월 16일−숙종 27(1701)년 3월 27일	※ 후임 최석정
최석정	숙종 27(1701)년 6월 19일−숙종 27(1701)년 10월 1일	※ 후임 서문중
서문중	숙종 28(1702)년 1월 24일−숙종 28(1702)년 9월 29일	※ 후임 최석정
최석정	숙종 29(1703)년 2월 11일−숙종 29(1703)년 6월 16일	※ 후임 신완
신 완	숙종 29(1703)년 8월 6일−숙종 30(1704)년 6월 24일	※ 후임 신완
신 완	숙종 30(1704)년 9월 26일−숙종 31(1705)년 2월 5일	※ 후임 최석정
최석정	숙종 31(1705)년 4월 13일−숙종 31(1705)년 8월 10일	※ 후임 최석정
최석정	숙종 32(1706)년 1월 24일−숙종 32(1706)년 10월 28일	※ 후임 최석정
최석정	숙종 33(1707)년 1월 12일−숙종 33(1707)년 5월 7일	※ 후임 최석정
최석정	숙종 33(1707)년 7월 13일−숙종 34(1708)년 4월 19일	※ 후임 최석정
최석정	숙종 34(1708)년 7월 29일−숙종 35(1709)년 6월 29일	※ 후임 최석정
최석정	숙종 35(1709)년 10월 24일−숙종 36(1710)년 2월 30일	※ 후임 이여
이 여	숙종 36(1710)년 3월 26일−숙종 36(1710)년 윤 7월 17일	※ 후임 서종태
서종태	숙종 37(1711)년 4월 19일−숙종 38(1712)년 1월 20일	※ 후임 서종태
서종태	숙종 38(1712)년 4월 19일−숙종 38(1712)년 9월 26일	※ 후임 이유
이 유	숙종 38(1712)년 9월 26일−숙종 39(1713)년 7월 4일	※ 후임 서종태
서종태	숙종 40(1714)년 9월 27일−숙종 42(1716)년 8월 5일	※ 후임 김창집
김창집	숙종 43(1717)년 5월 12일−숙종 44(1718)년 8월 8일	※ 후임 김창집
김창집	숙종 45(1719)년 1월 4일−경종 1(1719)년 10월 11일	※ 후임 김창집
김창집	경종 1(1719)년 10월 13일−경종 1(1721)년 12월 9일	※ 후임 조태구
조태구	경종 1(1721)년 12월 19일−경종 3(1723)년 6월 6일	※ 후임 최규서
최규서	경종 3(1723)년 8월 28일−영조 즉위(1724)년 9월 23일	※ 후임 이광좌
이광좌	영조 즉위(1724)년 10월 3일−영조 1(1725)년 2월 2일	※ 후임 정호
정 호	영조 1(1725)년 4월 23일−영조 3(1727)년 4월 14일	※ 후임 이광좌
이광좌	영조 3(1727)년 7월 1일−영조 3(1727)년 8월 23일	※ 후임 이광좌
이광좌	영조 3(1727)년 10월 7일−영조 5(1729)년 5월 18일	※ 후임 홍치중
홍치중	영조 5(1729)년 6월 6일−영조 8(1732)년 6월 23일	※ 후임 심수현
심수현	영조 8(1732)년 12월 26일−영조 10(1734)년 5월 4일	※ 후임 이의현
이의현	영조 11(1735)년 2월 12일−영조 11(1735)년 2월 28일	※ 후임 김흥경
김흥경	영조 11(1735)년 11월 20일−영조 12(1736)년 2월 27일	※ 후임 이광좌
이광좌	영조 13(1737)년 8월 11일−영조 16(1740)년 5월 26일	※ 후임 김재로

김재로	영조 16(1740)년 9월 28일−영조 21(1745)년 3월 14일	※ 후임 김재로
김재로	영조 21(1745)년 4월 14일−영조 25(1749)년 9월 5일	※ 후임 조현명
조현명	영조 26(1750)년 3월 11일−영조 26(1750)년 10월 29일	※ 후임 김재로
김재로	영조 27(1751)년 3월 25일−영조 28(1752)년 9월 23일	※ 후임 이종성
이종성	영조 28(1752)년 10월 17일−영조 29(1753)년 5월 25일	※ 후임 김재로
김재로	영조 29(1753)년 9월 3일−영조 30(1754)년 5월 7일	※ 후임 이천보
이천보	영조 30(1754)년 5월 14일−영조 31(1755)년 4월 21일	※ 후임 이천보
이천보	영조 31(1755)년 7월 17일−영조 32(1756)년 2월 18일	※ 후임 이천보
이천보	영조 32(1756)년 3월 2일−영조 34(1758)년 8월 12일	※ 후임 유척기
유척기	영조 34(1758)년 8월 12일−영조 35(1759)년 3월 18일	※ 후임 김상로
김상로	영조 35(1759)년 5월 7일−영조 35(1759)년 8월 15일	※ 후임 김상로
김상로	영조 35(1759)년 8월 17일−영조 36(1760)년 10월 14일	※ 후임 홍봉한
홍봉한	영조 37(1761)년 9월 27일−영조 38(1762)년 윤 5월 2일	※ 후임 신만
신 만	영조 38(1762)년 윤 5월 2일−영조 38(1762)년 9월 17일	※ 후임 신만
신 만	영조 38(1762)년 9월 20일−영조 39(1763)년 5월 26일	※ 후임 신만
신 만	영조 39(1763)년 5월 30일−영조 39(1763)년 7월 4일	※ 후임 홍봉한
홍봉한	영조 39(1763)년 7월 10일−영조 42(1766)년 4월 16일	※ 후임 홍봉한
홍봉한	영조 42(1766)년 4월 26일−영조 42(1766)년 8월 29일	※ 후임 윤동도
윤동도	영조 42(1766)년 10월 21일−영조 42(1766)년 11월 5일	※ 후임 윤동도
윤동도	영조 42(1766)년 11월 24일−영조 42(1766)년 12월 9일	※ 후임 서지수
서지수	영조 42(1766)년 12월 9일−영조 43(1767)년 3월 14일	※ 후임 김치인
김치인	영조 43(1767)년 3월 19일−영조 44(1768)년 6월 8일	※ 후임 서지수
서지수	영조 44(1768)년 6월 8일−영조 44(1768)년 6월 14일	※ 후임 김치인
김치인	영조 44(1768)년 6월 14일−영조 44(1768)년 11월 3일	※ 후임 홍봉한
홍봉한	영조 44(1768)년 11월 24일−영조 46(1770)년 1월 10일	※ 후임 김치인
김치인	영조 46(1770)년 1월 10일−영조 46(1770)년 10월 2일	※ 후임 김치인
김치인	영조 46(1770)년 10월 4일−영조 46(1770)년 11월 21일	※ 후임 김치인
김치인	영조 46(1770)년 12월 5일−영조 47(1771)년 4월 24일	※ 후임 김치인
김치인	영조 47(1771)년 4월 28일−영조 48(1772)년 3월 9일	※ 후임 김상복
김상복	영조 48(1772)년 3월 9일−영조 48(1772)년 3월 24일	※ 후임 김상복
김상복	영조 48(1772)년 4월 8일−영조 48(1772)년 7월 26일	※ 후임 김상복
김상복	영조 48(1772)년 7월 29일−영조 48(1772)년 8월 2일	※ 후임 신회
신 회	영조 48(1772)년 8월 2일−영조 48(1772)년 8월 20일	※ 후임 김상복
김상복	영조 48(1772)년 9월 3일−영조 48(1772)년 10월 5일	※ 후임 한익모
한익모	영조 48(1772)년 10월 5일−영조 48(1772)년 10월 22일	※ 후임 김상복

김상복	영조 48(1772)년 10월 22일-영조 48(1772)년 11월 22일	※ 후임 신회
신 회	영조 48(1772)년 11월 22일-영조 48(1772)년 12월 1일	※ 후임 김상복
김상복	영조 48(1772)년 12월 1일-영조 48(1772)년 12월 14일	※ 후임 신회
신 회	영조 48(1772)년 12월 14일-영조 49(1773)년 1월 27일	※ 후임 한익모
한익모	영조 49(1773)년 1월 28일-영조 49(1773)년 2월 2일	※ 후임 김상복
김상복	영조 49(1773)년 2월 2일-영조 49(1773)년 윤 3월 13일	※ 후임 한익모
한익모	영조 49(1773)년 윤 3월 13일-영조 49(1773)년 4월 15일	※ 후임 김상복
김상복	영조 49(1773)년 4월 16일-영조 49(1773)년 9월 20일	※ 후임 김상복
김상복	영조 49(1773)년 9월 22일-영조 50(1774)년 6월 21일	※ 후임 한익모
한익모	영조 50(1774)년 6월 21일-영조 50(1774)년 6월 28일	※ 후임 신회
신 회	영조 50(1774)년 6월 28일-영조 51(1775)년 5월 1일	※ 후임 신회
신 회	영조 51(1775)년 5월 2일-영조 51(1775)년 7월 1일	※ 후임 한익모
한익모	영조 51(1775)년 7월 7일-영조 51(1775)년 11월 30일	※ 후임 김상철
김상철	영조 51(1775)년 12월 4일-정조 즉위(1776)년 3월 19일	※ 후임 김양택
김양택	정조 즉위(1776)년 3월 19일-정조 즉위(1776)년 6월 25일	※ 후임 김양택
김양택	정조 즉위(1776)년 7월 5일-정조 즉위(1776)년 8월 7일	※ 후임 김상철
김상철	정조 즉위(1776)년 8월 17일-정조 2(1778)년 7월 15일	※ 후임 김상철
김상철	정조 2(1778)년 7월 18일-정조 3(1779)년 9월 29일	※ 후임 서명선
서명선	정조 3(1779)년 9월 29일-정조 4(1780)년 1월 5일	※ 후임 김상철
김상철	정조 4(1780)년 1월 8일-정조 5(1781)년 1월 6일	※ 후임 서명선
서명선	정조 5(1781)년 1월 6일-정조 7(1783)년 1월 19일	※ 후임 정존겸
정존겸	정조 7(1783)년 6월 2일-정조 8(1784)년 10월 8일	※ 후임 서명선
서명선	정조 8(1784)년 10월 11일-정조 9(1785)년 3월 9일	※ 후임 정존겸
정존겸	정조 10(1786)년 2월 13일-정조 10(1786)년 7월 17일	※ 후임 정존겸
정존겸	정조 10(1786)년 7월 20일-정조 10(1786)년 10월 21일	※ 후임 김치인
김치인	정조 10(1786)년 10월 21일-정조 11(1787)년 7월 21일	※ 후임 김치인
김치인	정조 11(1787)년 8월 3일-정조 12(1788)년 3월 13일	※ 후임 김치인
김치인	정조 12(1788)년 4월 13일-정조 12(1788)년 12월 4일	※ 후임 김치인
김치인	정조 13(1789)년 1월 4일-정조 13(1789)년 1월 9일	※ 후임 김익
김 익	정조 13(1789)년 7월 11일-정조 13(1789)년 9월 27일	※ 후임 이재협
이재협	정조 13(1789)년 9월 27일-정조 13(1789)년 11월 17일	※ 후임 김익
김 익	정조 14(1790)년 1월 19일-정조 14(1790)년 3월 20일	※ 후임 채제공
채제공	정조 17(1793)년 5월 25일-정조 17(1793)년 6월 4일	※ 후임 홍낙성
홍낙성	정조 17(1793)년 6월 22일-정조 18(1794)년 4월 10일	※ 후임 홍낙성
홍낙성	정조 18(1794)년 4월 17일-정조 19(1795)년 6월 28일	※ 후임 홍낙성

홍낙성	정조 19(1795)년 8월 12일 - 정조 20(1796)년 10월 22일	※ 후임 홍낙성
홍낙성	정조 20(1796)년 11월 19일 - 정조 21(1797)년 5월 22일	※ 후임 이병모
이병모	정조 23(1799)년 10월 29일 - 정조 23(1799)년 11월 8일	※ 후임 이병모
이병모	정조 24(1800)년 1월 1일 - 순조 즉위(1800)년 7월 4일	※ 후임 심환지
심환지	순조 즉위(1800)년 7월 4일 - 순조 2(1802)년 10월 18일	※ 후임 이시수
이시수	순조 2(1802)년 10월 27일 - 순조 3(1803)년 1월 22일	※ 후임 이병모
이병모	순조 3(1803)년 3월 20일 - 순조 3(1803)년 7월 6일	※ 후임 이병모
이병모	순조 5(1805)년 10월 15일 - 순조 5(1805)년 12월 6일	※ 후임 서매수
서매수	순조 5(1805)년 12월 7일 - 순조 6(1806)년 1월 30일	※ 후임 이병모
이병모	순조 6(1806)년 2월 1일 - 순조 6(1806)년 9월 10일	※ 후임 김재찬
김재찬	순조 12(1812)년 5월 1일 - 순조 16(1816)년 5월 10일	※ 후임 서용보
서용보	순조 19(1819)년 1월 25일 - 순조 20(1820)년 6월 15일	※ 후임 한용구
한용구	순조 21(1821)년 4월 24일 - 순조 21(1821)년 10월 26일	※ 후임 김재찬
김재찬	순조 21(1821)년 11월 19일 - 순조 23(1823)년 2월 22일	※ 후임 남공철
남공철	순조 23(1823)년 2월 23일 - 순조 24(1824)년 12월 1일	※ 후임 남공철
남공철	순조 27(1827)년 4월 2일 - 순조 29(1829)년 6월 14일	※ 후임 남공철
남공철	순조 30(1830)년 9월 7일 - 순조 31(1831)년 5월 16일	※ 후임 남공철
남공철	순조 32(1832)년 7월 29일 - 순조 33(1833)년 5월 16일	※ 후임 이상황
이상황	순조 33(1833)년 5월 16일 - 순조 34(1834)년 2월 4일	※ 후임 심상규
심상규	순조 34(1834)년 7월 9일 - 헌종 1(1835)년 6월 10일	※ 후임 이상황
이상황	헌종 3(1837)년 10월 25일 - 헌종 4(1838)년 3월 23일	※ 후임 조인영
조인영	헌종 7(1841)년 5월 17일 - 헌종 7(1841)년 9월 4일	※ 후임 조인영
조인영	헌종 8(1842)년 1월 7일 - 헌종 8(1842)년 9월 12일	※ 후임 조인영
조인영	헌종 10(1844)년 8월 10일 - 헌종 10(1844)년 9월 22일	※ 후임 권돈인
권돈인	헌종 11(1845)년 3월 26일 - 헌종 11(1845)년 6월 2일	※ 후임 권돈인
권돈인	헌종 11(1845)년 11월 15일 - 헌종 12(1846)년 8월 18일	※ 후임 권돈인
권돈인	헌종 13(1847)년 11월 22일 - 헌종 14(1848)년 7월 4일	※ 후임 정원용
정원용	헌종 14(1848)년 7월 4일 - 헌종 14(1848)년 10월 25일	※ 후임 정원용
정원용	철종 즉위(1849)년 8월 5일 - 철종 1(1850)년 10월 6일	※ 후임 조인영
조인영	철종 1(1850)년 10월 6일 - 철종 1(1850)년 12월 6일	※ 후임 권돈인
권돈인	철종 2(1851)년 4월 15일 - 철종 2(1851)년 6월 19일	※ 후임 김흥근
김흥근	철종 3(1852)년 1월 20일 - 철종 3(1852)년 3월 17일	※ 후임 김좌근
김좌근	철종 4(1853)년 2월 25일 - 철종 6(1855)년 11월 26일	※ 후임 김좌근
김좌근	철종 9(1858)년 4월 1일 - 철종 10(1859)년 1월 12일	※ 후임 정원용
정원용	철종 10(1859)년 1월 12일 - 철종 11(1860)년 1월 24일	※ 후임 정원용

정원용	철종 12(1861)년 5월 30일 – 철종 12(1861)년 10월 20일	※ 후임 김좌근
김좌근	철종 12(1861)년 11월 1일 – 철종 13(1862)년 4월 19일	※ 후임 정원용
정원용	철종 13(1862)년 10월 19일 – 철종 14(1863)년 9월 8일	※ 후임 김좌근
김좌근	철종 14(1863)년 9월 8일 – 고종 1(1864)년 4월 18일	※ 후임 조두순
조두순	고종 1(1864)년 6월 15일 – 고종 2(1865)년 5월 16일	※ 후임 조두순
조두순	고종 2(1865)년 5월 17일 – 고종 3(1866)년 4월 13일	※ 후임 이경재
이경재	고종 3(1866)년 4월 13일 – 고종 3(1866)년 4월 29일	※ 후임 김병학
김병학	고종 4(1867)년 5월 18일 – 고종 5(1868)년 윤 4월 11일	※ 후임 정원용
정원용	고종 5(1868)년 윤 4월 11일 – 고종 5(1868)년 윤 4월 21일	※ 후임 김병학
김병학	고종 5(1868)년 윤 4월 23일 – 고종 9(1872)년 10월 1일	※ 후임 홍순목
홍순목	고종 9(1872)년 10월 12일 – 고종 10(1873)년 4월 29일	※ 후임 이유원
이유원	고종 10(1873)년 11월 13일 – 고종 11(1874)년 12월 4일	※ 후임 이유원
이유원	고종 11(1874)년 12월 5일 – 고종 11(1874)년 12월 11일	※ 후임 이유원
이유원	고종 11(1874)년 12월 12일 – 고종 11(1874)년 12월 27일	※ 후임 이유원
이유원	고종 12(1875)년 2월 15일 – 고종 12(1875)년 4월 22일	※ 후임 이최응
이최응	고종 12(1875)년 11월 20일 – 고종 15(1878)년 1월 16일	※ 후임 이최응
이최응	고종 15(1878)년 4월 26일 – 고종 17(1880)년 2월 11일	※ 후임 이최응
이최응	고종 17(1880)년 2월 13일 – 고종 18(1881)년 윤 7월 25일	※ 후임 이최응
이최응	고종 18(1881)년 11월 15일 – 고종 19(1882)년 1월 13일	※ 후임 서당보
서당보	고종 19(1882)년 1월 13일 – 고종 19(1882)년 3월 2일	※ 후임 홍순목
홍순목	고종 19(1882)년 3월 3일 – 고종 19(1882)년 10월 22일	※ 후임 홍순목
홍순목	고종 19(1882)년 10월 24일 – 고종 19(1882)년 11월 19일	※ 후임 홍순목
홍순목	고종 19(1882)년 11월 22일 – 고종 20(1883)년 6월 19일	※ 후임 김병국
김병국	고종 21(1884)년 5월 22일 – 고종 21(1884)년 10월 2일	※ 후임 심순택
심순택	고종 21(1884)년 10월 21일 – 고종 22년 11월 2일	※ 후임 심순택
심순택	고종 22(1885)년 11월 9일 – 고종 23(1886)년 8월 6일	※ 후임 심순택
심순택	고종 23(1886)년 11월 22일 – 고종 25(1888)년 4월 5일	※ 후임 심순택
심순택	고종 25(1888)년 4월 7일 – 고종 25(1888)년 8월 16일	※ 후임 심순택
심순택	고종 25(1888)년 9월 30일 – 고종 26(1889)년 10월 11일	※ 후임 심순택
심순택	고종 26(1889)년 10월 12일 – 고종 26(1889)년 10월 15일	※ 후임 심순택
심순택	고종 26(1889)년 10월 17일 – 고종 29(1892)년 1월 18일	※ 후임 심순택
심순택	고종 29(1892)년 4월 26일 – 고종 29(1892)년 윤 6월 17일	※ 후임 심순택
심순택	고종 29(1892)년 7월 21일 – 고종 29(1892)년 12월 5일	※ 후임 심순택
심순택	고종 30(1893)년 2월 2일 – 고종 31(1894)년 3월 14일	※ 후임 심순택
심순택	고종 31(1894)년 4월 30일 – 고종 31(1894)년 6월 18일	※ 후임 김병시

김병시	고종 31(1894)년 6월 20일-고종 31(1894)년 6월 25일	※ 후임 김홍집
김홍집	고종 31(1894)년 6월 25일-고종 31년 7월 15일	※ 후임 김홍집
김홍집	고종 32(1895)년 4월 1일-고종 32(1895)년 5월 5일	※ 후임 박정양
박정양	고종 32(1895)년 5월 8일-고종 32(1895)년 7월 5일	※ 후임 김홍집
김홍집	고종 32(1895)년 7월 5일-고종 33(1896)년 2월 11일	※ 후임 김병시
김병시	고종 33(1896)년 2월 11일-고종 33(1896)년 4월 22일	※ 후임 윤용선
윤용선	고종 33(1896)년 4월 22일-고종 33(1896)년 9월 24일	※ 후임 김병시
김병시	고종 33(1896)년 9월 24일-고종 34(1897)년 1월 10일	※ 후임 김병시
김병시	고종 34(1897)년 2월 19일-고종 34(1897)년 4월 19일	※ 후임 심순택
심순택	고종 34(1897)년 8월 1일-고종 34(18947)년 12월 10일	※ 후임 김병시
김병시	고종 35(1898)년 7월 21일-고종 35(1898)년 8월 12일	※ 후임 심순택
심순택	고종 35(1898)년 9월 23일-고종 35(1898)년 10월 11일	※ 후임 윤용선
윤용선	고종 35(1898)년 10월 21일-고종 35(1898)년 10월 27일	※ 후임 조병세
조병세	고종 35(1898)년 11월 5일-고종 35(1898)년 12월 6일	※ 후임 윤용선
윤용선	고종 36(1899)년 6월 27일-고종 37(1900)년 1월 2일	※ 후임 윤용선
윤용선	고종 37(1900)년 1월 29일-고종 37(1900)년 8월 9일	※ 후임 윤용선
윤용선	고종 37(1900)년 8월 10일-고종 37(1900)년 8월 24일	※ 후임 윤용선
윤용선	고종 37(1900)년 9월 1일-고종 38(1901)년 4월 7일	※ 후임 윤용선
윤용선	고종 38(1901)년 6월 15일-고종 38(1901)년 8월 24일	※ 후임 심순택
심순택	고종 38(1901)년 8월 25일-고종 38(1901)년 9월 12일	※ 후임 윤용선
윤용선	고종 38(1901)년 9월 23일-고종 39(1902)년 5월 24일	※ 후임 심순택
심순택	고종 39(1902)년 5월 24일-고종 39(1902)년 6월 2일	※ 후임 윤용선
윤용선	고종 39(1902)년 6월 7일-고종 39(1902)년 12월 14일	※ 후임 이근명
이근명	고종 40(1903)년 1월 22일-고종 40(1903)년 5월 15일	※ 후임 윤용선
윤용선	고종 40(1903)년 5월 25일-고종 40(1903)년 7월 12일	※ 후임 이근명
이근명	고종 40(1903)년 9월 12일-고종 41(1904)년 1월 22일	※ 후임 이근명
이근명	고종 41(1904)년 1월 25일-고종 41(1904)년 3월 17일	※ 후임 이근명
이근명	고종 41(1904)년 11월 5일-고종 42(1905)년 1월 7일	※ 후임 민영규
민영규	고종 43(1906)년 5월 28일-고종 43(1906)년 6월 12일	※ 후임 조병호
조병호	고종 43(1906)년 6월 18일-고종 43(1906)년 7월 5일	※ 후임 조병호
조병호	고종 43(1906)년 12월 22일-고종 44(1907)년 2월 4일	※ 후임 이완용
이완용	고종 44(1907)년 6월 14일-순종 3(1910)년 8월 22일	

[성씨별 본관별로 본 영의정 배출 수와 이름]

우리나라 성씨 가운데 영의정을 배출한 성씨는 본관별로 75개 성씨이다. 75개 성씨 가운데 40개 성씨는 한 명씩 배출했고 35개 성씨는 두 명 이상 배출했다. 두 명을 배출한 성씨는 13개이고 세 명을 배출한 성씨는 6개이며 4명을 배출한 성씨는 7개, 5명을 배출한 성씨는 4개이다. 그리고 6명을 배출한 성씨 1개, 7명을 배출한 성씨 1개, 8명을 배출한 성씨 1개, 10명을 배출한 성씨 1개, 13명을 배출한 성씨 1개이다. 이 가운데 남양홍씨는 시조가 서로 다르기 때문에 당홍계와 토홍계로 구분했으나 이를 합치면 7명이 되고, 안동김씨의 경우 구안동과 신안동이 시조도 달리하고 종회도 달리하며 족보도 따로 편찬하기 때문에 구안동과 신안동으로 나누었으나 구안동과 신안동을 합칠 경우 11명으로 전주이씨 다음으로 많은 수의 영의정을 배출했다.

성별 본관별로 영의정을 배출한 수와 영의정의 이름은 다음과 같다. 2명 이상의 영의정을 배출한 경우 이름은 영의정을 역임한 순서로 배열했다.

1명의 영의정을 배출한 성씨는 모두 40개로 성씨와 영의정의 이름은 다음과 같다.

강(신천) : 강순

강(진주) : 강맹경

구(능성) : 구치관

기(행주) : 기자헌

김(강릉) : 김상철

김(순천) : 김류

노(광주) : 노수신

노(교하) : 노사신

박(밀양) : 박승종

박(번남) : 박정양

박(순천) : 박원종

박(죽산) : 박원형

박(충주) : 박순

배(성주) : 배극렴

상(목천) : 상진

송(여산) : 송일

신(거창) : 신승선

신(고령) : 신숙주

여(함양) : 여성제

오(해주) : 오윤겸

유(기계) : 유척기

유(전주) : 유영경

유(진주) : 유순정

유(풍산) : 유성룡

윤(무송) : 윤자운

이(성주) : 이직

이(우봉) : 이완용

이(청주) : 이거이

이(홍주) : 이서

장(인동) : 장순손

정(서산) : 정인홍

정(연일) : 정호

정(하동) : 정인지

조(임천) : 조병호

조(창녕) : 조석문

조(평양) : 조준

채(평강) : 채제공

최(해주) : 최규서

허(양천) : 허적

황보(영천) : 황보인

2명의 영의정을 배출한 성씨는 경주김씨, 광산김씨, 여흥민씨, 용인이씨, 전의이씨, 한산이씨, 풍양조씨, 삭녕최씨, 전주최씨, 진주하씨, 토홍계남양홍씨, 풍산홍씨, 장수황씨로 모두 13개의 성씨이다.

김(경주) : 김홍경·김홍집
김(광산) : 김상복·김양택
민(여흥) : 민제·민영규
이(용인) : 이의현·이재협
이(전의) : 이탁·이근명
이(한산) : 이산해·이경재
조(풍양) : 조현명·조인영

최(삭녕) : 최항·최홍원
최(전주) : 최명길·최석정
하(진주) : 하륜·하연
홍(남양토홍계) : 홍언필·홍섬
홍(풍산) : 홍봉한·홍낙성
황(장수) : 황희·황수신

3명의 영의정을 배출한 성씨는 창녕성씨, 광주이씨, 덕수이씨, 연안이씨, 양주조씨, 구안동김씨로 모두 6개의 성씨이다.

성(창녕) : 성석린·성준·성희안
이(광주) : 이극배·이준경·이덕형
이(덕수) : 이기·이여·이병모

이(연안) : 이시백·이천보·이시수
조(양주) : 조태구·조두순·조병세
김(구안동) : 김사형·김수동·김자점

4명의 영의정을 배출한 성씨는 안동권씨, 연안김씨, 청풍김씨, 의령남씨, 문화유씨, 파평윤씨, 경주이씨로 모두 7개의 성씨이다.

권(안동) : 권중화·권철·권대운·권돈인
김(연안) : 김전·김근사·김익·김재찬
김(청풍) : 김육·김재로·김상로·김치인
남(의령) : 남재·남곤·남구만·남공철

유(문화) : 유정현·유순·유전·유상운
윤(파평) : 윤필상·윤인경·윤원형·윤동도
이(경주) : 이항복·이광좌·이종성·이유원

5명의 영의정을 배출한 성씨는 평산신씨, 해평윤씨, 동래정씨, 당홍계남양홍씨로 모두 4개의 성씨이다.

신(평산) : 신흠·신경진·신완·신만·신회
윤(해평) : 윤은보·윤두수·윤승훈·윤방·윤용선
정(동래) : 정창손·정광필·정태화·정존겸·정원용
홍(당홍계 남양) : 홍윤성·홍서봉·홍명하·홍치중·홍순목

6명의 영의정을 배출한 성씨는 청주한씨 뿐이다.

한(청주) : 한상경·한명회·한치형·한효원·한익모·한용구

　7명의 영의정을 배출한 성씨는 대구서씨 뿐이다.
서(대구) : 서문중·서종태·서지수·서명선·서매수·서용보·서당보

　8명의 영의정을 배출한 성씨는 신안동김씨 뿐이다.
김(신안동) : 김수흥·김수항·김창집·김흥근·김좌근·김병학·김병국·김병시

　10명의 영의정을 배출한 성씨는 청송심씨 뿐이다.
심(청송) : 심덕부·심온·심회·심연원·심열·심지원·심수현·심환지·심상규·심순택

　13명의 영의정을 배출한 성씨는 전주이씨 뿐이다.
이(전주) : 이화·이지·이유(瑈 : 수양대군)·이준·이양원·이원익·이홍주·이성구·이경석·이경
　　　　여·이유(濡)·이상황·이최응

저자 조 오 현

충청남도 청양에서 태어나 건국대학교 문과대학 국어국문학과를 졸업하고
건국대학교 대학원에서 문학석사·문학박사 학위를 받았다. 건국대학교 교
수로 기획조정처장과 문과대학장을 역임했고, 미국 USC 초빙교수를 역임했
으며 현재 건국대학교 명예교수이다. 저서로 <자료로 찾아가는 국어사>를
비롯해 공저 포함 20여 권이 있으며 수십 편의 논문이 있다.

조선의 영의정(하)

초 판 1쇄 인쇄 2017년 7월 10일

초 판 1쇄 발행 2017년 7월 20일

저 자 조오현

펴낸이 이대현

편 집 박윤정

표 지 홍성권

펴낸곳 도서출판 역락 | 등록 제303-2002-000014호(등록일 1999년 4월 19일)

주 소 서울시 서초구 반포4동 577-25 문창빌딩 2층

전 화 02-3409-2058(영업부), 2060(편집부) | 팩시밀리 02-3409-2059

전자우편 youkrack@hanmail.net

I S B N 979-11-5686-913-9 (전 2권)
　　　　　979-11-5686-915-3 (04910)